OEUVRES COMPLÈTES

DE

LORD BYRON

Imprimerie de Gustave GRATIOT, 11, rue de la Monnaie.

ŒUVRES COMPLÈTES

DE

LORD BYRON

TRADUITES

PAR BENJAMIN LAROCHE

SIXIÈME ÉDITION
REVUE ET CORRIGÉE AVEC SOIN PAR LE TRADUCTEUR

QUATRIÈME SÉRIE
DON JUAN

PARIS
Victor Lecou, LIBRAIRE-ÉDITEUR
124, RUE MONTMARTRE

1847

DON JUAN.

Difficile est communia proprié dicere. — Hor.

AVANT-PROPOS.

On trouve dans les *Mémoires sur lord Byron*, de M. Moore, de nombreux détails relatifs aux circonstances dans lesquelles les divers chants de *Don Juan* parurent successivement ; nous estimons néanmoins qu'il peut être curieux de mettre sous les yeux du lecteur quelques-uns des passages les plus remarquables de la correspondance de lord Byron à propos de ce poëme.

19 septembre 1818. — J'ai fini le premier chant (composé d'environ cent quatre-vingts octaves). C'est un ouvrage dans le goût et dans le style de *Beppo*; le succès de ce dernier poëme m'a encouragé à continuer. Le nouveau s'appelle *Don Juan*, et contient un assez grand nombre de plaisanteries sur toutes sortes de sujets. Mais j'ai peur qu'il ne soit — du moins c'est l'avis de ceux qui l'ont lu — trop libre, eu égard à la chasteté de notre époque. Cependant je tenterai l'aventure, en me couvrant du voile de l'anonyme ; si cet échantillon ne réussit pas, je m'en tiendrai là. Ce poëme est dédié à Southey, en bons vers simples et *sauvages*, qui rappellent la conduite politique du lauréat.

25 janvier 1819. — Imprimez-le tout entier, à l'exception des vers sur Castlereagh, puisque je ne suis pas sur les lieux pour lui répondre. J'ai cédé aux représentations que l'on m'a faites ; ainsi donc, il est inutile de détailler mes arguments en faveur de mon propre ouvrage et de ma *poeshie;* mais je *proteste*. Si le poëme est poétique, il restera ; sinon, il sera oublié. Le reste est « cuir et prunelle, » et n'a jamais eu d'influence sur aucun livre pour ou contre. L'insipidité d'une œuvre peut seule l'empêcher de vivre. Quant au *cant* du jour, je le méprise, comme j'ai toujours fait de tous les autres ridicules *fashions*, qui, si l'on n'y prenait garde, nous rendraient fardés et enluminés, comme on représente les anciens Bretons. Si l'on admet cette pruderie, il faut mettre sous le boisseau la moitié de l'Arioste, La Fontaine, Shakspeare, Beaumont, Fletcher, Massinger, Ford, tous les écrivains du règne de Charles II, en un mot, *quelque chose* de tous ceux qui ont écrit avant Pope, et beaucoup dans Pope lui-même. *Lisez-le*, ce que personne aujourd'hui *ne fait;* faites-le, et je vous pardonnerai, quoique l'inévitable conséquence sera que vous devriez brûler à l'instant tout ce que j'ai écrit, et tous les misérables Claudiens du jour, excepté Scott et Crabbe.

1ᵉʳ *février* 1819. — Je n'ai pas encore commencé à recopier le second chant, qui est achevé, et cela, par suite de la paresse qui m'est naturelle, et du découragement qu'a produit chez moi le déluge d'eau et de lait dans lequel on a noyé le premier chant. Je leur dis tout cela, comme à vous, afin que de votre côté vous le leur répétiez ; car je n'ai rien sous la main. S'ils m'avaient dit que la poésie était mauvaise, je me serais rendu ; mais ils conviennent du contraire, et ne me chicanent que sur la *moralité*. C'est la première fois que j'entends ce mot sortir de la bouche d'un honnête homme ; ordinairement ce sont les fripons qui s'en servent pour masquer leurs projets. Je maintiens que *Don Juan* est le plus moral de tous les poëmes, et que si le lecteur ne peut pas en découvrir la moralité, c'est sa faute et non pas la mienne.

6 *avril* 1819. — Vous ne ferez pas des *cantiques* de mes chants ; le poëme réussira s'il est spirituel (*lively*) ; s'il est stupide, il échouera ; mais je ne consentirai à aucune de vos mutilations, que je donne au diable. Si cela vous convient, publiez-le *anonymement*, cela sera peut-être le meilleur parti ; mais je m'ouvrirai mon chemin bravement envers et contre tous, comme un porc-épic.

12 *août* 1819. — Vous avez raison, Gifford a raison, Crabbe a raison, Hobhouse a raison, vous avez tous raison, et moi seul ai tort. Mais, je vous en prie, laissez-moi cette satisfaction, coupez-moi dans le tronc et sur les branches, démembrez-moi dans le *Quarterly Review*, dispersez au loin *disjecti membra poetæ*, comme ceux de la femme du lévite ; donnez-moi en spectacle aux hommes et aux anges ; mais ne me demandez pas de faire des modifications, car je ne puis pas : je suis obstiné et paresseux, voilà toute la vérité. Vous me demandez le plan de *Donny Johnny* ; je n'ai pas de plan, je n'ai pas eu de plan, je vais où j'ai des matériaux. Mais si, comme Tony Lumpkin, « l'on me tourmente de la sorte lorsque je suis en veine, » le poëme sera mauvais et je reviendrai au genre sérieux. S'il ne réussit point, je laisserai le sujet où il en est, attendu les égards que l'on doit au public ; mais si je le continue, ce sera à ma manière. Vous pouvez aussi bien faire jouer à Hamlet ou à Diggory le rôle d'un fou dans une camisole serrée, qu'empêcher ma bouffonnerie, si mon goût me porte à être bouffon ; leurs gestes et mes pensées seront absurdes ou à faire pitié, et ridiculement gênés. Eh quoi ! mais l'âme de pareilles compositions est dans leur licence même, ou du moins dans la *liberté* de cette *licence*, si l'on veut, et non pas

dans l'abus. C'est comme le jugement du jury et de la pairie, ou comme l'*habeas corpus*, une très belle chose, mais surtout dans la *réversion;* personne ne veut être jugé, pour avoir le plaisir de prouver qu'il possède ce privilége. Mais trêve à ces réflexions. Vous attachez trop d'importance à un ouvrage qui n'a aucune prétention à être un ouvrage sérieux. Me supposez-vous d'autres intentions que d'avoir voulu m'amuser et amuser les autres, — écrire une satire badine avec aussi peu de poésie que possible? voilà quel a été mon but. — Quant à l'indécence, lisez, je vous prie, dans *Boswell*, ce que Johnson, le pesant moraliste, dit de Prior et de Paulo Purgante[1].

24 *août* 1819. — Gardez l'anonyme, et voyons venir. Si tout cela devenait sérieux et que vous vous trouvassiez vous-même dans le bourbier, *avouez que je suis l'auteur;* je ne reculerai jamais, et si *vous* faites cette déclaration, je pourrai toujours vous répondre, comme Guatimozin à son ministre : « Chacun a ses charbons. » Je désire avoir été mieux inspiré, mais, dans ce moment-ci, je suis en dehors du monde ; mes nerfs sont épuisés, et, je commence à le craindre, je suis au bout de raison.

Les autres particularités qui peuvent fournir des éclaircissements sur ce poëme seront données en notes. On ne peut se faire une idée de l'animadversion et de la colère que souleva de toutes parts l'apparition des deux premiers chants. Ils furent publiés à Londres en juillet 1819, sans nom d'auteur ni d'éditeur, en un mince in-quarto. A l'instant même, la presse périodique regorgea des *judicia doctorum, nec non aliorum.*

Nous trouvons dans les conversations que M. Kennedy eut avec lord Byron à Céphalonie, quelques semaines avant la mort du poëte, les paroles suivantes : « Je ne puis concevoir, dit lord Byron, pourquoi l'on a toujours voulu identifier mon caractère et mes opinions avec celles des personnages imaginaires qu'en ma qualité de poëte j'avais droit et liberté de créer. »

« — L'on n'aura certainement pas égard à votre réclamation, » lui dis-je. « L'on est trop disposé à croire que vous vous êtes peint vous-même dans *Childe-Harold*, *Lara*, *le Giaour* et *Don Juan*, et que ces caractères ne sont que les acteurs chargés d'exprimer vos sentiments personnels. »

« — En vérité, » répliqua-t-il, « l'on me traite avec une grande injustice, et l'on n'a jamais agi de cette façon envers aucun poëte : même dans *Don Juan*, j'ai été méconnu complétement. Je prends un homme vicieux, sans principes ; je le conduis à travers les rangs de cette société, dont les dehors brillants cachent des vices secrets ; et certainement j'ai affaibli la vérité et adouci les teintes de mes tableaux. »

« — Cela peut être vrai ; mais la question est de savoir quels ont été votre but et vos motifs pour ne peindre que des scènes de vice et de démence. »

« — Ç'a été d'arracher le manteau sous lequel la société, à force de mensonges et de dehors, dérobe la vue de ses vices, et de montrer le monde tel qu'il est. »

FRAGMENT

TROUVÉ SUR LA COUVERTURE DU MANUSCRIT DU CHANT PREMIER.

Plût à Dieu que je fusse devenu poussière, comme il n'est que trop vrai que je suis un composé de sang, d'os, de moelle, de passions et de sentiment ! — Alors, du moins, le passé serait passé sans retour, — et quant à l'avenir..... — (Mais j'écris ceci en trébuchant, ayant bu avec excès aujourd'hui, si bien qu'il me semble que je marche la tête en bas). Je disais donc..... — que l'avenir est une affaire sérieuse, — de sorte que..... — De grâce, — donnez-moi du vin du Rhin et de l'eau de Seltz !

DÉDICACE.

I.

Robert Southey, tu es poëte, — poëte lauréat, et le représentant de toute la race poétique ! Il est vrai que tu as fini par passer dans le camp des tories, ce qui n'est pas rare par le temps qui court. — Et maintenant, mon épique renégat, que fais-tu ? Tu es sans doute avec les lakistes, tant ceux qui sont en place que ceux qui n'y sont plus; nids d'oiseaux harmonieux, semblables, à mon sens, aux « vingt-quatre merles dans un pâté ; »

II.

« Lequel pâté ayant été ouvert, tous les merles se prirent à chanter » (cette vieille légende et cette similitude nouvelle sont ici parfaitement de mise); plat succulent, bien digne d'être servi au roi, » ou au régent, grand amateur de semblables morceaux.—Et voilà-t-il pas Coleridge lui-même qui vient de prendre sa volée, en vrai faucon, il est vrai, empêtré dans son capuchon, — et qui s'est mis à expliquer à la nation sa métaphysique ! — Je serais charmé qu'il voulût bien nous expliquer son explication[3].

III.

Tu sais, Robert, que tu es tant soit peu insolent, dans ton dépit de ne pouvoir primer tous les gazouilleurs d'ici-bas, et rester le seul merle du pâté ? Il en résulte qu'après d'impuissants efforts tu retombes épuisé, comme le poisson volant qui s'abat mourant sur le tillac d'un navire. Tu cherches à voler trop haut, Robert, et ton aile desséchée ne pouvant te soutenir, tu ne tardes pas à dégringoler.

IV.

Et Wordsworth, qui, dans une *Excursion* passablement longue (cinq cents pages in-quarto, si je ne me trompe), nous a donné un échantillon de l'immense version de son nouveau système, bien propre à embarrasser les sages. C'est de la poésie, — il l'affirme du moins, — et qui peut passer pour telle pendant la canicule. Celui qui la comprendra serait à même d'ajouter un nouvel étage à la tour de Babel.

V.

Si bien, messieurs, qu'à force de vous isoler de toute compagnie meilleure et de vous borner exclusivement à votre conclave de Keswick[4], il s'est opéré une mutuelle transfusion de vos intelligences, et vous êtes arrivés enfin à cette conclusion des plus logiques : que la poésie n'a des palmes que pour vous. Il y a dans cette idée quelque chose de si étroit, qu'il serait à désirer que vous voulussiez bien échanger vos lacs contre l'Océan.

VI.

Je ne voudrais pas imiter cette pensée mesquine, ni donner à mon égoïsme l'empreinte d'un vice aussi bas, pour toute la gloire que votre conversion vous a rapportée : car l'or n'a pas dû être le seul prix dont elle ait été payée. Vous avez reçu votre salaire : est-ce pour cela que vous avez travaillé ? Wordsworth occupe un emploi[5] dans l'excise[6]. Il faut avouer que vous êtes de grands misérables, — ce qui n'empêche pas que vous ne soyez poëtes, et assis sans conteste sur la colline immortelle.

VII.

Que sur vos fronts les lauriers cachent l'impudence, et peut-être aussi un reste de rougeur vertueuse ! — Gardez-les : — je ne veux ni de vos palmes ni de vos fruits ; — et quant à la gloire que vous voudriez accaparer ici-bas, la carrière est ouverte à tous, et quiconque possède le feu sacré peut la parcourir. Scott, Rogers, Campbell, Moore et Crabbe, débattront avec vous cette question dans la postérité.

VIII.

Pour moi, dont la muse va simplement à pied, je n'irai pas vous attaquer sur votre cheval ailé. Puisse votre destinée vous accorder, quand il lui plaira, la gloire que vous enviez et le talent qui vous manque ! Rappelez-vous qu'un poëte ne perd rien pour rendre pleine justice au mérite de ses confrères, et que se plaindre de l'injustice du présent n'est pas un titre assuré aux éloges de l'avenir.

IX.

Celui qui lègue ses lauriers à la postérité (et c'est un héritage qu'elle s'empresse rarement de revendiquer) en est presque toujours assez médiocrement pourvu, et son témoignage à cet égard lui est plus nuisible qu'utile. Si l'on voit çà et là quelque phénomène glorieux surgir, comme Titan, de l'immersion de l'Océan, la plus grande partie des appelants va — Dieu sait où ! car lui seul peut le savoir.

X.

Si, dans les jours mauvais, Milton, poursuivi par la calomnie, en appelait au temps pour le venger ; si le temps, prenant en main sa vengeance, a dévoué à l'exécration ses persécuteurs, et fait du nom de Milton l'équivalent de sublime, c'est que, lui, il ne s'était pas renié lui-même dans ses chants ; il n'avait pas fait de son talent un crime ; après avoir flétri le père, il n'avait pas encensé le fils ; mais, ennemi des tyrans, il était mort comme il avait vécu.

XI.

Ah ! si le vieil aveugle, — sortant de sa tombe, comme Samuel, venait de nouveau, par ses prophéties, glacer le sang des rois, ou s'il pouvait revivre, blanchi par les années et le malheur, avec ses yeux éteints et ses filles sans cœur, — épuisé, — pâle[7] — indigent, adorerait-il un sultan ? obéirait-il à l'eunuque intellectuel Castlereagh ?

XII.

Scélérat patelin, au sang glacé, au doucereux visage, il a trempé ses mains jeunes et délicates dans le sang de l'Irlande ! Puis, sa soif de carnage réclamant un plus vaste théâtre, il est venu s'abreuver aux rives d'Albion ! Le plus vulgaire des instruments que la tyrannie pût choisir, il a tout juste assez de talent pour allonger la chaîne que d'autres ont rivée, et pour présenter le poison qu'une autre main prépara.

XIII.

Orateur, il a pour toute éloquence un fatras si ineffablement, si légitimement stupide, que ses plus grossiers flatteurs n'osent la louer, et qu'elle n'excite même pas le sourire de ses ennemis, c'est-à-dire de tous les peuples. Pas une étincelle ne jaillit par mégarde de l'incessant travail de cette meule d'Ixion, qui tourne et retourne toujours, offrant au monde le tableau de tourments sans fin et d'un mouvement perpétuel.

XIV.

Ouvrier maladroit, même dans son dégoûtant métier, il a beau rapetasser et raccommoder, toujours son travail laisse quelque lacune dont ses maîtres s'effraient : des états à mettre sous le joug, des pensées à comprimer, une conspiration ou un congrès à organiser ; — forgeant des chaînes au genre humain, il confectionne l'esclavage, remet à neuf les vieux fers. La haine de Dieu et des hommes forme son salaire.

XV.

Si l'on doit juger de la matière par l'intelligence, énervé jusqu'à la moelle, cet être inerte et neutre n'a que deux objets en vue : servir et ployer. Il s'imagine que la chaîne qu'il porte peut s'adapter même à des hommes! Ses maîtres nombreux ont en lui un nouvel Eutrope[8] : — aveugle au mérite comme à la liberté, à la sagesse comme à l'esprit; ne craignant rien,—par la raison qu'il n'y a point de sentiment dans la glace. Il n'est pas jusqu'à son courage que la stagnation n'ait fait passer à l'état de vice.

XVI.

De quel côté porter mes regards pour ne point *voir* ses entraves, car jamais il ne me les fera *sentir* ? — Italie, ton âme romaine, un moment réveillée, est retombée abattue sous le mensonge que ce mannequin politique a soufflé sur toi[9] ! Le bruit de tes chaînes et les récentes blessures de l'Irlande trouveront une voix, et parleront pour moi. — Il reste encore à l'Europe des esclaves, — des alliés, — des rois, — des armées, et Southey pour chanter tout cela en pitoyables vers.

XVII.

En attendant, — baronnet lauréat, — je te dédie ce poëme, en langage simple et sans art. Si je ne prêche pas en vers adulateurs, c'est que, vois-tu, j'ai gardé mon *uniforme*[10]; j'ai encore à faire mon éducation politique; et puis l'apostasie est tellement à la mode, que conserver sa foi est une tâche véritablement herculéenne. N'est-il pas vrai, mon tory, mon ultra-Julien[11] ?

Venise, 16 septembre 1818.

DON JUAN.

CHANT PREMIER[12].

I.

J'ai besoin d'un héros, besoin fort extraordinaire dans un temps où chaque année, chaque mois, nous en produit un nouveau, jusqu'au moment où, son charlatanisme ayant rempli les gazettes, le siècle s'aperçoit que ce n'est pas le héros véritable. Je me soucie fort peu de ces gens-là... Je prendrai donc notre vieil ami don Juan. — Nous l'avons tous vu, dans la pantomime, envoyé au diable un peu avant que son temps ne fût venu.

II.

Vernon [13], le boucher Cumberland [14], Wolfe [15], Hawke [16], le prince Ferdinand [17], Granby [18], Burgoyne [19], Keppel [20], Howe [21], ont fait parler d'eux dans leur temps, soit en bien, soit en mal, et ont servi d'enseigne comme aujourd'hui Wellesley [22]. Chacun d'eux défile à son tour, comme les monarques de Banquo, tous suivants de la gloire, tous enfants d'une même mère [23]. La France aussi a eu Bonaparte et Dumouriez, dont le souvenir est consigné dans le *Moniteur* et le *Courrier*.

III.

Barnave, Brissot, Condorcet, Mirabeau, Pétion, Clootz, Danton, Marat, La Fayette, ont été des Français célèbres, comme chacun sait. Il en est d'autres encore dont on a gardé le souvenir : Joubert, Hoche, Marceau, Lannes, Desaix, Moreau, auxquels on pourrait joindre un grand nombre d'autres guerriers très remarquables dans leur temps, mais dont les noms ne s'adaptent nullement à mes vers.

IV.

Il fut un temps où Nelson était pour la Grande-Bretagne le dieu de la guerre; il devrait l'être encore, mais le cours des choses a changé : on ne parle plus de Trafalgar; ce nom est paisiblement relégué dans l'urne de notre héros. C'est maintenant l'armée qui est populaire, ce qui n'arrange guère les marins. D'ailleurs le prince a une prédilection spéciale pour le service de terre, sans plus se souvenir de Duncan, Nelson, Howe et Jervis.

V.

De braves guerriers vivaient avant Agamemnon; il y en a eu d'autres depuis. Il s'est trouvé des hommes vaillants et sages comme lui, sans lui ressembler en tout; mais ils n'ont point brillé dans les pages du poëte, et c'est pourquoi on les a oubliés. — Je ne fais le procès à personne, mais, dans le siècle actuel, je ne trouve aucun héros qui convienne à mon poëme (je veux dire à mon nouveau poëme). Ainsi donc, comme je l'ai dit, je prendrai mon ami don Juan.

VI.

La plupart des poëtes épiques se jettent dès l'abord *in medias res*; Horace en fait la grande route de l'épopée. Puis, quand cela vous convient, votre héros raconte ce qui a précédé; il vous fait ce récit par voie d'épisode, après dîner, commodément assis auprès de sa maîtresse, dans quelque charmant séjour, tel qu'un palais, un jardin, le paradis, ou une grotte, qui sert de taverne à l'heureux couple.

VII.

C'est la méthode ordinaire, mais ce n'est pas la mienne. J'ai pour habitude de commencer par le commencement : la régularité de mon plan m'interdit toute divagation, comme une faute capitale; et dût mon premier vers me coûter une heure à filer, je débuterai par vous dire quelque chose du père de don Juan, et aussi de sa mère, si vous le voulez bien.

VIII.

Il était né à Séville, cité agréable, célèbre par ses oranges et ses femmes. — Il faut plaindre celui qui ne l'a pas vue; le proverbe le dit, — et je suis tout à fait de son avis. Il n'y a pas dans toute l'Espagne de ville plus jolie, à l'exception peut-être de Cadix; — mais bientôt vous pourrez en juger : — les parents de don Juan habitaient sur les bords du fleuve, du noble fleuve appelé Guadalquivir.

IX.

Son père avait nom José, — *don* José, comme de raison; c'était un véritable hidalgo, sans une goutte de sang israélite ou maure dans les veines; son origine remontait aux plus gothiques gentilshommes de l'Espagne; jamais meilleur cavalier ne monta à cheval, ou, une fois en selle, ne descendit la garde, que José, qui engendra notre héros, lequel engendra... — mais c'est ce que nous verrons par la suite.— Hé bien, donc, pour reprendre,

X.

Sa mère était une femme savante, versée dans la connaissance de toutes les sciences connues, ou qui ont un nom dans les langues de la chrétienté ; ses vertus n'avaient d'égal que son esprit, si bien qu'à la voir ainsi exceller dans tout ce qu'elle faisait, les gens les plus habiles étaient tout honteux devant elle, et les gens de bien ne pouvaient s'empêcher d'éprouver une secrète envie.

XI.

C'était une mine que sa mémoire. Elle savait par cœur tout Caldéron, et la plus grande partie de Lopé, en sorte que si un acteur venait à oublier son rôle, elle pouvait lui servir de souffleur ; la science de Feinagle [24] eût été pour elle une science inutile ; elle l'eût obligé à fermer boutique ; — jamais il n'eût pu réussir à créer une mémoire comparable à celle qui ornait le cerveau de dona Inez.

XII.

Les mathématiques étaient sa science de prédilection ; sa vertu la plus noble, la magnanimité ; son esprit (elle visait parfois à l'esprit) était de l'attique pur ; dans ses discours sérieux, elle portait l'obscurité jusqu'au sublime ; enfin elle était en toute chose ce qu'on peut appeler un prodige : — sa robe du matin était de basin ; elle mettait, le soir, une robe de soie, ou, dans l'été, de mousseline, et autres étoffes qu'il serait trop long d'énumérer.

XIII.

Elle savait le latin, — je veux dire l'oraison Dominicale ; en fait de grec, — elle savait l'alphabet, — j'en ai la presque certitude ; elle lisait par-ci par-là quelques romans français, quoiqu'elle ne parlât pas très bien cette langue ; quant à l'espagnol, elle y donnait peu d'attention ; du moins sa conversation était obscure ; ses pensées étaient des théorèmes, ses paroles un problème, comme si elle eût cru que le mystère dût les ennoblir.

XIV.

Elle avait du goût pour l'anglais et l'hébreu, et trouvait de l'analogie entre ces deux langues ; elle le prouvait par je ne sais quelles citations des livres sacrés ; mais je laisse ces preuves à ceux qui les ont vues. Il est une remarque toutefois que je lui ai entendu faire, et sur laquelle chacun est libre d'avoir l'opinion qu'il lui plaira : « c'est que le mot hébreu qui signifie *je suis* 25, est toujours employé en anglais comme sujet du verbe *damner* 26. »

XV.

Il est des femmes qui savent faire usage de leur langue ; elle était un cours académique vivant ; dans chacun de ses yeux il y avait un sermon, sur son front une homélie ; elle était pour elle-même un directeur expert sur tous les cas, comme le défunt et regretté sir Samuel Romilly 27, ce commentateur des lois, cet Aristarque du gouvernement, dont le suicide a été une sorte d'anomalie ; — nouvel et triste exemple que « tout est vanité. » — (Le jury a rendu à son égard un verdict d'insanie.)

XVI.

Enfin, c'était une arithmétique ambulante ; on eût cru voir marcher les « Nouvelles de miss Edgeworth, » fraîchement déballées 28, ou les livres de mistriss Trimmer sur l'éducation 29, ou « l'Épouse de Cœleb 30 » à la recherche des amants ; c'était la morale elle-même personnifiée, où même l'envie ne pouvait rien reprendre ; elle laissait aux autres femmes les défauts de son sexe ; elle n'en avait pas un seul, — ce qui est le pire de tous.

XVII.

Oh ! elle était parfaite au-delà de toute comparaison ! pas une sainte moderne qu'on pût mettre en parallèle avec elle ; elle était tellement supérieure à toutes les tentations du malin esprit, que son ange gardien avait fini par abandonner son poste ; ses moindres mouvements étaient aussi réguliers que ceux des meilleures pendules d'Harrison. Rien ne pouvait, sur la terre, la surpasser en vertus, hormis ton « huile incomparable, » ô Macassar 31 !

XVIII.

Elle était parfaite ; mais, hélas ! la perfection est insipide dans ce monde pervers, où nos premiers parents ne durent leur premier baiser qu'à leur exil de ce paradis, séjour de paix, d'innocence et de félicité (je serais curieux de savoir à quoi ils employaient les douze heures de la journée). Par ce motif, don José, en vrai fils d'Ève qu'il était, allait cueillant des fruits divers sans la permission de sa moitié.

XIX.

C'était un mortel d'un caractère insouciant, n'ayant pas grand goût pour la science ou pour les savants ; il aimait à aller partout où bon lui semblait, sans se soucier de ce que sa femme pourrait en penser. Le monde, qui, comme c'est l'usage, prend un malin plaisir aux dissensions d'un royaume ou d'une famille, disait tout bas qu'il avait une maîtresse ; quelques-uns lui en donnaient *deux* ; mais il n'en faut qu'une pour mettre la discorde dans un ménage.

XX.

Or, dona Inez, avec tout son mérite, avait une haute opinion de ses bonnes qualités ; il faut la patience d'un saint à femme que son mari néglige : il est bien vrai qu'Inez était une sainte par sa moralité, mais elle avait un diable de caractère ; elle mêlait parfois des fictions aux réalités, et quand elle pouvait jeter son seigneur et maître dans l'embarras, elle ne s'en faisait faute.

XXI.

C'était chose facile avec un homme souvent en faute et jamais sur ses gardes ; et puis, les plus circonspects ont beau faire, il y a dans la vie des moments, des heures, des jours d'abandon, où il suffirait d'un coup d'éventail pour vous assommer ; et les dames frappent quelquefois excessivement fort ; l'éventail se transforme en glaive dans leur main, et il serait difficile d'en dire la raison.

XXII.

Les jeunes filles savantes ont grand tort d'épouser des gens sans éducation, ou des hommes qui, bien que parfaitement élevés, finissent par se fatiguer d'une conversation scientifique ; je ne crois pas devoir en dire davantage sur ce chapitre ; je suis bon homme, je suis garçon ; mais — vous, qui êtes mariés à des beautés intellectuelles, dites-le-nous franchement, ces dames ne sont-elles pas vos maîtres ?

XXIII.

Don José et sa femme avaient parfois querelle. *Pourquoi ?*

c'est ce que personne ne pouvait deviner; bien des gens cependant cherchaient à le savoir; mais ce n'était ni leur affaire ni la mienne; j'abhorre la curiosité, c'est un vice si bas! mais s'il est au monde une chose où j'excelle, c'est d'arranger les affaires de mes amis, n'ayant point de soucis domestiques en propre.

XXIV.

Je crus donc, dans la meilleure intention du monde, devoir intervenir; mais mon zèle officieux fut assez mal accueilli; je crois que les deux époux avaient le diable au corps; car, à dater de ce moment, il me fut impossible de trouver l'un ou l'autre au logis; il est vrai que leur concierge m'a avoué depuis... — mais n'importe; ce qu'il y eut de pire pour moi dans cette affaire, c'est qu'un jour, dans l'escalier, le petit Juan m'arrosa à l'improviste d'un seau d'eaux ménagères.

XXV.

C'était un petit frisé, franc vaurien depuis sa naissance, véritable singe malfaisant; ses parents raffolaient de ce turbulent marmot, et c'était le seul point sur lequel ils étaient d'accord; au lieu de se disputer, ils eussent mieux fait d'envoyer le petit drôle à l'école, ou de le fouetter d'importance à la maison, pour lui apprendre à vivre.

XXVI.

Don José et dona Inez menaient depuis quelque temps une vie fort malheureuse, désirant, non le divorce, mais la mort l'un de l'autre; cependant, ils observaient aux yeux du monde toutes les convenances de la vie conjugale; toute leur conduite était celle de gens comme il faut. Ils ne donnaient aucun signe de divisions domestiques; mais le feu, longtemps étouffé, éclata à la fin, et leur mésintelligence devint un fait incontestable;

XXVII.

Car Inez fit venir des apothicaires et des médecins, et essaya de prouver que son mari était fou; mais, comme il avait des intervalles lucides, elle décida ensuite qu'il n'était que *vicieux*. Cependant, quand on lui demanda ses preuves, on ne put obtenir d'elle aucune explication, si ce n'est que dans ce qu'elle avait fait elle avait été mue par son devoir envers Dieu et les hommes ; ce qui ne laissa pas que de paraître fort singulier.

XXVIII.

Elle tenait un registre où elle inscrivait toutes les fautes de son mari ; elle ouvrit même certaines malles contenant des livres et des lettres dont on pourrait tirer parti dans l'occasion ; du reste, elle était appuyée par tout Séville, sans compter sa vieille grand'mère (qui radotait) ; les témoins de ses dires allèrent partout les répétant, et se constituèrent, de leur chef, avocats, inquisiteurs et juges, les uns pour s'amuser, d'autres pour servir de vieilles rancunes.

XXIX.

Et puis, cette femme douce et bonne supportait avec tant de sérénité les malheurs de son époux ! à l'instar de ces dames spartiates qui voyaient tuer leurs maris, et prenaient l'héroïque résolution de n'en plus parler, — elle entendait sans s'émouvoir toutes les calomnies déversées sur lui, et contemplait ses tortures avec un calme si sublime, que tout le monde s'écriait : « Quelle magnanimité ! »

XXX.

Cette patience de nos amis, quand le monde se déchaîne contre nous, est, sans contredit, de la philosophie ; et puis il est fort agréable de passer pour magnanime, surtout lorsque, chemin faisant, nous en venons à nos fins. Une telle conduite ne rentre pas dans ce que les légistes appellent « *malus animus ;* » certes, la vengeance en personne n'est point une vertu, mais est-ce *ma* faute à moi, si les *autres* vous font du mal ?

XXXI.

Si nos dissentiments remettent sur le tapis de vieilles histoires avec l'addition d'un ou deux mensonges, on ne peut m'en blâmer ; ce n'est la faute de personne. — Ces histoires sont de notoriété traditionnelle ; d'ailleurs leur résurrection fait ressortir notre gloire par le contraste, et c'est justement ce que nous désirions ; puis la science profite de cette exhumation : — les scandales morts sont d'excellents sujets de dissection.

XXXII.

Une réconciliation avait été tentée par leurs amis, puis par leurs parents, qui n'avaient fait qu'empirer les choses (il serait difficile de dire à qui des parents ou des amis il vaut mieux recourir en pareille occasion; — je ne puis dire grand'chose ni des uns ni des autres). Les gens de loi faisaient leur possible pour amener un divorce; mais on venait à peine de payer les premiers frais de justice des deux parts, que, malheureusement, don José mourut.

XXXIII.

Il mourut; et c'est bien dommage, car, d'après ce que j'ai pu recueillir des juristes les plus experts dans cette matière (quoiqu'ils missent dans leurs paroles beaucoup d'obscurité et de circonspection), sa mort vint gâter une cause charmante; ce fut aussi une grande perte pour la sensibilité du public, qui, en cette occasion, s'était manifestée avec éclat.

XXXIV.

Mais quoi! il mourut, emportant dans sa tombe la sensibilité du public et les honoraires des gens de loi; sa maison fut vendue, ses domestiques congédiés; un juif prit l'une de ses deux maîtresses, un prêtre l'autre; — du moins on le dit. — D'après ce que m'ont affirmé les médecins, il mourut d'une fièvre tierce lente, et laissa sa veuve à son aversion.

XXXV.

Cependant José était un galant homme; je puis le dire, moi qui l'ai parfaitement connu; je ne reviendrai donc plus sur le chapitre de ses faiblesses; d'ailleurs nous en avons à peu près épuisé le catalogue : si de temps à autre ses passions dépassèrent les limites de la discrétion et furent moins paisibles que celles de Numa (aussi nommé Pompilius), c'est qu'il avait été mal élevé, et était né bilieux.

XXXVI.

Quels qu'aient été ses mérites ou ses torts, l'infortuné

cela ne peut faire de bien à personne, — ce fut un moment cruel que celui qui le trouva seul, assis à son foyer désert, entouré des débris de ses pénates mutilés : on n'avait laissé à sa sensibilité ou à son orgueil d'autre alternative que la mort ou la cour ecclésiastique [32]. — Il prit donc le parti de mourir.

XXXVII.

Comme il était décédé *intestat*, Juan se vit l'unique héritier d'un procès en chancellerie [33], de maisons et de terres que, dans le cours d'une longue minorité, des mains capables sauraient mettre à profit. La tutelle fut tout entière confiée à Inez ; ce qui était juste et conforme au vœu de la nature ; un fils unique, élevé par une mère veuve, est toujours beaucoup mieux élevé qu'un autre.

XXXVIII.

La plus sage des femmes, comme aussi des veuves, elle résolut de faire de Juan un véritable prodige, digne en tout point de sa haute naissance (son père était de Castille et sa mère d'Aragon) ; elle voulut qu'il possédât tous les talents d'un chevalier, dans l'hypothèse où notre seigneur le roi ferait de nouveau la guerre. Il apprit donc à monter à cheval, à faire des armes, à manier un fusil, à escalader une forteresse — ou un couvent de nonnes.

XXXIX.

Mais ce que dona Inez désirait par-dessus tout, ce dont elle s'assurait chaque jour par elle-même, en présence de tous les savants professeurs qu'elle lui donnait, c'est que son éducation fût strictement morale. Elle s'occupait beaucoup de ses études, toutes lui étaient soumises au préalable : arts, sciences, on enseignait tout à Juan ; j'en excepte pourtant l'histoire naturelle.

XL.

Les langues, en particulier les langues mortes ; les sciences, surtout les sciences abstraites ; les arts, spécialement ceux qui sont le moins susceptibles d'une application pratique, devinrent la base de ses études ; mais on eut grand soin d'écarter de lui toute lecture un peu libre, tout ce qui pouvait faire allusion, de près ou de loin, à la propagation de l'espèce; et cela, pour éviter qu'il ne devînt vicieux.

XLI.

Ce qui embarrassait parfois dans ses études classiques, c'étaient les indécentes amours de ces dieux et de ces déesses qui firent tant de bruit dans les premiers âges du monde, et ne portèrent jamais ni pantalons ni corsets; ses vénérables pédagogues essuyaient parfois de vertes réprimandes, et excusaient du mieux qu'ils pouvaient leur *Énéide*, leur *Iliade* et leur *Odyssée*; car dona Inez redoutait la mythologie.

XLII.

Ovide est un mauvais sujet, comme le prouvent ses vers; la morale d'Anacréon est encore pire; dans Catulle, on trouverait à peine un poëme décent; je ne crois pas que l'*Ode de Sapho* soit d'un fort bon exemple, malgré l'opinion de Longin, qui prétend qu'il n'existe pas d'hymne où le sublime s'élève sur de plus larges ailes; mais les chants de Virgile sont purs, à l'exception pourtant de cette horrible églogue qui commence par « *Formosum pastor Corydon.* »

XLIII.

L'irréligion de Lucrèce est une nourriture trop forte pour de jeunes estomacs; quoique Juvénal eût un but louable, je ne puis m'empêcher de croire qu'il eut tort de pousser, dans ses vers, la franchise jusqu'à la grossièreté; et puis, quelle personne bien élevée peut se plaire aux épigrammes nauséabondes de Martial?

XLIV.

Juan les lut dans la meilleure édition, expurgée par des mains savantes. Ces gens-là écartent judicieusement du regard de l'écolier tout ce qui pourrait blesser des yeux chastes; mais, craignant de trop défigurer par cette omission leur barde modeste, et déplorant vivement cette mutilation, ils ont soin de réunir tous les passages supprimés dans un appendix [34] qui, par le fait, tient lieu d'index.

XLV.

Là, au lieu d'être éparpillés dans les pages du livre, on les a rassemblés en masse; ils se présentent, rangés en ordre de bataille, aux regards de la jeunesse ingénue, jusqu'à ce qu'un censeur moins rigide les renvoie en leurs niches respectives, au lieu de les laisser se regardant l'un l'autre comme les statues d'un jardin, et avec plus d'indécence encore.

XLVI.

Il y avait aussi un missel (c'était le missel de la famille), orné comme le sont les anciens livres de messe; celui-ci était enluminé des dessins les plus grotesques; comment ceux qui voyaient sur la marge toutes ces figures se caressant pouvaient fixer leurs regards sur le texte et prier, c'est ce qui dépasse les limites de mon intelligence; — mais la mère de don Juan gardait ce livre pour elle, et en donnait un autre à son fils.

XLVII.

On lui faisait des sermons; il en lisait aussi parfois; les homélies et la vie des saints occupaient ses loisirs. Aguerri à la lecture de Jérôme et de Chrysostôme, de pareilles études ne lui étaient point pénibles; mais, pour apprendre à acquérir et conserver la foi, aucun de ceux que je viens de citer n'est comparable à saint Augustin, qui, dans ses confessions charmantes, fait envier à ses lecteurs ses transgressions.

XLVIII.

Ce livre était pareillement interdit au petit Juan; — je ne puis dire qu'en cela sa mère ait eu tort, s'il est vrai que cette éducation-là soit la bonne. Elle le perdait à peine un instant de vue; les femmes qui la servaient étaient vieilles; si elle en prenait une nouvelle, on pouvait être assuré d'avance que c'était un prodige de laideur; c'est à quoi elle n'avait jamais manqué du vivant de son époux. — J'en recommande autant à toutes les femmes mariées.

XLIX.

Le jeune Juan croissait en grâce et en sainteté; à six ans,

c'était un enfant charmant; à onze, il promettait d'avoir un jour la plus jolie figure du monde; il s'appliquait à ses études, faisait des progrès, et tout semblait annoncer qu'il était sur la vraie route du ciel, car une moitié de son temps se passait à l'église, l'autre dans la société de ses professeurs, de son confesseur et de sa mère.

L.

Je disais donc qu'à six ans c'était un enfant charmant; à douze, c'était un beau garçon des plus tranquilles; il avait eu une enfance un peu récalcitrante; mais il avait fini par s'apprivoiser au milieu d'eux, et ils n'avaient pas travaillé en vain à amortir son naturel : tout l'annonçait du moins, et sa mère faisait remarquer avec joie combien son jeune philosophe était déjà sage, calme et appliqué.

LI.

J'avais à cet égard des doutes, peut-être en ai-je encore; mais ce n'est pas le moment de m'expliquer sur ce point. J'ai beaucoup connu son père; j'ai quelque tact à juger des caractères; — mais il serait injuste de conclure du père au fils, soit en bien, soit en mal. Sa femme et lui étaient un couple mal assorti; — mais j'abhorre la médisance, — je proteste contre toute parole désobligeante, fût-ce même en plaisantant.

LII.

Pour moi, je ne dis rien, — rien ; — mais je dis seulement, — et j'ai mes raisons pour cela, — que, si j'avais un fils unique à élever (et je remercie Dieu de n'en point avoir), ce n'est pas avec dona Inez que je l'enfermerais pour apprendre son catéchisme. Non, — non, — je l'enverrais de bonne heure au collége, car c'est là que j'ai appris ce que je sais.

LIII.

Car là on apprend, — je ne prétends pas me faire gloire de ce que j'y ai appris; — je passerai donc là-dessus, aussi bien que sur le grec que j'ai oublié depuis; je disais donc qu'on y apprend... — mais *verbum sat*; il me semble qu'en même temps j'y ai puisé, comme tout le monde, certaines connaissances... — n'importe, —je n'ai jamais été marié;— mais je crois pouvoir affirmer que ce n'est pas ainsi qu'on doit faire élever son fils.

LIV.

Le jeune Juan était alors dans sa seizième année, grand, beau, un peu fluet, mais bien fait; vif comme un page, quoique un peu moins espiègle ; tout le monde, excepté sa mère, le regardait presque comme un homme ; mais s'il arrivait à quelqu'un de le dire en sa présence, elle entrait en fureur et se mordait les lèvres pour s'empêcher de crier ; car la précocité était, à ses yeux, ce qu'il y avait de plus atroce.

LV.

Parmi ses nombreuses connaissances, toutes choisies pour leur sagesse et leur dévotion, était dona Julia. Dire seulement qu'elle était belle, ce serait donner une faible idée des charmes nombreux qui lui étaient aussi naturels que le parfum à la fleur, le sel à l'Océan, à Vénus sa ceinture, à Cupidon son arc (mais cette dernière comparaison est sotte et rebattue).

LVI.

La noire prunelle de son œil oriental s'accordait avec son origine mauresque (il faut dire, en passant, que son sang n'était pas tout espagnol; et vous savez qu'en Espagne c'est presque un péché). Quand tomba Grenade la fière, quand Boabdil s'enfuit en pleurant, parmi les ancêtres de dona Julia, les uns passèrent en Afrique, d'autres restèrent en Espagne; c'est ce dernier parti qu'adopta sa trisaïeule.

LVII.

Elle épousa un hidalgo dont j'ai oublié la généalogie, et qui transmit à sa postérité un sang moins noble que celui qu'il avait reçu : ses parents virent ce mariage avec déplaisir; car les membres de la famille étaient si pointilleux sur le chapitre de la noblesse, qu'ils ne se mariaient qu'entre eux, et épousaient leurs cousines — et jusqu'à leurs tantes et leurs nièces; mauvaise habitude, qui détériore l'espèce en la multipliant.

LVIII.

Ce croisement païen renouvela la race, gâta le sang, mais améliora beaucoup la chair; car de la souche la plus laide qu'il y eût dans la vieille Espagne, sortit une branche aussi belle que fraîche : les garçons cessèrent d'être courtauds, les filles d'être plus qu'ordinaires; mais je dois rapporter un bruit qui courait, quelque envie que j'eusse de le taire : on dit que la grand'mère de dona Julia donna à son mari plus d'enfants de l'amour que de fruits légitimes.

LIX.

Quoi qu'il en soit, la race continua de s'améliorer d'une génération à l'autre, jusqu'à ce qu'elle se résuma en un fils unique qui ne laissa qu'une seule fille; on devine que cette fille n'est autre que Julia, dont j'aurai beaucoup à parler; elle était mariée, charmante, chaste, et âgée de vingt-trois ans.

LX.

Ses yeux (j'ai toujours singulièrement aimé les beaux yeux) étaient grands et noirs. Quand elle se taisait, leur flamme était à demi voilée; mais dès qu'elle parlait, à travers leur douce hypocrisie flamboyait une expression de fierté plutôt que de colère, d'amour surtout; quelque chose s'y montrait qui n'était pas le désir, mais qui eût pu le devenir si son âme ne l'eût réprimé à propos.

LXI.

Sa chevelure brillante ornait un front blanc et lisse où rayonnait l'intelligence; son sourcil ressemblait à l'arc-en-ciel; sur sa joue tout empourprée de l'éclat de la jeunesse, montaient parfois de soudaines et transparentes lueurs, comme si l'éclair eût couru dans ses veines. En vérité, sa grâce et son air avaient quelque chose de peu commun; sa taille était haute. — Je déteste les femmes trapues.

LXII.

Elle était mariée depuis quelques années à un homme de cinquante ans; ces maris-là foisonnent; et pourtant je suis d'opinion qu'au lieu d'un mari de cinquante ans, il vaudrait mieux en avoir deux de vingt-cinq, surtout dans les pays rapprochés du soleil; et maintenant que j'y pense, *mi vien in mente,* il me semble que les femmes de la vertu la plus sauvage préfèrent un époux qui n'a pas encore atteint la trentaine.

LXIII.

C'est fâcheux, je l'avoue ; la faute en est à ce soleil indécent qui ne peut laisser en repos notre argile chétive, mais qui la chauffe, la cuit, la brûle, si bien que, nonobstant jeûnes et prières, la chair est fragile et l'âme se perd : ce que les hommes appellent galanterie, et les dieux adultère, est beaucoup plus commun dans les pays chauds.

LXIV.

Heureux les peuples du moral septentrion, où tout est vertu, où l'hiver envoie le péché grelotter tout nu (ce fut la neige qui mit saint Antoine à la raison) [35] ! où un jury estime la valeur d'une femme en fixant comme il lui plaît l'amende imposée au galant, à qui on fait d'ordinaire payer un bon prix, parce que c'est un vice dont on fait commerce, et qui a son tarif.

LXV.

L'époux de Julia avait nom Alfonso ; homme de bonne mine pour son âge, et que sa femme n'aimait ni ne haïssait : ils vivaient ensemble comme tant d'autres, supportant, par un accord tacite, leurs torts réciproques, et n'étant précisément *ni un, ni deux ;* cependant il était jaloux, bien qu'il n'en témoignât rien, car la jalousie n'aime pas à mettre le public dans sa confidence.

LXVI.

Julia était on ne peut mieux avec dona Inez, — je n'ai jamais pu deviner pourquoi ; — il n'y avait pas dans leurs goûts beaucoup de sympathie, car Julia n'avait de sa vie touché une plume ; certaines gens disent tout bas (mais, à coup sûr, ils mentent, car la médisance voit partout des motifs intéressés) qu'avant le mariage de don Alfonso, dona Inez avait oublié avec lui sa haute prudence.

LXVII.

On ajoute qu'ayant continué à cultiver cette liaison, qui, avec le temps, avait pris un caractère beaucoup plus chaste, elle s'était également liée d'amitié avec sa femme; c'était effectivement ce qu'elle avait de mieux à faire : sa sage protection ne pouvait que flatter dona Julia; en même temps, c'était un compliment adressé au bon goût d'Alfonso; et si elle ne pouvait (qui le peut?) imposer un silence complet à la médisance, en tout cas elle lui donnait par là beaucoup moins de prise.

LXVIII.

Je ne puis dire si Julia fut mise au fait par d'autres, ou si elle découvrit les choses par ses propres yeux; mais nul ne pouvait s'en douter; du moins elle n'en laissa jamais rien apercevoir : peut-être l'ignora-t-elle, peut-être y fut-elle indifférente d'abord, ou le devint-elle plus tard. Je ne sais vraiment que dire ou penser à cet égard, tant elle gardait soigneusement son secret.

LXIX.

Elle vit Juan et le caressa : c'était un si joli enfant! — Certes il n'y avait là aucun mal; et rien n'était plus innocent, lorsqu'elle avait vingt ans et qu'il en avait treize; mais quand il en eut seize et elle vingt-trois, il n'est pas certain que cette vue m'eût fait sourire; ce petit nombre d'années amène d'étonnantes modifications, surtout chez les peuples brûlés du soleil.

LXX.

Quelle que fût la cause de ce changement, il est certain qu'ils n'étaient plus les mêmes; la dame était devenue réservée, le jeune homme timide; lorsqu'ils s'abordaient, leurs yeux étaient baissés, leur bouche presque muette, et leurs regards exprimaient un grand embarras; à coup sûr, il en est qui ne douteront pas que Julia ne connût fort bien la raison de tout ceci; mais quant à Juan, il ne soupçonnait pas plus ce qui en était que ne peut se former une idée de l'Océan celui qui ne l'a jamais vu.

LXXI.

Toutefois, Julia avait quelque chose de tendre jusque dans sa froideur; ce n'était qu'avec un doux tremblement que sa petite main se dégageait de la sienne, lui laissant pour adieu une pression pénétrante, mais si légère et si suave, qu'on eût pu mettre en doute sa réalité ; mais jamais baguette de magicien, jamais la puissance d'Armide, n'opérèrent un changement pareil à celui que produisit sur le cœur de don Juan ce contact fugitif.

LXXII.

Lorsqu'elle l'abordait, elle ne souriait plus, il est vrai, mais son visage portait l'empreinte d'une tristesse plus douce que son sourire. Si son cœur couvait des pensées plus profondes, elle ne les avouait pas ; mais, refoulées dans ce cœur brûlant, cette contrainte même ne les lui rendait que plus chères. L'innocence elle-même a plus d'un artifice ; elle n'ose pas toujours se fier à la franchise, et la jeunesse enseigne l'hypocrisie à l'amour.

LXXIII.

Mais la passion a beau dissimuler, elle se révèle par son mystère même, comme le ciel le plus noir présage la tempête la plus terrible ; ses agitations se trahissent dans le regard vainement étudié, et, quelque forme qu'elle revête, c'est toujours la même hypocrisie : la froideur ou le ressentiment, le dédain ou la haine, sont des masques qu'elle porte fréquemment, et toujours trop tard.

LXXIV.

Et puis c'étaient des soupirs d'autant plus profonds qu'on voulait davantage les comprimer, des regards dérobés que le larcin rendait plus doux, une subite rougeur, sans motif de rougir ; on tremblait en s'abordant ; on était agité, inquiet, quand on s'était quitté. Tous ces petits préludes à la possession sont inséparables d'une passion naissante, et servent à prouver combien l'amour est embarrassé quand il fait voile avec un cœur novice.

LXXV.

Le cœur de la pauvre Julia était dans un singulier état : elle sentit qu'il allait lui échapper, et résolut de faire un noble effort pour elle-même et pour son époux ; elle appela à son aide l'honneur, l'orgueil, la religion et la vertu ; sa résolution fut véritablement des plus héroïques, et eût pu presque faire trembler un Tarquin. Elle implora la grâce de la Vierge Marie, comme étant la plus compétente à juger de sa position.

LXXVI.

Elle jura de ne plus revoir Juan, et dès le lendemain elle alla rendre visite à sa mère. La porte du salon s'ouvrit; vite elle tourna la tête pour voir qui entrait; grâces en soient rendues à la Vierge, ce n'est pas Juan! Elle en fut reconnaissante, et pourtant un peu fâchée. — La porte s'ouvre de nouveau : — cette fois ce doit être Juan. — Non! Je crains bien que l'on n'ait pas prié la Vierge ce soir-là.

LXXVII.

Alors elle se dit qu'une femme vertueuse doit faire face à la tentation et la vaincre, que la fuite est une lâcheté, qu'aucun homme ne fera désormais sur son cœur la moindre sensation, c'est-à-dire rien qui aille au-delà de cette préférence habituelle que nous éprouvons en toute occasion pour des gens auxquels nous trouvons plus d'agréments qu'à d'autres, sans avoir pour eux d'autres sentiments que ceux que nous aurions pour un frère.

LXXVIII.

Et s'il lui arrivait par hasard, — qui sait? le diable est si fin! — s'il lui arrivait de découvrir que chez elle tout n'est pas comme elle le désirerait; si, libre encore, toutefois, elle s'apercevait que tel ou tel amant pourrait lui plaire, eh bien! une femme vertueuse peut réprimer de telles pensées, et elle ne s'en trouve que mieux après en avoir triomphé; si cet homme demande, on en est quitte pour refuser: c'est un essai que je recommande aux jeunes femmes.

LXXIX.

Et puis, n'y a-t-il pas cette chose qu'on nomme l'amour divin, brillant, immaculé, pur et sans mélange; un amour tel que peuvent l'éprouver des anges, et des matrones qui ne se croient pas moins infaillibles qu'eux; un amour platonique et parfait, enfin « un amour comme le mien? » se disait Julia. — Et, à coup sûr, elle le pensait; et c'est aussi ce que je l'aurais voulu voir penser si j'avais été l'objet de ses célestes rêveries.

LXXX.

Un tel amour est innocent, et peut exister sans danger entre jeunes gens. On peut donner un baiser, d'abord sur la main, puis sur la bouche. Pour moi je suis complétement étranger à ces choses; mais j'ai *entendu dire* que ces libertés forment la limite de ce que peuvent se permettre ceux qu'un pareil amour tient sous sa loi; s'ils vont au-delà, c'est un crime; mais ce n'est pas ma faute, — je les en préviens d'avance.

LXXXI.

Ainsi, l'amour, mais l'amour contenu dans les limites du devoir, telle fut l'innocente résolution adoptée par Julia à l'égard du jeune don Juan; elle pensa que cet amour pourrait au besoin lui être utile à lui-même : guidé par ce flambeau céleste, allumé à un autel trop pur pour que sa flamme vît jamais ternir son éclat, avec quelle douce persuasion les leçons de l'amour et les siennes lui apprendraient — je ne sais trop quoi, et Julia n'en savait pas davantage.

LXXXII.

Animée de cette résolution, protégée par une armure à toute épreuve, — sa pureté d'âme; sûre désormais de sa force, convaincue que son honneur était un roc, une digue insurmontable, à dater de ce jour elle se dispensa, on ne peut plus sagement, de tout contrôle incommode : savoir si Julia était à la hauteur de pareille tâche, c'est ce que la suite nous apprendra.

LXXXIII.

Son plan lui semblait innocent et fort exécutable; assurément, avec un jeune homme de seize ans, la médisance ne pouvait guère trouver à mordre, et, dans le cas contraire, convaincue de la pureté de ses intentions, sa conscience était en repos. — Une conscience tranquille est un baume si doux! On a vu les chrétiens se brûler les uns les autres, persuadés que les apôtres eussent agi comme eux.

LXXXIV.

Et si dans l'intervalle son mari venait à mourir, — à Dieu ne plaise qu'une telle pensée lui vienne, même en rêve (et ce disant, elle soupirait)! jamais elle ne survivrait à une telle perte ;— mais enfin, en supposant que la chose arrivât, ce n'est qu'une supposition *inter nos* (je devrais dire *entre nous*, car dans ce moment Julia pensait en français, mais la rime s'y oppose);

LXXXV.

C'est une simple supposition que je fais : Juan, ayant atteint sa majorité, serait un parti sortable pour une veuve de condition ; dans sept ans la chose pourrait encore se faire ; jusque-là (pour continuer cette hypothèse) le mal, après tout, ne serait pas très grand, car il s'instruirait dans les rudiments de l'amour, je veux parler de celui que font là haut les séraphins.

LXXXVI.

En voilà assez pour Julia. Revenons à Juan : pauvre enfant ! il ne comprenait rien à son état, et ne s'en faisait aucune idée précise. Impétueux dans ses impulsions, comme la Médée d'Ovide, ce sentiment, nouveau pour lui, l'émerveillait ; mais il était loin de se douter que ce fût une chose toute simple, qui n'avait rien d'alarmant, et qui, avec un peu de patience, pouvait devenir charmante.

LXXXVII.

Silencieux, pensif, oisif, agité, rêveur, préférant à sa demeure l'isolement de la forêt, tourmenté d'une blessure invisible, sa douleur, comme toutes les douleurs profondes, se plongeait dans la solitude ; et moi aussi, j'aime la solitude, mais entendons-nous : il me faut la solitude, non d'un ermite, mais d'un sultan ; et pour grotte, un harem.

LXXXVIII.

Une pareille solitude,
Où le transport s'enlace à la sécurité,
Amour ! est le séjour de la béatitude ;
Là le cœur rend hommage à ta divinité.

Le poëte que je cite n'écrit vraiment pas mal [36] ; j'en excepte pourtant le second vers ; car cet enlacement du *transport* et de la *sécurité* forme une phrase tant soit peu obscure.

LXXXIX.

Le poëte a voulu, sans doute, exprimer une vérité qui tombe sous le sens, qui est sentie par tout le monde, dont chacun a pu faire ou pourra faire l'expérience : à savoir, que personne n'aime à être dérangé dans ses repas ni dans ses amours. — Je n'en dirai pas davantage sur l'*enlacement* et le *transport*, attendu que tout cela est connu depuis longtemps ; mais je prierai la « sécurité » de vouloir bien tirer le verrou.

XC.

Le jeune Juan errait au bord des limpides ruisseaux, pensant des choses inexprimables. Il s'étendait sous l'ombrage des bois, aux lieux où le liége déployait ses sauvages rameaux ; c'est là que les poëtes trouvent les matériaux de leurs livres, et il nous arrive quelquefois de les lire, pourvu que leur plan et leur prosodie nous conviennent, à moins pourtant qu'ils ne soient inintelligibles, comme Wordsworth.

XCI.

Il continua (Juan, et non Wordsworth) cette communion exclusive avec son âme fière, jusqu'à ce que dans cette abstraction profonde son grand cœur eût mitigé son mal en partie, sinon en totalité ; il s'y prit du mieux qu'il put, avec des sentiments peu sujets à contrôle ; et, sans avoir la conscience de son état, il fit comme Coleridge, et devint métaphysicien.

XCII.

Il médita sur lui-même, sur l'univers, sur le problème de l'homme, sur les étoiles, se demandant comment diable tout cela avait été produit ; puis il pensa aux tremblements de terre, à la guerre, aux dimensions que pouvait avoir la lune, aux ballons, aux nombreux obstacles qui s'opposent à ce que nous ayons une connaissance complète de l'empire illimité de l'air ; — puis il se prit à penser aux beaux yeux de dona Julia.

XCIII.

Dans de telles contemplations, la vraie sagesse peut discerner des désirs sublimes, de hautes aspirations, innées dans quelques hommes, et inculquées à la plupart de ceux qui s'imposent ce tourment sans trop savoir pourquoi. Il était bien étrange qu'un cerveau si jeune s'inquiétât de ce qui se passait dans l'air; si vous voyez en cela un effet de la philosophie, je pense, moi, que la puberté y était bien pour quelque chose.

XCIV.

Il méditait sur les feuilles et sur les fleurs ; il entendait une voix dans toutes les brises ; puis il pensait aux nymphes des bois et aux immortels bocages où ces divinités venaient s'offrir aux regards des hommes ; il perdait sa route, il oubliait l'heure ; puis quand il regardait à sa montre, il s'étonnait que le Temps, ce divin vieillard, eût marché si vite ; — alors aussi il s'apercevait qu'il avait manqué le dîner.

XCV.

Parfois il jetait les yeux sur son livre ; c'était Boscan [37] ou Garcilasso [38] ; comme le feuillet soulevé par le souffle du vent, son âme était agitée sur la page mystérieuse par la poésie de son intelligence, pareille à ces esprits auxquels les magiciens ont jeté un charme, et qu'ils livrent au souffle des vents, si nous en croyons certains contes de vieille femme.

XCVI.

Ainsi coulaient ses heures solitaires ; il lui manquait quelque chose, et il ne savait quoi; ni ses rêveries brûlantes, ni les chants du poëte, ne pouvaient lui donner ce que demandait son âme haletante, un sein pour y appuyer sa tête, et entendre les battements d'un cœur palpitant d'amour, — sans parler de plusieurs choses encore que j'oublie, ou, du moins, qu'il n'est pas nécessaire que je mentionne encore.

CLVII.

Ces promenades solitaires, ces rêveries prolongées, ne pouvaient échapper à l'attention de la tendre Julia; elle comprit que Juan n'était pas à son aise; mais ce qui peut et doit en effet surprendre, c'est que dona Inez n'importuna aucunement son fils de questions ou de conjectures, soit qu'elle ne s'aperçût de rien, ou ne voulût rien voir, ou ne pût rien découvrir, comme cela arrive à tant de gens habiles.

XCVIII.

Cela peut paraître étrange ; cependant, rien n'est plus commun : par exemple, les maris dont les moitiés se permettent de sauter à pieds joints par-dessus les obligations écrites de la femme, et d'enfreindre le... — pourriez-vous me dire le chiffre du commandement transgressé par ces dames (je l'ai oublié, et je pense qu'on ne doit jamais faire de citation qu'à bon escient)? Je disais donc que lorsque ces messieurs sont jaloux, ils ne manquent jamais de tomber dans quelque bévue, dont leurs femmes ont grand soin de nous instruire.

XCIX.

Un mari véritable est toujours soupçonneux, ce qui n'empêche pas que ses soupçons ne portent toujours à faux. Ou il est jaloux de quelqu'un fort innocent du fait, ou il prête aveuglément les mains à son propre déshonneur, en recevant chez lui quelque ami déloyal; cette dernière hypothèse ne manque jamais de se réaliser; et quand l'épouse et l'ami ont pris leur volée, c'est de leur perversité qu'il s'étonne, et non de sa sottise.

C.

Les parents aussi ont parfois la vue courte ; avec leurs yeux de lynx ils n'aperçoivent jamais ce que le monde voit avec une joie maligne, quelle est la maîtresse du jeune héritier un tel, quel est l'amant de miss Fanny, jusqu'au moment où une maudite escapade vient anéantir le plan de vingt années; et tout est fini : la mère se désole, le père jure, et se demande pourquoi diable il a eu des héritiers.

CI.

Mais la sollicitude d'Inez était si grande, sa vue si exercée, que force nous est de penser qu'en cette occasion elle avait des motifs tout particuliers pour abandonner Juan à cette tentation nouvelle. Quel était ce motif, c'est ce que je ne dirai pas pour le moment; peut-être voulait-elle compléter l'éducation de Juan, ou peut-être ouvrir les yeux de don Alfonso, au cas où il ferait de sa femme une trop rare estime.

CII.

Un jour, — c'était un jour d'été; — l'été est véritablement une saison fort dangereuse, comme aussi le printemps vers la fin de mai; nul doute que le soleil n'en soit la raison déterminante; mais quelle qu'en soit la cause, on peut dire, sans crainte de trahir la vérité, qu'il y a des mois où la nature s'émancipe davantage : — mars a ses lièvres, mai peut bien avoir son héroïne.

CIII.

C'était un jour d'été, — le 6 juin, — j'aime à donner des dates précises, à indiquer, non seulement le siècle et l'année, mais le mois; ce sont des espèces de relais où les destins changent de chevaux et font en même temps changer de ton à l'histoire, puis reprennent leur galop à travers royaumes et empires, ne laissant guère d'autres traces de leur passage que la chronologie, si l'on en excepte pourtant les *post-obits* théologiques; —

CIV.

C'était le 6 juin, vers six heures et demie, — peut-être sept; — Julia était assise dans un bosquet aussi charmant que ceux qui abritent les houris dans ce ciel païen décrit par Mahomet et Anacréon Moore, lui à qui furent donnés la lyre et les lauriers, ainsi que tous les trophées de la muse triomphante; — il les a loyalement conquis; puisse-t-il les garder longtemps! —

CV.

Julia était assise, mais n'était pas seule; je ne puis dire comment cette entrevue avait été amenée; et quand même je le saurais, je ne le dirais pas; — en toute chose il faut être discret. Peu importe comment et pourquoi cela était arrivé, mais enfin Julia et Juan étaient là face à face. — Quand deux visages comme les leurs sont ainsi en présence, il serait sage de fermer les yeux; mais c'est bien difficile.

CVI.

Qu'elle était belle! tout son cœur se peignait dans la rougeur brûlante de sa joue. O amour! que de perfection dans ton art mystérieux! tu fortifies le faible, et tu abats le fort. Combien elle est décevante la sagesse de ceux que ton charme a séduits! — Immense était le précipice ouvert devant elle; immense était sa foi en sa propre innocence.

CVII.

Elle pensait à sa force et à la jeunesse de Juan, à ce qu'une pruderie craintive avait d'insensé, à la vertu victorieuse, à la foi conjugale, et puis elle pensait aux cinquante ans d'Alfonso; autant eût valu que cette dernière pensée ne lui vînt pas, car c'est un chiffre qui a rarement le don de plaire. Dans tous les climats que recouvre la neige ou qu'échauffe le soleil, ce nombre sonne mal en amour, quoiqu'il n'en soit pas de même en finance.

CVIII.

Quand une personne vous dit : « Je vous ai répété cela *cinquante* fois, » elle entend par là vous faire un reproche, et c'est souvent ce qui a lieu; quand un poëte dit : « J'ai fait *cinquante* vers, » c'est presque une menace de vous les réciter; c'est par bandes de *cinquante* que les voleurs commettent leurs crimes. Il est bien vrai qu'à *cinquante* ans on obtient rarement amour pour amour; mais ce qui n'est pas moins vrai, c'est qu'on peut en acheter beaucoup pour *cinquante* louis.

CIX.

Julia avait de l'honneur, de la vertu, de la fidélité et de l'amour pour don Alfonso; elle jura intérieurement, par tous les serments qu'on fait ici-bas aux puissances de là haut, de ne jamais profaner l'anneau qu'elle portait, et d'étouffer jusqu'au moindre désir contraire à la sagesse; et tout en se disant ces choses et bien d'autres encore, elle posait négligemment une de ses mains sur celle de Juan; c'était une méprise : — elle croyait ne toucher que la sienne.

CX.

Sans s'en apercevoir, elle s'appuya sur l'autre, qui jouait avec les boucles de ses cheveux; et, à son air préoccupé, on voyait qu'elle luttait contre des pensées qu'elle ne pouvait comprimer. Certes, c'était fort mal à la mère de Juan de laisser ainsi en tête-à-tête ce couple imprudent, elle qui, pendant tant d'années, avait surveillé son fils avec une telle vigilance; — j'ai la certitude que la mienne n'en eût point fait autant.

CXI.

Peu à peu, la main qui tenait celle de Juan confirma sa pression d'une manière douce, mais sensible, comme pour lui dire : « Retenez-moi, s'il vous plaît. » Toutefois, on ne saurait douter qu'elle n'eût d'autre intention que de presser ses doigts d'une pure et platonique étreinte; elle eût reculé avec effroi, comme au contact d'un crapaud ou d'un aspic, si la pensée lui fût venue qu'il y avait là de quoi faire naître un sentiment dangereux aux yeux d'une épouse prudente.

CXII.

Je ne sais trop ce que Juan en pensa, mais il fit ce que vous auriez fait à sa place; ses jeunes lèvres remercièrent cette main par un baiser reconnaissant; puis, rougissant de l'excès de son bonheur, il s'écarta avec une sorte de désespoir, comme s'il eût craint d'avoir mal fait : l'amour est si timide dans un cœur novice! Elle rougit, mais sans colère; elle essaya de parler, mais en vain, tant sa voix était devenue faible.

CXIII.

Le soleil disparut à l'horizon, et la lune montra son disque jaunissant : la lune est dangereuse en diable; ceux qui l'ont appelée *chaste* ont, à mon sens, commencé trop tôt leur nomenclature; le plus long jour, le vingt-et-un juin lui-même, voit s'accomplir moins d'actes pervers que n'en éclaire en trois heures la lune souriante, — tout en conservant son air modeste.

CXIV.

Il y a dans cette heure un dangereux silence, un calme qui permet à l'âme de s'ouvrir tout entière sans pouvoir retrouver la force de se maîtriser; la lumière argentée qui revêt d'un charme saint l'arbre et la tourelle, qui donne à toute la nature un caractère de beauté et de douceur intime, pénètre aussi jusqu'au cœur, et y répand une amoureuse langueur qui n'est pas le repos.

CXV.

Et Julia était assise auprès de Juan, à demi enlacée par son bras frémissant, dont elle ne cherchait que faiblement à s'éloigner, et qui tremblait comme le sein sur lequel il s'était posé; sans doute elle ne croyait pas qu'il y eût à cela aucun mal; sans quoi il lui eût été facile de se dégager de son étreinte; mais quoi! cette situation avait son charme, et alors — Dieu sait ce qui s'ensuivit! — Je ne puis continuer; je suis presque fâché d'avoir commencé.

CXVI.

O Platon! Platon! avec tes maudites rêveries et le contrôle illusoire que suppose ton système sur les mouvements ingouvernables du cœur humain, tu as frayé la route à plus d'immoralité que toute la légion des poëtes et des romanciers! — Tu es un sot, un charlatan, un fat, — et tu n'as été tout au plus de ton vivant qu'un personnage de vertu fort équivoque!

CXVII.

Et la voix de Julia se perdit, ou ne s'exhala plus que par des soupirs, jusqu'au moment où il était trop tard pour tenir une conversation sensée; les pleurs inondèrent ses yeux charmants; plût à Dieu qu'elle n'eût eu aucun motif d'en répandre! mais, hélas! qui peut aimer et rester sage? Non que le remords ne vînt combattre la tentation; elle lutta quelque peu, se repentit beaucoup, et, tout en murmurant bien bas: « Je ne consentirai jamais, » — elle consentit.

CXVIII.

On dit que Xercès offrit une récompense à qui pourrait lui inventer un nouveau plaisir. A mon sens, sa majesté demandait là une chose fort difficile et qui lui aurait coûté fort cher. Pour ma part, je suis un poëte des plus modérés; il me faut un brin d'amour (pour passer le temps); je ne demande pas de nouveaux plaisirs; les anciens me suffisent, pourvu qu'ils durent.

CXIX.

O plaisir ! tu es véritablement une chose charmante, quoique nous soyons assurés d'être damnés à cause de toi. A chaque printemps, je prends la ferme résolution de me corriger avant la fin de l'année ; je ne sais comment cela se fait, mais autant en emporte le vent. Pourtant j'ai la certitude que ce vœu de continence peut être religieusement observé ; j'en suis fort affligé et on ne peut plus honteux, et je compte, l'hiver prochain, me réformer complétement.

CXX.

Ici il faut que ma chaste muse prenne une petite liberté ; — ne vous effarouchez pas, lecteur plus chaste encore ! elle promet de ne plus s'émanciper ensuite, et d'ailleurs il n'y a pas de quoi prendre beaucoup l'alarme ; la liberté dont je parle est une licence poétique qui peut avoir quelque chose d'irrégulier ; et, comme je fais grand cas d'Aristote et de ses règles, il est juste que je lui demande pardon quand il m'arrive de faillir quelque peu :

CXXI.

Cette licence consiste à prier le lecteur de vouloir bien supposer que depuis le six juin (époque fatale sans laquelle toute mon habileté poétique serait prodiguée en pure perte, faute d'événements à raconter), et sans perdre de vue Julia et don Juan ; que depuis le six juin, dis-je, il s'est écoulé plusieurs mois ! prenons que c'était en novembre ; mais je ne puis fixer le jour, — cette date est plus obscure que les autres.

CXXII.

Mais nous y reviendrons. — Il est doux à minuit, par un beau clair de lune, sur les flots bleus de l'Adriatique, d'entendre de loin s'élever sur les ondes la voix du gondolier mêlée au bruit cadencé de la rame ; il est doux de voir surgir l'étoile du soir ; il est doux d'entendre la brise murmurer de feuille en feuille ; il est doux de contempler au firmament l'arc-en-ciel appuyant sa base sur l'Océan, et décrivant sa courbe de l'un à l'autre horizon !

CXXIII.

Il est doux d'entendre la voix du chien fidèle saluer de ses aboiements notre retour au logis; il est doux de savoir qu'il est des yeux qui remarqueront notre arrivée, et où notre présence fera briller la joie; il est doux d'être éveillé par le chant de l'alouette ou bercé par le murmure des cascades! Il y a de la douceur dans le bourdonnement des abeilles, la voix des jeunes filles, le chant des oiseaux, les accents de l'enfance et ses premières paroles!

CXXIV.

Douce est la vendange quand les grappes amoncelées couvrent à profusion la terre humide de leur jus pourpré. Il est doux d'échapper au tumulte des villes pour chercher la gaieté des champs. Douce à l'œil de l'avare est la vue de ses monceaux d'or; douce est au cœur d'un père la naissance de son premier né; douce est la vengeance, surtout aux femmes, le pillage aux soldats, la part de prise aux marins.

CXXV.

Doux est un héritage, et plus doux encore le décès inattendu de quelque vieille douairière, ou d'un vieux parent ayant complété sa soixante-dixième année, après nous avoir trop longtemps fait attendre, à nous autres jeunes gens, un domaine, des écus ou un château : ces vieillards semblent toujours prêts à rendre l'âme, mais leur charpente est si solidement construite que tous les Israélites assiégent l'héritier de leurs maudites créances après décès.

CXXVI.

Il est doux de gagner ses lauriers, n'importe comment, avec la plume ou l'épée; il est doux de rétablir la concorde; il est doux aussi parfois de se quereller, surtout avec un ami qui nous excède; doux est le vin vieux en bouteille, et la bière en tonneau. Il nous est cher l'être faible et sans appui dont nous prenons la défense contre le monde, et plus cher encore l'asile de notre enfance, que nous n'oublions jamais, quoique nous y soyons oubliés.

CXXVII.

Mais plus doux que ceci, que cela, que tout au monde, est

un premier amour passionné !—seul, il survit à tout le reste, comme au cœur d'Adam le souvenir de sa chute ; le fruit de l'arbre de la science est cueilli, — tout est connu ; à dater de ce moment, la vie n'offre plus rien qui mérite d'être rappelé, qui soit digne de prendre place à côté de ce péché divin, que la fable a sans doute voulu désigner par l'impardonnable crime de Prométhée dérobant le feu du ciel.

CXXVIII.

L'homme est un étrange animal, qui fait un étrange usage de sa nature et des différents arts ; il aime surtout à montrer sa capacité par quelque invention nouvelle. Nous vivons dans un siècle où les singularités foisonnent, où tous les talents trouvent des chalands. Commencez d'abord par la vérité : si vous y perdez vos peines, l'imposture vous offre encore un débouché certain.

CXXIX.

Que de découvertes contradictoires nous avons vues (indice certain qu'on a du génie et que la poche est vide !) L'un invente des nez artificiels, un autre la guillotine ; celui-ci vous brise les os, celui-là vous les remet en place ; mais il faut avouer que la vaccine a salutairement fait contre-poids aux fusées à la Congrève. . . . .

. . . .

CXXX.

On a fait, avec de la fécule, d'assez mauvais pain. Le galvanisme a fait grimacer quelques cadavres ; mais il est loin d'avoir aussi bien fonctionné que le premier appareil de la *Société humaine* [39], au moyen duquel les gens sont *désasphyxiés* gratis ; combien de nouvelles et merveilleuses machines ont paru dans les derniers temps ! . . . .

. . . .

CXXXI.

. . . .
. . . .
. . . .
. . . .

CXXXII.

Nous sommes au siècle des inventions brevetées pour la destruction des corps et le salut des âmes, toutes propagées avec les meilleures intentions du monde. La lampe de sûreté de sir Humphry Davy, avec laquelle les mines de charbon peuvent, par la méthode qu'il prescrit, être exploitées sans danger; les voyages à Tombouctou, les expéditions aux pôles, sont des moyens d'être utiles aux hommes, qui valent peut-être bien la boucherie de Waterloo.

CXXXIII.

L'homme est un phénomène auquel on ne comprend rien, étonnant au-delà de toute expression ; c'est pourtant dommage que dans ce monde sublime le plaisir soit un péché, et parfois le péché un plaisir ; peu de mortels savent le but vers lequel ils tendent; mais que ce soit la gloire, la puissance, l'amour ou la richesse que nous poursuivions, nous marchons dans des sentiers confus et embarrassés ; et quand nous arrivons au but, nous mourons, voyez-vous! et alors...

CXXXIV.

Et alors, quoi? — Je n'en sais rien, ni vous non plus ; — ainsi, bonsoir. Revenons à notre histoire : c'était au mois de novembre, alors que les beaux jours sont rares, que les montagnes commencent à blanchir à l'horizon, et mettent une cape de neige par-dessus leur manteau d'azur ; que la mer mugit autour du promontoire, que la lame bruyante se brise contre le rocher, et que le soleil, en astre sage et rangé, se couche à cinq heures.

CXXXV.

La nuit, comme disent les *watchmen*, était nébuleuse ; point de lune, point d'étoiles; le vent se taisait, ou ne se faisait entendre que par bouffées soudaines ; maint foyer resplendissait encore d'un feu alimenté par un bois pétillant, autour duquel la famille était rassemblée. Il y a dans cette clarté-là quelque chose d'aussi gai qu'un ciel d'été sans un seul nuage ; j'aime fort, pour ma part, le coin du feu, les grillons, la salade de homards, le champagne et la causette.

CXXXVI.

Il était minuit ; — dona Julia était au lit et dormait, du moins c'est probable, — quand tout à coup il se fit à sa porte un bruit à éveiller les morts, s'ils ne l'avaient déjà été, comme nous l'avons tous lu ; nous savons aussi qu'ils se réveilleront une fois encore. La porte était fermée au verrou ; une main la frappait à coups redoublés, et une voix s'écriait : « Madame ! madame ! répondez-moi donc ! »

CXXXVII.

« Au nom du ciel ! madame, — madame, — voilà mon maître qui arrive avec la moitié de la ville sur ses talons ! — Y eut-il jamais pareille malédiction ! Ce n'est pas ma faute, — je faisais bonne garde. — Bon Dieu ! tirez le verrou un peu plus vite ; — ils sont maintenant sur l'escalier ; en une seconde ils seront tous ici ; peut-être il peut fuir encore ; — sans doute la fenêtre n'est pas *tellement* élevée... »

CXXXVIII.

Pendant ce temps, don Alfonso arrivait avec des torches, des amis et des domestiques en grand nombre ; la plupart de ces gens-là étaient mariés, et, en conséquence, ne se faisaient pas grand scrupule de troubler le sommeil d'une femme perverse qui osait, à la sourdine, décorer le front de son mari : les exemples de cette nature sont contagieux ; si l'on n'en punissait pas *une*, on ne serait plus maître des *autres*.

CXXXIX.

Je ne puis dire comment ni pourquoi le soupçon était entré dans la tête de don Alfonso ; mais, pour un cavalier de sa condition, il y avait une extrême impolitesse à venir ainsi, sans avis préalable, tenir audience autour du lit de sa femme, et à convoquer des laquais armés de carabines et d'épées pour prouver qu'il était *ce qu*'il abhorrait le plus au monde.

CXL.

Pauvre dona Julia ! réveillée comme d'un profond sommeil (remarquez bien — que je ne dis point — qu'elle ne dormait pas), elle se mit à jeter des cris, à bâiller, à pleurer ; sa suivante Antonia, qui était fine mouche, se hâta de jeter les couvertures du lit en un monceau, comme si elle venait d'en sortir à l'instant même ; je ne puis dire pourquoi elle mettait tant de soin à prouver que sa maîtresse n'avait pas couché seule.

CXLI.

Mais Julia la maîtresse, et Antonia la suivante, avaient l'air de deux pauvres innocentes qui, ayant peur des revenants, mais encore plus des hommes, s'étaient dit que deux femmes imposeraient à un homme, et, en conséquence, s'étaient couchées doucement côte à côte pendant l'absence du mari, jusqu'au moment où le déserteur, de retour, viendrait dire : « Ma chère, je suis le premier qui ai quitté la partie. »

CXLII.

Enfin, Julia retrouva la voix, et s'écria : « Au nom du ciel ! don Alfonso, qu'est-ce que cela signifie ? êtes-vous atteint de folie ? Oh ! que ne suis-je morte avant de devenir la victime d'un tel monstre ! Que veut dire cette violence au milieu de la nuit ? est-ce un accès d'humeur ou d'ivrognerie ? Osez-vous bien me soupçonner, moi que la seule pensée du soupçon ferait mourir ? Allons, cherchez partout ! — Alfonso reprit : « C'est ce que je vais faire. »

CXLIII.

Il chercha, *ils* cherchèrent ; tout fut fouillé : cabinet, garde-robe, armoires, embrasures des fenêtres ; ils trouvèrent une grande quantité de linge et de dentelles, grand nombre de paires de bas, des pantoufles, des brosses, des peignes, et autres articles de toilette servant à la propreté et à l'entretien de la beauté des dames ; ils enfoncèrent la pointe de leurs épées dans les tapisseries et les rideaux, et blessèrent plusieurs volets et quelques planches.

CXLIV.

Ils cherchèrent sous le lit, et y trouvèrent... — n'importe, — ce n'était pas ce qu'ils cherchaient ; ils ouvrirent les fenêtres, et regardèrent en bas si le sol ne portait point la trace de pas fraîchement imprimés ; mais ils n'aperçurent rien ; alors ils se regardèrent les uns les autres. Il est singulier, et je ne sais comment m'expliquer cette méprise, que de tous ces chercheurs, qui avaient regardé jusque *sous* le lit, pas un ne s'avisa de regarder *dedans*.

CXLV.

Pendant ces perquisitions, la langue de Julia n'était pas endormie : — « Oui, cherchez, cherchez, criait-elle ; accumulez insulte sur insulte, outrage sur outrage ! Est-ce donc pour cela que je me suis mariée ? pour cela que j'ai si longtemps souffert à mes côtés, sans me plaindre, un mari comme Alfonso ! Mais je ne veux plus l'endurer désormais, et je sortirai de cette maison s'il y a encore en Espagne des lois et des avocats.

CXLVI.

« Oui, don Alfonso, qui désormais n'êtes plus mon époux, si toutefois vous avez jamais mérité ce nom ; pouvez-vous bien agir ainsi à votre âge ? — vous avez la soixantaine, — cinquante ou soixante, — cela n'y fait rien ; — est-il sage ou convenable de compromettre sans motif l'honneur d'une femme vertueuse ? Ingrat, parjure, barbare don Alfonso ! comment avez-vous pu vous faire de votre épouse une pareille idée ?

CXLVII.

« Est-ce pour cela que j'ai dédaigné d'user des prérogatives de mon sexe, que j'ai pris un confesseur si vieux et si sourd que nulle autre que moi n'eût pu le supporter ? Jamais il n'a eu la moindre occasion de me réprimander, et mon innocence l'a plus d'une fois tellement étonné, qu'il doutait presque que je fusse mariée. — Quel regret vous aurez quand vous apprendrez que j'ai fait un faux pas !

CXLVIII.

« Est-ce pour cela que je n'ai pas voulu faire choix d'un *cortejo* [40] parmi les jeunes gens de Séville ? pour cela que je n'allais presque nulle part, si ce n'est aux combats de taureaux, à la messe, au spectacle, en soirée et au bal ? pour cela que j'ai éconduit indistinctement tous mes adorateurs, jusqu'à en être presque incivile ? pour cela que le général comte O'Reilly, qui a pris Alger [41], déclare à qui veut l'entendre que j'en ai fort mal usé avec lui ?

CXLIX.

« Le *musico* italien Cazzani n'a-t-il pas, six mois durant, chanté inutilement son amour? Son compatriote, le comte Corniani, ne m'a-t-il pas proclamée la seule femme vertueuse de l'Espagne? Ne pourrais-je pas ajouter à cette liste un grand nombre de Russes et d'Anglais, le comte Strong-stroganoff, à qui j'ai fait souffrir le martyre, et lord Mount Coffeehouse, ce pair d'Irlande qui, l'année dernière, s'est tué pour l'amour de moi, en faisant un excès de boisson?

CL.

« N'ai-je pas eu à mes pieds deux évêques, le duc d'Ichar et don Fernan Nunez? Est-ce ainsi que l'on traite une épouse fidèle? Je voudrais bien savoir dans quel quartier de la lune nous sommes? je vous sais gré de ne point me battre; c'est une grande modération de votre part, car l'occasion est belle. — Oh! le vaillant homme! Avec vos épées nues et vos carabines armées, avouez que vous faites une jolie figure!

CLI.

« C'était donc là le motif de ce soudain départ, sous prétexte d'affaires indispensables avec votre procureur, ce fieffé coquin que je vois là, déconcerté, tout honteux de la sottise qu'il a faite? Quoique je vous méprise tous deux, il est à mes yeux le plus coupable; sa conduite n'est pas susceptible d'excuse, car il n'a agi qu'en vue d'un vil salaire, et non par intérêt pour vous ou pour moi.

CLII.

« S'il est venu ici pour dresser un procès-verbal, au nom du ciel! que ce monsieur procède. Vous avez mis l'appartement dans un joli état! — Vous avez là, monsieur, une plume et de l'encre à votre disposition; — que tout soit relaté avec précision; je désire vous voir gagner vos honoraires; — mais comme ma femme de chambre n'est point habillée, vous m'obligerez de faire sortir vos espions. » — « Oh! » s'écria Antonia en sanglotant, « je serais capable de leur arracher les yeux! » —

CLIII.

« Voilà le cabinet, voilà ma toilette, voilà l'antichambre;

— cherchez par-dessus, par-dessous; ici est le canapé; là, le grand fauteuil, la cheminée, — qui est tout à fait disposée pour recéler un galant. J'ai besoin de dormir; vous m'obligerez donc de ne plus faire tant de bruit, jusqu'à ce que vous ayez découvert l'antre mystérieux où se cache ce trésor; — quand vous l'aurez trouvé, que j'aie, comme vous, le plaisir de le voir !

CLIV.

« Et maintenant, hidalgo, que vous avez déversé sur moi le soupçon et mis tout le monde en émoi, soyez assez aimable pour me dire *quel* est l'homme que vous cherchez. Comment le nommez-vous? Est-il de haut lignage? qu'on me le montre; — j'espère qu'il est jeune et beau. Est-il d'une taille avantageuse? dites-le moi, — et soyez assuré que, puisque vous vous avisez de ternir ainsi mon honneur, du moins ce n'aura pas été en vain.

CLV.

« Peut-être n'a-t-il pas soixante ans; à cet âge il serait trop vieux pour valoir la peine qu'on le tuât, et pour éveiller les alarmes jalouses d'un époux si jeune (Antonia, donne-moi un verre d'eau); j'ai véritablement honte d'avoir répandu ces larmes : elles sont indignes de la fille de mon père; ma mère ne prévoyait pas, en me donnant le jour, que je tomberais au pouvoir d'un monstre.

CLVI.

« Peut-être est-ce d'Antonia que vous êtes jaloux; vous avez vu qu'elle dormait à mon côté quand vous avez fait irruption avec vos drôles. Regardez partout : — nous n'avons rien à cacher, monsieur; seulement, une autre fois, vous voudrez bien vous faire annoncer, et, par respect pour la décence, attendre un instant à la porte, que nous soyons habillées, pour recevoir si bonne compagnie.

CLVII.

« Et maintenant, monsieur, j'ai fini, et n'ajoute plus rien; le peu que j'ai dit pourra servir à montrer qu'un cœur ingénu peut gémir en silence sur des torts qu'il lui répugne de dévoiler. — Je vous livre à votre conscience comme auparavant; elle vous demandera un jour *pourquoi* vous m'avez infligé ce traitement. Dieu veuille que vous ne ressentiez pas alors le plus amer chagrin! — Antonia, où est mon mouchoir? »

CLVIII.

Elle dit, et se rejette sur son oreiller; ses traits sont décolorés; ses yeux noirs flamboient à travers ses larmes, comme des cieux où les éclairs se mêlent à la pluie; ses longs cheveux épars ombragent comme d'un voile la pâleur de ses joues; leurs boucles noires cherchent vainement à cacher ses éblouissantes épaules, dont ils font encore ressortir la neige; — ses lèvres charmantes sont entr'ouvertes, et son cœur bat plus haut que sa poitrine ne respire.

CLIX.

Le senhor don Alfonso était confus; Antonia faisait à grands pas le tour de la chambre, où tout était sens dessus dessous, et, levant le nez en l'air, elle jetait des regards de colère sur son maître et ses mirmidons, parmi lesquels il n'y en avait pas un, à l'exception du procureur, que cela amusât. — Quant à ce dernier, nouvel Achate, fidèle jusqu'à la mort, pourvu qu'il y eût dissension, peu lui importait la cause, sachant que la décision du débat appartiendrait aux tribunaux.

CLX.

Le nez au vent, il restait immobile; ses petits yeux suivaient tous les mouvements d'Antonia, et toute son attitude exprimait le soupçon. Il avait peu de soucis des réputations, pourvu qu'il eût matière à procès; il n'avait guère pitié de la jeunesse et de la beauté, et n'ajoutait point foi aux dénégations, à moins qu'elles ne fussent appuyées d'un nombre compétent de faux témoignages.

CLXI.

Cependant Alfonso restait les yeux baissés, et il faut convenir qu'il faisait une sotte figure; après avoir fouillé dans tous les recoins, et traité une jeune femme avec tant de rigueur, il n'en était pas plus avancé; et maintenant les reproches qu'il se faisait à lui-même venaient s'ajouter à ceux que sa femme, depuis une demi-heure, lui avait si vigoureusement prodigués, et dont l'averse était tombée sur lui, rapide, lourde et drue, — comme une pluie d'orage.

CLXII.

Il essaya d'abord, tant bien que mal, une excuse à laquelle on ne répondit que par des pleurs, des sanglots et des symptômes de maux de nerfs, qui ont toujours pour prélude des élancements, des palpitations, des bâillements, enfin tout ce que l'on veut. Alfonso vit sa femme, et celle de Job lui revint en mémoire ; il vit aussi en perspective les parents de Julia, et alors il s'efforça de recueillir toute sa patience.

CLXIII.

Il se préparait à parler, ou plutôt à balbutier ; mais la prudente Antonia l'interrompit, avant que le marteau fût tombé sur l'enclume de sa parole, par un « Je vous prie, monsieur, de quitter la chambre et de n'en pas dire davantage, si vous ne voulez faire mourir madame. » — Alfonso marmotta « Le diable l'emporte ! » Mais il en resta là ; le temps des paroles était passé. Après avoir jeté un regard de travers, il fit, sans trop savoir pourquoi, ce qui lui était ordonné.

CLXIV.

Avec lui sortit son escouade ; le procureur se retira le dernier, ne s'éloignant qu'avec répugnance, et restant à la porte jusqu'à ce qu'Antonia l'en eût chassé ; — grandement contrarié de cet étrange et imprévu *hiatus* dans les *faits* de la cause d'Alfonso, faits qui, tout à l'heure encore, avaient une si équivoque apparence. Pendant qu'il ruminait le cas, on ferma brusquement la porte à sa face légale.

CLXV.

A peine on eut tiré le verrou, que... — ô honte ! ô crime ! ô douleur, ô race féminine ! comment pouvez-vous faire de telles choses et conserver votre réputation intacte, à moins qu'on ne soit aveugle dans ce monde et dans l'autre ? Rien n'est plus précieux qu'une renommée sans tache ! Mais continuons, car j'en ai encore beaucoup à dire. Vous saurez donc, et je le dis à regret, que le jeune Juan sortit du lit à moitié suffoqué.

CLXVI.

On l'avait caché, — je ne prétends pas dire comment, et je ne saurais dire où ; fluet et facile à pelotonner, Juan pouvait tenir dans un petit espace, soit rond, soit carré ; mais je ne le plaindrais pas, lors même qu'il eût été étouffé par ce joli couple ; certes il valait mieux mourir ainsi que d'être noyé, comme l'ivrogne Clarence, dans un tonneau de malvoisie.

CLXVII.

En second lieu, je ne le plains pas, parce qu'il n'avait que faire de commettre un péché interdit par le ciel, formellement prohibé par les lois humaines. Il faut avouer, du moins, que c'était commencer de bonne heure ; mais, à seize ans, la conscience parle moins haut qu'à soixante, alors que nous récapitulons nos vieilles dettes, établissons le bilan du mal, et trouvons en faveur du diable une diable de balance.

CLXVIII.

Je ne sais comment vous peindre sa position. Il est écrit dans la chronique des Hébreux que les médecins, laissant là pilules et potions, ordonnèrent au vieux roi David, dont le sang coulait avec trop de lenteur, l'application d'une jeune fille, par manière de vésicatoire, et l'on prétend que ce remède réussit complétement ; peut-être fut-il administré d'une manière différente, car David lui dut la vie, mais Juan faillit en mourir.

CLXIX.

Que faire ? Alfonso va revenir sur ses pas aussitôt qu'il aura congédié ses imbéciles. Antonia se mit l'imaginative à la torture, mais ne put rien trouver. — Comment donc parer cette nouvelle attaque ? D'ailleurs, dans quelques heures, le jour allait paraître. Antonia cherchait ; Julia, silencieuse, imprimait sur la joue de Juan ses lèvres pâlissantes.

CLXX.

Ses lèvres, à lui, allèrent au-devant des siennes ; ses mains s'occupèrent à ramener les tresses de ses cheveux épars ; même dans ce moment critique, ils ne pouvaient tout à fait maîtriser leur amour, et oubliaient à demi leur danger et leur désespoir. La patience d'Antonia fut alors à bout : — « Allons,

allons, » dit-elle avec beaucoup de colère; « ce n'est pas le moment de rire. — Il faut que je dépose ce joli monsieur dans le cabinet.

CLXXI.

« Veuillez, je vous prie, garder vos folies pour une nuit plus opportune; — qui peut avoir mis mon maître dans cette humeur? Qu'en adviendra-t-il? — Je suis dans une frayeur! — Cet enfant a le diable au corps; voyons, est-ce le moment de batifoler? Est-ce une plaisanterie? Ne savez-vous pas que tout cela peut se terminer par du sang? Vous perdrez la vie; moi, ma place; ma maîtresse, tout; et pourquoi? pour ce visage de demoiselle.

CLXXII.

« Encore, si c'était un vigoureux cavalier de vingt-cinq à trente (allons, dépêchez-vous)! Mais pour un enfant faire tout ce bruit! vraiment, madame, votre choix m'étonne. — (Allons, monsieur, entrez donc!) — Mon maître ne doit pas être loin. Bien! à présent le voilà sous clef, et pourvu que nous ayons jusqu'à demain pour nous retourner! (Juan, n'allez pas dormir, du moins!) »

CLXXIII.

L'arrivée de don Alfonso, qui, cette fois, était seul, interrompit la harangue de l'honnête camériste; comme elle faisait mine de vouloir rester, il lui dit de sortir; elle n'obéit à cet ordre qu'avec répugnance; mais il n'y avait pour le moment aucun remède; sa présence ne pouvait être d'aucune utilité. Ayant donc jeté sur les deux époux un long et oblique regard, elle moucha la chandelle, salua et sortit.

CLXXIV.

Après une minute de silence, — Alfonso se mit à faire quelques excuses bizarres pour ce qui venait d'arriver; son intention n'était pas de justifier sa conduite, qui avait été fort incivile, pour ne rien dire de plus; mais il avait eu, pour en agir ainsi, d'amples raisons, dont il ne spécifia pas une seule dans sa plaidoirie : son discours, en total, offrait un fort bel échantillon de cette partie de la rhétorique que les savants appellent « parler pour ne rien dire[42]. »

CLXXV.

Julia ne dit rien, quoiqu'elle eût à sa disposition une réponse toujours prête, au moyen de laquelle une matrone qui connaît le faible de son mari n'a besoin pour tourner la médaille que de quelques mots placés à propos, qui, ne fussent-ils qu'un tissu de fables, ont pour résultat certain, sinon de convaincre, du moins de clore le bec; ce moyen consiste à répondre avec fermeté, et, pour *un* amant que le mari soupçonne, de lui reprocher *trois* maîtresses.

CLXXVI.

Julia, en effet, avait assez beau champ, — car les amours d'Alfonso avec Inez n'étaient point un mystère; peut-être que le sentiment de sa faute la rendit confuse, — mais cela ne se peut; on sait par expérience qu'une femme n'est jamais à court de bonnes raisons; — peut-être son silence venait-il d'un sentiment de délicatesse; peut-être craignait-elle d'offenser l'oreille de don Juan, qui, elle le savait, avait fort à cœur la réputation de sa mère.

CLXXVII.

Il pouvait y avoir encore un autre motif, ce qui ferait deux : Alfonso n'avait rien dit qui eût trait à Juan; — il avait parlé de sa jalousie, mais il n'avait point nommé l'heureux amant qu'il soupçonnait d'être caché dans sa maison. Il est bien vrai que sa pensée n'en cherchait que davantage à percer ce mystère. Dans de telles circonstances, parler d'Inez, c'était reporter sur don Juan les idées d'Alfonso.

CLXXVIII.

Sur des points aussi délicats, il suffit de l'allusion la plus détournée; le silence est ce qu'il y a de mieux; d'ailleurs, les dames ont un *tact* (cette expression moderne me paraît bien sotte, mais j'en ai besoin pour tenir mon vers compacte); les dames, dis-je, ont un tact qui, lorsqu'on leur fait subir un interrogatoire un peu trop pressant, leur sert merveilleusement à se maintenir à distance de la question : ces charmantes créatures mentent avec tant de grâce, que le mensonge leur sied à ravir.

CLXXIX.

Elles rougissent, et nous les croyons ; c'est ainsi du moins que j'ai toujours fait. Essayer de répondre est à peu près inutile, car alors leur éloquence devient prodigue de paroles ; et, lorsqu'enfin elles sont hors d'haleine, elles soupirent, elles baissent leurs yeux languissants, laissent échapper une larme ou deux, et aussitôt nous faisons notre paix ; et ensuite, — et ensuite, — et ensuite, — on s'assied et l'on soupe.

CLXXX.

Alfonso termina son plaidoyer, et implora son pardon, qui lui fut à moitié refusé et à moitié accordé. On y mit des conditions qu'il trouva très dures, en lui refusant plusieurs petites choses qu'il demandait. Il était là comme Adam aux portes du paradis, tourmenté et poursuivi par d'inutiles repentirs. Il la suppliait de ne plus lui opposer ses refus, quand tout à coup ses yeux s'arrêtèrent sur une paire de souliers.

CLXXXI.

Une paire de souliers ! — Qu'est-ce que cela faisait ? Pas grand'chose, s'ils étaient propres à chausser le pied mignon d'une dame ; mais (je ne saurais vous dire combien cet aveu me coûte) ceux-ci étaient d'une taille masculine. Les voir, s'en emparer, fut l'affaire d'un moment. — « Ah ! bonté divine ! je sens claquer mes dents, mon sang se glacer ! » — Alfonso commença par examiner leur forme, puis il entra dans un nouvel accès de fureur.

CLXXXII.

Il sortit pour aller chercher son épée, et sur-le-champ Julia courut au cabinet. — « Fuyez, Juan, fuyez, au nom du ciel ! — Pas un mot de réplique ! — La porte est ouverte : — vous pouvez vous échapper par le corridor que vous avez traversé si souvent. — Voici la clef du jardin... — Fuyez ! — fuyez ! — Adieu ! — Dépêchez-vous ! — dépêchez-vous ! — j'entends la marche précipitée d'Alfonso. — Il ne fait point encore jour..., — il n'y a personne dans la rue. »

CLXXXIII.

On ne peut pas dire que l'avis fût mauvais. Par malheur, il venait trop tard : c'est le prix dont il faut d'ordinaire payer l'expérience, sorte de taxe personnelle imposée par la destinée. En un moment, Juan gagna la porte de la chambre, et eut bientôt gagné celle du jardin ; mais il rencontra Alfonso en robe de chambre, qui menaça de le tuer... — Sur quoi, d'un coup de poing, il l'étendit à terre.

CLXXXIV.

La lutte fut terrible... — La lumière s'éteignit. Antonia criait « Au viol ! » et Julia « Au feu ! » Mais pas un domestique ne bougea pour prendre part à la mêlée. Alfonso, étrillé à souhait, jurait ses grands dieux qu'il serait vengé cette nuit même ; Juan, de son côté, blasphémait une octave plus haut : son sang bouillait. Quoique jeune, c'était un vrai Tartare, et il se sentait peu disposé à devenir martyr.

CLXXXV.

L'épée d'Alfonso était tombée à terre avant qu'il pût en faire usage, et ils continuèrent à lutter corps à corps. Par bonheur, Juan ne la vit pas, car il était naturellement fort peu maître de lui-même ; et, si cette arme lui fût tombée sous la main, c'en était fait des jours d'Alfonso. — O femmes ! songez à la vie de vos époux et de vos amants, et ne vous condamnez pas à un double veuvage !

CLXXXVI.

Alfonso s'efforçait de retenir son ennemi ; Juan étouffait Alfonso pour lui faire lâcher prise, et le sang commença à couler : heureusement que ce n'était que par le nez. Enfin, au moment où l'épuisement des forces ralentissait la violence de la lutte, Juan réussit à se dégager par un coup adroitement porté ; mais il y perdit son unique vêtement. Il prit la fuite comme Joseph, en l'abandonnant. Je soupçonne que là s'arrête la comparaison entre ces deux personnages.

CLXXXVII.

Enfin, on apporta de la lumière. Laquais et servantes survinrent, et un étrange spectacle s'offrit à leur vue : Antonia livrée à une attaque de nerfs, Julia évanouie, Alfonso appuyé contre la porte, et pouvant à peine respirer ; des débris de vêtements épars sur le parquet, du sang, des traces de pas d'homme ; et puis c'était tout. Juan gagna la porte du jardin, tourna la clef dans la serrure, et, ne se souciant guère de ceux qui étaient en dedans, ferma la porte en dehors.

CLXXXVIII.

Ici se termine ce chant. — Qu'est-il besoin de dire que Juan, complétement nu, protégé par la nuit, qui place souvent fort mal sa protection, trouva son chemin, et gagna sa demeure dans un singulier état? Le scandale charmant qui circula le lendemain, les propos qui, à cette occasion, coururent pendant neuf jours, et la demande en divorce formée par Alfonso, tout cela, comme de raison, fut inséré dans les journaux anglais.

CLXXXIV.

Si vous êtes curieux de connaître l'affaire dans tous ses détails, les dépositions, les noms des témoins, les plaidoiries tendantes à renvoyer de la plainte ou à annuler les poursuites, il y a plus d'une édition : les versions diffèrent, mais toutes sont fort amusantes. La meilleure est celle du sténographe Gurney[43], qui fit tout exprès le voyage de Madrid.

CXC.

Mais dona Inez, pour donner le change au scandale le plus étendu qui, depuis des siècles, eût fait l'entretien de l'Espagne, du moins depuis la retraite des Vandales, fit vœu d'abord (et tous les vœux qu'elle avait faits, elle les avait tenus) de brûler, en l'honneur de la Vierge, plusieurs livres de bougies; puis, sur l'avis de quelques vieilles matrones, elle envoya son fils à Cadix pour s'y embarquer.

CXCI.

Elle voulait qu'afin de réformer sa morale antérieure et de s'en créer une nouvelle, il voyageât par terre et par mer dans tous les pays de l'Europe, surtout en France et en Italie (c'est, du moins, ce que font beaucoup de gens). Julia fut mise dans un couvent : sa douleur fut grande ; mais on jugera mieux de ses sentiments en lisant sa lettre, que nous allons transcrire.

CXCII.

« On m'annonce que c'est une chose résolue... Vous partez...

Ce parti est sage, — il est convenable ; mais il ne m'en est pas moins pénible. Désormais, je n'ai plus de droits sur votre jeune cœur ; c'est le mien qui est victime, et il consentirait à le devenir encore : un excès d'amour fut le seul artifice dont j'usai. — Je vous écris à la hâte, et la tache qui est sur ce papier ne vient point de ce que vous pourriez croire... Mes yeux sont brûlants et endoloris, mais ils n'ont point de larmes.

CXCIII.

« Je vous ai aimé, je vous aime encore... A cet amour, j'ai tout sacrifié : ma fortune, mon rang, le ciel, l'estime du monde et la mienne ; et cependant je ne regrette point ce qu'il m'a coûté, tant le souvenir de ce rêve m'est cher encore ; toutefois, si je parle de ma faute, ce n'est pas que je m'en fasse gloire : nul ne saurait me juger plus sévèrement que moi-même. Je griffonne ces lignes, parce que je ne puis rester en repos. — Je n'ai rien à vous reprocher, rien à vous demander.

CXCIV.

« Dans la vie de l'homme, l'amour est un épisode ; pour la femme, c'est toute l'existence ; la cour, les camps, l'église, les voyages, le commerce, occupent l'activité de l'homme ; l'épée, la robe, le gain, la gloire, lui offrent en échange, pour remplir son cœur, l'orgueil, la renommée, l'ambition ; et il en est bien peu dont les affections résistent à de telles diversions. Les hommes ont toutes ces ressources ; nous n'en avons qu'une : aimer de nouveau, et nous perdre encore.

CXCV.

« Vous marcherez, brillant de plaisir et d'orgueil ; vous en aimerez beaucoup, beaucoup vous aimeront. Sur la terre, tout est fini pour moi ; il ne me reste plus qu'à renfermer au fond de mon cœur, pendant quelques années encore, ma honte et ma profonde douleur ; ce tourment, je puis le supporter ; mais je ne puis rejeter loin de moi la passion qui me dévore comme naguère. — Adieu donc, — pardonnez-moi ; aimez-moi ; — non, ce mot maintenant est inutile ; — mais je le laisserai.

CXCVI.

« Mon cœur a été tout faiblesse ; il l'est encore ; il me semble pourtant que j'aurai la force de calmer mon esprit ; mon sang se précipite encore là où ma pensée est fixée, comme roulent les vagues dans la direction que le vent leur imprime ; j'ai un cœur de femme : il ne peut oublier. — Follement aveugle à tout, sauf à une seule image, comme l'aiguille, dans ses vibrations, cherche le pôle immobile, ainsi mon tendre cœur oscille autour d'une idée fixe et unique.

CXCVII.

« Je n'ai plus rien à dire, et ne puis me résoudre à quitter la plume ; je n'ose poser mon cachet sur ce papier ; et pourtant je le pourrais sans inconvénient : mon malheur ne saurait s'accroître. Je ne vivrais déjà plus si l'on mourait de douleur. La mort dédaigne de frapper l'infortuné qui s'offre à ses coups ; il me faut survivre même à ce dernier adieu, et supporter la vie, pour vous aimer et prier pour vous ! »

CXCVIII.

Elle écrivit ce billet sur du papier doré sur tranche, avec une jolie petite plume de corbeau toute neuve. Sa petite main blanche tremblait comme une aiguille aimantée quand elle approcha la cire de la lumière, et pourtant il ne lui échappa pas une larme. Le cachet portait un héliotrope gravé sur une cornaline blanche, avec cette devise : « *Elle vous suit partout ;* » la cire était superfine, et sa couleur d'un beau vermillon.

CXCIX.

Telle fut la première aventure périlleuse de don Juan ; c'est au public à décider si je dois poursuivre le récit des autres ; nous verrons l'accueil qu'il fera à ce premier échantillon. Sa faveur est comme une plume au chapeau d'un auteur, et son caprice ne fut jamais un grand mal ; s'il nous accorde son approbation, peut-être dans un an lui donnerons-nous la suite de ce poëme.

CC.

Mon poëme est une épopée, il sera divisé en douze chants, qui contiendront successivement, outre des récits de guerre et d'amour, une tempête, une énumération de navires, de généraux et de rois régnants ; de nouveaux personnages seront introduits; les épisodes seront au nombre de trois; j'ai sur le chantier un panorama de l'enfer, dans le style de Virgile et d'Homère, de manière à mériter à ma composition le nom d'épique.

CCI.

Toutes ces choses seront spécifiées en temps et lieu, et en stricte conformité avec les règles d'Aristote, ce *vade mecum* du vrai sublime, qui produit tant de poëtes et quelques imbéciles. Les poëtes prosaïques aiment les vers blancs; moi, la rime me convient; les bons ouvriers ne se plaignent jamais de leurs outils; j'ai en réserve un système de merveilleux mythologique, et des décorations surnaturelles d'un fort bel effet.

CCII.

Il n'y a qu'une légère différence entre moi et les confrères épiques qui m'ont précédé, et je crois qu'ici tout l'avantage est de mon côté (non que je n'aie d'autres mérites encore, mais celui-ci ressortira d'une manière plus spéciale); ces messieurs brodent tellement, qu'il est fort difficile de retrouver son chemin à travers leur labyrinthe de fables, tandis que dans cette histoire tout est vrai à la lettre.

CCIII.

Pour peu qu'on en doute, je puis en appeler à l'histoire, à la tradition, aux faits, aux journaux, dont personne ne conteste la véracité, à des tragédies en cinq actes et à des opéras en trois; tous ces témoignages viendront corroborer mes assertions; mais ce qu'on peut dire à cet égard de plus concluant, c'est que moi-même et plusieurs personnes nous avons vu, de nos propres yeux, don Juan enlevé par le diable [44].

CCIV.

Si jamais je déroge jusqu'à la prose, j'écrirai des commandements poétiques qui éclipseront, à n'en point douter, tous ceux qui les ont précédés; là j'enrichirai mon texte de beaucoup de choses que tout le monde ignore, et je porterai les préceptes au plus haut point d'élévation; l'ouvrage aura pour titre : « Longin entre deux vins, ou les poëtes mis à même d'être leur propre Aristote. »

CCV.

Tu croiras en Milton, en Dryden, en Pope; tu n'exalteras pas Wordsworth, Coleridge, ni Southey, parce que le premier est irréparablement timbré, le second ivre, et le troisième affecté et verbeux; il serait difficile de rivaliser avec Crabbe, et l'Hippocrène de Campbell est quelque peu à sec; tu ne déroberas point à Rogers, et ne commettras point d'infidélité avec la muse de Moore.

CCVI.

Tu ne convoiteras pas la muse de Sotheby, ni son Pégase, ni rien qui lui appartienne; tu ne porteras pas faux témoignage comme font les « bas-bleus » — (il est un de ces personnages-là, du moins, qui ne s'en fait pas faute); en un mot, tu n'écriras que ce qu'il me plaira : c'est là la critique véritable, et vous pouvez baiser ou non la férule, — comme il vous conviendra; mais, par le ciel! si vous ne la baisez pas, je vous en ferai sentir le poids.

CCVII.

Si quelques personnes s'avisaient de dire que cette histoire n'est pas morale, je les prierais d'abord de ne pas jeter les hauts cris avant de se sentir blessées; qu'elles veuillent bien relire cet ouvrage, et qu'elles osent soutenir ensuite (mais personne n'aura ce front-là) que cette histoire n'est pas tout à la fois morale et gaie! D'ailleurs, je me propose de faire voir, dans le chant douzième, l'endroit même où vont les méchants.

CCVIII.

Si, après tout, il se trouve des gens assez aveugles sur leur propre bien pour mépriser cet avertissement, des gens assez égarés par la tortuosité de leur esprit pour n'en pas croire mes vers et leurs propres yeux, et pour s'écrier qu'ils ne peuvent trouver la morale de ce poëme, je leur déclare, si ce sont des ecclésiastiques, qu'ils en ont menti; et si cette observation est faite par des officiers ou des critiques, je leur dirai qu'ils sont dans l'erreur.

CCIX.

Je compte sur l'approbation du public, et prie les lecteurs de vouloir bien m'en croire sur parole, au sujet de la morale de mon livre, morale que je veux combiner avec leur amusement (comme on donne un joujou de corail à un enfant qui fait ses dents); en attendant, ils voudront bien se rappeler mes prétentions au laurier épique : de peur que la pruderie de certains lecteurs ne se montre récalcitrante, j'ai gagné à prix d'argent la *Revue de ma Grand'Mère.* — J'entends la revue britannique de ce nom [45].

CCX.

Mon envoi était contenu dans une lettre adressée à l'éditeur, qui m'a répondu courrier pour courrier, en me faisant ses remerciements. — Il me doit un bel article; mais s'il lui prenait envie de mettre sur le chevalet ma muse gentille et de violer sa promesse, s'il niait avoir rien reçu de moi, et couvrait ses pages de fiel au lieu de miel, tout ce que je pourrais dire : — c'est qu'il a reçu mon argent.

CCXI.

Je pense qu'à l'aide de cette nouvelle sainte-alliance je puis être assuré de la faveur publique, et défier tous les *magasins* d'art et de science, quotidiens, mensuels ou trimestriels; je n'ai pas essayé d'augmenter le nombre de leurs clients; on m'a dit que ce serait inutile, et que l'*Edimbourg Review* et le *Quarterly Review* vous martyrisent de la bonne façon un auteur dissident.

CCXII.

Non ego hoc ferrem, calidâ juventâ,
Consule Planco [46],

a dit Horace, et je le dis comme lui; je veux donner à entendre par cette citation qu'il y a six ou sept bonnes années (longtemps avant que je songeasse à dater mes lettres des bords de la Brenta), j'étais prompt à la riposte; et, en effet, je n'étais pas endurant dans ma bouillante jeunesse, alors que George le Troisième était roi.

CCXIII.

Mais aujourd'hui, à trente ans, j'ai des cheveux gris (je

voudrais bien savoir comment ils seront à quarante; l'autre jour j'ai été sur le point de commander une perruque); — mon cœur n'est pas beaucoup plus vert; en un mot, j'ai dans mon printemps gaspillé mon été, et ne me sens plus l'énergie nécessaire pour batailler; j'ai dépensé ma vie, intérêt et principal, et ne crois plus, comme autrefois, mon âme invincible.

CCXIV.

Jamais, — jamais, — non, jamais plus sur moi ne descendra, comme une rosée, cette fraîcheur du cœur, qui, dans tout ce que nous voyons d'attrayant ici-bas, puise ces émotions charmantes et nouvelles que nous recélons dans nos cœurs, comme l'abeille son trésor! Pensez-vous que ce soient ces objets qui aient produit le miel? Hélas! il n'était point en eux, mais dans cette puissance que nous avons de doubler jusqu'au parfum d'une fleur.

CCXV.

Jamais, — jamais, — jamais plus, ô mon cœur! tu ne peux être mon seul monde, mon univers! Autrefois tout en tout, maintenant tu t'isoles, tu ne peux plus être ma joie ou mon supplice; l'illusion s'est dissipée pour toujours, et tu es insensible; mais tu n'en vaux pas moins pour cela : à ta place j'ai acquis beaucoup de jugement, seulement je m'étonne beaucoup qu'il ait pu trouver à se loger.

CCXVI.

J'ai passé le temps d'aimer; désormais il n'est charmes de jeune fille, de femme mariée, et encore moins de veuve, qui puissent faire de moi l'insensé que je fus autrefois; — enfin, je ne dois plus mener la vie que j'ai menée; j'ai perdu l'espérance crédule des mutuelles affections; l'usage copieux du bordeaux m'est pareillement interdit; donc, pour me constituer un vice décent, un vice de vieillard, j'ai presque envie de prendre l'Avarice.

CCXVII.

L'Ambition fut mon idole; elle s'est brisée devant les autels de la Douleur et du Plaisir, et ces deux déités m'ont laissé plus d'un gage sur lesquels la réflexion peut s'exercer à loisir : maintenant j'ai dit comme la tête de bronze du moine Bacon : « LE TEMPS EST, LE TEMPS FUT, LE TEMPS N'EST PLUS [47] ! » — La brillante jeunesse, ce chimérique trésor, a été par moi gaspillée de bonne heure : — j'ai dépensé mon cœur en passion, et mon cerveau en rimes.

CCXVIII.

A quoi aboutit la gloire ? à remplir un certain espace sur un papier incertain ; quelques-uns la comparent à une colline qu'on gravit, et dont le sommet, comme celui de toutes les collines, se perd au milieu des vapeurs ; et c'est pour cela que les hommes écrivent, parlent, prêchent ; que les héros tuent, que les poëtes brûlent ce qu'ils nomment « la lampe de leurs veilles, » pour avoir, quand l'original ne sera plus que poussière, un nom, un portrait détestable, et un buste pire encore !

CCXIX

Que sont les espérances de l'homme ? Un ancien roi d'Égypte, Chéops, construisit la première et la plus vaste des pyramides, pensant que c'était justement ce qu'il lui fallait pour conserver sa mémoire entière et sa momie inviolable ; mais quelqu'un, fouillant la pyramide, s'avisa de porter sur son cercueil une coupable main. Ne comptons donc pas, ni vous ni moi, sur un monument, puisqu'il ne reste pas une pincée de la poussière de Chéops [48].

CCXX.

Mais, en ami de la vraie philosophie, je me dis souvent : « Hélas ! tout ce qui est né doit mourir, et la chair est une herbe que fauche la mort ; tu n'as pas trop mal passé ta jeunesse, et si tu avais à la recommencer — elle n'en aurait pas moins un terme ; — c'est pourquoi remercie ton étoile de ce que les choses ne sont pas pires ; lis ta Bible et veille à ta bourse. »

CCXXI.

Mais pour le moment, aimable lecteur, et vous, acheteur plus aimable encore, permettez que le poëte (c'est moi) vous donne une poignée de main, prenne congé de vous, et vous souhaite le bonsoir ! Si nous nous entendons, nous nous reverrons; dans le cas contraire, cet échantillon sera le dernier dont j'aurai fatigué votre patience; — il serait à souhaiter que d'autres suivissent mon exemple.

CCXXII.

Fils de ma solitude, allez, mon petit livre,
Allez votre chemin, aux vagues je vous livre;
Si vous avez du bon, comme je le prétends,
Le monde vous lira longtemps [49].

Quand je vois qu'on loue Southey, que Wordsworth est compris, je ne puis m'empêcher de réclamer aussi ma part de gloire. — Les quatre premiers vers qu'on vient de lire sont de Southey; pour Dieu, lecteur, n'allez pas me les attribuer!

NOTES DU CHANT PREMIER.

[1] Voyez le *Bosswell* de Cooke, t. IV, p. 45.

[2] Cette dédicace fut supprimée en 1819, après une longue résistance de la part de Byron; mais, peu de temps après sa mort, elle fut révélée au public par un article du *Westminster Review*, que l'on attribue généralement à sir John Hobhouse; et, pendant plusieurs années, ces vers se vendirent ouvertement dans les rues. Il ne servirait donc de rien de les exclure de cette édition.

[3] La *Biographie littéraire* de M. Coleridge parut en 1817.

[4] M. Southey est le seul poëte qui ait jamais habité Keswick. M. Wordsworth, qui résidait autrefois à Grasmere, a, pendant plusieurs années, occupé Mount-Rydal, près d'Ambleside. Le professeur Wilson possède une élégante villa à Windermere. Coleridge, Lamb, Lloyd et d'autres, classés par la *Revue d'Édimbourg* dans l'école des lacs, n'ont jamais eu aucun rapport avec cette partie de l'Angleterre dite des Lacs.

[5] La place de Wordsworth doit être dans l'excise ou bien dans les douanes, — en outre de celle qu'il occupe à la table de lord Lonsdale, où ce charlatan poétique et ce parasite politique se jette sur les morceaux avec une avidité gloutonne. Le jacobin converti s'est fait depuis longtemps le sycophante bouffon des préjugés de l'aristocratie.

[6] L'excise est une administration qui répond à nos droits-réunis, ou plutôt à notre exercice sur les vins. M. Wordsworth, poëte admirable et surtout homme de bien, occupe une place de receveur dans l'excise. *N. du Trad.*

[7] « Pâle, mais non cadavéreux. » Les deux filles aînées de Milton lui volaient, dit-on, ses livres, en outre de ce qu'elles trouvaient à prendre sur les dépenses de la maison. Quelle douleur n'a-t-il pas dû ressentir, comme père et comme savant, en s'apercevant de cette conduite honteuse! Haylay

le compare au roi Lear. (Voyez la troisième partie de la *Vie de Milton*, par M. Haylay.)

8 Pour le portrait d'Eutrope, l'eunuque et le ministre d'Arcadius, consultez Gibbon.

9 On sait le rôle que joua lord Castlereagh dans ce congrès de Vienne où les peuples furent mis à l'encan. Au mépris de la foi jurée, Venise fut livrée à l'Autriche et Gênes à la Sardaigne. *N. du Trad.*

10 M. Fox et le club whig, à cette époque, adoptèrent un uniforme bleu et jaune : de là la couleur des couvertures de la *Revue d'Édimbourg*.

11 Je n'entends point parler ici du héros de notre ami Landor, le perfide comte Julien, mais du héros de Gibbon, vulgairement connu sous le nom de l'Apostat.

12 Commencé à Venise le 6 septembre, achevé le 1er novembre 1818. *B.*

13 Le général Vernon, qui servit avec éclat dans la marine, et se distingua particulièrement à la prise de Porto-Bello. Il mourut en 1757.

14 Second fils de Georges II. Se distingua aux batailles de Dettingen et de Fontenoy, et surtout à Culloden, où il battit le prétendant en 1746; mais il déshonora sa victoire par le cruel abus qu'il en fit ou qu'il permit à ses soldats d'en faire. Il mourut en 1765.

15 Le général Wolfe, le brave commandant de l'expédition dirigée contre Québec, termina sa carrière en combattant contre les Français en 1759.

16 En 1759, l'amiral lord Hawke détruisit complétement la flotte française équipée à Brest pour faire une descente sur les côtes de l'Angleterre. En 1765, il fut nommé premier lord de l'amirauté, et mourut comblé d'honneurs en 1781.

17 Ferdinand, duc de Brunswick, gagna la bataille de Minden en 1762; il chassa les Français de Hesse; lors de la paix de 1763, il se retira dans le duché de Brunswick, et s'occupa, le reste de sa vie, de franc-maçonnerie. Il mourut en 1792.

18 Fils du troisième duc de Rutland, se signala en 1743, lors de l'invasion tentée par le prétendant; fut nommé, en 1759, commandant des forces britanniques en Allemagne. Il est mort en 1776.

19 Officier général anglais et auteur dramatique, se distingua en 1762, dans la défense du Portugal contre les Espagnols; et, en Amérique, par la prise de Ticonderoga; mais il fut obligé de se rendre, avec son armée, au général Gates. Il mourut en 1792.

20 Second fils du comte d'Albermale; placé à la tête de la flotte du canal, il livra un engagement partiel, en 1778, à la flotte française, laquelle trouva moyen de s'échapper; traduit, en conséquence, devant une cour martiale, il fut honorablement acquitté. Il est mort en 1786.

21 Lord Howe se distingua en plusieurs occasions pendant la guerre d'Amérique; lors de la guerre avec la France, il prit le commandement de la flotte anglaise, amena l'ennemi à une action le 1er juin 1794, et obtint une victoire complète. Il est mort chargé d'ans et d'honneurs en 1799.

22 Le marquis de Wellesley, aujourd'hui duc de Wellington. *N. du Trad.*

23 Il y a dans le texte : *Nine farrow of that sow;* — *neuf marcassins de la même truie.* Allusion au langage des sorcières à Macbeth :

> « Pour in sow's blood, that has eaten
> Her nine farrow. »

« Verse le sang d'une truie qui a dévoré ses neuf marcassins. » *N. du Trad.*

24 Le professeur Feinagle de Baden, qui, en 1812, sous le patronage spécial des *bas-bleus*, fit un cours de mnémonique à l'institution royale.

25 « Je suis celui qui est ; » nom que Dieu se donne lui-même dans la Bible. *N. du Trad.*

26 On conçoit que cette allusion au jurement favori des Anglais perd nécessairement de son sel dans une traduction. *N. du Trad.*

27 Sir Samuel Romilly, l'éminent légiste de la chancellerie, perdit sa femme le 29 octobre 1818, et se tua le 2 décembre. — « Il viendra le jour des expiations, lors même que je ne devrais pas vivre suffisamment pour le voir ; j'ai enfin vu succomber Romilly, qui était un de mes assassins ! Lorsque cet homme faisait tous ses efforts pour déraciner toute ma famille, le tronc, les branches et les fruits ; lorsque, après avoir gagné mon homme d'affaires, il s'acharna à notre poursuite ; lorsqu'il porta la désolation dans mes pénates, pensait-il, qu'au bout de trois ans à peine un événement douloureux, mais commun à tous les mortels, et que l'on pouvait prévoir, jetterait sa carcasse dans un carrefour, et imprimerait son nom au milieu d'un verdict de folie ? Avait-il réfléchi (lui qui dans sa soixantième...) quels devaient être *mes* sentiments, lorsque femme, enfants, sœur, nom, réputation, patrie, tout était immolé en sacrifice sur un autel légal, et cela, dans un moment où ma santé était affaiblie, ma fortune embarrassée, mon esprit troublé par des revers inattendus ; lorsque j'étais encore jeune, et que j'aurais pu réparer les fautes que j'avais commises, et remettre ordre à mes affaires ?... Mais il est dans le tombeau. » *B.*

28 Maria Edgeworth, auteur d'un *Traité sur l'éducation pratique, Lettres sur les femmes littéraires, le Château Rackrent, les Contes moraux.* — « En 1813, dit lord Byron, je me rappelle avoir rencontré miss Edgeworth dans le monde fashionable de Londres, dans les assemblées du jour, et à un déjeuner chez sir Humphry Davy, où j'étais invité ; elle ne ressemblait pas mal à ce que nous autres Écossais nous appelons *Jeannie deans-looking body.* Elle est, sinon belle, du moins de figure agréable ; on n'aurait jamais imaginé qu'elle pût écrire son nom, tandis que son père causait, *non* comme s'il eût été capable d'écrire autre chose, mais comme si c'était la seule chose digne d'être écrite. » *B.*

29 *Essai sur un nouveau plan d'éducation, le Manuel du professeur.*

30 Miss Hannah Moore, auteur de *Cœlebs à la recherche d'une femme*, roman en forme de sermon, qui a eu beaucoup de succès dans le temps, et qui est aujourd'hui oublié.

31 Allusion aux vertus incomparables de l'huile de Macassar.

32 *Doctors commons.* Cette cour prononce les séparations de corps. La chambre des lords est seule compétente en matière de divorce. *N. du Trad.*

33 La cour de la chancellerie est la plus haute juridiction civile de l'Angleterre. Les questions de tutelle lui sont spécialement attribuées. *N. du Trad.*

34 Ceci est un fait : il y a ou il y avait une édition avec toutes les épigrammes licencieuses de Martial placées par eux à la fin.

35 Pour plus de détails sur la recette de saint Antoine, voyez la *Vie des Saints* de M. Alban Butler.

36 *Gertrude de Wyoming*, par Campbell ; c'est, je crois, le début du second chant ; mais je cite de mémoire.

37 Juan Boscan Almogava, de Barcelone, mourut en 1543. De concert avec son ami Garcilasso, il introduisit le style italien dans la poésie castillane, et commença son innovation en écrivant des sonnets à la manière de Pétrarque.

38 Garcilasso de la Vega, d'une noble famille de Tolède, fut en même temps soldat et poëte ; après avoir servi avec distinction en Allemagne, en Afrique et en Provence, il fut tué, en 1536, par une pierre jetée du haut d'une tour, qui l'atteignit au front, tandis qu'il marchait en tête de son bataillon. Quelques-uns de ses poëmes ont été récemment traduits en anglais par M. Wiffen.

39 Société instituée pour rappeler les noyés à la vie et offrir des moyens de sauvetage aux navires en détresse. *N. du Trad.*

40 Le *cortejo* espagnol est le *cavaliere servente* italien.

41 Dona Julia se trompe : le comte O'Reilly ne prit pas Alger, mais Alger faillit le prendre. Lui, son armée et sa flotte, levèrent le siége avec de grandes pertes et très peu d'honneur, en 1775.

42 Il y a dans le texte *rigmarole*. Il est à regretter que ce mot nous manque. *N. du Trad.*

43 William Brodie Gurney, le remarquable sténographe du parlement, succéda à son père dans cette fonction : son grand-père était l'auteur d'un traité sur la brachygraphie.

44 Dans la vieille pièce espagnole intitulée *Atheista fulminato*, l'original de *Don Juan*.

45 Pour cette strophe, voir la réclamation de l'éditeur du *British Review*, et la lettre de Byron à l'éditeur de la *Revue de ma Grand'Mère*. « Je vous envoie, » dit lord Byron, par le dernier courrier, une lettre bouffonne à publier en réponse au bouffon Roberts, qui a jugé à propos de tresser une petite corbeille à sa taille. C'est écrit à main levée, et au milieu d'événements qui disposent peu à la gaieté : il s'y trouvera peut-être plus d'amertume qu'il n'en faut pour ce petit punch acide. » *Bologne, 24 août 1819.*

46 « Je n'aurais point supporté une telle insulte lorsque j'étais dans la vigueur de l'âge, sous le consulat de Plancus. »

47 La vieille légende de frère Bacon dit que la tête de bronze qu'il façonna de manière qu'elle pût parler, après avoir prononcé successivement

« c'est le moment, c'était le moment, le moment est passé, » l'occasion de l'instruire ayant été négligée, tomba d'elle-même de son piédestal et se brisa en mille pièces.

48 C'était l'opinion des Égyptiens que l'âme n'abandonnait pas le corps tant que celui-ci demeurait intact. Pour confirmer cette opinion, le roi Chéops, dit Hérodote, employa trois cent soixante mille de ses sujets, pendant vingt ans, à élever au-dessus de l'*angusta domus*, destinée à contenir ses restes, un tombeau de pierres égal en pesanteur à six millions de tonnes, ce qui est juste trois fois autant que celle du vaste Breakwater placé au milieu du détroit de Plymouth ; et afin de mettre cette précieuse cendre encore plus en sûreté, on ne pouvait parvenir à l'étroite chambre qui la contenait que par une suite de passages sinueux, fermés par des pierres d'une pesanteur énorme, et si soigneusement fermés, qu'on ne pouvait rien voir du dehors. Lorsque Shaw entra dans cette sombre cellule, il ne trouva, ni dans le cercueil, ni sur la pierre, un seul os de Chéops.

49 Voyez le *Pèlerinage* de Southey à *Waterloo*.

DON JUAN.

CHANT DEUXIÈME.

I.

O vous ! instituteurs de la jeunesse des nations ! pédagogues de la Hollande, de la France, de l'Angleterre, de l'Allemagne ou de l'Espagne ! fouettez vos élèves, je vous prie, en toute occasion ; cela régénère leur moral. Quant à la douleur physique, ne vous en inquiétez pas. Rien ne servit à don Juan d'avoir la meilleure des mères et des éducations ; tout cela ne l'empêcha pas de perdre son innocence, et de la manière la plus drôle, encore.

II.

Si on l'avait mis dans une école publique, et qu'il y eût fait sa troisième, ou même sa quatrième, sa besogne quotidienne eût tenu son imagination à froid, du moins s'il eût été élevé dans le nord ; il est possible que l'Espagne soit une exception ; mais l'exception confirme toujours la règle. — Un jeune homme de seize ans, occasionnant un divorce, il y avait là, on le conçoit, de quoi intriguer singulièrement ses précepteurs.

III.

Pour moi, tout bien considéré, la chose ne m'étonne pas; il y avait pour cela bien des raisons : d'abord sa mère, la mathématicienne, qui n'était qu'une... — peu importe; son précepteur, vieil âne s'il en fut jamais; puis une femme jolie (cela va sans dire, autrement la chose n'aurait sans doute pas eu lieu); un mari un peu trop âgé, et pas trop d'accord avec sa jeune femme; — et puis le temps, l'occasion.

IV.

Que voulez-vous? il faut bien que le monde tourne sur son axe, emportant avec lui le genre humain, têtes et queues : il nous faut tous vivre et mourir, faire l'amour et payer l'impôt, et tourner notre voile au vent, de quelque côté qu'il souffle. Le roi nous commande, le docteur nous médicamente, le prêtre nous sermonne : ainsi s'exhale notre vie, léger souffle, vin, amour, ambition, gloire, guerre, dévotion, un peu de poussière, — et peut-être un nom.

V.

J'ai dit qu'on avait envoyé Juan à Cadix, — jolie ville dont je me souviens bien; — c'est l'entrepôt du commerce colonial (ce l'était du moins avant que le Pérou eût appris à se révolter); et puis on y trouve de si jolies filles! je veux dire des dames si gracieuses! le cœur se gonfle rien qu'à les voir marcher; c'est quelque chose de frappant, mais que je ne puis décrire; je ne sais à quoi les comparer : — je n'ai jamais rien vu de pareil.

VI.

A un coursier arabe? à un cerf majestueux? à un cheval barbe nouvellement dompté? à un caméléopard? à une gazelle? Non, — ce n'est pas encore cela; — et puis leur mise! leur voile et leur jupon court! — Hélas! ces détails rempliraient à eux seuls près d'un chant. — Et puis leurs pieds et leur tour de jambe! — Ma foi, remerciez le ciel de ce que je n'ai point de métaphore sous ma main. Allons, ma prudente muse, — soyons sage!

VII.

Chaste muse! — Eh bien! s'il le faut, soit! — Le voile rejeté un instant en arrière par une main éblouissante, pendant qu'un regard irrésistible, qui vous rend pâle de bonheur, vous brûle jusqu'au fond du cœur..... Terre de soleil et d'amour! si jamais je l'oublie, puissé-je ne plus pouvoir — dire mes prières; — jamais, non, jamais costume ne fut plus favorable aux œillades, à l'exception, toutefois, des fazzioli de Venise [2].

VIII.

Mais revenons à notre histoire. Dona Inez n'avait envoyé son fils à Cadix que pour qu'il s'y embarquât; il n'entrait point dans ses vues qu'il y séjournât. Pourquoi? nous le laissons deviner au lecteur. — C'est à voyager sur mer qu'on destinait le jeune homme : comme si un vaisseau espagnol était une arche de Noé qui devait lui offrir un asile contre la perversité de la terre, et d'où il prendrait un jour son vol, comme une colombe de promission!

IX.

Don Juan, conformément à ses instructions, dit à son laquais de faire ses malles, puis reçut un sermon et de l'argent. Son voyage devait durer quatre printemps; et, quelle que fût l'affliction d'Inez (car toutes les séparations sont douloureuses), elle espéra qu'il se corrigerait; — peut-être le crut-elle; elle lui remit aussi une lettre (qu'il ne lut jamais) toute pleine de sages conseils, — ainsi que deux ou trois lettres de crédit.

X.

Cependant, pour passer le temps, la vertueuse Inez établit une école du dimanche pour de petits polissons, qui, en vrais paresseux, eussent préféré jouer comme des fous et faire le diable. Ce jour-là on apprenait à lire à des enfants de trois ans, et les mauvais sujets étaient fouettés ou mis en pénitence. Le grand succès obtenu dans l'éducation de Juan encourageait sa mère à éduquer une autre génération.

XI.

Juan s'embarqua; — le vaisseau leva l'ancre; le vent était bon, la mer passablement houleuse; c'est une mer terrible en diable que celle de cette baie; je l'ai assez souvent traversée pour en savoir quelque chose. Quand on est sur le tillac, l'eau vous fouette dans la figure et vous endurcit la peau : c'est là que se tenait don Juan, pour dire à l'Espagne un premier, — peut-être un dernier adieu.

XII.

J'avoue que c'est un spectacle pénible que celui de la terre natale s'éloignant à l'horizon des flots qui grandissent; à cette vue nous sentons notre énergie défaillir, surtout quand la vie est neuve encore. Je me souviens que la côte de la Grande-Bretagne paraît blanche; mais celles de presque tous les autres pays paraissent bleues lorsque nous les regardons de loin, — trompés par la distance, et à peine entrés dans notre carrière nautique.

XIII.

Don Juan, interdit et désolé, se tenait donc sur le tillac; le vent sifflait, les cordages criaient, les matelots juraient, le navire craquait; bientôt la ville ne fut plus qu'un point dans l'espace, tant on s'en éloignait avec rapidité. Le meilleur remède contre le mal de mer, c'est un beefsteak : essayez-en, monsieur, avant de vous moquer; je vous assure que je dis vrai; je m'en suis toujours fort bien trouvé; — il est possible qu'il en soit de même de vous.

XIV.

Don Juan, debout, regardait fuir dans le lointain son Espagne natale. Les premières séparations sont une leçon difficile à digérer; les nations elles-mêmes l'éprouvent quand elles vont à la guerre; c'est une émotion indéfinissable, une sorte de choc qui fend le cœur; lors même que l'on quitte les gens et les lieux les plus déplaisants, on ne peut s'empêcher de lever les yeux vers le clocher.

XV.

Mais Juan laissait derrière lui plus d'un objet chéri : une mère, une maîtresse, et point d'épouse; de sorte qu'il avait beaucoup plus de sujets d'afflictions que bon nombre de gens plus avancés en âge; et, s'il est vrai que nous ne puissions retenir un soupir en quittant ceux avec qui nous sommes brouillés, il est naturel que nous pleurions ceux qui nous

XVI.

Ainsi, Juan pleurait comme pleuraient les Hébreux captifs au souvenir de Sion, aux bords des fleuves de Babylone. Je voudrais pleurer ; — mais ma muse n'est point une muse larmoyante, et on ne meurt pas de douleurs si légères ; il faut que les jeunes gens voyagent, ne fût-ce que pour leur amusement ; et la prochaine fois que leur domestique attachera derrière leur voiture leur malle de voyage, ce chant en garnira peut-être l'intérieur.

XVII.

Et Juan pleurait, et soupirait, et rêvait, pendant que l'amertume de ses larmes se mêlait à celle des mers : « Doux sur doux » (j'aime tant les citations, que vous voudrez bien excuser celle-ci ; — c'est lorsque la reine de Danemarck jette des fleurs sur la tombe d'Ophélie) ; et, au milieu de ses sanglots, il réfléchissait à sa situation actuelle, et prenait la ferme résolution de se corriger.

XVIII.

« Adieu, Espagne ! un long adieu ! » s'écria-t-il ; « peut-être ne te reverrai-je plus ; peut-être dois-je mourir comme est mort plus d'un exilé, de la soif qu'il avait de revoir ton rivage. Adieu, beaux lieux que baigne l'onde du Guadalquivir ! Adieu, ma mère ! et puisque tout est fini entre nous, adieu aussi, ma chère Julia ! — (Ici, il tira sa lettre, et la relut tout entière)

XIX.

« Oh ! si jamais je t'oublie, je jure... — mais cela est impossible, et ne saurait être. — Cet Océan azuré se convertira en air, la terre elle-même se changera en mer, avant que ton image ne s'efface de mon cœur, ô ma charmante ! avant que je cesse un moment de penser à toi ; quand l'âme est malade, rien ne peut la guérir. » (Ici, le vaisseau fit un plongeon, et Juan sentit le mal de mer.)

XX.

« Que plutôt le ciel vienne toucher la terre... » — (Ici, il se sentit plus malade encore.) « O Julia! que sont tous les maux comparés à celui-là? (Au nom du ciel, donnez-moi un verre de liqueur; Pedro, Batista, aidez-moi à descendre.) Julia! mon amie! — (Coquin de Pedro, te dépêcheras-tu?) O Julia! — (Ce maudit navire fait de tels soubresauts!...) — Julia, ma bien-aimée, entends mes supplications! » (Ici, le vomissement lui coupa la parole.)

XXI.

Il ressentit cette pesanteur glaciale du cœur, ou plutôt de l'estomac, qui accompagne, hélas! sans que le meilleur apothicaire y puisse rien, la perte d'une amante, la trahison d'un ami, ou la mort de ceux qui nous sont chers, quand nous sentons mourir avec eux une partie de nous-mêmes, et s'éteindre l'une après l'autre nos plus douces espérances. Nul doute que Juan n'eût été beaucoup plus pathétique encore; mais la mer fit sur lui l'effet d'un violent émétique.

XXII.

L'amour est une divinité capricieuse : je l'ai vu résister à une fièvre déterminée par sa propre ardeur, mais fort embarrassé d'une toux et d'un rhume, et trouvant une esquinancie fort difficile à traiter; il fait bonne contenance devant toutes les maladies nobles, mais il répugne aux indispositions vulgaires; il n'aime pas qu'un éternuement vienne interrompre ses soupirs, ni qu'une inflammation rougisse ses yeux aveugles.

XXIII.

Mais ce qu'il redoute par-dessus tout, c'est la nausée, ou une douleur dans la région inférieure des entrailles : l'amour, qui voit couler son sang avec un courage héroïque, recule devant l'application d'une serviette chaude; les purgatifs sont dangereux à sa puissance; le mal de mer lui est mortel. L'amour de Juan était parfait; sans cela, comment, au milieu du mugissement des vagues, eût-il résisté à l'état de son estomac qui en était à son premier voyage sur mer?

XXIV.

Le vaisseau, qu'on nommait « La Très-Sainte-Trinité, » faisait voile pour le port de Livourne; c'était là que la famille de Moncada s'était fixée longtemps avant la naissance du père de Juan. Les deux familles étaient alliées, et Juan avait pour les Moncada une lettre d'introduction, qui lui avait été adressée le matin de son départ par ses amis d'Espagne, pour ceux d'Italie.

XXV.

Sa suite se composait de trois domestiques et d'un précepteur, le licencié Pédrillo, qui savait plusieurs langues; mais en ce moment, étendu malade et sans voix sur son matelas, bercé dans son hamac, ses douleurs de tête augmentant à chaque lame nouvelle, il appelait la terre de tous ses vœux; en outre, l'eau qui entrait par les sabords rendait sa couche un peu humide et ajoutait à son effroi.

XXVI.

Ce n'était pas sans raison, car la brise augmenta sur le soir et devint un vent frais : il n'y avait pas là de quoi effrayer des marins; mais plus d'un homme étranger à la mer en eût pâli, car les marins sont une espèce à part. Au coucher du soleil, on commença à carguer les voiles; l'aspect du ciel annonçait que le vent serait violent, et pourrait bien emporter un mât ou deux.

XXVII.

A une heure, le vent, venant subitement à changer, jeta le vaisseau en travers de la lame qui frappa son arrière, et y pratiqua une brèche effrayante, fit sauter l'étambord, et endommagea la proue tout entière; avant qu'on eût pu obvier à ce danger critique, le gouvernail fut arraché; il était temps de recourir aux pompes : le navire contenait quatre pieds d'eau.

XXVIII.

Un certain nombre de matelots fut immédiatement employé aux pompes, tandis que le reste s'occupait à déballer une partie de la cargaison et je ne sais quoi encore, mais sans pouvoir arriver à la voie d'eau; à la fin, ils la découvrirent, mais leur salut n'en demeura pas moins chose douteuse : l'eau s'élançait par cet endroit avec une abondance effrayante pendant qu'on jetait draps, chemises, vestes, ballots de mousseline, .

XXIX.

Dans l'ouverture ; mais tout cela eût été inutile, et le navire aurait sombré malgré tous les efforts et tous les expédients, sans le secours des pompes. Je suis bien aise de les faire connaître à tous les marins qui pourraient en avoir besoin ; car elles tirèrent cinquante tonneaux d'eau à l'heure, et tout eût été perdu sans leur inventeur, M. Mann, de Londres.

XXX.

A l'approche du jour, le temps parut se calmer un peu ; on eut l'espoir de réduire la voie d'eau et de maintenir le navire à flot, quoique trois pieds d'eau continuassent à occuper constamment deux pompes à bras et une pompe à chaîne. La nuit recommença à fraîchir ; sur le soir une rafale survint, quelques canons se détachèrent, et une bourrasque — impossible à décrire—jeta d'un seul coup le navire sur le flanc.

XXXI.

Là, il resta immobile et comme renversé ; l'eau quitta la cale et inonda le tillac ; il y eut alors une de ces scènes que les hommes n'oublient pas de si tôt ; car ils se rappellent les batailles, les incendies, les naufrages, enfin tout ce qui amène des regrets ou brise des espérances, des cœurs, des têtes et des échines ; c'est ainsi qu'aiment à parler des noyés les plongeurs ou nageurs qui ont survécu.

XXXII.

Sur-le-champ on coupa le grand mât et le mât de misaine ; le mât de misaine d'abord, puis vint le tour du grand mât ; mais le navire n'en restait pas moins immobile comme une souche, en dépit de tous nos efforts. Le mât d'artimon et le beaupré furent également coupés (bien que notre intention eût été d'abord de ne sacrifier tous nos mâts qu'à la dernière extrémité) ; ainsi allégé, le vieux vaisseau se redressa avec violence.

XXXIII.

Comme on n'aura pas de peine à le croire, pendant que

ceci se passait, bien des gens n'étaient pas à leur aise : les passagers trouvaient fort désagréable de perdre la vie et de déranger leurs habitudes ; les meilleurs marins eux-mêmes, croyant leur dernier jour venu, avaient des velléités d'insubordination ; car on sait qu'en pareil cas les matelots ne se font pas faute de demander du grog, voire même de boire au tonneau.

XXXIV.

Il n'y a rien, sans contredit, qui calme les esprits comme le rhum et la vraie religion ; on le vit bien en ce moment : ceux-ci pillaient, ceux-là buvaient des spiritueux, d'autres chantaient des psaumes, les vents faisaient la haute-contre, et la voix rauque des vagues faisait la basse. La peur avait guéri le mal de mer des passagers, et un étrange tintamarre de gémissements, de blasphèmes et de prières répondait en chœur à la mer mugissante.

XXXV.

De plus grands malheurs peut-être seraient résultés, sans notre don Juan, qui, avec un bon sens au-dessus de son âge, courut à la chambre aux liqueurs, et se plaça devant la porte un pistolet dans chaque main ; comme si la mort était plus terrible par le feu que par l'eau, son attitude tint en respect, malgré leurs jurements et leurs pleurs, tous ces matelots qui, avant de couler à fond, pensaient qu'ils ne pouvaient mieux faire que de mourir dans l'ivresse.

XXXVI.

« Donnez-nous encore du grog, » criaient-ils, « car tout sera fini pour nous dans une heure. » Juan répondait : « Non ! Il est vrai que la mort nous attend, vous et moi ; mais sachons du moins mourir en hommes, et ne succombons point comme des brutes. » Et il continua à garder son poste, et personne ne voulut s'exposer à une mort anticipée ; il n'y eut pas jusqu'à Pédrillo, son très révérend précepteur, qui ne vit rejeter la demande qu'il faisait d'un peu de rhum.

XXXVII.

Le bon vieillard avait perdu la tramontane, et faisait entendre de bruyantes et pieuses lamentations ; il se repentait de tous ses péchés, et faisait un dernier et irrévocable vœu de réforme ; ce péril passé, il jurait bien de ne plus quitter ses occupations académiques et les cloîtres de la classique Salamanque, pour suivre les pas de don Juan comme un autre Sancho Pança.

XXXVIII.

Mais un éclair d'espérance vint luire encore ; le jour parut et le vent se calma ; les mâts étaient partis, la voie d'eau augmentait ; tout autour, des bas-fonds ; mais de rivage, point ; cependant le navire se maintenait et surnageait encore. On eut de nouveau recours aux pompes, et, bien que tous les efforts précédents eussent été faits en pure perte, un rayon de soleil remit tout le monde à l'œuvre : les plus forts pompèrent, les plus faibles se mirent à préparer une voile.

XXXIX.

On passa cette voile sous la quille du navire, et, pendant un moment, ce moyen fut efficace ; mais, avec une voie d'eau et pas un bout de mât, pas un morceau de toile, que pouvait-on espérer? Néanmoins, ce qu'il y a de mieux, c'est de lutter jusqu'au dernier instant ; il n'est jamais trop tard pour faire totalement naufrage ; et, bien qu'il soit vrai qu'on ne peut mourir qu'une fois, la mort n'a rien de très agréable dans le golfe de Lyon.

XL.

C'est là que les vents et les vagues les avaient poussés ; c'est de là qu'ils se voyaient entraînés contre leur volonté, car il leur avait fallu renoncer à diriger le bâtiment ; ils n'avaient pas eu encore un jour tranquille où ils pussent se reposer et commencer à fabriquer un mât de ressource ou un gouvernail ; il était impossible de répondre que le bâtiment pût surnager une heure seulement ; et cependant, par bonheur, il surnageait encore, — quoique pas tout à fait aussi bien qu'un canard.

XLI.

Il est vrai que le vent avait un peu diminué ; mais le navire était trop délabré pour pouvoir tenir longtemps dans cet état ;

le manque d'eau potable les faisait aussi beaucoup souffrir, et les provisions solides commençaient à diminuer sensiblement; en vain on interrogeait le télescope : on n'apercevait ni voile ni rivage, rien que la mer mugissante et la nuit qui s'approchait.

XLII.

Le temps redevint menaçant; — un vent frais souffla de nouveau, et l'eau entra dans la cale par l'avant et par l'arrière; néanmoins, quoique tout cela fût connu, le plus grand nombre montra de la patience, quelques-uns même de l'intrépidité, jusqu'au moment où les cuirs et les chaînes des pompes furent usés; — alors le navire, inutile débris, flotta à la merci des vagues, dont la merci ressemble à celle des hommes dans les guerres civiles.

XLIII.

Alors vint le charpentier (pour la première fois on voyait des larmes dans ses yeux); il déclara au capitaine ne pouvoir rien faire de plus. C'était un homme âgé qui avait parcouru plus d'une mer orageuse, et s'il pleurait en ce moment, ce n'était pas la crainte qui mouillait ses paupières comme celles d'une femme; mais le pauvre diable avait une compagne et des enfants; deux choses désolantes pour des gens qui vont mourir.

XLIV.

En cet instant il devint évident que l'avant du vaisseau faisait effort et allait se détacher; alors toute distinction disparut : les uns se remirent en prières et promirent des cierges à leurs saints; — mais il n'y en avait point à bord pour acquitter ce payement; d'autres se mirent à regarder par-dessus l'avant; quelques-uns descendirent les chaloupes; il y en eut un qui demanda l'absolution à Pédrillo, qui, dans son trouble, l'envoya au diable.

XLV.

Les uns se firent attacher dans leur hamac; d'autres se vêtirent de leurs plus beaux habits comme pour une fête; ceux-ci maudissaient le jour où ils avaient reçu le don de la vie, grinçaient des dents, hurlaient, s'arrachaient les cheveux ; ceux-là continuaient comme ils avaient commencé, s'occupant à mettre les chaloupes à la mer, bien convaincus qu'une chaloupe solide peut tenir sur une mer houleuse, pourvu que les lames ne la prennent pas à revers.

XLVI.

Ce qu'il y avait de pis dans leur condition, c'était qu'après plusieurs jours passés dans la plus grande détresse, il leur était maintenant difficile de trouver des provisions suffisantes pour alléger leurs longues souffrances. Les hommes, même lorsqu'ils vont mourir, répugnent à l'inanition ; le mauvais temps avait avarié les vivres : deux tonneaux de biscuit, et un baril de beurre, ce fut tout ce que l'on put mettre dans le *cutter*.

XLVII.

On parvint à transporter dans la grande chaloupe quelques livres de pain gâté par l'humidité, un tonneau d'eau de la contenance d'à peu près vingt gallons, et six bouteilles de vin. On réussit à tirer d'en bas une certaine quantité de bœuf salé, ainsi qu'un morceau de porc à peine suffisant pour fournir à une collation ; — ajoutez à cela huit gallons de rhum dans un petit baril.

XLVIII.

Le canot et la péniche avaient été mis en pièces au commencement de la tourmente ; la grande chaloupe était en assez mauvais état ; elle n'avait pour toute voile que deux couvertures, et pour mât qu'un aviron que fort heureusement un mousse y avait jeté par-dessus les bastingages ; or, il était impossible que deux bateaux pussent contenir la moitié des individus à bord, et encore moins les approvisionnements qui leur étaient nécessaires.

XLIX.

C'était l'heure du crépuscule, et le jour sans soleil s'abaissa sur le désert des flots, comme un voile qui, si on l'écartait, ne laisserait voir que les traits de la haine ne se masquant que pour mieux frapper. Ainsi s'offrit la nuit à leurs yeux sans espoir, projetant son ombre sur leurs pâles visages et sur l'abîme désert et sombre ; depuis douze jours la terreur était à leur côté, et maintenant ils avaient la mort en face.

L.

On avait essayé de construire un radeau, avec peu d'espoir qu'il pût servir dans une mer agitée; c'était une tentative qui aurait pu prêter à rire, si le rire était possible en pareille occasion, à moins que ce ne soit le rire de gens qui ont trop bu, cette gaieté horrible et insensée, moitié épileptique, moitié historique : — sans un miracle, leur délivrance était impossible.

LI.

A huit heures et demie, on jeta à la mer éparres, boute-hors, cages à poules, tout ce qui pouvait soutenir les matelots sur les vagues et prolonger pour eux une lutte inutile; il n'y avait au ciel d'autre clarté que celle de quelques étoiles; les bateaux s'éloignèrent, encombrés de leur chargement; alors le navire porta à babord, fit un mouvement brusque et plongea la tête la première.

LII.

Alors s'éleva de la mer au ciel l'horrible adieu ; — alors la clameur du timide — et le silence du brave ; — quelques-uns s'élancèrent dans les flots avec d'affreux hurlements, comme pour aller au-devant de leur tombe ; et la mer s'entr'ouvrit comme un enfer, et le navire aspira en sombrant la vague tourbillonnante, comme un homme qui lutte avec son ennemi et cherche à l'étrangler avant de mourir.

LII.

Et il s'éleva d'abord une clameur universelle qui fit taire le bruit de l'Océan, semblable au fracas de la foudre répercuté par les échos; puis on n'entendit plus rien, sauf le mugissement des vents et le brisement des vagues inexorables; seulement, par intervalle, on entendait, mêlé au mouvement convulsif de l'onde, un cri solitaire, la clameur étouffée de quelque robuste nageur à l'agonie.

LIV.

Comme nous l'avons dit, les barques avaient pris les devants; une partie de l'équipage y était entassé. Cependant il n'y avait guère pour ces hommes plus d'espoir qu'auparavant, car le vent soufflait avec tant de force qu'il n'était pas probable qu'on pût aborder à quelque rivage ; et puis, quoiqu'en si petit nombre, ils étaient encore trop : lorsqu'ils s'éloignèrent du vaisseau, ils étaient neuf dans le cutter, et trente dans la chaloupe.

LV.

Tout le reste avait péri ; près de deux cents âmes avaient pris congé de leur corps ; et ce qu'il y a de pis, hélas ! quand l'Océan engloutit des catholiques dans ses ondes, c'est qu'il leur faut attendre plusieurs semaines avant qu'une messe enlève un seul charbon au brasier du purgatoire ; en effet, jusqu'à ce que les gens sachent au juste ce qui s'est passé, ils ne sont pas du tout disposés à dépenser leur argent pour les morts. — C'est que, voyez-vous, il en coûte trois francs pour chaque messe qu'on fait dire.

LVI.

Juan prit place dans la chaloupe et réussit à y faire entrer Pédrillo ; on eût dit qu'ils avaient changé de rôle. Juan avait cet air de supériorité que donne le courage, pendant que les deux yeux du pauvre Pédrillo pleuraient le cas piteux de leur maître. Battista (ou par abréviation Tita) était mort pour avoir bu trop d'eau-de-vie.

LVII.

Il essaya aussi de sauver Pédro, son valet ; mais la même cause amena sa perte : il était tellement ivre, qu'en voulant passer du navire dans le cutter il tomba dans la mer, et trouva ainsi un tombeau d'eau et de vin ; on ne put le repêcher, bien qu'il ne fût qu'à deux pas, parce que la mer grossissait de plus en plus, — et qu'il y avait déjà foule dans le bateau.

LVIII.

Juan avait un vieil épagneul qui avait appartenu à son père don José ; il l'aimait, comme bien vous pensez, car la mémoire s'attache avec tendresse à de tels objets. Le pauvre animal se tenait en hurlant sur le bord du navire ; quelque chose lui disait sans doute (les chiens ont le nez si intellectuel !)

que le bâtiment allait sombrer ; Juan le prit, le lança dans la chaloupe, et y sauta après lui.

LIX.

Il prit sur lui tout l'argent qu'il put, et en remplit aussi les poches de Pédrillo, qui le laissa faire ce qu'il voulut, ne sachant lui-même que dire ni que faire, en sentant renouveler ses frayeurs à chaque vague. Quant à Juan, comptant qu'ils échapperaient à ce péril, et convaincu qu'il n'y avait pas de maux sans remède, il embarqua, comme on vient de le voir, son précepteur et son épagneul.

LX.

La nuit fut orageuse et le vent violent ; la voile fut mise en panne, car quand la chaloupe était au sommet d'une haute lame, on n'osait ni déployer la voile, ni la serrer, malgré la force du vent. Chaque flot inondait la poupe, et les mouillait sans leur laisser un moment de repos ; si bien que leurs personnes et leurs espérances étaient également à froid, et le pauvre petit cutter ne tarda pas à sombrer.

LXI.

Là périrent encore neuf personnes. La chaloupe continua à se maintenir au-dessus des flots ; un aviron lui servait de mât ; deux couvertures cousues ensemble et fortement attachées à l'aviron tenaient, tant bien que mal, lieu de voile ; bien que chaque lame menaçât de remplir la frêle embarcation, et que le péril fût plus grand que jamais, ils donnèrent des regrets à ceux qui avaient péri avec le cutter, ainsi qu'à la perte du beurre et des tonneaux de biscuit.

LXII.

Le soleil se leva rouge et enflammé, pronostic certain de la continuation de la tempête : s'abandonner à la merci des vagues jusqu'au retour du beau temps, c'est tout ce qu'il était possible de faire pour le moment. Quelques cuillerées de rhum et de vin, ainsi qu'un peu de pain avarié par l'humidité, furent distribués à chacun de ces malheureux, qui commençaient à tomber d'épuisement, et dont la plupart n'avaient pour tout vêtement que quelques guenilles.

LXIII.

Ils étaient trente entassés dans un espace qui permettait à peine de se remuer; ils firent du mieux qu'ils purent pour obvier à cet inconvénient : une moitié s'asseyait pendant que l'autre moitié se tenait debout, bien qu'engourdie par l'immersion, et ils se relevaient à tour de rôle; c'est ainsi que, grelottant comme la fièvre tierce dans son frisson glacial, ils remplissaient leur barque, avec le firmament pour tout manteau.

LXIV.

Il est un fait certain, c'est que le désir de vivre prolonge la vie; tous les médecins savent que les malades, lorsqu'ils n'ont auprès d'eux ni femmes ni amis qui les tourmentent, survivent à des cas désespérés, uniquement parce qu'ils espèrent encore, et qu'Atropos ne fait pas briller à leurs yeux ses fatals ciseaux : rien qui s'oppose plus à la longévité que de désespérer de son rétablissement; rien qui abrége d'une manière plus effrayante les misères humaines.

LXV..

On dit que les personnes qui vivent de rentes viagères vivent plus longtemps que d'autres; — Dieu sait pourquoi; à moins que ce ne soit pour faire enrager leurs débiteurs; — cependant la chose est incontestable; si bien qu'il en est, je crois, qui ne *meurent* jamais. De tous les créanciers, les juifs sont les pires, et l'on sait que c'est là leur manière de prêter; dans mon jeune temps, c'est de cette façon qu'ils m'ont fait des avances que j'ai eu beaucoup de peine à rembourser.

LXVI.

Il en est de même des gens qui se trouvent en pleine mer, dans une barque découverte : l'amour de la vie les fait vivre; ils supportent plus qu'on ne saurait croire ou même imaginer, et résistent comme des rocs aux assauts de la tempête; les souffrances et les dangers furent de tout temps le partage du marin, depuis Noé et son arche vagabonde. Il faut convenir que son équipage et sa cargaison étaient fort étranges; on peut en dire autant de l'Argo, ce premier corsaire de l'ancienne Grèce.

LXVII.

Mais l'homme est un animal carnivore; il faut qu'il mange au moins une fois par jour; il ne peut, comme les bécasses, vivre par la succion; il lui faut une proie, comme au requin et au tigre; bien que sa construction anatomique comporte, à la rigueur, une nourriture végétale, il est certain, néanmoins, que les travailleurs considèrent le bœuf, le mouton et le veau comme de meilleure digestion.

LXVIII.

Ainsi pensait également notre malheureux équipage. Sur le troisième jour, un calme survint qui renouvela d'abord leurs forces et fut comme un baume à leurs membres fatigués, et ils s'endormirent bercés comme des tortues sur l'azur de l'Océan; mais lorsqu'ils se réveillèrent, ils ressentirent une subite défaillance, et se mirent à dévorer leurs provisions, au lieu de les ménager prudemment.

LXIX.

Le résultat était facile à prévoir : — ils mangèrent tout ce qu'ils avaient, et burent leur vin, nonobstant toutes les remontrances; alors, que leur restait-il pour dîner le lendemain? Les insensés! ils espéraient que le vent se lèverait et les pousserait au rivage; ces espérances étaient belles; mais, comme ils n'avaient qu'un aviron, et très fragile encore, il eût été plus sensé de ménager leurs vivres.

LXX.

Le quatrième jour parut, mais pas un souffle d'air; l'Océan dormait comme un enfant non sevré. Le cinquième jour trouva encore leur barque sur les flots; le ciel et l'Océan étaient bleus, sereins et doux. — Avec leur unique aviron (si du moins ils en avaient eu deux!) que pouvaient-ils? Cependant la rage de la faim se fit sentir; en conséquence, malgré les supplications de don Juan, son épagneul fut tué et distribué par rations.

LXXI.

Le sixième jour on vécut de sa peau; et Juan, qui avait

refusé de toucher à sa chair, parce que ce chien avait appartenu à son père, cédant maintenant à la faim de vautour qui s'était emparée de lui, après avoir fait quelques difficultés, accepta, non sans quelques remords, mais enfin accepta, comme une éminente, faveur l'une des pattes de devant de l'animal, qu'il partagea avec Pédrillo, et que celui-ci dévora en regrettant de ne pas avoir l'autre.

LXXII.

Le septième jour se leva, et point de vent encore. — Le soleil brûlant enflammait et dévorait leur peau; et ils gisaient immobiles sur les flots comme des cadavres D'espoir, il n'y en avait point, hormis dans la brise qui ne venait pas; ils jetèrent les uns sur les autres de farouches regards. Tout était épuisé, eau, vin, vivres; alors, quoiqu'ils restassent muets, vous eussiez vu reluire dans leurs yeux de loup un désir de cannibale.

LXXIII.

L'un d'eux enfin parla à l'oreille de son voisin, qui parla à l'oreille d'un autre, et bientôt la proposition fit la ronde; alors s'éleva un sourd murmure, un sinistre accent de fureur et de désespoir; dans la pensée de son camarade chacun avait reconnu la sienne jusque-là comprimée, et l'on parla de tirer au sort la chair et le sang, afin de savoir qui mourrait pour servir de nourriture à ses semblables.

LXXIV.

Mais, avant d'en venir à cette extrémité, on se partagea ce jour-là quelques casquettes de cuir et le peu de souliers qui restaient encore, et alors chacun regarda autour de lui dans un muet désespoir, et nul n'était disposé à s'offrir en sacrifice; enfin on prépara les fatals billets; quels matériaux employa-t-on pour cela? — Ma muse n'y peut penser sans frémir! — comme on n'avait pas de papier, faute de mieux, on prit à Juan, de vive force, la lettre de Julia.

LXXV.

Les lots furent faits, marqués, mêlés et tirés, dans un silence plein d'horreur, et leur distribution réprima jusqu'à la faim sauvage, qui, pareille au vautour de Prométhée, avait demandé cette abomination. Elle n'était l'œuvre de personne en particulier ; ils étaient poussés à cette résolution par le besoin impérieux de la nature, qui ne permettait à personne de rester neutre. — Le sort tomba sur l'infortuné précepteur de don Juan.

LXXVI.

Il demanda pour unique grâce qu'on le saignât jusqu'à la mort : le chirurgien avait sur lui ses instruments ; il saigna Pédrillo, qui expira si tranquillement qu'il eût été difficile de déterminer le moment où il avait cessé de vivre. Il mourut, comme il était né, dans la foi catholique, pareil en cela à la plupart des gens qui meurent dans la croyance dans laquelle ils ont été élevés ; il baisa d'abord un petit crucifix, puis il présenta la veine jugulaire et le poignet.

LXXVII.

Le chirurgien eut pour ses honoraires le choix du premier morceau ; mais, ayant grande soif pour le moment, il préféra boire une gorgée du sang qui coulait de la veine entr'ouverte. Une partie du cadavre fut distribuée, l'autre fut jetée à la mer ; les intestins et la cervelle servirent de régal à deux requins qui suivaient la chaloupe ; les matelots mangèrent le reste du pauvre Pédrillo.

LXXVIII.

Tous en mangèrent, hormis trois ou quatre, un peu moins friands que les autres de nourriture animale ; à ceux-ci il faut ajouter Juan ; il avait déjà refusé de goûter à son épagneul ; or, il n'était pas probable qu'il eût maintenant beaucoup plus d'appétit : ses compagnons ne devaient pas s'attendre à ce que, même dans cette extrémité, il mangeât avec eux son pasteur et son maître.

LXXIX.

Il fit bien de s'en abstenir, car les suites de ce repas furent on ne peut plus effrayantes : ceux qui avaient montré le plus de voracité tombèrent dans un délire furieux. — Grand Dieu ! comme ils blasphémèrent ! on les vit écumer et se rouler par terre, en proie à d'étranges convulsions ; boire l'eau de la mer, comme si c'eût été celle du ruisseau de la montagne; se déchirer; grincer des dents, hurler, crier, jurer, et puis mourir en désespérés avec un rire d'hyène.

LXXX.

Cette punition du ciel réduisit de beaucoup leur nombre. Quant à ceux qui restaient, Dieu sait comme ils étaient maigres! Quelques-uns avaient perdu la mémoire, plus heureux en cela que ceux qui voyaient encore leurs maux; mais d'autres méditaient une dissection nouvelle, sans se laisser effrayer par l'exemple de ceux qui venaient de périr au milieu des tortures de la rage, pour avoir assouvi leur faim d'une manière si funeste.

LXXXI.

Ils jetèrent alors les yeux sur le contre-maître, comme le plus gras; mais, outre l'extrême répugnance qu'il éprouvait pour cette mesure, il fit valoir quelques raisons pour s'en exempter : la première qu'il allégua, c'est que depuis peu il était légèrement indisposé; mais ce qui contribua surtout à le sauver, ce fut un petit cadeau qui lui avait été fait à Cadix par une souscription générale des dames de l'endroit.

LXXXII.

Il restait encore quelque chose du pauvre Pédrillo, mais on en était ménager; — les uns n'osaient y toucher; d'autres comprimaient leur appétit, ou n'en prenaient qu'une bouchée par-ci par-là; pour don Juan, il s'abstint complétement d'y toucher, et se mit à mâcher du plomb et un morceau de bambou; enfin ils prirent deux *boubis* et un *noddi*[3], et dès lors ils cessèrent de manger de la chair humaine.

LXXXIII.

Si le destin de Pédrillo vous révolte, rappelez-vous qu'Ugolin, après avoir poliment terminé son récit, ne dédaigne pas de ronger le crâne de son ennemi; si donc on ronge ses ennemis en enfer, à plus forte raison peut-on dîner de ses amis quand on est naufragé et que les provisions manquent, sans être pour cela beaucoup plus horrible que le Dante

LXXXIV.

Dans la même nuit il tomba une ondée de pluie que leurs

bouches attendaient aussi impatiemment que la terre crevassée par les chaleurs de l'été. On ne sait ce que vaut de bonne eau que lorsqu'on a souffert de sa privation : si vous aviez été en Turquie ou en Espagne, si vous vous étiez trouvé en pleine mer dans une barque avec des gens affamés; si vous aviez entendu dans le désert la clochette du chameau, vous vous souhaiteriez... où est la vérité, — dans un puits.

LXXXV.

La pluie tombait par torrents, mais ils n'en étaient pas plus avancés; heureusement qu'ils trouvèrent un lambeau de toile, dont ils se servirent comme d'éponge; quand ils l'eurent suffisamment humecté, ils le tordirent pour en exprimer l'eau; et, bien qu'un terrassier altéré eût préféré à ce breuvage un pot plein de *porter*, il leur sembla qu'ils savouraient pour la première fois le plaisir de boire dans toute sa volupté.

LXXXVI.

Leurs lèvres desséchées, crevassées et saignantes aspirèrent cette onde comme si c'eût été du nectar; leurs gosiers étaient des fours; leurs langues étaient gonflées et noires comme celle du mauvais riche en enfer implorant vainement de la pitié du pauvre une goutte de rosée, alors que pour lui chaque goutte eût été une joie du ciel. — Si cela est vrai, il faut avouer qu'il y a des chrétiens qui ont une foi bien confortable.

LXXXVII.

Dans ce lugubre équipage se trouvaient deux pères dont chacun avait son fils auprès de lui : l'un de ces jeunes hommes paraissait plus robuste et plus aguerri que l'autre, mais il mourut le premier; quand il eut expiré, celui qui se trouvait le plus près du père le lui dit; celui-ci, jetant un regard sur son fils, se contenta de répondre : « La volonté de Dieu soit faite; je n'y puis rien; » puis il le vit jeter à la mer, sans une larme, sans un gémissement.

LXXXVIII.

L'autre vieillard avait un fils plus faible, au teint doux, à l'aspect délicat; le jeune homme résista longtemps et supporta son sort avec une patiente résignation; il parlait peu, et souriait de temps à autre comme pour alléger une partie du poids qu'il voyait peser sur le cœur de son père, avec la pensée intime et mortelle qu'il leur faudrait bientôt se séparer.

LXXXIX.

Et, penché sur son fils, les yeux du père restaient fixés sur son visage; essuyant l'écume de ses lèvres pâlies, il le contemplait immobile; et quand tomba enfin l'onde tant désirée, quand les yeux de son enfant brillèrent à travers les nuages de la mort et semblèrent un instant se ranimer, il exprima d'un linge mouillé quelques gouttes de pluie dans la bouche de son fils expirant; — mais en vain.

XC.

Le jeune homme rendit l'âme; — le père continua à soutenir le corps dans ses bras, et le regarda longtemps; mais lorsqu'enfin sa mort ne laissa plus aucun doute, qu'il sentit sur son cœur sa dépouille roide et glacée, qu'il n'y eut plus de pouls, plus d'espoir, ses yeux ne purent se détacher du cadavre jusqu'au moment où, jeté à la mer, le corps disparut sous les vagues; alors il tomba lui-même, muet et glacé, ne donnant d'autre signe de vie que le mouvement convulsif de ses membres.

XCI.

En ce moment parut au-dessus de leur tête un arc-en-ciel qui, perçant les nuages épais et projetant sa vaste courbe sur la mer sombre, appuya sur l'azur tremblant sa base lumineuse. Tout, dans l'espace qu'il embrassait, brillait d'un plus vif éclat que ce qui était en dehors; bientôt les teintes s'élargirent, et ondoyèrent comme une bannière qui flotte au souffle des vents; puis il changea et prit la forme d'un arc tendu, et finit par disparaître aux yeux affaiblis des naufragés.

XCII.

Il changea, le céleste caméléon, l'enfant aérien de la vapeur et du soleil, né dans la pourpre, bercé dans le vermillon, baptisé dans l'or liquide, emmaillotté dans des langes de couleur brune, brillant comme le croissant sur un pavillon turc, et fondant toutes ses nuances en une seule, à peu près comme un œil poché dans une échauffourée récente (car force nous est parfois de boxer sans masque).

XCIII.

Nos marins naufragés y virent un heureux augure : — il est bon quelquefois de penser ainsi; c'était une vieille coutume des Grecs et des Romains, qui peut avoir son utilité quand il s'agit de relever le moral des gens; or, si quelqu'un avait besoin d'encouragement, certes, c'étaient nos gens; aussi ce fut pour eux l'arc-en-ciel de l'espérance, un vrai kaléidoscope céleste.

XCIV.

A peu près dans le même temps, un bel oiseau blanc, palmipède, ayant la grosseur et le plumage d'une colombe, égaré peut-être dans sa route, passa et repassa plusieurs fois sous leurs yeux, essaya même de se poser, bien qu'il vît et entendît les hommes dans la chaloupe; de cette manière il alla et vint, et voltigea autour d'eux jusqu'à la tombée de la nuit; — cet augure sembla meilleur encore.

XCV.

Mais ici, je dois également faire observer que l'oiseau de promission fit tout aussi bien de ne pas se poser; car le roulis de la chaloupe en faisait un juchoir moins sûr qu'une église; et quand c'eût été la colombe identique de l'arche de Noé, de retour de son heureux message, si elle leur fût tombée sous la main, ils l'eussent mangée, elle et sa branche d'olivier.

XCVI.

A l'approche de la nuit, le vent recommença à souffler, mais sans violence; les étoiles brillèrent, la chaloupe fit route; mais ils étaient dans un tel épuisement qu'ils ne savaient ni où ils étaient, ni ce qu'ils faisaient. Les uns se figuraient voir la terre; les autres disaient : « Non! » A chaque instant les brouillards trompaient leur vue; ceux-ci juraient qu'ils entendaient les brisants, ceux-là des coups de canon;

il y eut un moment où tout le monde partagea cette dernière illusion.

XCVII.

Quand l'aurore parut, la brise avait cessé; tout à coup celui qui était de quart s'écria en jurant que si ce n'était pas la terre qui s'élevait avec les rayons du soleil, il consentait à ne la revoir de sa vie; sur quoi les autres se frottèrent les yeux; ils virent ou crurent voir une baie, et naviguèrent dans la direction du rivage; car c'était le rivage, que peu à peu on aperçut distinct, escarpé, et palpable à la vue.

XCVIII.

Et alors il y en eut qui fondirent en larmes; d'autres, jetant autour d'eux des regards stupides, ne pouvaient séparer leurs espérances de leurs craintes, et semblaient ne plus avoir souci de rien; quelques-uns priaient (pour la première fois depuis bien des années); et au fond de la chaloupe, il y en avait trois qui dormaient : on leur secoua la main et la tête afin de les réveiller, mais on les trouva morts.

XCIX.

La veille, ils avaient rencontré, profondément endormie sur les eaux, une tortue de l'espèce bec de faucon; et, avançant doucement la main, ils avaient eu le bonheur de la prendre; ce repas leur avait donné encore un jour de vie, et fourni à leur moral une nourriture plus fortifiante encore, en leur inspirant un nouveau courage. Ils pensèrent que c'était quelque chose de plus que le hasard qui, au milieu de tels périls, était ainsi venu à leur secours.

C.

La terre semblait être une côte escarpée et rocheuse, et les montagnes grandissaient à mesure qu'ils s'en approchaient, portés par le courant. Ils se perdaient en conjectures; car nul ne savait vers quelle partie du globe les flots les avaient portés, tant les vents avaient été variables. Ceux-ci pensaient que c'était le mont Etna; ceux-là, les montagnes de Candie, de Chypre, de Rhodes, ou d'autres îles.

CI.

Cependant le courant, aidé d'une brise fraîche qui s'éleva, continuait à pousser vers le rivage fortuné leur barque, semblable à celle de Caron par les spectres hideux et pâles qu'elle portait. Il ne s'y trouvait plus que quatre individus vivants et trois morts, qu'ils avaient vainement essayé de jeter à la mer, comme ceux qui les avaient précédés, quoique les deux requins continuassent à suivre la chaloupe et à faire jaillir l'onde sur leurs visages.

CII.

La famine, le désespoir, le froid, la soif, la chaleur, avaient tour à tour exercé sur eux leurs ravages, et les avaient amaigris au point qu'une mère n'eût pu reconnaître son fils parmi les squelettes de cet équipage décharné. Glacés pendant la nuit, brûlés pendant le jour, ils avaient péri l'un après l'autre, et s'étaient vus peu à peu réduits à ce petit nombre; mais ce qui avait hâté surtout leur mort, c'était l'espèce de suicide qu'ils avaient commis en buvant de l'eau salée pour chasser Pédrillo de leurs intestins.

CIII.

En approchant de la terre, qui offrait alors devant eux son aspect inégal, ils aspirèrent la fraîcheur de la verdure balancée au panache ondoyant des forêts et embaumant au loin les airs : c'était pour leurs yeux fatigués comme un écran interposé entre eux et ces vagues étincelantes, et ce ciel chaud et nu; charmant était à leurs regards tout objet qui pouvait distraire leur vue de l'abîme salé, immense, effrayant, éternel.

CIV.

Le rivage semblait désert, sans aucune trace d'hommes, et les vagues l'entouraient d'un formidable rempart; mais leur désir de toucher la terre était un délire : quoiqu'ils eussent devant eux les brisants, ils continuèrent à porter droit au rivage; un rescif les en séparait; l'agitation et les bouillonnements de l'onde annonçaient sa présence; mais faute d'un meilleur point de débarquement, ils lancèrent la chaloupe vers la rive, et la submergèrent.

CV.

Mais Juan avait eu l'habitude de baigner ses jeunes membres dans le Guadalquivir, son fleuve natal; il avait appris à nager dans ses ondes charmantes, et ce talent lui avait été plus d'une fois utile; on aurait difficilement trouvé un nageur plus habile; peut-être même eût-il pu traverser l'Hellespont, comme nous avons fait, Léandre, M. Ekenhead et moi (et nous n'avons pas été peu fiers de cet exploit).

CVI.

Aussi, malgré sa faiblesse, la maigreur et la roideur de ses membres, il parvint à se soutenir sur l'eau; il s'efforça de lutter contre la vague rapide, et de gagner avant la nuit la rive escarpée et aride qui s'offrait devant lui. Ce qui lui fit courir le plus grand danger, ce fut un requin qui emporta par la cuisse l'un de ses compagnons; quant aux deux autres, ils ne savaient pas nager, et il fut le seul qui atteignit le rivage.

CVII.

Et encore il n'y fût point parvenu sans le secours de l'aviron, qui, fort heureusement pour lui, se trouva sous sa main au moment où ses bras affaiblis ne pouvaient plus fendre les vagues; il le saisit et s'y cramponna pendant que les lames venaient l'assaillir avec violence; enfin, nageant, marchant et grimpant tour à tour, il s'arracha aux flots, et roula à demi mort sur la grève.

CVIII.

Là, hors d'haleine, il enfonça fortement ses ongles dans le sable, de peur que la mer mugissante, qui ne l'avait laissé échapper qu'à regret, ne revînt sur ses pas et ne le ramenât dans son insatiable tombeau; et là, il demeura étendu à l'endroit où la vague l'avait jeté, à l'entrée d'une caverne creusée dans le roc, avec tout juste assez de vie pour sentir la douleur et pour penser que ce reste d'existence avait peut-être été sauvé en vain.

CIX.

Avec de lents et douloureux efforts, il se leva, mais retomba aussitôt sur ses genoux saignants et ses mains convulsives; et alors il chercha des yeux ceux qui avaient été si longtemps ses compagnons sur les flots; mais aucun d'eux n'apparut pour partager ses souffrances, hormis un seul : c'était le cadavre de l'un des trois morts de faim, deux jours auparavant, qui venait de trouver un champ de repos sur une plage déserte et inconnue.

CX.

En regardant ainsi, il sentit un vertige s'emparer de son cerveau, et il retomba à terre; et alors la plage lui sembla tourner autour de lui, et il s'évanouit. Il tomba sur le côté, retenant encore de sa main humide l'aviron qui leur avait servi de mât; et, pareil à un lis flétri, il était là, gisant avec ses formes sveltes et ses traits pâles, aussi beau à voir que le fut jamais créature d'argile.

CXI.

Combien de temps le jeune Juan resta dans cette humide léthargie, il ne le sut pas, car la terre avait disparu pour lui, et le temps n'avait plus ni nuit ni jour pour son sang congelé, pour ses sens engourdis; et comment se dissipa ce profond évanouissement, il l'ignora aussi jusqu'au moment où les pulsations de ses membres endoloris, le battement conlvulsif de ses veines, lui annoncèrent le retour à la vie; car la mort, quoique vaincue, ne cédait pas sans combat.

CXII.

Ses yeux s'ouvrirent, puis se fermèrent, puis s'ouvrirent encore; car tout était douteux et confus; il croyait être encore dans la chaloupe, et sortir d'un léger sommeil; et alors le désespoir le reprit, et il regretta de n'avoir pas dormi du sommeil de la mort; puis le sentiment lui revint, ses faibles yeux errèrent lentement autour de lui, et aperçurent la figure charmante d'une femme de dix-sept ans.

CXIII.

Elle était penchée sur lui, et sa petite bouche était rapprochée de la sienne, comme pour interroger son souffle; et peu à peu le doux frottement de cette main chaude et jeune ramenait à la vie ses esprits dociles; elle bassinait ses tempes glacées, cherchait à rappeler le sang dans ses veines, lorsqu'enfin, répondant à son doux contact et à ses soins inquiets, un faible soupir de Juan vint payer ses bienveillants efforts.

CXIV.

Alors elle lui fit prendre quelques gouttes de cordial, et enveloppa d'un manteau ses membres à peine vêtus; son beau bras souleva cette tête languissante, et sur sa joue transparente, colorée d'un pur incarnat, elle appuya ce front mourant et pâle; puis elle exprima l'onde amère dont la tempête avait si longtemps imprégné sa chevelure, épiant avec inquiétude chaque mouvement convulsif qui arrachait un soupir à sa poitrine oppressée, — en même temps qu'à la sienne.

CXV.

Aidée de sa suivante, jeune aussi, bien que son aînée, d'une figure moins grave et de traits moins délicats, l'aimable fille le transporta avec précaution dans la grotte; — alors elles allumèrent du feu, et, à la lueur de la flamme éclairant ces rochers que n'avait jamais vus le soleil, la jeune fille, ou n'importe qui elle était, se dessina distinctement, et apparut grande et belle.

CXVI.

Son front était orné de pièces d'or qui brillaient sur sa chevelure brune, dont les flots retombaient en tresses derrière elle, et, quoique sa taille fût des plus hautes que comporte une stature de femme, ils descendaient presque jusqu'à ses pieds; il y avait en elle un air d'autorité qui annonçait une dame de distinction.

CXVII.

Comme je l'ai dit, ses cheveux étaient châtains; mais elle avait les yeux noirs comme la mort, les cils de la même couleur, ces longs cils qui sous leur ombre soyeuse recèlent une attraction si puissante; car de dessous leur frange noire, le regard est dardé avec une force que n'égala jamais la flèche la plus rapide; c'est le serpent déroulant ses anneaux, se déployant dans toute sa longueur, et révélant à la fois son venin et sa force.

CXVIII.

Son front était blanc et petit; les couleurs pures de ses joues ressemblaient à cette teinte de rose que le soleil couchant imprime au crépuscule; sa petite lèvre supérieure, — lèvre ravissante! qui fait que l'on soupire toujours dès qu'on l'a vue; car elle eût pu servir de modèle à un statuaire, race d'imposteurs, après tout; j'ai vu des femmes vivantes et palpables, dont la réalité surpassait de beaucoup leur stupide idéal de pierre.

CXIX.

Je vais vous dire pourquoi je parle ainsi, car il est injuste de mal parler des gens sans motif plausible : j'ai connu une dame irlandaise dont je n'ai jamais vu reproduire le buste d'une manière satisfaisante, quoiqu'elle eût souvent posé comme modèle; et certes, si jamais elle doit céder au temps inexorable, si la nature lui fait subir ses lois et ses rides, nous verrons détruire un visage dont le type ne saurait être conçu par la pensée humaine, et encore moins exécuté par un ciseau mortel.

CXX.

Telle était la dame de la grotte; son costume différait beaucoup de celui des Espagnoles; il était plus simple, mais les couleurs en étaient moins graves; car, comme vous savez, les Espagnoles, lorsqu'elles sortent, bannissent de leur mise toutes les couleurs éclatantes; et néanmoins, quand flottent autour d'elles la basquine et la mantille, mode qui, je l'espère, ne passera jamais, elles ont un air à la fois mystique et folâtre.

CXXI.

Mais il n'en était pas ainsi de notre demoiselle : sa robe était d'un fin tissu et de couleurs variées; à ses cheveux négligemment bouclés autour de son visage, l'or et les pierreries étaient entremêlés à profusion; sa ceinture étincelait; la plus riche dentelle ornait son voile, et plus d'une pierre précieuse brillait sur sa petite main; mais une chose affreuse, c'est que ses petits pieds de neige avaient des pantoufles, et point de bas.

CXXII.

Le costume de l'autre femme était à peu près semblable, mais d'étoffes plus grossières; elle ne portait pas autant de joyaux; les ornements de ses cheveux étaient d'argent, et devaient constituer sa dot; son voile, pareil pour la forme, était moins beau; son air, quoique assuré, était plus humble; sa chevelure, plus épaisse, était moins longue; ses yeux, tout aussi noirs, mais plus éveillés et moins grands.

CXXIII.

Et toutes deux le servaient, lui donnaient des vêtements et de la nourriture, et lui prodiguaient ces douces attentions qui sont — je dois l'avouer — de produit féminin, et se montrent sous mille formes délicates; elles firent un excellent consommé, comestible que la poésie mentionne rarement, mais qui n'en est pas moins le meilleur aliment qu'on ait préparé depuis le jour où l'Achille d'Homère fit servir à dîner à ses nouveaux hôtes.

CXXIV.

Il faut que je vous dise ce qu'elles étaient, afin que vous n'alliez pas voir dans ce couple féminin des princesses déguisées; d'ailleurs, je hais les mystères et les surprises, si fort du goût de nos poëtes modernes; en somme, ces deux jeunes filles paraîtront à vos regards curieux ce qu'effectivement elles étaient, la maîtresse et la suivante; la première était la fille unique d'un vieillard qui vivait sur les flots.

CXXV.

Il avait été pêcheur dans sa jeunesse, et c'était bien encore une espèce de pêcheur; mais il avait rattaché à ses excursions maritimes quelques autres spéculations d'une nature peut-être moins honorable : un peu de contrebande et de piraterie avait fait passer d'un grand nombre de mains dans les siennes un million de piastres mal acquises.

CXXVI.

C'était donc un pêcheur, — mais un pêcheur d'hommes, comme l'apôtre Pierre; — il allait de temps à autre à la pêche des vaisseaux marchands égarés, et en prenait parfois autant qu'il en voulait; il confisquait les cargaisons; le marché aux esclaves lui valait aussi d'honnêtes bénéfices, et il approvisionnait de plus d'un morceau friand cette branche du commerce turc, où, sans aucun doute, il y a beaucoup à gagner.

CXXVII.

Il était Grec, et dans son île (l'une des Cyclades les plus petites et des plus sauvages) il avait, du produit de ses méfaits, construit une très belle maison où il vivait fort à son aise; Dieu sait tout l'or qu'il avait pris, tout le sang qu'il avait versé; c'était, avec votre permission, un vieillard peu moral; mais ce que je sais, moi, c'est que sa maison était un édifice spacieux, rempli de sculptures, de peintures et de dorures dans le goût barbaresque.

CXXVIII.

Il avait une fille unique, appelée Haïdée, la plus riche héritière des îles orientales, sans compter qu'elle était si belle que sa dot n'était rien au prix de ses sourires; n'ayant pas encore vingt ans, comme un arbre charmant, elle croissait dans sa beauté de femme, et, chemin faisant, elle avait éconduit plus d'un adorateur, pour apprendre plus tard à en accueillir un plus aimable.

CXXIX.

Ce jour-là même, au coucher du soleil, elle se promenait le long de la grève, au pied des rochers, lorsqu'elle trouva don Juan insensible, — pas tout à fait mort, mais peu s'en fallait, — don Juan presque mort de faim et à demi noyé; il était nu, et, comme de raison, cette vue la blessa; cependant elle se crut obligée, par un sentiment d'humanité, d'abriter un étranger qui se mourait, et qui avait une peau si blanche.

CXXX.

Le conduire chez son père, ce n'était pas précisément le moyen de le sauver; c'était plutôt livrer la souris au chat, ou porter dans son cercueil un homme tombé en léthargie; il y avait tant de « νους [4] » dans le bon vieillard, il ressemblait si peu aux Arabes, ces voleurs loyaux et intrépides, qu'il eût commencé par guérir charitablement l'étranger, pour le vendre dès qu'il aurait été rétabli.

CXXXI.

Elle fut donc de l'avis de sa suivante (une vierge en croit toujours sa suivante), et pensa qu'il valait mieux le cacher, pour le moment, dans la grotte; lorsqu'enfin ses yeux noirs s'ouvrirent, elles sentirent croître leur charité pour leur hôte, et leur compassion s'exalta au point de leur ouvrir la moitié de la barrière du ciel; — si nous en croyons saint Paul, c'est là le droit de péage qu'on est tenu d'acquitter là-haut.

CXXXII.

Elles allumèrent du feu comme elles purent avec les matériaux qu'elles recueillirent autour de la baie, — des planches, des rames brisées, tombant presque en poussière au premier contact, tant il y avait longtemps qu'elles étaient là; un mât avait été réduit aux dimensions d'une béquille; mais, par la grâce de Dieu, les débris de naufrage étaient si abondants, qu'il y avait de quoi allumer vingt feux au lieu d'un.

CXXXIII.

Juan avait un lit de fourrure et une pelisse, car Haïdée s'était dépouillée de ses zibelines pour lui faire un lit; et afin qu'il fût plus à l'aise et plus chaudement, au cas où il viendrait à s'éveiller, Haïdée et sa suivante lui laissèrent chacune un jupon, se promettant de venir le revoir à la pointe du jour avec un plat d'œufs, du café, du pain et du poisson.

CXXXIV.

Elles le laissèrent donc à son repos solitaire; Juan dormit comme un sabot, ou comme les morts, qui (Dieu le sait) dorment enfin, peut-être, provisoirement du moins; nulle vision de ses maux passés ne vint l'agiter par des rêves maudits, ces rêves qui parfois nous offrent l'importune image d'un temps qui n'est plus, si bien que les yeux abusés s'ouvrent chargés de larmes.

CXXXV.

Le jeune Juan dormit d'un sommeil sans rêve; mais la vierge qui avait disposé sous sa tête un moelleux coussin, avant de sortir de la grotte, se retourna pour le regarder, et s'arrêta croyant qu'il l'appelait. Il dormait; mais elle crut, ou du moins elle dit (le cœur a des absences comme la langue et la plume) qu'il avait prononcé son nom, — oubliant qu'en ce moment Juan ne le connaissait pas.

CXXXVI.

Et, pensive, elle retourna chez son père, enjoignant un silence absolu à Zoé, qui savait mieux qu'elle ce que cela signifiait, étant plus sage d'un an ou deux que sa maîtresse : un an ou deux, c'est un siècle quand ce temps est mis à profit, et Zoé avait employé cet intervalle, comme font la plupart des femmes, à acquérir cette somme de connaissances utiles qu'on apprend au bon vieux collége de la nature.

CXXXVII.

L'aurore parut, et trouva Juan dormant encore d'un profond sommeil dans sa grotte, et rien ne venait interrompre son repos; le murmure du ruisseau voisin, et les rayons naissants du soleil exclu de sa retraite, ne le réveillèrent pas, et il put dormir son content; et de fait il en avait besoin, car nul n'avait plus souffert que lui; — ses souffrances étaient comparables à celles qui sont rapportées dans la relation de mon grand-père.

CXXXVIII.

Il en était autrement d'Haïdée; son sommeil fut agité; elle ne cessa de se retourner sur sa couche, s'éveilla vingt fois en sursaut, rêvant de je ne sais combien de naufrages, dont ses pieds, en marchant, heurtaient les débris, et de cadavres charmants étendus sur la plage; elle éveilla de si bonne heure sa suivante, que celle-ci en murmura, et fit lever les vieux esclaves de son père, qui jurèrent en diverses langues, — en arménien, en turc et en grec, — ne sachant que penser d'une telle lubie.

CXXXIX.

Mais elle se leva et les fit tous lever, alléguant je ne sais quoi sur le soleil, dont le lever et le coucher sont si doux à voir; et, en effet, c'est un beau spectacle que celui du brillant

Phébus se montrant à l'horizon, alors que les montagnes sont encore humides de vapeurs, que tous les oiseaux s'éveillent avec lui, et que la nuit est rejetée comme un vêtement de deuil porté pour un mari, — ou pour quelque autre animal semblable.

CXL.

Je disais donc qu'il n'y a rien de magnifique comme le lever du soleil; c'est un plaisir que je me suis souvent donné dans les derniers temps; il m'est même arrivé, dans ce but, de veiller toute la nuit, ce qui, disent les médecins, abrége l'existence; vous tous donc qui désirez être en règle sous le double rapport de la santé et de la bourse, commencez la journée à la pointe du jour, et lorsqu'à quatre-vingts ans vous descendrez au cercueil, faites graver sur la plaque que vous étiez dans l'habitude de vous lever à quatre heures.

CXLI.

Haïdée vit donc l'aurore face à face; la sienne était la plus fraîche, bien que colorée d'une rougeur fébrile par l'agitation du sang, qui, dans son cours rapide du cœur à la joue, se résout dans l'incarnat du visage, comme un torrent des Alpes qui, rencontrant la base d'une montagne, s'arrête devant cette barrière, et forme un lac dont les eaux s'étendent en cercle; ou tel que la mer Rouge, — mais la mer n'est pas rouge.

CXLII.

Et la vierge insulaire descendit le rocher, et d'un pas léger s'approcha de la grotte, pendant que le soleil l'accueillait du sourire de ses premiers rayons, et que la jeune Aurore, la prenant pour sa sœur, lui donnait un baiser de ses lèvres humides de rosée; si vous les aviez vues toutes deux, vous seriez tombé dans la même méprise, quoique la jeune mortelle, qui ne le cédait à l'autre ni en fraîcheur ni en beauté, eût encore sur elle l'avantage de ne pas être d'air.

CXLIII.

Et lorsque Haïdée entra timidement, mais d'un pas rapide, dans la caverne, elle vit que Juan dormait comme un enfant au berceau; alors elle s'arrêta, et demeura comme immobile d'effroi (car il y a quelque chose qui effraie dans le sommeil); ensuite, s'avançant sur la pointe des pieds, elle le couvrit plus chaudement, pour défendre son sang du contact de l'air trop vif; puis, silencieuse comme la mort, elle se pencha sur lui, et on eût dit que ses lèvres muettes buvaient sa respiration à peine perceptible.

CXLIV.

Comme un ange penché sur le lit de mort du juste, elle était inclinée sur lui; et, dans cette atmosphère de paix et de silence, le jeune naufragé reposait tranquille et calme; pendant ce temps, Zoé faisait frire des œufs; car, sans nul doute, le jeune couple, après tout, songerait à déjeuner, — et pour prévenir ce désir, elle tira ses provisions du panier.

CXLV.

Elle savait que les meilleurs sentiments ont besoin de nourriture, et qu'un jeune naufragé doit avoir appétit; et puis, étant moins amoureuse, elle bâillait un peu, et sentait ses veines refroidies par le voisinage de la mer : or donc, elle se mit à faire cuire le déjeuner; je ne pense pas qu'elle leur donna du thé, mais il y avait des œufs, des fruits, du café, du pain, du poisson, du miel, avec du vin de Scio, — et tout cela gratis.

CXLVI.

Quand les œufs furent prêts ainsi que le café, Zoé voulut éveiller Juan; mais la petite main d'Haïdée l'arrêta aussitôt; et, sans parler, son doigt posé sur sa lèvre fit un signe que Zoé comprit; ainsi le premier déjeuner étant perdu, il lui fallut en préparer un second, parce que sa maîtresse n'avait pas voulu lui permettre d'interrompre un sommeil qui semblait ne vouloir jamais finir;

CXLVII.

Car il continuait à dormir, et sur ses joues maigries une rougeur fébrile se jouait comme les derniers feux du jour sur les cimes neigeuses des monts lointains; l'empreinte de la souffrance se voyait encore sur son front, dont les veines d'azur semblaient voilées, réduites et faiblement accusées; les boucles de sa noire chevelure étaient encore chargées de l'écume des flots amers, dont l'humidité se mêlait aux vapeurs émanées des voûtes de la grotte.

CXLVIII.

Et elle restait penchée sur lui, et il reposait au-dessous d'elle, tranquille comme l'enfant qui dort sur le sein de sa mère; affaissé comme les feuilles du saule quand les vents retiennent leur haleine; assoupi comme les profondeurs de l'Océan quand il est calme; beau comme la rose qui complète la guirlande; doux comme le jeune cygne dans son nid; en un mot, c'était un fort joli garçon, quoique ses souffrances l'eussent un peu jauni.

CXLIX.

Il s'éveilla et regarda, et se serait rendormi, mais le charmant visage que ses yeux rencontrèrent les empêcha de se fermer, quoique la fatigue et la douleur lui eussent rendu agréable une prolongation de sommeil; car Juan n'avait jamais été indifférent à un visage de femme; même dans ses prières, il détournait les yeux des saints renfrognés, des martyrs barbus, pour les reporter vers la douce image de la vierge Marie.

CL.

Il se releva donc, et regarda la dame, qui fit un effort pour parler, pendant que sur ses joues la pâleur le disputait à l'incarnat de la rose; ses yeux étaient éloquents, mais sa parole embarrassée, et toutefois elle lui dit en bon grec moderne, avec l'accent grave et doux de l'Ionie, qu'il était faible, et ne devait pas parler, mais manger.

CLI.

Or, Juan ne pouvait comprendre un seul mot, attendu qu'il n'était pas Grec; mais il avait de l'oreille, et la voix de la jeune fille était le gazouillement d'un oiseau, si douce, si suave, d'un timbre si pur, que jamais on n'entendit une musique plus belle et plus simple; c'était une sorte de vibration qui trouve un écho dans nos larmes sans que nous puissions dire pourquoi, — cet accent irrésistible d'où la mélodie descend comme d'un trône.

CLII.

Et Juan regardait comme un homme éveillé par les sons d'un orgue lointain, doutant s'il ne rêve pas encore, jusqu'au moment où le charme est rompu par la voix du watchman, ou par quelque autre réalité de ce genre, ou par un maudit valet trop matinal qui vient frapper à la porte; ce dernier bruit, en particulier, est fort déplaisant pour moi, qui aime à dormir le matin; — car c'est la nuit que les étoiles et les femmes se montrent sous leur jour le plus avantageux.

CLIII.

Ce qui contribua aussi un peu à tirer Juan de ce sommeil, ou de ce rêve, comme on voudra l'appeler, ce fut l'appétit prodigieux qu'il ressentit : sans doute le fumet de la cuisine de Zoé parvint à son odorat; la vue de la flamme qu'elle entretenait à genoux pour surveiller ses plats acheva de le réveiller, et il éprouva un grand besoin de manger, surtout un beef-steak.

CLIV.

Mais le bœuf est rare dans ces îles; on y trouve, sans contredit, de la viande de chèvre, du chevreau et du mouton; et quand un jour de fête vient à sourire à leurs habitants, ils mettent une grosse pièce à leurs broches barbares; mais cela n'arrive que rarement, et à de longs intervalles; car, parmi ces îles, il en est qui ne sont que des rochers où l'on trouve à peine une cabane; d'autres sont riantes et fertiles : de ce nombre était celle-ci, qui, bien que peu étendue, était l'une des plus riches.

CLV.

Je dis donc que le bœuf y est rare, et je ne puis m'empêcher de penser que l'antique fable du Minotaure (et c'est avec raison que notre morale moderne s'en scandalise, et condamne le mauvais goût de la royale dame qui se déguisa en vache)... — je pense, dis-je, qu'écartant l'allégorie, on peut trouver un sens à cette fable : c'est que Pasiphaé encouragea la reproduction du gros bétail, dans le but d'augmenter le courage des Crétois à la guerre;

CLVI.

Car nous savons tous que les Anglais se nourrissent principalement de bœuf; — je ne parlerai pas de la bière, parce que ce n'est qu'un liquide qui ne rentre point dans mon sujet, et conséquemment n'a que faire ici; nous savons tous aussi qu'ils sont fort épris de la guerre, plaisir un peu cher, — comme tous les autres plaisirs; il en était de même des Crétois, — d'où je conclus que c'est à Pasiphaé que bœufs et batailles étaient dus.

CLVII.

Mais reprenons notre récit. Le débile Juan, relevant la tête et s'appuyant sur le coude, vit ce qu'il n'avait pas vu depuis un certain temps, car tout ce qu'il avait mangé dans les derniers jours était cru; il vit donc trois ou quatre objets dont il remercia le Seigneur; et le vautour de la faim le déchirant encore, il tomba sur ce qu'on lui offrit, comme aurait fait un prêtre, un requin, un alderman ou un brochet.

CLVIII.

Il mangea, et son appétit fut servi à souhait; et celle qui le veillait comme une mère lui aurait laissé franchir toutes les bornes, car elle souriait de voir un tel appétit dans un homme qu'elle avait cru mort; mais Zoé, plus âgée qu'Haïdée, savait par tradition (car elle n'avait jamais lu) que les gens affamés doivent être alimentés lentement et nourris à la cuillère, si l'on ne veut pas qu'ils crèvent infailliblement.

CLIX.

Elle prit donc la liberté de représenter, plutôt par des signes que par des paroles, attendu l'urgence du cas, que le jeune monsieur dont le destin avait intéressé sa maîtresse au point de lui faire quitter le lit pour venir à cette heure sur le rivage, devait laisser là son assiette, à moins qu'il ne voulût mourir sur place; en même temps elle lui ôta ce qu'il avait devant lui, et refusa net de lui donner un seul morceau de plus, disant que ce qu'il avait mangé suffirait pour rendre un cheval malade.

CLX.

Ensuite, — comme il était nu, à l'exception d'un caleçon à

peine décent, — elles se mirent à l'ouvrage, — jetèrent au feu ses guenilles récentes, et le vêtirent, pour le moment, à la turque, ou à la grecque, — en omettant néanmoins ce qui, par le fait, n'importait guère, le turban, les pantoufles, les pistolets et le poignard ; — elles l'habillèrent à neuf, sauf quelques reprises, avec une chemise blanche et de spacieux hauts-de-chausses.

CLXI.

Et alors la jeune Haïdée essaya d'entamer la conversation ; mais Juan ne pouvait comprendre un mot, bien qu'il écoutât avec tant d'attention que, tout entière à ce qu'elle disait elle ne songeait pas à s'arrêter ; et comme il ne l'interrompait point, elle continua à parler à son protégé, à son ami, jusqu'à ce qu'ayant à la fin fait une pause pour reprendre haleine, elle s'aperçut qu'il n'entendait pas le romaïque.

CLXII.

Et alors elle eut recours aux hochements de tête, et aux signes, et aux sourires, et aux éclairs du regard expressif ; elle lisait dans le seul livre à son usage, dans les lignes de son beau visage ; c'est là que par sympathie elle trouvait l'éloquente réponse que darde un long et pénétrant regard où l'âme se dévoile tout entière ; et c'est ainsi que dans un seul coup d'œil elle voyait un million de mots et de choses qu'elle interprétait.

CLXIII.

Bientôt, à l'aide des doigts et des yeux, et en répétant les mots après elle, il prit une première leçon dans sa langue ; sans nul doute il faisait plus attention à ses regards qu'à ses paroles ; de même que celui qui étudie avec ardeur le firmament tourne plus souvent les yeux vers les étoiles que vers son livre, de même Juan apprit son *alpha béta* dans les regards d'Haïdée mieux qu'il ne l'eût fait dans des caractères imprimés.

CLXIV.

C'est plaisir que d'apprendre une langue étrangère des lèvres et des yeux d'une femme, — bien entendu quand maître et disciple sont tous deux jeunes, comme cela m'est arrivé, à moi ; elles sourient si tendrement quand on dit bien! quand on se trompe, elles sourient plus encore ; et puis il s'entremêle des serrements de main, voire même un chaste baiser ; — le peu que je sais, c'est comme cela que je l'ai appris :

CLXV.

C'est-à-dire quelques mots d'espagnol, de turc et de grec; d'italien, pas du tout, n'ayant eu personne pour me l'enseigner; quant à l'anglais, je ne puis me flatter d'en savoir beaucoup, ayant principalement appris cette langue dans les prédicateurs, Barrow, South, Tillotson, que j'étudie chaque jour, ainsi que Blair, et qui sont les plus hauts modèles d'éloquence dans la piété et dans la prose. Je hais vos poëtes, et n'en lis aucun.

CLXVI.

Quant aux dames, je n'ai rien à en dire, échappé que je suis du beau monde anglais, où j'ai eu mon temps tout comme un autre, et puis aussi avoir eu tout comme un autre ma passion. — Mais, comme bien d'autres choses, j'ai oublié tout cela, ainsi que tous ces sots fashionables à qui je *pourrais* faire sentir ma férule : ennemis, amis, hommes, femmes, ne sont plus maintenant pour moi que des rêves de ce qui fut, de ce qui ne saurait plus être.

CLXVII.

Revenons à don Juan. Il commença à entendre de nouveaux mots et à les répéter ; mais il est des sentiments universels comme le soleil, qui ne pouvaient pas plus être recélés dans son cœur que dans celui d'une nonne ; il était amoureux, — vous l'auriez été comme lui, — de sa jeune bienfaitrice ; elle le devint aussi, comme cela se voit fort souvent.

CLXVIII.

Et chaque jour, avec l'aube,—heure un peu matinale pour Juan, qui aimait assez à dormir, — elle se rendait à la grotte, mais uniquement pour voir son oiseau reposer dans son nid, et elle se mettait à effleurer doucement les boucles de ses cheveux, sans interrompre le sommeil de son hôte, exhalant sa fraîche haleine sur sa joue et sa bouche, comme le vent tiède du midi sur un parterre de roses.

CLXIX.

Et à chaque nouvelle aurore les couleurs de Juan devenaient plus fraîches, et chaque jour ajoutait à sa convalescence; c'était pour le mieux, car la santé plaît dans le corps humain, outre que c'est l'essence du véritable amour; la santé et l'oisiveté font sur la flamme des passions l'effet de l'huile et de la poudre; on est aussi redevable de bonnes recettes à Cérès et à Bacchus, sans lesquels Vénus ne nous attaquerait pas longtemps.

CLXX.

Pendant que Vénus remplit le cœur (sans le cœur, à vrai dire, l'amour, quoique toujours bon, n'est pas tout à fait aussi bon), Cérès présente une assiette de vermicelle, — car l'amour doit être soutenu, aussi bien que la chair et le sang, — pendant que Bacchus verse du vin, on nous offre une gelée; les œufs et les huîtres sont aussi des aliments qui conviennent à l'amour; qui se charge là haut de nous les envoyer? je l'ignore; — ce peut être Neptune, Pan ou Jupiter.

CLXXI.

Quand Juan s'éveillait il trouvait toujours de bonnes choses devant lui, un bain, un déjeuner, et les plus beaux yeux qui aient jamais fait battre un cœur de jeune homme, sans compter les yeux de la suivante, fort jolis aussi dans leur genre; mais j'ai déjà parlé de tout cela, — et les répétitions sont fades et déplacées. — Eh bien donc, Juan, après s'être baigné dans la mer, revenait toujours au café et à la jeune Haïdée.

CLXXII.

Tous deux étaient si jeunes, Haïdée si innocente, que le bain n'avait rien qui les fît rougir; elle voyait dans Juan l'être dont depuis deux ans elle avait rêvé chaque nuit, un je ne sais quoi fait pour être aimé, un mortel destiné à faire son bonheur, et qu'elle-même devait rendre heureux; tous ceux qui aspirent à la félicité doivent la partager, — le bonheur est né jumeau.

CLXXIII.

C'était un plaisir si grand de le voir, une telle expansion de l'existence de jouir avec lui de la nature, de tressaillir sous son contact, de le regarder dormir, de le voir éveillé; vivre toujours avec lui, c'eût été trop de bonheur; mais elle frémissait à l'idée de s'en voir séparée; il était son bien, son trésor fils de l'Océan, un précieux débris que lui avaient jeté les vagues, — son premier, son dernier amour.

CLXXIV.

Une lune ainsi s'écoula, et la belle Haïdée visita chaque jour son jeune ami, et prit tant de précautions qu'il continua à rester ignoré dans sa retraite de rocher; enfin son père se remit en mer pour aller à la recherche de certains navires marchands; il partit, non comme au temps jadis, pour enlever une Io, mais pour capturer trois vaisseaux ragusains en destination pour Scio.

CLXXV.

Ce fut pour elle le signal de la liberté, car elle n'avait plus sa mère; en sorte que son père étant absent, elle se trouva libre comme une femme mariée, ou comme toute autre femme qui peut aller partout où il lui plaît; exempte même de l'importune présence d'un frère, elle était la plus libre des femmes qui se soient jamais regardées dans un miroir : notez que dans cette comparaison j'ai en vue les pays chrétiens, où il est rare qu'on tienne les femmes en garnison.

CLXXVI.

Alors elle prolongea ses visites et ses causeries (car il fallait bien causer). Juan avait fait assez de progrès dans le grec moderne pour proposer une promenade; — car il avait peu sorti depuis le jour où, tel qu'une jeune fleur arrachée de sa tige, humide et languissant, il gisait sur la plage; ils allèrent donc se promener dans l'après-midi, et virent se coucher le soleil en face de la lune.

CLXXVII.

C'était une côte sauvage et battue des brisants; en haut, des rocs escarpés; en bas, une plage sablonneuse et vaste, dont l'abord était défendu par des bas-fonds et des écueils; çà et là s'ouvrait une anse qui offrait un aspect plus consolant à la barque battue des flots; rarement cessait le mugissement des vagues menaçantes, excepté dans ces longs jours d'été où la surface de l'Océan est unie comme celle d'un lac.

CLXXVIII.

L'ondulation légère qui venait mouiller la plage n'était guère plus considérable que la mousse du champagne dans un verre rempli jusqu'aux bords, le champagne, cette rosée de l'âme, cette pluie du cœur! Il n'est rien tel que le vin vieux. Qu'on prêche tant qu'on voudra, — d'autant plus qu'on prêchera inutilement; — à nous, aujourd'hui, le vin et les femmes, et le rire et la joie; et à demain les sermons et l'eau de Seltz!

CLXXIX.

L'homme, animal raisonnable, doit s'enivrer; le meilleur de la vie n'est qu'une ivresse; c'est vers la gloire, la grappe, l'amour et l'or que tendent les espérances de tous les hommes et de toutes les nations; sans cette sève, combien serait nu et stérile cet arbre étrange de la vie, si fertile parfois! Mais, je le répète, — enivrez-vous complétement, et quand vous vous réveillerez avec des maux de tête, voilà ce qu'il vous faudra faire :

CLXXX.

Sonnez votre valet, — dites-lui de vous apporter sur-le-champ du vin du Rhin et de l'eau de Seltz; alors vous connaîtrez un plaisir digne de Xercès, le grand roi; car ni le délicieux sorbet à la neige, ni le premier jet d'une source dans le désert, ni le bourgogne avec son coloris vermeil, après un long intervalle de voyage, d'ennui, d'amour ou de carnage, ne sauraient égaler une rasade de vin du Rhin et d'eau de Seltz.

CLXXXI.

La côte, — il me semble que c'était la côte que je décrivais tout à l'heure;—oui, c'était la côte;—eh bien! elle était en ce moment aussi calme que le ciel; les sables étaient immobiles, les vagues bleues se taisaient, et tout était silence, hormis le cri de l'oiseau de mer, le bond du dauphin et le léger bruit de quelque petit flot contrarié par un roc ou un récif, et s'impatientant contre l'obstacle qu'il mouillait à peine.

CLXXXII.

Ils se promenaient donc en l'absence du père, qui, comme je l'ai dit, était parti pour une expédition; et Haïdée n'avait ni mère, ni frère, ni surveillant, à l'exception de Zoé, qui, bien qu'elle ne manquât jamais de se présenter au lever du soleil pour prendre les ordres de sa maîtresse, pensait n'avoir pas d'autre mission que son service journalier, et, en conséquence, se bornait à apporter de l'eau chaude, à tresser les longs cheveux d'Haïdée, et à lui demander, de temps à autre, ses robes de rebut.

CLXXXIII.

C'était l'heure où le soir répand sa fraîcheur; le disque rouge du soleil s'affaissait derrière la colline azurée, qui alors semblait la limite du monde, entourant la nature entière et d'ombre et de silence; d'un côté s'étendait en demi-cercle l'horizon des montagnes; de l'autre, la mer calme, froide et profonde, et au-dessus de leur tête le firmament couleur de rose, au milieu duquel brillait une étoile solitaire qu'on eût prise pour un œil.

CLXXXIV.

Ils se promenaient donc en se tenant par la main, marchant sur les cailloux brillants et sur les coquillages, foulant le sable dur et poli; ils pénétrèrent dans les antiques et sauvages profondeurs creusées par les orages, façonnées en salles, en cellules, en voûtes cristallisées, comme si c'eût été l'ouvrage de l'art; là ils s'assirent, et les bras enlacés, ils s'abandonnèrent au charme profond du crépuscule aux teintes pourprées.

CLXXXV.

Ils regardèrent le ciel, dont la flottante splendeur se déployait en nappe vaste et brillante, semblable à un océan couleur de rose; ils regardèrent la mer qui étincelait à leurs pieds, et d'où commençait à s'élever le large disque de la lune; ils écoutèrent le clapotement des vagues, les soupirs de la brise; ils virent leurs yeux noirs se darder mutuellement des flammes brûlantes; à cette vue, leurs lèvres s'approchèrent et s'unirent par un baiser;

CLXXXVI.

Un long, long baiser, un baiser de jeunesse, et d'amour et de beauté, se concentrant comme des rayons en un foyer unique allumé au feu du ciel; un de ces baisers qui sont l'apanage de nos premiers beaux jours, alors que le cœur, et l'âme et les sens se meuvent de concert, que le sang est une lave, le pouls un incendie, et que chaque baiser porte un ébranlement au cœur:—car, si je ne me trompe, la force d'un baiser se mesure à sa longueur.

CLXXXVII.

Par longueur j'entends la durée; leur baiser dura... Dieu sait combien! — Sans doute, c'est un calcul qu'ils ne firent pas; s'ils l'avaient fait, ils n'eussent pu prolonger pendant une seconde la somme de leurs sensations : ils ne se parlèrent pas, mais ils se sentirent invinciblement attirés l'un vers l'autre, comme si leurs âmes et leurs lèvres se fussent appelées; et une fois réunies, elles adhérèrent comme des abeilles qui essaiment; — leurs cœurs étaient les fleurs d'où provenait leur miel.

CLXXXVIII.

Ils étaient seuls, mais non pas seuls comme ceux qui, s'enfermant dans une chambre, se croient dans la solitude; la mer silencieuse, la baie réfléchissant la clarté des étoiles, l'éclat du crépuscule qui allait s'affaiblissant, les sables muets, et les cavernes profondes qui les entouraient, tout cela les faisait se rapprocher davantage l'un de l'autre, comme s'il n'y eût eu sous le ciel de vie que la leur, et que leur vie ne pût jamais mourir.

CLXXXIX.

Ils ne craignaient d'être ni vus ni entendus sur cette plage solitaire; la nuit ne leur causait point d'effroi; ils étaient tout en tout l'un à l'autre; bien que leurs discours ne se composassent que de paroles entrecoupées, ils trouvaient *là* un langage; les paroles de feu que dicte la passion étaient remplacées pour eux par un soupir, fidèle interprète de cet oracle de la nature, — un premier amour, — unique héritage qu'Ève, après sa chute, ait légué à ses filles.

CXC.

Haïdée ne parla point de scrupules, ne fit ni n'exigea de serments; elle n'avait jamais entendu parler d'engagements et de promesses de mariage, ou des périls auxquels s'expose une jeune fille qui aime; elle avait tout ce que comporte la plus complète ignorance, et, comme un jeune oiseau, volait vers son jeune ami; l'idée du mensonge ne lui étant jamais venue, elle ne prononça même pas le mot de constance.

CXCI.

Elle aimait et était aimée, — elle adorait et était adorée; suivant la loi de la nature, leurs âmes passionnées, absorbées l'une dans l'autre, eussent expiré dans cette ivresse, si des âmes pouvaient mourir; mais par degrés leurs sens se ranimèrent pour s'anéantir de nouveau, et renaître encore; et Haïdée, sentant battre son cœur contre celui de son bien-aimé, il lui sembla que désormais il ne pourrait plus battre isolément.

CXCII.

Hélas! ils étaient si jeunes, si beaux, si seuls, si aimants, si faibles! puis c'était l'heure où le cœur est toujours plein, où, n'étant plus maître de lui-même, il nous pousse à des actes que l'éternité ne peut effacer, l'éternité qui punit de rapides moments d'erreur par une pluie éternelle de feu, châtiment réservé à quiconque ici-bas cause à son prochain de la douleur ou du plaisir.

CXCIII.

Hélas! pour Juan et Haïdée, ils s'aimaient tant! ils étaient si aimables! depuis nos premiers parents, jamais couple aussi beau n'avait couru le risque de la damnation éternelle. Haïdée, dévote autant que belle, avait, sans nul doute, entendu parler des eaux du Styx, de l'enfer et du purgatoire ; mais c'est justement au moment où il lui eût été le plus utile de s'en souvenir qu'elle l'oublia.

CXCIV.

Ils se regardent, et leurs yeux brillent à la clarté de la lune ; le bras d'albâtre d'Haïdée presse la tête de Juan, et le sien est enlacé à sa taille, perdu dans les flots de sa longue chevelure ; assise sur ses genoux, elle boit ses soupirs, et lui les siens, jusqu'à ce qu'ils ne forment plus qu'un murmure confus et entrecoupé ; dans cette situation, on les prendrait pour un groupe antique demi-nu, tout amour, tout nature et vraiment grec.

CXCV.

Et quand furent passés ces moments d'ivresse profonde et brûlante, et que Juan s'abandonna au sommeil dans ses bras, elle ne dormit pas, mais sa tendre et énergique étreinte continua à soutenir sa tête appuyée sur les trésors de son sein ; par intervalles, elle tourne ses regards vers le ciel : puis les reporte sur le pâle visage qu'elle réchauffe sur son cœur ; et ce cœur, où déborde la joie, palpite en songeant à tout ce qu'elle a accordé et à tout ce qu'elle accorde encore.

CXCVI.

Le nouveau né qui regarde une lumière, l'enfant qui boit à la mamelle, le dévot au moment de l'élévation de l'hostie, l'Arabe donnant l'hospitalité à un étranger, le matelot qui voit le vaisseau ennemi baisser pavillon, l'avare qui remplit son coffre-fort, éprouvent un ravissement ; mais leur joie n'égale point le bonheur de ceux qui voient dormir ce qu'ils aiment.

CXCVII.

Car il repose avec tant de calme, cet objet bien-aimé ! Tout ce qu'il a de vie s'identifie avec la nôtre ; il est là gracieux, immobile, désarmé, insensible, ne se doutant pas de la félicité qu'il nous donne ; tout ce qu'il a senti ou fait sentir, souffert ou fait souffrir, est caché dans des profondeurs impénétrables au regard qui le contemple ; là repose l'objet aimé avec toutes ses fautes et tous ses charmes, comme la mort désarmée de ses terreurs.

CXCVIII.

Haïdée contemplait le sommeil de son amant, — et, seule avec l'amour, la nuit et l'Océan, cette triple influence remplissait son cœur. Parmi les sables arides et les rocs sauvages, elle et son jeune naufragé avaient fait leur berceau là où rien ne pouvait venir troubler leur tendresse; et ces étoiles innombrables qui remplissaient le bleu firmament, n'éclairaient point de félicité comparable à celle qui éclatait sur son visage.

CXCIX.

Hélas! l'amour des femmes, on le sait, c'est une chose à la fois charmante et redoutable; toute leur destinée est placée sur cette carte unique; si elles perdent, la vie n'a plus à leur offrir que le spectacle dérisoire du passé, et leur vengeance est comme le bond du tigre, mortelle, prompte, écrasante; elles ressentent, de leur côté, des tortures non moins réelles; ce qu'elles infligent, elles l'éprouvent.

CC.

Elles ont raison, car l'homme, souvent injuste envers l'homme, l'est toujours envers la femme; le même sort leur est réservé à toutes; elles ne peuvent compter que sur la trahison : obligées de tenir leurs émotions secrètes, elles aiment en silence et sans espoir, jusqu'à ce que, convoitées par l'opulence, on achète leur main; — et alors qu'ont-elles à attendre? un époux ingrat, puis un amant déloyal, puis la toilette, les enfants, la dévotion, et c'est tout.

CCI.

Les unes prennent un amant, d'autres boivent, d'autres se font dévotes; celles-ci s'occupent de leur ménage, celles-là se livrent à la dissipation. Il en est qui s'enfuient du domicile conjugal; ces dernières ne font que changer de soucis, et perdent les avantages d'une position vertueuse; le changement améliore rarement leurs affaires : dans l'ennuyeux palais comme dans la chaumière infecte, leur situation est fause; quelques-unes s'émancipent, puis écrivent un roman.

CCII.

Haïdée était la fiancée de la nature, et elle ignorait tout cela; Haïdée était l'enfant de la passion, née sous un climat où le soleil darde une triple lumière, et rend brûlant jusqu'au baiser de ses filles aux yeux de gazelle; elle n'était faite que pour aimer, que pour sentir qu'elle était à celui dont elle avait fait choix; tout ce qu'on pouvait dire ou faire ailleurs n'était rien pour elle. — *Ici* battait son cœur; hors de là elle n'avait rien à craindre, à espérer, à souhaiter ni à aimer.

CCIII.

Ah! combien ces battements du cœur nous coûtent cher! et cependant ils sont si doux dans leurs causes comme dans leurs effets! La sagesse, toujours aux aguets pour dégager la joie de son alchimie et pour redire de belles vérités; la sagesse, dis-je, et la conscience elle-même, ont une rude tâche pour nous faire comprendre toutes ces vieilles et bonnes maximes; si bonnes, en effet, que je m'étonne que Castlereagh ne les ait pas frappées d'un impôt.

CCIV.

C'en est fait! — ils ont engagé leur cœur sur ce rivage solitaire; les étoiles, flambeaux de leur hymen, ont versé leur belle lumière sur tant de beauté; ils ont eu l'Océan pour témoin, la caverne pour couche nuptiale; leur union, sanctifiée par leurs sentiments, n'a eu pour prêtre que la solitude, et voilà qu'ils sont époux, et ils sont heureux; car, à leurs jeunes yeux, chacun d'eux est un ange, et la terre un paradis.

CCV.

O amour! qui eus le grand César pour courtisan, Titus pour maître, Antoine pour esclave, Horace et Catulle pour écoliers, Ovide pour précepteur, et la sage Sapho pour femme savante (puissent plonger dans sa tombe celles que tenterait sa neutralité en amour! le promontoire de Leucade domine encore les flots)! ô amour! tu es le dieu du mal, car, après tout, nous ne pouvons t'appeler diable.

CCVI.

Tu rends précaire la chasteté de l'état conjugal; tu décores en riant le front des plus grands hommes ; César, Pompée, Mahomet, Bélisaire, ont donné bien de l'occupation à la plume de l'histoire; leur vie et leur fortune ont subi bien des vicissitudes; les siècles s'écouleront sans nous ramener leurs pareils; et pourtant il y a trois choses dans lesquelles ces quatre grands hommes se sont ressemblés: ils ont tous été héros, conquérants et cocus.

CCVII.

Tu fais des philosophes, par exemple, Épicure et Aristippe, gens matériels qui veulent nous entraîner à une conduite immorale par des théories on ne peut plus praticables; s'ils pouvaient seulement nous assurer contre le diable, comme elle serait agréable cette maxime qui n'est pas tout à fait nouvelle : « Mangez, buvez, aimez; que vous importe le reste? » Ainsi disait le royal sage, Sardanapale.

CCVIII.

Mais Juan! avait-il donc tout à fait oublié Julia? et devait-il donc l'oublier si tôt? J'avoue que pour moi la question est assez embarrassante; mais sans doute que c'est la lune qui produit en nous ces changements-là; et toutes les fois qu'une palpitation nouvelle fait battre notre cœur, c'est assurément son ouvrage; sans quoi, comment diable se fait-il qu'un nouveau visage ait tant de charmes pour nous autres, pauvres créatures humaines ?

CCIX.

Je hais l'inconstance : — je méprise, je déteste, j'abhorre, je condamne, j'abjure le mortel tellement pétri de vif-argent que son cœur ne peut conserver aucun sentiment permanent. L'amour, l'amour constant a constamment été mon hôte; et pourtant la nuit dernière, dans un bal masqué, je vis la plus jolie créature, fraîchement arrivée de Milan; eh bien! sa vue me fit éprouver des sensations de scélérat.

CCX.

Mais bientôt la philosophie vint à mon secours, et me dit tout bas : « Songe aux liens sacrés qui t'enchaînent! » — « C'est ce que je ferai, ma chère philosophie, » répondis-je. « Mais quelles dents! et puis, ô ciel! quels yeux! Je vais seulement m'informer si elle est femme ou demoiselle, ou ni l'une ni l'autre... pure curiosité. — « Arrête! » me cria la philosophie d'un air tout à fait grec (bien qu'elle fût alors masquée en Vénitienne);

CCXI.

« Arrête! » Je m'arrêtai donc. — Mais revenons à ce que je disais : ce que les hommes nomment inconstance n'est que la juste admiration que nous éprouvons pour quelque objet privilégié à qui la nature a prodigué jeunesse et beauté; et de même que nous ne pouvons nous empêcher d'adorer une ravissante statue dans sa niche, cette admiration pour la réalité n'est autre chose qu'un sentiment plus vif du beau idéal.

CCXII.

C'est la perception du beau, une magnifique extension de nos facultés, un sentiment platonique, universel, merveilleux, prenant sa source dans les astres, filtré à travers le firmament, et sans lequel la vie serait fort insipide; en un mot, c'est l'usage de nos yeux, avec l'addition d'un ou deux sens, uniquement pour nous avertir que la chair est formée d'argile inflammable.

CCXIII.

Néanmoins, après tout, c'est un sentiment pénible et involontaire; car, sans nul doute, si nous apercevions toujours dans la même femme des attraits aussi irrésistibles que le jour où elle nous apparut pour la première fois comme une autre Ève, cela nous épargnerait bien des tourments de cœur et bien des schellings (car il nous faut, de manière ou d'autre, les posséder ou gémir); et puis, si la même femme plaisait toujours, comme ce serait agréable pour le cœur et pour le foie!

CCXIV.

Le cœur ressemble au firmament; comme lui il fait partie du ciel, et comme lui aussi il change nuit et jour; les nuages et le tonnerre, les ténèbres et la destruction, le traversent; mais après avoir été sillonné par la foudre, transpercé, déchiré, ses orages se résolvent en pluie; le sang du cœur, changé en larmes, s'épanche par les yeux; c'est ce qui constitue le climat anglais de notre vie.

CCXV.

Le foie est le lazaret de la bile; mais il remplit rarement ses fonctions, car la première passion y séjourne si longtemps, que toutes les autres s'y rattachent enlacées l'une à l'autre, comme des nœuds de vipères sur un fumier; c'est la fureur, la crainte, la haine, la jalousie, la vengeance, le remords; si bien que tous les maux proviennent de ce foyer, comme les tremblements de terre du feu caché qu'on nomme « central. »

CCXVI.

Cependant, je ne poursuivrai pas cette dissection anatomique; j'ai terminé maintenant deux cents et quelques stances, et c'est à peu près le nombre que j'accorderai à chacun des douze ou vingt-quatre chants de ce poëme; je pose donc la plume, je salue et prends congé, laissant don Juan et Haïdée plaider pour eux et les leurs auprès de tous ceux qui daigneront me lire.

NOTES DU CHANT DEUXIÈME.

[1] Commencé à Venise le 15 décembre 1818, achevé le 20 janvier 1819.

[2] *Fazzioli*, de petits mouchoirs, les voiles les plus commodes de Saint-Marc.

[3] *Boubi* et *noddi* sont des noms d'oiseaux. *N. du Trad.*

[4] Mot grec qui signifie *prudence*.

DON JUAN.

CHANT TROISIÈME[1].

I.

Salut, Muse! *et cætera*. — Nous avons laissé don Juan endormi, ayant pour oreiller un sein blanc et heureux, veillé par des yeux qui n'avaient jamais connu les larmes, aimé par un jeune cœur trop plein de son bonheur pour sentir le poison qui se glissait en lui, et pour savoir que celui qui reposait là était un ennemi de son repos, avait souillé la source de sa vie innocente, et changé en larmes le plus pur sang de ce cœur si pur.

II.

O amour! pourquoi dans ce monde est-il si fatal d'être aimé? Pourquoi à tes berceaux entrelaces-tu des branches de cyprès? Pourquoi ton plus fidèle interprète est-il un soupir? La femme qui aime les parfums cueille des fleurs, et les place sur son sein, — où elles vont mourir. Ainsi ces frêles créatures, objet de notre adoration, ne sont pressées sur notre sein que pour y trouver la mort.

III.

Dans sa première passion, la femme aime son amant; dans toutes les autres, ce n'est que l'amour qu'elle aime; l'amour devient une habitude dont elle ne peut se défaire, qu'elle quitte et reprend à volonté comme un gant souple, comme vous vous en convaincrez en la mettant à l'épreuve. D'abord un homme unique a le privilége d'émouvoir son cœur; plus tard elle préfère l'homme au nombre pluriel, et ne trouve aux additions aucun inconvénient.

IV.

Je ne sais si c'est la faute des hommes ou la leur, mais ce qui est certain, c'est qu'une femme plantée là — à moins qu'elle ne se jette pour le reste de ses jours dans la dévotion — doit nécessairement, après un intervalle décent, être courtisée; sans doute, c'est à sa première affaire d'amour que son cœur est donné sans partage; cependant, il en est qui prétendent n'en avoir jamais eu *aucune*, mais celles qui en ont eu ne s'en tiennent jamais à *une*.

V.

Une chose douloureuse, et qui est un redoutable indice de la fragilité, de la folie et de la perversité humaine, c'est que l'amour et le mariage, bien que nés tous deux dans le même climat, sont rarement réunis; le mariage vient de l'amour comme le vinaigre du vin; c'est un breuvage de tempérance, peu agréable et âpre, à qui le temps a fait perdre son céleste bouquet, pour le transformer en boisson de ménage, insipide et commune.

VI.

Il y a une sorte d'antipathie entre le premier et le second état de la femme; on emploie avec elle une flatterie peu honorable jusqu'au moment où la vérité lui apparaît trop tard. — Que faire alors, sinon désespérer? Les mêmes choses changent si vite de nom! Par exemple, la passion est applaudie dans un amant; dans un mari, ce n'est qu'un ridicule conjugal.

VII.

Les hommes deviennent tout honteux de leur tendresse; et puis, ils se lassent quelquefois un peu (mais, comme de raison, ce cas est fort rare), et alors il y a du relâchement de leur part; les mêmes choses ne peuvent être toujours admirées, et pourtant il est dit expressément dans le contrat que tous deux sont liés jusqu'à la mort de l'un des conjoints. Désolante pensée! perdre l'épouse qui était l'ornement de notre vie, et faire porter le deuil à notre livrée!

VIII.

Il faut convenir aussi qu'il y a, dans la vie domestique, certaines choses qui forment antithèse au véritable amour: les romans nous donnent le portrait en pied de toute la kyrielle des amours, mais ils ne nous représentent les mariages qu'en buste; car nul ne prend intérêt aux tendresses matrimoniales; il n'y a rien de répréhensible dans un baiser conjugal : croyez-vous que si Laure eût été la femme de Pétrarque, il eût passé sa vie à écrire des sonnets?

IX.

Toutes les tragédies se terminent par une mort; toutes les comédies finissent par un mariage; les auteurs, dans l'un et l'autre cas, abandonnent le surplus à la foi des spectateurs, dans la crainte que leurs descriptions ne donnent une fausse idée ou ne restent au-dessous de ces deux existences ultérieures, qui, du reste, pourraient plus tard les punir de leur faute; laissant donc à chacune son prêtre et son livre de messe, ils ne parlent plus de la mort ni de la dame [2].

X.

Les seuls auteurs, autant qu'il m'en souvienne, qui aient chanté le ciel et l'enfer, ou le mariage, sont le Dante [3] et Milton [4]; tous deux furent malheureux dans leurs affections conjugales; quelque divergence de conduite ou de caractère détruisit leur union (il faut souvent bien peu de chose pour amener ce résultat); mais vous concevez que la *Béatrice* du Dante et l'*Ève* de Milton n'ont pas été peintes d'après leurs moitiés [5].

XI.

Il y a des gens qui prétendent que, sous ce nom de Béatrice, le Dante a voulu désigner la théologie, et non pas sa maîtresse. Pour moi, et je prie qu'on veuille bien me pardonner mon opinion, je crois que c'est une vision du commentateur; à moins qu'il n'eût la certitude de ce qu'il disait, et n'appuyât son dire de bonnes raisons, je suis d'avis que, dans ses plus mystiques abstractions, le Dante a voulu personnifier les mathématiques.

XII.

Haïdée et Juan n'étaient pas mariés, mais c'était leur faute, non la mienne; il ne serait donc pas juste, chaste lecteur, de jeter le blâme sur moi, à moins que vous n'eussiez préféré les voir unis par le sacrement; auquel cas, veuillez fermer le livre où il est question de ce couple égaré, avant que les conséquences ne deviennent trop énormes : il est dangereux de lire d'illégitimes amours.

XIII.

Pourtant, ils étaient heureux, — heureux dans l'illicite satisfaction de leurs désirs innocents ; mais, redoublant d'imprudence à chaque visite nouvelle, Haïdée oubliait que l'île appartenait à son père : quand nous avons ce que nous aimons il nous est dur d'y renoncer; du moins au commencement, avant que la satiété soit venue ; elle faisait donc à Juan de fréquentes visites et mettait le temps à profit, pendant que son père, le pirate, était en croisière.

XIV.

Qu'on ne trouve point trop étrange sa manière de lever des fonds, bien qu'il fît main basse sur tous les pavillons; car, changez son titre en celui de premier ministre, et ses déprédations prendront le nom d'impôt; mais lui, plus modeste, menait un genre de vie plus humble; il faisait un plus honnête métier, et, poursuivant sur mer ses excursions, se bornait à exercer les fonctions de procureur maritime.

XV.

Le bon vieux gentilhomme avait été retenu par les vents et les vagues, ainsi que par quelques captures importantes; dans l'espoir d'en faire d'autres, il était resté en mer, bien qu'une ou deux rafales eussent tempéré sa joie en faisant sombrer l'une de ses prises; il avait enchaîné ses captifs, les avait divisés en lots et numérotés comme les chapitres d'un livre ; tous portaient des menottes et des colliers, et valaient de dix à cent dollars par tête.

XVI.

Il disposa des uns à la hauteur du cap Matapan, parmi ses amis les Maïnotes; il en vendit d'autres à ses correspondants de Tunis, à l'exception d'un homme qui, étant vieux et ne trouvant point d'acheteur, fut jeté à la mer; quelques-uns des plus riches furent mis dans la cale, pour être échangés plus tard contre des rançons ; tout le reste fut enchaîné indistinctement, attendu que, pour les esclaves de qualité commune, il avait reçu des ordres considérables du dey de Tripoli.

XVII.

Il disposa de la même manière de ses marchandises, dont il se défit en détail dans différents marchés du Levant: toutefois il réserva une certaine portion du butin; c'étaient de légers articles de toilette de femme dans le goût classique, des étoffes de France, des dentelles, des pinces, des cure-dents, une théière, un plateau, des guitares et des castagnettes d'Alicante, tous objets mis à part du reste des dépouilles, et volés pour sa fille par le meilleur des pères.

XVIII.

Il choisit aussi, parmi un grand nombre d'animaux, un singe, un mâtin de Hollande, une guenon, deux perroquets, une chatte de Perse, avec ses deux petits, ainsi qu'un chien terrier qui avait appartenu à un Anglais; son maître étant mort sur la côte d'Ithaque, les paysans avaient nourri la pauvre bête; pour mettre en sûreté toute cette ménagerie, par le vent violent qu'il faisait, le pirate l'enferma dans une grande cage d'osier.

XIX.

Après avoir ainsi mis ordre à ses affaires maritimes, expédié çà et là quelque croiseur isolé, son vaisseau ayant besoin de réparations, il fit voile pour l'île où sa fille charmante continuait ses soins hospitaliers; mais comme cette partie de la côte était hérissée d'écueils et de récifs qui s'étendaient à une distance de plusieurs milles, le havre était situé du côté opposé de l'île.

XX.

Il y débarqua sans retard, n'ayant ni douane ni quarantaine pour lui faire d'impertinentes questions sur le temps qu'il était resté en mer et les lieux qu'il avait visités; il quitta son navire en laissant des ordres pour qu'il fût le lendemain viré en carène, et qu'on s'occupât à le radouber; en sorte que tous les bras furent immédiatement employés à mettre à terre les marchandises, le lest, les canons et l'argent.

XXI.

Arrivé au sommet d'une colline d'où l'on découvrait les blanches murailles de sa demeure, il s'arrêta. — Quelles singulières émotions remplissent le cœur quand on est de retour d'un long voyage! ce sont des inquiétudes sur l'état où nous allons trouver toutes choses; c'est notre amour pour les uns, notre crainte des autres; sentiments qui réveillent en nous le souvenir d'un passé depuis longtemps disparu, et ramènent nos cœurs à leur point de départ.

XXII.

Pour les maris ou les pères, l'approche du logis, après une longue excursion par terre ou par mer, doit naturellement inspirer quelques légers doutes. — Ce n'est pas une petite affaire que les femmes dans une famille (nul plus que moi n'a confiance au beau sexe, nul ne l'admire autant; — mais il hait la flatterie, aussi je ne le flatte jamais); les femmes, dans l'absence de leurs maris, deviennent plus subtiles, et parfois les filles s'enfuient avec le sommelier.

XXIII.

Un honnête homme; à son retour, peut n'avoir pas la bonne fortune d'Ulysse; toutes les femmes laissées à elles-mêmes ne pleurent pas leur mari, et ne montrent pas le même éloignement que Pénélope pour les baisers des adorateurs; c'est grand hasard s'il ne trouve une belle urne érigée à sa mémoire, — et deux ou trois jeunes miss nées en son absence du fait d'un sien ami qui possède sa femme et sa fortune, — et si, par-dessus le marché, son argus ne lui mord les jambes.

XXIV.

S'il est célibataire, il est probable que sa belle aura épousé quelque riche avare; mais tant mieux pour lui, car la brouille peut se mettre dans le couple fortuné, et, la dame mieux avisée alors, il pourra reprendre, en qualité de cavalier servant, ses amoureux offices, ou bien la mépriser, et, afin que sa douleur ne soit pas muette, écrire des odes sur l'inconstance des femmes.

XXV.

Et vous, Messieurs, qui avez déjà quelque chaste liaison de cette nature, — je veux dire une honnête amitié avec une femme mariée, — la seule qui ait quelque durée, — de tous les attachements le plus solide, et le véritable hyménée (l'autre n'est qu'un chaperon), malgré tout cela, ne restez pas trop longtemps éloignés ; j'ai connu des absents à qui on faisait quatre infidélités par jour.

XXVI.

Lambro, notre procureur maritime, qui avait moins d'expérience sur terre que sur mer, en apercevant la fumée de son toit se sentit joyeux ; mais comme il n'était pas fort en métaphysique, il ignorait totalement la raison pour laquelle il n'était pas triste, comme aussi le motif de toute autre émotion forte ; il aimait son enfant, et eût pleuré sa perte, sans pouvoir plus qu'un philosophe dire pourquoi.

XXVII.

Il vit ses blanches murailles reluire au soleil ; il vit les arbres de son jardin et leur verdure ombreuse ; il entendit le léger murmure de son ruisseau, l'aboiement lointain de son chien ; et, à travers le sombre et frais feuillage, il aperçut des figures en mouvement, des armes étincelantes (chacun est armé en Orient), et des vêtements aux couleurs variées, brillant comme des papillons.

XXVIII.

A mesure qu'il s'approchait, étonné de tous ces indices d'oisiveté, il entendit, — hélas ! non la musique des sphères célestes, mais les sons profanes et terrestres d'un violon. Il douta un instant si ses oreilles ne le trompaient pas ; il ne pouvait deviner la cause de tout ceci ; il distingua aussi les sons d'un flageolet et d'un tambour, et puis des éclats de rire de l'espèce la moins orientale.

XXIX.

Continuant toujours à s'avancer, il descendit rapidement la pente de la colline ; puis, regardant sur la pelouse, à travers le feuillage que sa main écartait, entre autres signes de réjouissance, il vit une troupe de ses domestiques danser ainsi que des derviches qui tournent comme sur un pivot; et Lambro reconnut que c'était la danse pyrrhique, cette danse martiale pour laquelle les Levantins ont un goût si prononcé.

XXX.

Plus loin étaient des groupes de jeunes Grecques, dont la première et la plus grande agitait en l'air un mouchoir blanc; elles étaient rangées comme un collier de perles, et dansaient en se tenant par la main; leurs longs cheveux châtains flottaient sur leur cou d'albâtre en boucles ondoyantes (dont la moindre eût suffi pour rendre fous dix poëtes); celle qui conduisait la danse chantait; toute la troupe virginale l'accompagnait en chœur, et bondissait en cadence.

XXXI.

Assis les jambes croisées autour des plats, ici des groupes joyeux commençaient à dîner; on voyait des pilaus et des mets de toutes sortes, des flacons de vins de Samos et de Scio, et le sorbet rafraîchi dans les vases poreux; leur dessert pendait au-dessus de leurs têtes, et, s'inclinant sur eux, l'orange et la grenade mûre se détachaient comme d'elles-mêmes.

XXXII.

Une troupe d'enfants, réunis autour d'un bouc blanc comme la neige, ornaient de fleurs ses cornes vénérables; paisible comme un agneau non encore sevré, le patriarche du troupeau, dans sa docilité majestueuse, courbait doucement sa tête pacifique; il mangeait dans la main, baissait le front en se jouant, faisant mine de vouloir frapper; puis il cédait aux mains enfantines qui le ramenaient en arrière.

XXXIII.

Leurs classiques profils, leurs costumes brillants, leurs grands yeux noirs, leurs joues suaves et angéliques revêtues des couleurs de la grenade entr'ouverte, leurs longues chevelures, le geste qui enchante, le regard qui parle, l'innocence, apanage fortuné de l'enfance, tout cela faisait de ces petits Grecs un tableau charmant; si bien que le spectateur philosophe soupira — en pensant que ces enfants deviendraient hommes.

XXXIV.

Ailleurs, un bouffon nain se tenait au milieu d'un cercle tranquille de fumeurs en cheveux blancs, et leur contait des histoires ; il leur parlait de trésors secrets trouvés dans les vallées mystérieuses, d'étonnantes reparties faites par des plaisants arabes, de charmes pour faire de l'or et guérir des maladies, de rocs enchantés qui s'ouvrent à la main qui les frappe, de magiciennes qui d'un seul coup de baguette changent leurs maris en bêtes (mais ceci est une vérité).

XXXV.

Il ne manquait pas d'innocentes diversions pour l'imagination ou les sens ; chanson, danse, vin, musique, histoires persanes, tous amusements agréables qui n'ont rien de répréhensible ; mais Lambro vit tout cela avec aversion, mécontent de ce qu'on faisait en son absence des dépenses pareilles, redoutant ce *nec plus ultra* des calamités humaines, l'enflure[6] de ses comptes de dépenses hebdomadaires.

XXXVI.

Ah ! qu'est-ce que l'homme ? Quels périls environnent le mortel le plus heureux, même après son dîner ! — Un jour d'or sur un siècle de fer, c'est tout ce que la vie accorde au plus fortuné pêcheur ; le plaisir (du moins quand il chante) est une sirène qui allèche, pour l'écorcher vif, le jeune novice ; l'accueil fait à Lambro, au banquet de ses gens, ressemblait à celui que fait la flamme à une couverture humide.

XXXVII.

Naturellement économe de paroles, et se faisant une joie de surprendre sa fille (en général, c'était l'épée au poing qu'il surprenait les hommes), il n'avait point envoyé d'exprès pour prévenir de son arrivée ; en sorte que personne ne bougea ; il resta donc longtemps immobile à s'assurer que ce qu'il voyait était véritable, beaucoup plus surpris que charmé de voir chez lui si nombreuse compagnie.

XXXVIII.

Il ne savait pas (hélas! voyez un peu comme les hommes mentent!) qu'un faux rapport (propagé surtout par les Grecs) l'avait fait passer pour mort (de telles gens ne meurent jamais), et avait mis sa maison en deuil pendant plusieurs semaines; mais maintenant les yeux étaient secs aussi bien que les lèvres; l'incarnat était revenu aux joues d'Haïdée, et ses larmes ayant reflué vers leur source, elle tenait maison pour son propre compte.

XXXIX.

De là, tout ce riz, cette bonne chère, ces danses, ce vin, ce violon, qui faisaient de l'île un séjour de plaisir; tous les domestiques passaient le temps à boire, sans rien faire, genre de vie qui leur plaisait infiniment. L'hospitalité de Lambro n'était rien, comparée à l'emploi que sa fille faisait de ses trésors; c'était étonnant comme toutes choses allaient s'améliorant, pendant que pas une de ses heures n'était perdue pour l'amour.

XL.

Peut-être croirez-vous qu'à l'aspect inopiné de cette fête Lambro entra en fureur; et, en effet, il n'y avait pas là de quoi être fort content; peut-être vous attendez-vous à quelque manifestation soudaine de son déplaisir, telle que le fouet, la torture, ou tout au moins la prison, pour apprendre à son monde à être plus rangé; enfin, vous supposez que, recourant aux grands moyens, il montra les royaux penchants d'un pirate.

XLI.

Vous êtes dans l'erreur : — c'était l'homme le plus doux dans ses manières, et le mieux appris qui eût jamais commandé un navire armé en course, ou escoffié son prochain; sous ses dehors d'homme comme il faut, jamais vous n'eussiez deviné sa pensée véritable; nul courtisan ne l'eût égalé en hypocrisie, et rarement femme en recèle autant sous un cotillon; quel dommage qu'il aimât la variété d'une vie aventureuse! quelle perte c'était pour la bonne société!

XLII.

S'étant avancé vers la table la plus rapprochée, il frappa sur l'épaule du premier convive qui lui tomba sous la main, et, avec un certain sourire qui, pour le dire en passant, quoi qu'il pût exprimer, n'annonçait rien de bon, il lui demanda ce que voulaient dire ces réjouissances. Le Grec aviné auquel il s'adressait, beaucoup trop en train pour deviner la qualité du questionneur, remplit un verre de vin,

XLIII.

Et d'un air bachique, sans tourner sa tête facétieuse, il lui présenta par-dessus son épaule la coupe pleine jusqu'au bord en disant : « On s'altère à parler, je n'ai pas de temps à perdre. » Un second ajouta avec un hoquet : « Notre vieux maître est mort; adressez-vous à notre maîtresse, qui est son héritière. » — « Notre maîtresse ! » — reprit un troisième. — « Notre maîtresse ! — Bah ! — vous voulez dire notre maître, — non pas l'ancien, mais le nouveau ! »

XLIV.

Ces coquins, étant nouveaux venus, ne savaient pas à qui ils parlaient; — et le visage de Lambro se rembrunit; — un nuage sombre passa momentanément sur son regard; mais il réussit à réprimer poliment l'expression de ce qu'il éprouvait : et, s'efforçant de sourire, il demande à l'un d'eux de vouloir bien lui dire le nom et les qualités de son nouveau patron, qui, suivant les apparences, avait fait passer Haïdée à l'état d'épouse.

XLV.

« J'ignore, dit le drôle, qui il est et d'où il vient, — et je ne me soucie guère de le savoir; mais ce que je sais fort bien, c'est que voilà un chapon rôti merveilleusement gras, et que jamais meilleur vin n'arrosa aussi bonne chère; si cela ne vous suffit pas, adressez vos questions à mon voisin ici près; il vous répondra tant bien que mal, car nul n'aime plus que lui à s'entendre parler. »

XLVI.

J'ai dit que Lambro était un homme patient, et certes, en cette circonstance, il fit preuve d'autant de savoir-vivre qu'aurait pu en montrer le plus poli des enfants de la France, cette perle des nations ; il supporta ces sarcasmes contre ses proches, dissimula ses inquiétudes et les plaies de son cœur, et ne répondit rien aux insultes de tous ces gloutons serviles, qui, sans perdre un coup de dent, continuaient à manger leur mouton.

XLVII.

Or, dans un homme habitué à être obéi, — à voir les gens aller et venir à son commandement, et ses ordres exécutés en un clin d'œil, pour infliger ou la mort ou les fers, il peut sembler étrange de trouver des manières si douces ; cependant, ces choses-là se voient, bien que je ne puisse expliquer pourquoi : sans doute celui qui a sur lui-même un tel empire est propre à gouverner, — presque autant qu'un Guelfe [7].

XLVIII.

Non qu'il n'eût parfois ses moments de vivacité ; mais cela ne lui arrivait jamais dans les occasions graves : alors, calme, concentré, silencieux et lent, il restait replié sur lui-même, comme un boa dans la forêt ; chez lui le coup ne suivait pas la parole ; l'expression de colère une fois exhalée, il ne versait pas le sang ; mais son silence était fatal, et son *premier* coup rendait un *second* peu nécessaire.

XLIX.

Il ne fit pas d'autres questions, et s'avança vers la maison par un chemin dérobé ; en sorte que le petit nombre de ceux qu'il rencontra ne firent pas attention à lui, tant ils s'attendaient peu à le voir ce jour-là. Si l'amour paternel plaidait dans son cœur en faveur d'Haïdée, c'est plus que je ne saurais dire ; mais, sans nul doute, à un homme réputé défunt, cette fête devait paraître un singulier deuil.

L.

Si tous les morts pouvaient en ce moment revenir à la vie (ce qu'à Dieu ne plaise !) ou quelques-uns, ou bien un grand nombre, par exemple, un mari ou sa femme (les similitudes conjugales ne sont pas plus mauvaises que d'autres), nul doute que, quels qu'eussent été leurs premiers discords, le temps actuel ne fût plus orageux encore. — Les larmes versées sur la tombe d'un mari ou d'une épouse accompagneraient très probablement sa résurrection.

LI.

Il entra dans la maison où il n'était plus chez lui, épreuve douloureuse au cœur de l'homme, et plus rude peut-être à supporter que les tortures mentales du lit de mort : trouver la pierre de notre foyer transformée en pierre tumulaire, et, sur ces dalles refroidies, voir dispersées et pâles les cendres de nos espérances ! c'est là une douleur profonde dont un célibataire n'a pas d'idée.

LII.

Il entra dans la maison où il n'était plus chez lui ; car sans des cœurs qui nous aiment il n'est pas de chez soi ; — et en franchissant le seuil sans être accueilli par une voix amie, il éprouva une sensation de solitude. *Ici* il avait habité longtemps ; ici avait coulé le petit nombre de ses jours tranquilles ; ici son cœur abattu, ses yeux rusés, s'étaient attendris sur l'innocence de cette douce enfant, unique et saint asile où s'était réfugié ce qui lui restait de sentiments purs.

LIII.

C'était un homme d'un caractère étrange, doux dans ses manières, sauvage dans son humeur, modéré dans toutes ses habitudes, tempérant dans ses plaisirs comme dans ses repas, prompt à percevoir, ferme dans le malheur, et fait pour être, sinon entièrement bon, du moins quelque chose de mieux qu'il n'était : les injures de sa patrie et son impuissance à la sauver l'avaient percé au cœur, et, d'esclave, transformé en faiseur d'esclaves.

LIV.

L'amour du pouvoir et le rapide accroissement de ses richesses, l'endurcissement produit par une longue habitude, la vie périlleuse dans laquelle il avait vieilli, les ingrats qu'avait souvent faits sa clémence, les spectacles auxquels il avait accoutumé ses yeux, les mers terribles et les farouches compagnons de ses croisières, avaient coûté à ses ennemis

LV.

Mais un reste de l'antique génie de la Grèce faisait luire en son âme quelques rayons de cet héroïsme qui jadis guida ses prédécesseurs en Colchide, à la conquête de la toison d'or : il est vrai qu'il n'était pas épris d'un ardent amour de la paix. — Hélas! sa patrie n'offrait aucune route vers la gloire; et, pour venger sa dégradation, il avait pris le monde en haine, et s'était mis en guerre avec toutes les nations.

LVI.

Néanmoins, l'influence du climat avait versé sur son âme son élégance ionienne; elle se manifestait fréquemment à son insu dans le goût qu'il avait mis au choix de sa demeure, dans l'amour de la musique et des scènes sublimes; et quand le calme venait rafraîchir ses esprits, il se plaisait au doux murmure du ruisseau dont le cristal coulait à ses pieds, et la vue des fleurs lui causait de la joie.

LVII.

Mais tout ce qu'il avait d'amour était concentré sur cette fille bien-aimée; c'était l'unique objet qui avait tenu son cœur accessible aux sentiments tendres, au milieu des sanglants exploits dans lesquels il avait été acteur ou témoin; affection solitaire et pure, que rien ne venait contrarier; il ne manquait plus que la perte de ce lien pour tarir dans son cœur la dernière goutte du lait de l'humaine tendresse, et pour faire de lui un nouveau Polyphême, furieux de sa cécité.

LVIII.

La tigresse, furieuse de l'enlèvement de ses petits, est redoutable au berger et au troupeau; l'Océan, dans la guerre de ses vagues écumeuses, est effrayant pour le vaisseau voisin des écueils; mais leur fureur s'épuise elle-même dans son choc, et leur violence sera plutôt calmée que la colère inflexible, isolée, profonde, muette, d'un cœur d'homme énergique, et surtout dans un père.

LIX.

Il est dur, quoique ce ne soit pas rare, de voir nos enfants impatients de s'éloigner de nous; — ceux en qui nous aimons à nous revoir reportés à nos jours les plus brillants, ces autres nous-mêmes, refaits d'une plus pure argile, au moment où la vieillesse s'avance, où des nuages viennent obscurcir notre crépuscule, ils nous quittent obligeamment, en nous laissant toutefois en bonne compagnie, — avec la goutte et la pierre.

LX.

Pourtant c'est une belle chose qu'une belle famille (pourvu qu'on ne nous la présente pas après dîner); il est beau de voir une mère nourrir ses enfants (si toutefois cela ne la maigrit pas); comme des chérubins autour d'un autel, ils se groupent autour du foyer (spectacle capable de toucher même un pécheur). Une mère de famille, accompagnée de ses filles ou de ses nièces, brille comme une guinée entourée de pièces de sept schellings.

LXI.

Le vieux Lambro entra inaperçu par une porte secrète, et se trouva chez lui sur le soir; pendant ce temps, la dame et son amant étaient à table dans toute leur beauté et toute leur gloire; devant eux était une table incrustée d'ivoire, splendidement servie; et, tout autour, se tenaient rangées de belles esclaves; la vaisselle était d'or, d'argent et de pierreries; la partie la moins précieuse se composait de nacre, de perles et de corail.

LXII.

Le dîner comprenait une centaine de plats; on y voyait de l'agneau et des noix de pistache, — enfin des mets de toute sorte, — et des soupes au safran, et des ris de veau; les poissons étaient les plus beaux qui jamais aient été pris au filet, et accommodés de manière à satisfaire le goût le plus difficile d'un sybarite; la boisson consistait en divers sorbets de raisin, d'orange et de jus de grenade exprimé à travers l'écorce, ce qui le rend plus agréable à boire.

LXIII.

Tous ces breuvages étaient rangés circulairement chacun dans son aiguière de cristal; des fruits et des gâteaux de dattes terminèrent le repas; alors la fève de Moka, tout ce que l'Arabie pouvait offrir de plus pur, fut servie dans des petites tasses de belle porcelaine de Chine, posées sur des soucoupes de filigrane d'or, pour empêcher la main de se brûler; on avait fait bouillir dans le café du clou de girofle, de la cannelle et du safran, ce qui, à mon avis, n'était propre qu'à le gâter.

LXIV.

Les tentures de la salle étaient une tapisserie formée de pans de velours de teintes différentes, et ornés de fleurs de soie damassée; tout autour régnait une bordure jaune; celle du haut offrait, dans une riche et délicate broderie bleue, et en lettres lilas, de gracieuses devises persanes tirées des poëtes, ou des moralistes, ce qui vaut beaucoup mieux.

LXV.

Ces inscriptions orientales sur les murs sont très communes dans ces contrées; ce sont des espèces de moniteurs destinés à rappeler, comme les têtes de mort dans les banquets de Memphis, les paroles mystérieuses qui épouvantèrent Balthasar dans la salle du festin, et lui ravirent son royaume; les sages auront beau épancher les trésors de leur sagesse, vous trouverez toujours, en définitive, que le plus austère des moralistes, c'est le plaisir.

LXVI.

Une beauté devenue étique à la fin de la saison des bals, un grand génie mort d'un excès de boisson, un libertin se faisant méthodiste ou éclectique (car c'est le nom sous lequel ils aiment à prier), mais surtout un alderman frappé d'apoplexie, ce sont là des exemples qui vous suffoquent et démontrent que des veilles trop prolongées, le vin et l'amour, n'offrent pas moins de dangers que la table.

LXVII.

Haïdée et Juan posaient leurs pieds sur un tapis de satin cramoisi, bordé de bleu pâle; leur sofa occupait trois côtés entiers de l'appartement, et paraissait tout neuf ; les coussins (qui n'auraient point déparé un trône) étaient en velours écarlate ; de leur centre éblouissant, un soleil d'or, relevé en bosse, faisait jaillir, comme en plein midi, ses rayons de soie et de lumière.

LXVIII.

Le cristal et le marbre, la vaisselle d'or et de porcelaine, étalaient partout leur splendeur ; des nattes indiennes et des tapis de Perse couvraient le carreau ; le pied ne pouvait les salir sans que le cœur saignât ; des gazelles et des chats, des nains et des noirs, et telles autres créatures gagnant leur pain en qualité de ministres et de favoris — (c'est-à-dire en se dégradant), — abondaient là, aussi nombreux qu'à la cour ou à la foire.

LXIX.

On n'avait pas épargné les belles glaces ; la plupart des tables étaient d'ébène incrusté de nacre, de perles ou d'ivoire ; il y en avait qui étaient faites d'écaille de tortue, ou des bois les plus rares, ornées de ciselures d'or ou d'argent ; par ordre, presque toutes étaient couvertes de mets, de sorbets glacés et de vins — tenus prêts à toute heure pour tous les arrivants.

LXX.

Entre tous les costumes, je décrirai celui d'Haïdée : elle portait deux jélicks ; l'un était d'un jaune pâle ; sous sa chemise, nuancée d'azur, de rose et de blanc, son sein se soulevait comme une petite vague ; son second jélick, qui avait pour boutons des perles grosses comme des pois, étincelait d'or et de pourpre ; et la gaze blanche rayée qui formait sa ceinture flottait autour d'elle comme un nuage diaphane autour de la lune.

LXXI.

Un large bracelet d'or sans fermoir pressait chacun de ses bras charmants ; le métal en était si pur et si flexible, que la main l'élargissait sans effort, et qu'il s'adaptait de lui-même au bras qui lui servait de moule ; il adhérait à ces contours ravissants comme s'il eût craint de s'en séparer, et jamais on ne vit un métal plus pur enclore une peau plus blanche.

LXXII.

Comme souveraine du territoire de son père, une pareille plaque d'or, fixée autour de son coude-pied, annonçait sa dignité; douze anneaux brillaient à ses doigts; des pierreries étoilaient sa chevelure; le fin tissu de son voile était retenu au-dessous de son sein par une boucle de perles d'une valeur presque inestimable, et la soie orange de son pantalon turc flottait sur la plus jolie cheville du monde.

LXXIII.

Les vagues de ses longs cheveux châtains ondoyaient jusqu'à ses talons, comme un torrent des Alpes que le soleil teint de sa lueur matinale; — s'ils n'étaient comprimés ils cacheraient entièrement sa personne, et maintenant on dirait qu'ils s'indignent contre le filet de soie qui les retient, et cherchent à briser leurs entraves à chaque zéphyr qui vient lui offrir ses jeunes ailes pour éventail.

LXXIV.

Elle créait autour d'elle une atmosphère de vie; l'air même, éclairé par ses regards, semblait plus léger, tant ils étaient suaves et beaux, pleins de tout ce que nous pouvons nous figurer de plus céleste, purs comme Psyché avant qu'elle devînt femme, — trop purs même pour les liens terrestres les plus purs; en son irrésistible présence, on sentait qu'on pouvait s'agenouiller sans idolâtrie.

LXXV.

Ses cils, bien qu'aussi noirs que la nuit, étaient teints, selon la coutume du pays, mais inutilement: car ses grands yeux noirs, sous leur noire frange, insultaient, brillants rebelles, à cette teinte impuissante, et s'en vengeaient en se complaisant dans leur beauté native; ses ongles étaient colorés par le henna, qui n'avait rien pu ajouter à leur belle couleur rose; et ici encore l'art avait vu échouer sa puissance.

LXXVI.

Le henna doit avoir une teinte foncée pour faire ressortir

la blancheur de la peau. Celle d'Haïdée n'avait pas besoin de ce secours : jamais l'aurore n'éclaira des cimes d'un blanc plus céleste. En la voyant, l'œil pouvait douter s'il était bien éveillé, tant elle avait l'air d'une vision. Je puis me tromper, mais Shakspeare aussi dit qu'il y a folie à vouloir *dorer l'or raffiné ou peindre le lis.*

LXXVII.

Juan avait un châle noir et or, un barracan blanc d'un tissu si transparent qu'on pouvait voir, à travers, briller les pierreries étincelantes comme les petites étoiles de la voie lactée ; un turban roulé en plis gracieux ceignait sa tête, où une aigrette d'émeraude avec des cheveux d'Haïdée surmontait un croissant radieux qui jetait une lumière incessante et mobile.

LXXVIII.

En ce moment, ils étaient divertis par leur suite : c'étaient des nains, de jeunes danseuses, des eunuques noirs, et un poëte qui complétait leur nouvel établissement. Ce dernier avait beaucoup de célébrité, et aimait à en faire parade. Il était rare que ses vers n'eussent pas le nombre de pieds nécessaire ; il se tenait habituellement à la hauteur des sujets qu'il traitait, et, payé pour satiriser ou pour aduler, « il tirait parti de la matière, » comme dit le psalmiste.

LXXIX.

Il avait d'abord loué le présent et injurié le passé, contrairement à l'excellente coutume des vieux temps ; il avait fini par devenir un véritable anti-jacobin oriental, préférant du pouding à l'absence de toute adulation[8]. Pendant quelques années, alors que ses chants paraissaient empreints d'indépendance, sa destinée avait été sombre ; mais alors il chantait le sultan et le pacha avec la sincérité de Southey, et dans le style de Crashaw.

LXXX.

C'était un homme qui avait vu de nombreux changements, et qui changeait toujours avec l'exactitude de l'aiguille aimantée. Son étoile polaire étant, non une étoile fixe, mais de celles qui se déplacent, — il savait l'art de cajoler; sa bassesse même l'avait fait échapper à la vengeance; et comme il avait le talent facile, excepté lorsqu'on le payait mal, il mentait avec une telle ferveur d'intention, — que, sans nul doute, il avait bien gagné sa pension de poëte lauréat.

LXXXI.

Mais il avait du génie. — Quand un poëte girouette en a, le *vates irritabilis* a grand soin qu'il ne se passe jamais une lune complète sans qu'on parle de lui. L'honnête homme lui-même n'est pas fâché de se voir l'objet de l'attention publique. Mais, pour revenir à mon sujet, — voyons, — où en étais-je? — Ah! — au troisième chant, — au couple charmant, — à leurs amours, leurs fêtes, leur maison, leur costume et leur manière de vivre dans leur insulaire séjour.

LXXXII.

C'était un caméléon fieffé que leur poëte; mais en compagnie ce n'en était pas moins un drôle fort agréable. Il s'était vu choyé à plus d'une table d'hommes, où il faisait des harangues étant entre deux vins; et, bien que rarement les convives comprissent ce qu'il voulait dire, ils daignaient cependant lui décerner, avec accompagnement de hoquets, ou lui beugler ce tribut glorieux des applaudissements populaires, dont la cause première n'a jamais connu la seconde.

LXXXIII.

Maintenant, admis dans la haute société, ayant glané çà et là, dans ses voyages, des idées de liberté, il pensa que, dans cette île solitaire, avec des amis, il pouvait, sans avoir à craindre une émeute, se dédommager de ses mensonges prolongés, chanter comme il avait chanté dans sa jeunesse chaleureuse, et conclure un court armistice avec la vérité.

LXXXIV.

Il avait voyagé parmi les Arabes, les Turcs et les Franks, et connaissait la vanité nationale des différents peuples. Comme il avait vécu avec des personnes de tous les rangs, il avait pour toutes les occasions quelque chose de prêt; ce qui lui avait valu parfois des cadeaux et des remerciements. Il savait varier habilement ses adulations. « Faire à Rome comme les Romains » était une règle de conduite qu'il observait en Grèce.

LXXXV.

Aussi, quand on lui demandait de chanter, il donnait à chaque nation quelque chose de national. Peu lui importait que ce fût *God save the King* ou *Ça ira* : il ne consultait que l'à-propos ; sa muse faisait profit de tout, depuis le plus lyrique effort jusqu'aux plus prosaïques arguments. Pindare chantait bien des courses de chevaux : qui empêchait qu'il n'eût un génie aussi souple que celui de Pindare ?

LXXXVI.

Par exemple, en France il eût écrit une chanson ; en Angleterre, une légende in-quarto en six chants ; en Espagne, il eût fait une ballade ou un *romancero* sur la dernière guerre ; — de même en Portugal ; en Allemagne, il se fût pavané sur le Pégase du vieux Goethe (voyez ce qu'en dit madame de Staël) ; en Italie, il eût singé les *trecentisti* ; en Grèce, il vous eût chanté un hymne dans le genre de celui-ci :

1.

« Iles de la Grèce, îles de la Grèce, où aima et chanta la brûlante Sapho, où fleurirent les arts de la guerre et de la paix, — où s'éleva Délos, où naquit Phébus, un éternel été vous dore toujours ; mais il ne vous reste rien, rien que votre soleil !

2.

« La muse de Scio et celle de Théos, la harpe du héros, le luth de l'amant, ont trouvé la gloire que refusent vos rivages ; leur terre natale est seule muette pour des chants que répètent les échos de l'Occident par-delà les *îles Fortunées* de vos pères[9] !

3.

« Du haut des montagnes, on voit Marathon ; de Marathon on voit la mer. C'est là que, rêvant seul un jour, je me disais que la Grèce pourrait être libre encore : car, debout sur les tombes des Persans, je ne pouvais me croire esclave.

4.

« Un roi était assis sur le rocher dominant Salamine, la fille de la mer. Au-dessous de lui étaient des milliers de vaisseaux et des nations entières de guerriers... — Tout cela était à lui! Il les compta au point du jour... — Au coucher du soleil, où étaient-ils?

5.

« Et où sont-ils? et où es-tu, ô ma patrie? Sur ton silencieux rivage, l'hymne héroïque ne résonne plus : — le cœur des héros a cessé de battre! Faut-il que ta lyre, si longtemps divine, se ravale en des mains comme les miennes!

6.

« Bien qu'enchaîné au milieu d'une race esclave, c'est quelque chose encore, dans cette disette de gloire, que de sentir, pendant que je chante, une patriotique rougeur me monter au visage : car, ici, que reste-t-il à faire au poëte? A rougir sur les Grecs, à pleurer sur la Grèce.

7.

« Suffit-il de pleurer sur des jours plus heureux? suffit-il de rougir?... — Nos pères ont répandu leur sang. Terre, ouvre-toi, et rends-nous un reste de nos Spartiates morts! Oh! sur les trois cents, accorde-nous-en seulement trois, et nous te promettons de nouvelles Thermopyles!

8.

« Eh quoi! encore le silence! le silence partout! Oh! non, les voix des morts retentissent comme le bruit d'un torrent lointain, et me répondent : « Qu'une seule tête vivante se lève! une seule! — et nous venons, nous venons! » Les vivants seuls sont muets!

9.

« C'est en vain! c'est en vain! faisons résonner d'autres cordes. Versez-nous du vin de Samos! Laissez les combats aux hordes turques! ne faites couler d'autre sang que celui des vignes de Scio! Entendez-vous répondre à cet ignoble appel les turbulentes bacchanales?

10.

« Vous avez encore la danse pyrrhique : où est la pyrrhique phalange? De ces deux leçons, pourquoi oublier la plus noble et la plus mâle? Vous avez les lettres de Cadmus: — croyez-vous qu'il les destinait à des esclaves?

11.

« Versez-nous du vin de Samos! nous ne voulons plus penser à ces choses. Ce vin divinisa les chants d'Anacréon. Anacréon servit, — mais il servit Polycrate, — un tyran, sans doute; mais alors, du moins, nos maîtres étaient nos compatriotes.

12.

« La liberté n'eut point d'ami plus fidèle et plus brave que le tyran de la Chersonèse : ce tyran était Miltiade. Oh! que n'avons-nous encore un tyran comme lui!... Elles seraient indissolubles, les chaînes d'un tel maître!

13.

« Versez-nous du vin de Samos! Sur les rochers de Soulli, sur les rives de Parga, existent encore les débris d'une race pareille à celle que portaient dans leurs flancs les mères de la Doride; et peut-être y a-t-il là une semence que ne désavouerait pas le sang des Héraclides.

14.

« Ne comptez pas sur les Franks pour votre délivrance : — ils ont un roi qui achète et vend. C'est dans le glaive des Grecs, dans les rangs des Grecs, que le courage doit placer toute son espérance : la force turque et la fraude latine briseraient votre bouclier, quelque large qu'il fût.

15.

« Versez-nous du vin de Samos! vos vierges dansent sous l'ombrage. — Je vois briller leurs beaux yeux noirs; mais, à la vue de ces beautés charmantes, je sens les miens se remplir de larmes brûlantes, en pensant que de tels seins allaiteront des esclaves.

16.

« Placez-moi sur le promontoire de marbre de Sunium. Là, les vagues et moi, nous mêlerons sans témoins nos gémissements. Comme le cygne, qu'on me laisse chanter et mourir! Une patrie d'esclaves ne sera jamais la mienne. — Jetez par terre votre coupe de vin de Samos! »

LXXXVII.

Ainsi chanta, ou du moins ainsi aurait voulu, ou pu, ou dû chanter en vers passables notre moderne Grec, sans égaler Orphée, alors que la Grèce était jeune encore; on eût pu dans nos temps faire beaucoup plus mal. Bons ou mauvais, ses vers témoignaient une certaine sensibilité; et la sensibilité, dans un poëte, est la source où d'autres vont puiser la leur. Mais ce sont de si grands menteurs que ces poëtes! Ils revêtent toutes les couleurs, comme les mains des teinturiers.

LXXXVIII.

Mais les mots sont des choses, et il suffit d'une goutte d'encre tombée comme la rosée sur une pensée, pour produire ce qui fera penser des milliers, peut-être des millions d'hommes. Chose étrange! quelques paroles écrites, au lieu d'être prononcées de vive voix, peuvent devenir un anneau durable dans la chaîne des âges. A quelles chétives proportions le temps réduit l'homme fragile, pendant qu'un morceau de papier, — un chiffon comme celui-ci, par exemple, lui survit à lui-même, à sa tombe, et à tout ce qui est à lui!

LXXXIX.

Et quand ses os sont devenus poussière, que sa tombe a disparu, que son sang, sa génération, sa nation même, ne sont plus qu'une date ayant pris place dans les souvenirs chronologiques, un lourd manuscrit depuis longtemps oublié, ou une inscription lapidaire trouvée dans l'emplacement d'une caserne en creusant les fondations d'une fosse d'aisance, peuvent tout à coup révéler son nom et en faire un monument précieux.

XC.

Et il y a longtemps que la gloire fait sourire les sages; c'est quelque chose, et ce n'est rien : des paroles, une illusion, un souffle, dépendant plus du style de l'historien que du nom qu'un individu laisse après lui : Troie doit à Homère ce que le whist doit à Hoyle. Le siècle actuel commençait à oublier le talent du grand Marlborough pour assommer les gens, lorsque heureusement sa vie a été publiée par l'archidiacre Coxe.

XCI.

Milton est le prince des poëtes,—disons-nous; un peu lourd, mais sans être moins divin; homme indépendant en son temps, instruit, pieux, sobre en amour et à table; mais le soin d'écrire sa vie étant échu à Johnson, voilà qu'on nous apprend que ce grand-prêtre des neuf Sœurs reçut le fouet au collége,—fut un père très dur,—un médiocre époux; car la première mistriss Milton déserta le logis.

XCII.

Certes, ce sont là des faits intéressants, comme le braconnage de Shakspeare, la vénalité de lord Bacon; comme la jeunesse de Titus et les premières prouesses de César; comme Burns (que le docteur Currie nous décrit si bien); comme les fredaines de Cromwell; — mais, bien que la vérité impose aux écrivains la nécessité de ces descriptions aimables, comme essentielles à l'histoire de leur héros, elles ne contribuent guère à sa gloire.

XCIII.

Tout le monde n'est pas moraliste comme Southey, alors qu'il déblatérait sur la *Pantisocratie;* ou Wordsworth, qui, avant d'être dans l'excise et salarié, assaisonnait de démocratie ses poésies de colporteur; ou Cleridge, longtemps avant que sa plume volage mît son aristocratie au service du *Morning-Post,* alors que lui et Southey, marchant dans la même voie, épousaient les deux associées (marchandes de modes à Bath).

XCIV.

Ces noms-là, maintenant, figurent comme des condamnés au pilori, véritable Botany-Bay en géographie morale; leur loyale trahison, leur rigueur de renégat, serviront d'excellent fumier à leur biographie un peu stérile. Soit dit en passant, le dernier in-quarto de Wordsworth est le plus gros qui ait encore paru depuis la naissance de la typographie;

c'est un poëme somnifère et glacial, intitulé *l'Excursion*, écrit d'un style que j'ai en aversion.

XCV.

Là, il élève une digue formidable entre son intelligence et celle des autres ; mais les poëmes de Wordsworth et de ses sectateurs, comme le Shiloh de Joanna Southcote [10], et de sa secte, sont choses qui, dans ce siècle, ne frappent pas l'attention publique, — tant est petit le nombre des élus ; leurs deux virginités surannées, au lieu de mettre au jour des divinités, n'étaient grosses que d'hydropisie.

XCVI.

Mais revenons à mon histoire : j'avoue que si j'ai un défaut, c'est la manie des digressions ; — il m'arrive de laisser mon lecteur marcher tout seul, pendant que moi je me livre à des monologues sans fin ; mais ce sont là mes *discours du trône* qui ajournent les affaires à la prochaine session, oubliant que chacune de mes omissions est une perte pour le monde, moins grande, cependant, que s'il s'agissait de l'Arioste.

XCVII.

Je sais que ce que nos voisins appellent *longueurs* (nous n'avons pas le *mot*, mais nous avons la *chose* dans une rare perfection, assurés que nous sommes d'un poëme épique de Robert Southey tous les printemps) ; je sais, dis-je, que ce n'est pas précisément ce qu'il y a de plus propre à allécher le lecteur ; mais il ne me serait pas difficile de prouver, par quelques beaux exemples, que le principal ingrédient de l'épopée, c'est l'*ennui*.

XCVIII.

Nous savons, par Horace, « qu'Homère dort quelquefois ; » nous savons, sans lui, que Wordsworth quelquefois veille, — pour montrer avec quelle complaisance il se traîne autour de ses lacs, avec ses chers voituriers [11]. Il demande un bateau pour naviguer sur les abîmes... de l'Océan ? — non, mais de l'air ; et puis il implore de nouveau « une petite nacelle, » et dépense une mer de salive pour la mettre à flot.

XCIX.

S'il lui faut absolument voyager dans la plaine éthérée, et que Pégase, attelé à sa « charrette, » devienne rétif, ne pourrait-il pas emprunter le char de David, ou prier Médée de lui prêter un de ses dragons ? Ou, s'il trouve cette monture trop classique pour ses goûts vulgaires, s'il craint de se casser le cou avec un pareil bidet, et qu'il veuille absolument s'approcher de la lune, l'imbécile ne pourrait-il pas demander un ballon ?

C.

Des « colporteurs ! » des « bateaux ! » des « charrettes ! » Ombres de Pope et de Dryden, en sommes-nous donc venus à ce point d'humiliation qu'un pareil fatras, non seulement échappe au mépris, mais flotte encore comme une vile écume sur le vaste abîme du pathos ? que ces Jack Cades [12] du bon sens et de la poésie puissent siffler sur vos tombeaux ? que le « petit batelier » et son « Peter Bell » viennent insulter en paix à la main qui crayonna « Achitophel ? »

CI.

A notre histoire ! Le banquet était terminé, les esclaves partis ; les nains et les jeunes danseuses s'étaient retirés. Les contes arabes et les chants du poëte avaient cessé ; les derniers bruits de joie venaient d'expirer ; la dame et son amant, restés seuls, admiraient la teinte de rose dont le crépuscule inondait le firmament. — *Ave Maria!* sur la terre et les flots, cette heure céleste, ô Marie, est la plus digne de toi !

CII.

Ave Maria! bénie soit cette heure ! bénis le temps, le climat, le lieu où si souvent j'ai senti dans tout son charme cette heure si belle et si suave descendre sur la terre ! la cloche aux sons graves se balançait dans la tour lointaine ; les mourantes vibrations de l'hymne du soir arrivaient jusqu'à moi, aucun souffle n'agitait l'air couleur de rose, et cependant les feuilles de la forêt bruissaient comme si la ferveur de la prière les eût fait tressaillir.

CIII.

Ave Maria! c'est l'heure de la prière ! *Ave Maria!* c'est l'heure de l'amour ! *Ave Maria!* ô Marie ! permets que nous élevions nos regards vers ton fils et vers toi ! *Ave Maria!* Oh ! qu'il est beau ce visage ! et ces yeux baissés sous les ailes de la Colombe Toute-Puissante ! Qu'importe que ce ne soit là qu'une image peinte ! Non ! ce tableau n'est pas une idole : — c'est la réalité même.

CIV.

Des casuistes charitables ont la bonté de dire dans des publications anonymes — que je n'ai pas de dévotion ; mais dites à ces gens-là de se mettre en prières avec moi, et vous verrez qui de nous trouvera le plus court chemin pour aller au ciel. Mes autels, à moi, ce sont les montagnes, c'est l'Océan, c'est la terre, l'air, les étoiles, — tout ce qui provient du grand Tout qui a produit l'âme, et auquel l'âme doit retourner.

CV.

Heure charmante du crépuscule ! — Bois de pins, solitude ombreuse, antique forêt de Ravenne, que borne la rive silencieuse ; toi qui couvres le sol où mugissaient naguère les vagues de l'Adriatique, jusqu'aux lieux ou s'élevait la dernière forteresse des Césars ; forêt toujours verte, que consacraient pour moi les pages de Boccace et la lyre de Dryden, oh ! combien j'ai aimé le crépuscule et toi !

CVI.

La voix perçante des cigales, ces habitantes des pins, qui vivent un été, et dont la vie est une chanson sans fin, se faisait seule entendre, avec le bruit de mes pas, et ceux de mon coursier, et la cloche de l'*Angelus* qui tintait à travers le feuillage ; le fantôme chasseur de la race d'Onesti, sa meute infernale courant après sa proie, et cette troupe de jeunes beautés qui apprirent par cet exemple à ne pas fuir un amant sincère, — passaient comme des ombres devant les yeux de mon imagination.

CVII.

O Hespérus ! que de bonnes choses nous te devons ! Tu

donnes un toit à l'homme harassé, le repas du soir à celui qui a faim, au jeune oiseau la chaleur de l'aile maternelle, au bœuf fatigué l'étable désirée ; tout ce qu'il y a de paix autour de notre foyer, tout ce que nos dieux Pénates abritent de plus cher, ton heure de repos le rassemble autour de nous ; tu rends aussi l'enfant à la mamelle de sa mère !

CVIII.

Heure suave ! tu éveilles les désirs et attendris le cœur du voyageur voguant sur l'Océan, le jour où il a dit adieu aux amis qui lui sont chers ! Tu remplis d'amour le pèlerin qui chemine, alors qu'il tressaille en entendant la cloche de l'*Angelus* qui semble pleurer le déclin du jour mourant ! Est-ce là une illusion que la raison dédaigne ? Ah ! sans doute, rien ne meurt sans être pleuré.

CIX.

Quand Néron périt par le plus juste décret qui ait jamais détruit le destructeur, au milieu des acclamations de Rome délivrée, des nations affranchies et du monde joyeux, des mains invisibles semèrent des fleurs sur sa tombe : humble tribut, peut-être, de la pitié d'un cœur reconnaissant de quelque bienfait accordé par le tyran dans l'un des rares intervalles lucides laissés par l'enivrement du pouvoir.

CX.

Mais me voilà encore dans les digressions : qu'a de commun Néron, ou tout autre bouffon impérial de son espèce, avec les actes de mon héros ? Pas plus que les habitants de la lune, dignes pendants de pareils fous. Il faut que mes facultés soient réduites à zéro, et que je sois, en poésie, descendu au niveau des *cuillères de bois !* (c'est le nom dont nous autres Cantabres[13] nous affublons le dernier rang des candidats aux honneurs universitaires).

CXI.

Je sens que cette marche ennuyeuse ne prendra jamais ; c'est par trop épique. Aussi, en recopiant ce chant, je me propose de le scinder en deux ; à moins que je n'en fasse l'aveu, nul ne découvrira la chose, hormis un petit nombre de gens expérimentés ; et alors je prouverai que c'est une amélioration. — Je démontrerai que cette opinion du critique est tirée d'Aristote *passim*. — Voir Ποιητικης[14].

NOTES DU CHANT TROISIÈME.

[1] Lord Byron commença le troisième chant en octobre 1819; mais les clameurs que suscitait la publication des deux premiers chants l'avaient tellement découragé, qu'il laissa l'ouvrage de côté pendant quelque temps, et qu'il n'y travailla plus, dans la suite, que par boutades et à de longs intervalles. M. Moore, qui le visita pendant qu'il écrivait le troisième chant, dit : « Lord Byron devint tellement irritable au sujet de *Don Juan* (outre ses dispositions naturelles), que M. W. Bankes, qui vint après moi lui rendre visite, ayant eu le malheur de lui dire qu'il avait entendu M. Saunders, ou tout autre résidant alors à Venise, déclarer que, dans son opinion, *Don Juan* n'était qu'un grand *pont-neuf*, tel fut l'effet que ce mot méprisant produisit sur lui (bien que venant d'une personne qui, comme il le disait lui-même, n'était qu'un damné marchand de poisson salé), que pendant quelque temps, de son propre aveu, il lui fut impossible d'écrire un vers de ce poëme; et un matin, ouvrant une armoire où gisait le manuscrit oublié, il dit à son ami : « Regardez, voilà le *pont-neuf* de M. Saunders. » — Les chants III, IV et V furent publiés ensemble en août 1821, toujours sans nom d'auteur ni d'éditeur.

[2] La vieille ballade *la Mort et la Dame*. Shakspeare y fait allusion.

[3] Dante appelle sa femme, dans l'enfer, *fiera moglie*.

[4] La femme de Milton le quitta le premier mois de leur union. Si elle n'avait pris la fuite, qu'aurait fait Milton ?

[5] Quelle qu'en soit la cause, c'est un rapprochement non moins frappant que triste que, dans la liste des poëtes mariés qui ont été malheureux en ménage, on trouve des noms aussi illustres que Dante, Milton, Shakspeare, Dryden, et celui qui se place à côté des plus grands noms, et qui a été le plus malheureux de tous. MOORE.

[6] *The inflamation of his weeckly bills. N. du Trad.*

[7] La maison régnante d'Angleterre fait remonter son origine aux *Guelfes*, l'une des deux grandes factions qui divisèrent autrefois l'Italie. *N. du Trad.*

[8] *Preferring pudding to no praise*, c'est-à-dire, se résignant à aduler pour vivre. *N. du Trad.*

[9] On croit généralement que les νησοι Μακαρων des poëtes grecs désignaient les îles du cap Vert ou les Canaries.

[10] Le nombre des disciples de cette fanatique monta, dit-on, dans un moment, jusqu'à cent mille. Elle s'annonçait comme la mère d'un second Shiloh, dont elle prédisait confidentiellement la venue prochaine. Un immense berceau était préparé pour recevoir le prodige. Le docteur Reece et un autre médecin constatèrent son hydropisie. Elle fit un grand nombre de dupes jusqu'au moment de sa mort, arrivée en 1814.

11 *Benjamin le Voiturier*, de Wordsworth, parut en 1819.

12 Célèbre démagogue sous le règne de Henri VI. Shakspeare l'a mis en scène dans sa trilogie de Henri VI, deuxième partie, acte IV.

13 L'auteur désigne par ce mot les étudiants de Cambridge. *N. du Trad.*

14 C'est-à-dire tirée de divers passages de la *Poétique* d'Aristote. *N. du Trad.*

DON JUAN.

CHANT QUATRIÈME.

I.

Rien de si difficile, en poésie, que le commencement, si ce n'est peut-être la fin ; car il arrive souvent qu'au moment où Pégase va pour toucher le but, il se foule une aile, et nous dégringolons comme Lucifer précipité des cieux pour ses péchés ; notre péché est le même que le sien, et tout aussi difficile à corriger : c'est l'orgueil qui pousse l'esprit à prendre un essor trop élevé, jusqu'à ce que notre faiblesse nous montre ce que nous sommes.

II.

Mais le temps, qui remet toute chose à son niveau, et l'adversité cuisante, apprennent enfin à l'homme, — et, il faut l'espérer, — au diable lui-même, que ni l'un ni l'autre n'ont l'intelligence vaste ; tant que les chauds désirs de la jeunesse bouillonnent dans nos veines, nous ignorons cela, — le sang coule avec trop de rapidité ; mais quand le torrent s'élargit aux approches de l'Océan, nous réfléchissons profondément sur chaque émotion passée.

III.

Dans mon enfance, je me croyais un habile garçon, et je désirais que les autres eussent de moi la même opinion ; c'est ce qui arriva quand je fus à un âge un peu plus mûr, et d'autres esprits reconnurent ma suprématie ; maintenant ma fantaisie voit flétrir ses rameaux ; mon imagination replie ses ailes, et la triste vérité, planant sur mon pupitre, transforme le romantique en burlesque.

IV.

Et si je ris des choses mortelles, c'est pour ne pas pleurer ; et si je pleure, c'est parce que notre nature ne peut pas toujours se maintenir dans un état d'apathie ; car il nous faut plonger nos cœurs dans les profondeurs des flots du Léthé avant que ne s'assoupisse ce que nous désirons le moins voir. Thétis baptisa dans le Styx son fils mortel ; une mère mortelle eût choisi pour cela le Léthé.

V.

Certaines gens m'ont accusé d'étranges desseins contre la croyance et la morale du pays, et prétendent en trouver la preuve dans chaque vers de ce poëme : je n'ai pas la prétention de me comprendre toujours bien moi-même, quand je veux me piquer de faire du beau et du très beau ; mais le fait est que je n'ai point de projet, si ce n'est peut-être de me livrer un moment à la gaieté, mot nouveau dans mon vocabulaire.

VI.

Au lecteur charitable de notre climat réservé, cette manière d'écrire paraîtra exotique ; Pulci[1] fut le père de cette poésie semi-sérieuse ; il chanta dans un temps où la chevalerie était plus donquichottique qu'aujourd'hui ; son génie se délecta au milieu des sujets favoris de son temps, loyaux chevaliers, chastes dames, géants énormes, rois despotes ; mais, à l'exception de ces derniers, tout cela étant passé de mode, j'ai cru devoir prendre un sujet plus moderne.

VII.

Comment je l'ai traité, c'est ce que j'ignore ; pas mieux peut-être que ne m'ont traité ceux qui m'ont imputé des projets basés, non sur ce qu'ils ont vu dans mon ouvrage, mais sur ce qu'ils auraient voulu y voir. Mais si cela leur fait plaisir, soit ! nous vivons dans un siècle libéral, et les pensées sont libres. Cependant Apollon me tire par l'oreille et me dit de reprendre mon histoire.

VIII.

Le jeune Juan et sa bien-aimée avaient été laissés à la douce société de leurs cœurs ; l'impitoyable Temps lui-même ne pouvait, sans douleur, frapper de sa faux des cœurs aussi tendres ; tout ennemi qu'il est de l'amour, il gémissait de voir la fuite de leurs heures ; et cependant il était impossible qu'ils fussent destinés à vieillir ; ils devaient mourir dans leur fortuné printemps, avant que se fût envolé un seul charme, une seule espérance.

IX.

Leurs visages n'étaient pas faits pour porter des rides, leur sang pour se figer, leurs cœurs généreux pour défaillir ; leurs cheveux n'étaient pas destinés à blanchir ; mais, pareille aux climats qui ne connaissent ni la neige, ni la grêle, leur vie ne devait être qu'un été continu : la foudre pouvait les atteindre et les réduire en cendre ; mais traîner le cours long et sinueux d'un déclin monotone, — non, non ; il y avait en eux trop peu d'argile.

X.

Ils étaient seuls encore une fois ; pour eux, être ainsi c'était un autre Éden ; ils ne s'ennuyaient que lorsqu'ils n'étaient point ensemble : l'arbre séparé par la hache de ses racines séculaires, — la rivière dont on a intercepté la source, — l'enfant tout à coup sevré pour toujours des genoux et du sein maternels, — dépériraient moins promptement que ces deux amants séparés l'un de l'autre. Hélas ! il n'y a pas d'instinct comme celui du cœur, —

XI.

Le cœur, — qui peut se briser ! Heureux ! trois fois heureux ceux qui, formés de fragile matière, porcelaine précieuse de l'humaine argile, se brisent à la première chute ! ils ne verront pas les jours s'enchaîner aux jours dans l'année monotone, et tout ce qu'il faut supporter et ne dire jamais, pendant que l'étrange principe de vie a souvent des racines plus profondes dans ceux qui souhaitent le plus de mourir.

XII.

« Ils meurent jeunes, ceux qui sont aimés des dieux, » a dit un ancien ; et par là ils échappent à bien des morts : la mort des amis, et, ce qui tue plus encore, la mort de l'amitié, de l'amour, de la jeunesse, de tout ce qui est, le souffle seul excepté; et puisque le silencieux rivage attend à la fin ceux-là même qui se sont le plus longtemps dérobés aux traits du vieil archer, une mort précoce et pleurée est peut-être un bienfait.

XIII.

Haïdée et Juan ne pensaient point aux morts : le ciel, la terre et l'air semblaient faits pour eux; ils ne trouvaient au temps d'autre tort que celui de fuir trop vite; ils ne voyaient en eux rien de condamnable; chacun d'eux était le miroir de l'autre; ils voyaient mutuellement la joie étinceler dans leurs yeux, noirs comme une escarboucle; et ils savaient que cet éclat était la réflexion des regards d'amour qu'ils échangeaient entre eux.

XIV.

La douce pression, le toucher saisissant, le moindre regard mieux compris que des paroles, qui disait tout, sans pouvoir jamais en trop dire, un langage pareil à celui des oiseaux, connu d'eux seuls, qui n'a de sens que pour les amants; douces paroles, phrases enfantines, qui sembleraient absurdes à ceux qui ont cessé de les entendre ou ne les ont jamais entendues;

XV.

Ils avaient tout cela, car ils étaient encore enfants, et enfants ils auraient toujours été; ils n'étaient pas faits pour remplir un rôle agité sur l'ennuyeuse scène du monde réel, mais, comme deux êtres nés du même ruisseau, la nymphe et son bien-aimé, pour passer, invisibles, leur vie charmante dans les eaux et parmi les fleurs, sans connaître jamais le poids des heures humaines.

XVI.

Plusieurs lunes changeantes s'étaient succédé, et avaient retrouvé les mêmes ces amants dont elles avaient éclairé les joies, telles qu'elles en voyaient rarement dans leur cours; et les leurs n'étaient pas de celles qui s'amortissent par la satiété, car leurs esprits élastiques n'étaient point asservis au seul lien des sens; et cet écueil de l'amour, la possession, était pour eux un charme qui ajoutait chaque jour à leur tendresse.

XVII.

Oh! que cela est beau, et rare autant que beau! Mais ils s'aimaient de cet amour où l'âme se délecte à s'absorber quand elle a pris en dégoût le vieux monde, quand nous sommes las de ses bruits et de ses spectacles insipides, de ses intrigues, de ses aventures monotones, de ses petites passions, de ses mariages, de ses enlèvements, dans lesquels la torche de l'hymen ne fait que flétrir une courtisane de plus, dont la prostitution n'est ignorée que de son mari.

XVIII.

Dures paroles! dure vérité! vérité que beaucoup connaissent. Assez. — Ce couple fidèle et enchanteur, qui ne trouvait jamais les heures trop lentes, à quoi devait-il d'être ainsi exempt de tout souci? A ces sentiments jeunes et innés que tous ont éprouvés, qui s'éteignent chez les autres hommes, mais qui, chez eux, étaient inhérents à leur nature; ces sentiments que, nous autres mortels, nous appelons romanesques, et auxquels nous portons envie tout en les taxant d'extravagance.

XIX.

Dans les autres hommes, c'est un état factice, un rêve d'opium, provenant d'un excès de jeunesse et de lecture; mais chez eux c'était leur nature ou leur destinée: les romans n'avaient point fait saigner leurs jeunes cœurs, car les connaissances d'Haïdée n'étaient pas très grandes, et Juan avait été élevé saintement; si bien que leurs amours n'étaient pas plus motivés que ceux des rossignols ou des tourterelles.

XX.

Ils contemplaient le coucher du soleil: heure douce à tous les yeux, mais surtout aux *leurs*; car elle les avait faits ce qu'ils étaient; des cieux était descendu sur eux l'amour, dont la puissance les avait vaincus, alors que le bonheur fut leur unique douaire, et que le crépuscule les vit enchaînés des liens de la passion. L'un de l'autre charmés, ils trouvaient un charme à tout ce qui leur rappelait un passé aussi doux à leur âme que la pensée présente.

XXI.

Je ne sais pourquoi, mais à cette heure du soir, pendant qu'ils regardaient, un soudain tremblement leur vint, et traversa la félicité de leur cœur, comme le vent qui passe sur les cordes d'une harpe ou sur une flamme quand nous entendons frémir l'une et voyons vaciller l'autre; un secret pressentiment les saisit tous deux; la poitrine de Juan exhala un lent et faible soupir, et une expression inaccoutumée parut dans les yeux d'Haïdée.

XXII.

Ses grands yeux noirs et prophétiques semblèrent se dilater et suivre le départ du soleil lointain, comme si son disque large et brillant allait emporter dans sa fuite leur dernier jour de bonheur; Juan regardait Haïdée comme pour l'interroger sur son destin; — il se sentait triste; mais, ne se connaissant aucun motif de douleur, son regard demandait au sien l'excuse d'un sentiment sans cause, ou du moins inexplicable.

XXIII.

Elle se tourna vers lui, et sourit, mais de ce sourire qui ne fait pas sourire les autres; puis elle se détourna : le sentiment qui l'agita, quel qu'il pût être, fut de courte durée; sa sagesse ou son orgueil en triompha; et lorsque Juan, — en badinant peut-être, — parla de ce sentiment mutuel, elle répondit : « S'il en devait être ainsi... — mais — cela ne se peut; — ou du moins je ne survivrai pas pour en être témoin. »

XXIV.

Juan voulut lui faire de nouvelles questions; mais elle pressa ses lèvres contre les siennes et lui imposa silence; puis elle bannit de son cœur le sinistre augure, en lui opposant ce tendre baiser; et, sans nul doute, de toutes les méthodes c'est la meilleure; il y a des gens qui préfèrent le vin : — ils n'ont pas tout à fait tort; j'ai essayé l'un et l'autre;

si bien que ceux qui veulent prendre un parti peuvent choisir entre les maux de tête et les tourments du cœur.

XXV.

Selon le choix que vous ferez, vous aurez à subir l'un ou l'autre de ces maux, la femme ou le vin : ces deux maladies sont un impôt sur nos joies; mais je serais réellement en peine de dire laquelle est préférable; si j'avais à donner un vote prépondérant, je trouverais des deux côtés de fort bonnes raisons, et je déciderais alors, sans faire tort à l'une ni à l'autre de ces choses, qu'il vaut beaucoup mieux les avoir toutes deux que de n'en avoir aucune.

XXVI.

Juan et Haïdée se regardaient, les yeux humides d'une muette tendresse où venaient se confondre tous les sentiments d'ami, d'enfant, d'amant, de frère, tout ce que peuvent réunir et exprimer les plus nobles âmes, lorsque deux cœurs purs épanchés l'un dans l'autre aiment trop, et pourtant ne peuvent aimer moins; sanctifiant presque cet excès si doux par une immortelle volonté et un immortel pouvoir de se donner mutuellement le bonheur.

XXVII.

Dans les bras l'un de l'autre, cœur contre cœur, pourquoi ne moururent-ils pas alors? — Ils avaient trop longtemps vécu si jamais le moment devait venir où ils seraient séparés; les années ne pouvaient leur apporter que des douleurs. Le monde n'était pas fait pour eux; ses artifices n'avaient rien de commun avec des êtres passionnés comme un hymne de Sapho. L'amour était né *avec* eux, et tellement mêlé à leur nature, que pour eux ce n'était pas un sentiment, — c'était leur essence même.

XXVIII.

Ils étaient nés pour vivre ensemble au fond des bois, invisibles comme le rossignol qui chante; ils n'étaient pas faits pour habiter ces solitudes peuplées qu'on nomme la société, habitacles de la haine, du vice et des soucis. Voyez comme tout ce qui est né libre vit solitaire! Les oiseaux dont le chant est le plus doux vivent par couple; l'aigle plane seul; la mouette et le corbeau se jettent par bandes sur les cadavres, tout à fait comme les hommes.

XXIX.

Joue contre joue, dans un sommeil enchanteur, Haïdée et Juan faisaient donc la sieste; c'était un somme doux, mais léger; car de moments en moments quelque chose faisait tressaillir Juan, et un frémissement parcourait tous ses membres; les douces lèvres d'Haïdée murmuraient, comme un ruisseau, une musique sans paroles, et ses traits charmants étaient agités par ses rêves, comme des feuilles de rose par le souffle de la brise;

XXX.

Ou, comme dans une vallée des Alpes s'émeuvent les flots d'une rivière profonde et limpide quand le vent effleure sa surface, ainsi Haïdée était agitée par un songe, ce mystérieux usurpateur de l'âme qui règne sur nous sans contrôle et nous oblige à être ce qu'il lui plaît; étrange existence (car c'est encore une existence), sentir en l'absence des sens, et voir les yeux fermés!

XXXI.

Elle rêvait qu'elle était seule sur le rivage de la mer, enchaînée à un rocher; elle ne savait comment cela se faisait, mais elle ne pouvait se détacher de ce lieu, et le rugissement des flots augmentait, et les vagues s'élevaient autour d'elle, terribles, menaçantes, et elles dépassaient sa lèvre supérieure, si bien qu'elle ne pouvait plus respirer; et bientôt elles mugirent écumantes au-dessus de sa tête; chacune d'elles semblait devoir la noyer, et cependant elle ne pouvait mourir.

XXXII.

Et puis elle fut délivrée de ce supplice; et alors elle marcha sur la pointe des rocs, les pieds couverts de sang; elle tombait presque à chaque pas; et devant elle roulait, enveloppé d'un linceul, quelque chose qu'elle se sentait forcée de poursuivre, malgré son effroi, quelque chose de blanc qu'elle ne pouvait distinguer, et qui fuyait son regard et son étreinte; car elle cherchait à le voir et à l'étreindre, et le poursuivait; mais au moment où elle allait le saisir, il lui échappait toujours.

XXXIII.

La scène changea : — elle se trouvait dans une caverne dont les parois étaient tapissées de stalactites, vaste salle, ouvrage des siècles, et sculptée par les eaux, que venaient laver les vagues, et que visitaient les veaux marins. Sa chevelure était ruisselante; les prunelles de ses yeux semblaient fondues en larmes, qui, tombant sur les pointes des rochers sombres, se cristallisaient soudain.

XXXIV.

Et à ses pieds, humide, froid, inanimé, pâle comme l'écume qui couvrait son front livide, et qu'elle s'efforçait en vain d'essuyer (combien doux naguère ces soins! combien inutiles aujourd'hui!), Juan était gisant, et rien ne pouvait ranimer le battement de son cœur éteint; et le funèbre bruissement de la mer résonnait à son oreille comme le chant d'une sirène, et ce rêve si court semblait une vie trop longue.

XXXV.

Et en regardant le mort, elle crut voir ses traits s'évanouir et faire place à d'autres, — qui lui rappelaient ceux de son père. Peu à peu la ressemblance avec Lambro devint frappante, — c'était bien son regard perçant et sa grâce hellénique; elle tressaille, s'éveille, et voit... Puissances du ciel! quel est ce regard sinistre qu'a rencontré le sien? C'est — le regard de son père — fixé sur elle et sur son amant!

XXXVI.

Elle jeta un cri et se leva, puis elle retomba en poussant un second cri, accablée de joie et de douleur, d'espérance et de crainte, de voir celui qu'elle croyait enseveli dans les abîmes de l'Océan sortir tout à coup de la tombe, pour causer peut-être la mort de celui qu'elle aimait tant : quelque cher que lui eût été son père, ce fut pour Haïdée l'un de ces moments terribles... — j'en ai connu de semblables, — mais je ne dois pas en réveiller le souvenir.

XXXVII.

Au cri douloureux d'Haïdée, Juan s'élança, la reçut dans ses bras, et saisit son sabre suspendu à la muraille, pour décharger à l'instant sa vengeance sur celui qui causait tout ce désordre; alors Lambro, qui jusque-là avait gardé le silence, sourit avec mépris, et dit : « Je n'ai qu'à prononcer un mot pour voir paraître mille cimeterres prêts à frapper; remets, jeune homme, remets dans le fourreau ton épée impuissante. »

XXXVIII.

Et Haïdée l'enlaça dans ses bras : « Juan! c'est — c'est Lambro, — c'est mon père! Fléchis le genou avec moi, — il nous pardonnera; — oui, — j'en ai la certitude; — oui! O mon père bien-aimé! dans cette angoisse de joie et de douleur, au moment où je baise avec transport le bord de ton vêtement, se peut-il que le doute se mêle à ma filiale allégresse? Fais de moi ce que tu voudras, mais épargne ce jeune homme! »

XXXIX.

Altier et impénétrable resta le vieillard : le calme était dans sa voix, le calme dans ses yeux, ce qui n'était pas toujours chez lui l'indice de l'humeur la plus paisible; il la regarda, mais ne lui répondit pas; puis il se tourna vers Juan, sur les joues duquel le sang montait et disparaissait tour à tour, décidé qu'il était à périr; il était debout, les armes à la main, prêt à s'élancer sur le premier qui paraîtrait à la voix de Lambro.

XL.

« Jeune homme, ton épée! » dit encore une fois Lambro. Juan répliqua : « Jamais! tant que ce bras sera libre. » Le visage du vieillard pâlit, mais non de crainte, et, tirant un pistolet de sa ceinture, il reprit : « Que ton sang retombe donc sur ta tête! » Puis il examina attentivement la pierre, comme pour s'assurer si elle était en bon état; car il en avait depuis peu fait usage; — après quoi il se mit tranquillement à armer son pistolet.

XLI.

Il résonne étrangement à l'oreille le bruit bref d'un pistolet qu'on arme quand vous savez que le moment d'après il va être déchargé contre votre personne, à douze pas de distance, plus ou moins : c'est la distance reçue; ce n'est pas trop près si vous avez un ancien ami pour ennemi; mais quand on a essuyé une ou deux fois ce feu-là, l'oreille devient plus irlandaise et moins délicate.

XLII.

Lambro ajusta; un instant de plus mettait fin à ce chant et aux jours de don Juan, quand Haïdée se jeta au-devant de son amant, et, aussi résolue que son père: « Sur moi, » s'écria-t-elle, « que la mort descende! — La faute est à moi seule : sur ce fatal rivage le hasard l'a porté, — il ne le cherchait pas. Je lui ai engagé ma foi; je l'aime, je mourrai pour lui. Je connais votre caractère inflexible; — connaissez celui de votre fille. »

XLIII.

Une minute auparavant, tout en elle était larmes, tendresse et enfance; mais maintenant, debout et défiant toutes les craintes humaines, — pâle, immobile, inébranlable, elle allait au-devant du coup fatal. D'une stature supérieure à celle de son sexe, elle se grandissait de toute sa hauteur, comme pour offrir un but plus facile; elle fixait sur son père un regard assuré, mais ne songeait même pas à arrêter son bras.

XLIV.

Il la regarda, elle le regarda; c'est singulier comme ils se ressemblaient! c'était la même expression, la même sérénité sauvage, presque les mêmes yeux, grands et noirs, se dardant mutuellement des flammes; car, elle aussi, elle était capable de se venger s'il en était besoin. — Vraie lionne, bien qu'apprivoisée, devant son père le sang paternel bouillonnait dans ses veines, et prouvait qu'elle était vraiment sa fille.

XLV.

J'ai dit qu'ils se ressemblaient par les traits et la taille, ne différant que par le sexe et l'âge; jusque dans la délicatesse de leurs mains il y avait cette conformité, indice d'une consanguinité véritable; et, à les voir ainsi dans une attitude hostile, pleins d'une férocité fixe et résolue, alors qu'ils n'auraient dû s'accueillir mutuellement qu'avec des larmes de joie et des sensations douces, on reconnaît ce que peuvent les passions portées à leur dernier excès.

XLVI.

Le père hésita un moment, puis abaissa son pistolet et le remit à sa ceinture; mais il resta immobile, les yeux fixés sur sa fille, comme s'il eût voulu lire au fond de son âme. « Ce n'est pas moi, » dit-il enfin, « ce n'est pas moi qui ai cherché la perte de cet étranger; ce n'est pas moi qui ai créé cette désolation; bien peu supporteraient un pareil outrage et s'abstiendraient de répandre le sang; mais il faut que je fasse mon devoir; — quant à la manière dont tu as rempli le tien, le présent est le garant du passé.

XLVII.

« Qu'il dépose son arme, ou, par la tête de mon père! la sienne va rouler devant toi comme une boule! » En achevant ces mots, il leva son sifflet, et en tira un son aigu; un autre sifflet lui répondit, et, au même instant, s'élancèrent en désordre une vingtaine de ses hommes, armés des pieds au turban; il leur cria : « Arrêtez ou tuez ce Frank! »

XLVIII.

En même temps, par un mouvement brusque, il écarta sa fille, et, pendant qu'il la retenait, ses gens s'interposèrent entre elle et Juan; en vain elle s'efforça de se dégager de l'étreinte de son père, ses bras étaient comme les nœuds d'un serpent. Alors, comme une vipère irritée, s'élança sur sa proie la bande des pirates, hormis pourtant le premier, qui tomba l'épaule droite à demi séparée du tronc.

XLIX.

Le second eut le visage fendu en deux; mais le troisième, vieux sabreur plein de sang-froid, para ses coups sur son coutelas, puis lui allongea bravement le sien; si bien qu'en un clin d'œil son homme fut étendu, sans défense, à ses pieds, perdant un ruisseau de sang par deux blessures rouges et profondes, l'une au bras, l'autre à la tête.

L.

Alors on le garrotta sur la place, et on l'emporta hors de l'appartement; le vieux Lambro fit signe qu'on le conduisît au rivage, où deux navires devaient mettre à la voile à neuf heures. Ils le jetèrent dans une chaloupe, et, faisant force de rames, atteignirent quelques galiotes à l'ancre. Il fut déposé à bord de l'une d'elles, placé sous les écoutilles et spécialement recommandé aux hommes de quart.

LI.

Le monde est plein d'étranges vicissitudes, et c'en était une fort désagréable que celle-là : un gentilhomme si richement pourvu des dons de la fortune, jeune et beau, jouissant avec transport du présent, au moment même où il y pense le moins, se voit tout à coup embarqué, blessé, enchaîné de manière à ne pouvoir bouger, et tout cela parce qu'une jolie fille s'est amourachée de lui.

LII.

C'est là que je vais le laisser, car je deviens pathétique, excité que je suis par la nymphe chinoise des larmes, le thé vert! ses facultés prophétiques surpassent même celles de Cassandre; car si mes pures libations vont au-delà de trois, je sens mon cœur devenir tellement sympathique que je suis obligé d'avoir recours au bohea noir; c'est dommage que le vin soit si délétère, car le thé et le café nous laissent beaucoup trop sérieux,

LIII.

A moins d'être modifiés par toi, ô cognac, douce naïade des eaux du Phlégéton! Ah! pourquoi faut-il que tu attaques le foie, et que, semblable aux autres nymphes, tu rendes tes amants malades[2]! J'aurais volontiers recours à un punch léger; mais le *rack* (dans toutes les acceptions du mot), chaque fois que le soir j'en remplis mon verre jusqu'au bord, me réveille le lendemain matin avec son synonyme[3].

LIV.

Je laisse pour le moment don Juan, non pas précisément sain et sauf, car le pauvre diable était grièvement blessé; mais ses douleurs corporelles pouvaient-elles égaler la moitié de celles qui faisaient bondir convulsivement le cœur de son Haïdée? Elle n'était pas de ces femmes qui pleurent, se désolent, s'emportent, puis se calment, et se laissent dompter par ceux qui les entourent. Sa mère était une Maure de Fez, où tout est un Éden ou un désert.

LV.

Là, l'olive fait pleuvoir ses flots d'ambre dans des bassins de marbre; là, les grains, les fleurs et les fruits jaillissent de la terre et inondent le pays; mais là aussi croît plus d'un arbre à poison; là, minuit prête l'oreille au rugissement du lion; de vastes déserts déchirent le pied du chameau, ou submergent sous leurs vagues la caravane sans défense. Tel y est le sol, et tel le cœur de l'homme.

LVI.

L'Afrique appartient tout entière au soleil, et son humaine argile est embrasée, comme son territoire; puissant pour le bien ou pour le mal, brûlant dès sa naissance, le sang mauresque est soumis à l'influence du ciel, et les fruits qu'il enfante ressemblent à ceux du sol; la mère d'Haïdée avait eu pour douaire la beauté et l'amour, mais l'énergie de la passion se voyait dans ses grands yeux noirs, bien qu'endormie, comme un lion, auprès d'une source.

LVII.

Sa fille était formée d'un rayon plus doux, pareille à ces nuages d'argent qui, dans un beau ciel d'été, déploient leur suave blancheur jusqu'au moment où, lentement chargés de foudres, ils promènent sur la terre l'effroi, et dans l'air la tempête; elle avait parcouru jusqu'à ce jour sa douce et blanche voie; mais, exaltée par la passion et le désespoir, le feu de ses veines numides fit explosion, comme le simoun déchaîné sur la plaine que son souffle dévore.

LVIII.

Le dernier objet qui avait frappé ses regards, c'était Juan

sanglant, couvert de blessures, et tombant au pouvoir de ses ennemis ; son sang inondait ce parquet où tout à l'heure encore il marchait, lui, le beau jeune homme, lui, son bien-aimé ; voilà ce qu'elle vit un moment, et puis elle ne vit plus rien ; elle poussa un gémissement convulsif ; après quoi ses mouvements cessèrent, et, dans les bras de son père, qui jusque-là avait eu peine à la contenir, elle tomba comme un cèdre abattu par la cognée.

LIX.

Une veine s'était rompue ; ses lèvres charmantes et vermeilles étaient souillées du sang qui les inondait ; sa tête se penchait comme un lis surchargé de pluie ; on appela ses femmes, qui, les yeux baignés de pleurs, transportèrent leur maîtresse sur sa couche ; elles produisirent leur provision d'herbes et de cordiaux ; mais tous les soins lui furent inutilement prodigués ; on eût dit que la vie ne pouvait la retenir, ni la mort la détruire.

LX.

Elle resta des jours entiers dans le même état ; quoique froide, elle n'avait rien de livide, et ses lèvres avaient conservé leur vermillon ; son cœur ne battait pas, et cependant la mort semblait encore absente ; nul signe hideux n'annonçait qu'elle fût réellement morte ; la corruption ne vint pas détruire l'espérance dans tous les cœurs ; à regarder ses traits si doux on puisait de nouvelles pensées de vie, car ils semblaient pleins d'âme ; — elle en avait tant, que la terre ne pouvait s'en approprier la totalité.

LXI.

La passion dominante s'y retrouvait encore, comme dans le marbre taillé par un habile ciseau, mais avec cette immobilité que le marbre imprime à la beauté de Vénus éternellement belle, aux éternelles douleurs du Laocoon ou à l'éternelle agonie du Gladiateur. L'énergique imitation de la vie forme toute la gloire de ces chefs-d'œuvre ; cependant on voit que ce n'est pas là de la vie, car ils sont toujours les mêmes.

LXII.

Elle s'éveilla à la fin, mais non comme ceux qui ont dormi : c'était plutôt le réveil des morts, car la vie lui semblait une nouvelle chose, une sensation étrange qu'elle éprouvait malgré elle. Les objets frappaient sa vue sans réveiller aucun souvenir, et cependant un poids douloureux pesait sur son cœur, qui, fidèle à son premier battement, lui ramenait le sentiment de la douleur sans sa cause : car les furies avaient cessé un moment de l'agiter.

LXIII.

Elle promenait un œil vague sur les visages, et ne reconnaissait point les objets; elle voyait qu'on la veillait sans demander pourquoi, et ne faisait aucune attention à ceux qui étaient assis à son chevet; elle n'avait pas perdu la parole, bien qu'elle ne parlât pas; nul soupir ne venait soulager sa pensée. Un silence morne et une vive causerie furent vainement essayés par ceux qui la servaient : sa respiration indiquait seule qu'elle avait quitté la tombe.

LXIV.

Ses femmes lui demandaient ses ordres : elle ne les remarquait même pas; son père veillait près d'elle : elle détournait de lui ses regards; elle ne reconnaissait ni les individus ni les lieux qui lui avaient été le plus chers; on la promenait de chambre en chambre, mais elle ne se rappelait rien; elle se prêtait à tout avec douceur, mais sa mémoire était absente; enfin, ses yeux, qu'on voulait rappeler aux pensées d'autrefois, s'animèrent soudain d'une effrayante expression.

LXV.

Et alors une esclave lui parla d'une harpe. Le harpiste vint et accorda son instrument. Aux premières vibrations irrégulières et perçantes, elle fixa un instant sur lui ses yeux étincelants; puis elle se retourna vers la muraille, comme pour écarter des pensées douloureuses qui revenaient assiéger son cœur; et lui, d'une voix plaintive et lente, il commença un chant insulaire, un chant des anciens Grecs, avant que la tyrannie eût grandi.

LXVI.

Aussitôt ses doigts maigres et pâles battirent la mesure contre le mur. Il changea de sujet, et chanta l'amour. A ce nom redoutable tous ses souvenirs se réveillèrent ; soudain brilla devant elle le rêve de ce qu'elle avait été, de ce qu'elle était encore, si c'est être que d'exister ainsi ; les nuages qui assombrissaient son cerveau se fondirent en un torrent de larmes, comme les vapeurs des montagnes se résolvent en pluie.

LXVII.

Courte consolation! vain soulagement! — La pensée revint trop tôt, et agita son cerveau jusqu'au délire. Elle se leva comme si elle n'eût jamais été malade, et fondit sur tous ceux qu'elle rencontra comme sur des ennemis ; mais nul ne l'entendit articuler une parole ou un cri, quoique son paroxysme approchât de sa fin. — Sa démence dédaignait la fureur, lors même qu'on la frappait, dans l'espoir de la sauver.

LXVIII.

Cependant elle montrait parfois une lueur de raison. Rien ne put lui faire regarder la figure de son père, bien qu'elle fixât des regards intenses sur tous les autres objets, sans pouvoir jamais s'en rappeler aucun. Elle refusait la nourriture et le vêtement : tous les moyens employés à cet égard avaient été inutiles. Ni le changement de lieux, ni le temps, ni les soins, ni les secours de l'art, ne pouvaient procurer le sommeil à ses sens : — elle semblait avoir perdu pour toujours la faculté de dormir.

LXIX.

Elle languit ainsi douze jours et douze nuits. Enfin, sans un gémissement, sans un soupir, sans un regard qui indiquât l'agonie finale, elle rendit l'âme. Ceux qui étaient le plus près d'elle ne s'en aperçurent qu'au moment où le voile terne et sombre qui couvrait son gracieux visage étendit son ombre vitreuse sur ses yeux — si beaux, si noirs ! — Oh! briller d'un tel lustre, et puis s'éteindre !

LXX.

Elle mourut, mais non pas seule : elle portait en elle un second principe de vie, un enfant du péché ; créature innocente et belle qui eût pu naître un jour, mais qui termina sa courte existence avant d'avoir vu la lumière, et, sans avoir connu la vie, descendit dans la tombe où gisent, flétris du même souffle, la tige et le bouton ; et les rosées du ciel tombent vainement sur cette fleur saignante et sur ce fruit malheureux de l'amour.

LXXI.

Ainsi elle vécut, — ainsi elle mourut... La douleur ni la honte ne sauraient plus l'atteindre. Elle n'était pas faite pour traîner à travers la longue succession des années et des mois ce poids des douleurs intimes qu'on voit porter à des cœurs plus froids jusqu'à ce que la vieillesse creuse leur tombe. Elle fut courte, mais ravissante, la carrière de ses jours et de ses plaisirs, — qui n'eussent pu se concilier avec une longue destinée ! Et elle dort si bien sur le rivage de la mer, où elle aimait tant à venir !

LXXII.

Cette île est maintenant déserte et stérile, ses maisons détruites, ses habitants dispersés ; il n'y reste que la tombe d'Haïdée et celle de son père, et rien d'extérieur n'y parle d'argile humaine : vous ne pourriez reconnaître l'endroit où repose une créature si belle ; nulle pierre n'apprend, nulle voix ne raconte ce qui fut ; nul autre glas funèbre que le bruissement des vagues ne résonne en l'honneur de la beauté des Cyclades.

LXXIII.

Mais plus d'une vierge de la Grèce soupire son nom dans un chant d'amour ; au foyer de plus d'un insulaire, l'histoire de son père abrége la longueur des nuits. Ils avaient, lui la valeur, elle la beauté en partage. Si elle aima imprudemment, elle paya sa faute de sa vie. — De manière ou d'autre, de telles erreurs se payent chèrement. Que nul n'espère éviter ce danger, car l'amour, tôt ou tard, est son propre vengeur.

LXXIV.

Mais quittons ce sujet, qui devient trop triste, et mettons de côté ce feuillet douloureux : je ne me plais pas beaucoup aux descriptions de la folie ; j'ai toujours peur qu'on ne m'en croie légèrement atteint moi-même. D'ailleurs, je n'ai pas encore fini sur ce chapitre ; et, comme ma muse est un capricieux lutin, nous allons porter ailleurs nos pas, et suivre un autre sillage avec Juan, que nous avons laissé demi-mort quelques stances plus haut.

LXXV.

Blessé, enchaîné, *serré, confiné, claquemuré*, il s'écoula plusieurs jours et plusieurs nuits avant qu'il pût se rappeler le passé ; et quand la mémoire lui revint, il se vit en pleine mer, courant sous le vent, faisant six nœuds à l'heure, et ayant devant lui les rivages d'Ilion. Dans tout autre temps, il eût pris plaisir à les voir ; mais en ce moment il ne trouva pas grands charmes au cap Sigée.

LXXVI.

Là, sur la verte colline où sont dispersées les huttes d'un village, entre l'Hellespont et la mer, repose le brave des braves, Achille ; du moins on le dit. Bryant dit le contraire. Plus loin s'élève, comme une tour, le vaste tombeau — on ignore de qui ; de Patrocle, peut-être, ou d'Ajax, ou de Protésilas ; héros qui, s'ils vivaient, nous égorgeraient encore.

LXXVII.

Des monticules sans marbre et sans nom, une plaine vaste et inculte bornée par des montagnes ; plus loin, l'Ida, toujours le même, et l'antique Scamandre, si toutefois c'est lui, tout cela reste encore. Ces lieux semblent formés exprès pour la gloire : cent mille hommes pourraient encore y combattre à l'aise. Mais, là où je cherchais les murs d'Ilion, paît la brebis paisible et rampe la tortue.

LXXVIII.

Des troupeaux de chevaux sauvages, çà et là quelques petits hameaux aux noms modernes et barbares, des bergers peu semblables à Pâris, venant, émerveillés, contempler un moment cette jeunesse de l'Europe que ses souvenirs de collége conduisent sur ses bords ; un Turc, son chapelet à la main, sa pipe à la bouche, et faisant grand cas de sa religion, voilà ce que j'ai trouvé en ces lieux ; mais, pour des Phrygiens, du diable si j'en ai vu un seul !...

LXXIX.

Ici on permit à don Juan de sortir de son étroite prison, et il vit qu'il était esclave ; ses yeux parcoururent tristement le vaste azur des flots sur lesquels la tombe de plus d'un héros projetait son ombre. Affaibli par la perte de son sang, c'est à peine s'il put articuler quelques questions. Les réponses qu'on lui fit ne lui procurèrent pas de renseignements très satisfaisants sur sa position passée ou présente.

LXXX.

Il vit quelques-uns de ses compagnons de captivité qui semblaient Italiens, et qui l'étaient en effet ; il apprit de leur bouche *leur* histoire, qui était des plus singulières : c'était une troupe de chanteurs, tous régulièrement élevés dans cette profession, et qui se rendaient en Sicile pour y jouer l'opéra. Ayant fait voile de Livourne, ils avaient été, non pas attaqués par un pirate, mais vendus par l'*impressario* à un prix peu exorbitant.

LXXXI.

L'un d'eux, le bouffe de la troupe, raconta à Juan leur curieuse aventure : car, bien que destiné à être vendu au marché turc, il avait conservé son enjouement, du moins en masque. Le petit homme paraissait en fort bonne humeur : il portait son malheur gaiement et de bonne grâce, et se montrait beaucoup plus résigné que la prima donna et le ténor.

LXXXII.

Il raconta en peu de mots leur mésaventure, disant : « Notre machiavélique impressario, lorsque nous fûmes à la hauteur de je ne sais quel promontoire, fit des signaux et héla un brick inconnu : *Corpo di Caio Mario!* Nous fûmes à la hâte transférés à son bord sans un seul *scudo di salario;* mais, si le sultan a du goût pour le chant, nous aurons bientôt rétabli nos affaires.

LXXXIII.

« La prima donna, bien qu'un peu vieille, enlaidie par une vie dissipée, et sujette au rhume quand la salle est clairsemée, a pourtant quelques bonnes notes ; et puis la femme du ténor, bien qu'elle ait peu de voix, est d'un aspect agréable. Le dernier carnaval, elle a fait beaucoup de bruit à Bologne, en enlevant le comte César Cicogna à une vieille princesse romaine.

LXXXIV.

« Et puis, nous avons les danseuses : d'abord la Nini, qui a plus d'une corde à son arc, toutes lucratives ; puis, cette petite rieuse de Pelegrini ; elle aussi a eu du bonheur au dernier carnaval : elle y a gagné cinq cents bons *zecchini*, mais elle va si vite en dépense, qu'il ne lui reste pas un paul ; et puis encore la Grotesca, — quelle danseuse ! partout où les hommes ont de l'âme ou du corps, elle est sûre de faire son chemin !

LXXXV.

« Quant aux figurantes, elles ressemblent à toutes celles de cette clique : par-ci par-là une jolie personne dont la vue peut séduire ; le reste est tout au plus bon pour la foire. Il en est une cependant qui, bien que droite et roide comme une pique, a un certain air sentimental qui pourrait aller loin ; mais elle ne danse pas avec vigueur ; avec sa figure et sa taille, c'est vraiment dommage !

LXXXVI.

« Pour les hommes, il n'y a pas grand'chose à en dire ; le *musico* n'est qu'une vieille casserole fêlée ; mais, possédant une qualification spéciale, il pourra montrer sa face dans le sérail, et obtenir un emploi de domesticité ; je n'ai pas grande confiance dans son chant. Parmi tous ces individus du troisième sexe que le pape fait annuellement, on aurait de la peine à trouver trois gosiers parfaits.

LXXXVII.

« La voix du ténor est gâtée par l'affectation, et quant à la basse, c'est un animal qui ne sait que beugler ; la vérité est qu'il n'a reçu aucune éducation musicale ; c'est un ignorant qui n'a ni voix ni oreille; mais, comme il est proche parent de la prima donna, qui a juré qu'il avait la voix sonore et moelleuse, on l'a engagé, bien qu'à l'entendre vous diriez un âne qui s'exerce au récitatif.

LXXXVIII.

« Il ne m'appartient pas de parler de ce que je puis valoir. Quoique jeune, — je vois, monsieur, — que vous avez l'air d'un homme qui a voyagé; d'où je conclus que pour vous l'opéra n'est pas chose nouvelle. Avez-vous entendu parler de Raucocanti [4]? — C'est moi-même; un jour viendra peut-être où vous m'entendrez. Vous n'étiez pas l'année dernière à la foire de Lugo; mais la première fois que je serai engagé pour y chanter, — allez-y.

LXXXIX.

« J'oubliais notre baryton : c'est un joli garçon, mais gonflé d'amour-propre; une action gracieuse, pas l'ombre de science, une voix de peu d'étendue, et qui n'a rien de très harmonieux; il est toujours mécontent de son lot, et c'est à peine s'il ferait un bon chanteur des rues. Dans les rôles d'amoureux, pour mieux exprimer sa passion, n'ayant pas de cœur à montrer, il montre ses dents. »

XC.

En ce moment, le récit éloquent de Raucocanti fut interrompu par les pirates, qui, à heures fixes, venaient inviter tous les captifs à rentrer dans leurs tristes cabanons; chacun d'eux jeta un douloureux regard sur les vagues, qui, reflétant dans leur azur l'azur du ciel, bondissaient libres et joyeuses, puis ils descendirent un à un les écoutilles.

XCI.

Le lendemain, — ils étaient dans les Dardanelles, — attendant le firman de Sa Sublimité, le plus impératif des talismans souverains, et qu'on esquive toutes les fois qu'on le peut; là, ils apprirent que pour s'assurer d'eux dans leurs cellules navales, on les enchaînerait deux à deux, femme à femme, homme à homme, en attendant qu'on les mît en vente sur le marché de Constantinople.

XCII.

Il paraît que lorsque cet arrangement se fit, les femmes se trouvèrent en nombre impair, et les hommes également : on avait d'abord été incertain si le soprano serait considéré comme du sexe masculin ; mais après quelque discussion à cet égard, on l'avait placé du côté des femmes, en manière d'éclaireur ; il fallut donc enchaîner ensemble un homme et une femme ; le hasard voulut que cet homme fût Juan, qui — (chose fort embarrassante à son âge) se vit appareillé avec une bacchante au visage frais et brillant.

XCIII.

Malheureusement, avec Raucocanti fut attaché le ténor ; ils se haïssaient comme on ne se hait qu'au théâtre, et chacun d'eux trouvait sa destinée moins insupportable encore qu'un tel voisinage : dans leur mauvaise humeur, ils se querellèrent, au lieu de prendre leur parti paisiblement ; si bien qu'en jurant à qui mieux mieux, chacun tirait la chaîne de son côté, « *Arcades ambo*, » c'est-à-dire aussi mauvais garnements l'un que l'autre.

XCIV.

La compagne de Juan était une Romagnole élevée dans la Marche de la vieille Ancône ; outre plusieurs autres attributs importants dans une *bella donna*, elle avait des yeux qui vous pénétraient jusqu'au fond de l'âme, — des yeux brillants, aussi noirs et aussi brûlants qu'un charbon ; à travers le clair tissu de sa complexion de brunette, on voyait reluire un grand désir de plaire ; — qualité fort attrayante, surtout lorsqu'au désir se joint la faculté.

XCV.

Mais tout cela était perdu pour lui, car la douleur enchaînait tout ses sens ; les yeux de l'Italienne avaient beau lancer des éclairs, ils ne rencontraient que des yeux ternes et sombres. Ainsi attachés ensemble, ni sa main, qui touchait la sienne, ni aucune autre partie de ce corps charmant (et il y en avait dont il n'était pas facile d'éviter le contact), ne pouvait agiter son pouls ni ébranler sa foi ; peut-être aussi que ses récentes blessures y contribuaient un peu.

XCVI.

N'importe; il ne faut jamais pousser les investigations trop loin; mais enfin un fait est un fait : nul chevalier ne pouvait être plus fidèle; nulle amante ne pouvait désirer une plus ferme constance; nous laisserons de côté les preuves, à l'exception d'une ou deux : on dit que nul « ne peut tenir du feu dans sa main en pensant aux glaces du Caucase; » bien peu le pourraient, sans doute; l'épreuve de don Juan n'était pas moins difficile, et pourtant il en sortit triomphant.

XCVII.

Ici, je pourrais entamer une chaste description, ayant moi-même, dans ma jeunesse, résisté à la tentation; mais plusieurs personnes, m'a-t-on dit, me reprochent d'avoir mis trop de vérité dans les deux premiers chants; je me hâterai donc de faire quitter le navire à don Juan, mon éditeur m'ayant positivement déclaré qu'il est plus facile de faire passer un chameau par le trou d'une aiguille que de faire pénétrer ces deux chants dans les familles.

XCVIII.

Cela m'est fort égal; j'aime à céder; je renvoie donc le lecteur aux pages plus modestes de Smolett, de Prior, de l'Arioste, de Fielding, qui pourtant disent d'étranges choses pour un siècle aussi chatouilleux. Autrefois je maniais la plume avec beaucoup d'ardeur, et la guerre poétique était fort de mon goût; je me rappelle le temps où toute cette hypocrisie eût provoqué de ma part des observations dont je m'abstiendrai aujourd'hui.

XCIX.

Comme les enfants aiment à batailler, mon enfance aimait les querelles; mais aujourd'hui je préfère rester en paix, et je laisse tout cela à la populace littéraire; soit que la gloire de mes vers s'éteigne du vivant de la main qui les traça, soit qu'elle fasse un bail de quelques siècles, le gazon de mon tombeau croîtra tout aussi longtemps, et se balancera, non aux sons de la lyre, mais au souffle de la brise nocturne.

C.

Chez ces poëtes qui sont venus jusqu'à nous à travers la distance des temps et des langues, chez ces nourrissons de la gloire, la vie semble être la moindre portion de leur existence : quand vingt siècles s'accumulent sur un nom, c'est comme une boule de neige qui se grossit de tous les flocons qu'elle rencontre, et continue à rouler jusqu'à devenir peut-être une montagne de glace; mais, après tout, ce n'est que de la neige.

CI.

Et tous ces grands noms ne sont plus que des noms; et l'amour de la gloire, qu'une frivole convoitise, trop souvent fatale, dans son délire, à ceux qui voudraient voir leur poussière survivre, pour ainsi dire, à la destruction, qui, immolant toute chose, ne doit laisser, « jusqu'à la venue du Juste, » qu'un perpétuel changement! Mes pieds ont foulé la tombe d'Achille, et j'ai entendu douter de Troie; un jour on doutera de Rome.

CII.

Tout passe, jusqu'aux générations des morts; la tombe hérite de la tombe, jusqu'à ce que la mémoire d'un siècle se soit évanouie, et qu'il ait été enseveli pour faire place au siècle auquel il a donné naissance. Où sont les épitaphes qu'ont lues nos pères, à l'exception d'un petit nombre, glanées dans les ténèbres du sépulcre où dorment, sans noms, tant d'êtres innombrables qui en avaient un et l'ont perdu dans la mort universelle?

CIII.

Je passe chaque jour devant le lieu où périt dans sa gloire le héros enfant qui vécut trop longtemps pour le genre humain, mais mourut trop tôt pour l'humaine vanité, le jeune de Foix! Une colonne brisée, taillée avec goût, mais dont l'abandon accélère le déclin, raconte le carnage de Ravenne, pendant que des immondices et des plantes parasites s'accumulent à sa base.

CIV.

Je passe chaque jour devant le lieu où repose la cendre

de Dante. Une petite coupole, plus simple que majestueuse, protége sa cendre; mais c'est la tombe du barde, et non la colonne du guerrier, qu'ici l'on révère. Un temps viendra où, partageant la même destinée, le trophée du conquérant et les pages du poëte disparaîtront également dans la nuit qui recouvre les chants et les guerres antérieurs à la mort d'Achille et à la naissance d'Homère.

CV.

Cette colonne fut cimentée de sang humain; cette colonne est souillée d'immondices humains, comme si par ces souillures le paysan grossier voulait manifester son mépris pour ce lieu. Voilà comme on traite un trophée; qu'elle soit ainsi regrettée la mémoire de ces limiers de la guerre dont l'instinct de sang et de gloire a fait connaître à la terre ces souffrances que le Dante n'a vues qu'aux enfers!

CVI.

Cependant, il y aura encore des poëtes : quoique la gloire ne soit que fumée, cette fumée est de l'encens pour la pensée humaine, et le sentiment inquiet qui donna naissance aux premiers vers lui demandera ce qu'alors il lui demandait. De même que les vagues viennent à la fin se briser sur la plage, de même les passions, poussées à leurs dernières limites, éclatent en poésie; car la poésie n'est que passion; il en était ainsi, du moins, avant qu'elle devînt une mode.

CVII.

Si dans le cours d'une vie amoureuse et contemplative, des hommes qui, chemin faisant, prennent leur part de toutes les passions, acquièrent la profonde et amère faculté de refléter leur image, comme dans une glace, avec des couleurs si vraies qu'on dirait qu'elle vit, en leur interdisant de la montrer, vous aurez raison peut-être, mais (à mon avis) vous aurez gâté un beau poëme.

CVIII.

O vous qui faites la fortune des livres, charitables et *bleus* personnages du second sexe, dont les beaux yeux se chargent d'annoncer les poëmes nouveaux, me refuserez-vous votre « *imprimatur ?* » Quoi! me condamnerez-vous à l'oubli de l'office, ce Cornouailles où l'on pille les naufragés du Parnasse?... Ah! faut-il que je sois le seul poëte non admis à goûter votre thé de Castalie!

CIX.

Eh quoi! ai-je donc cessé d'être « un lion, » un poëte de bal, une marotte de salon, un enfant gâté littéraire? Ne me verra-t-on plus, accablé de compliments insipides, m'écrier comme le sansonnet d'Yorick : « Je ne puis sortir d'ici? » En ce cas, je vais, comme le poëte Wordsworth[3], furieux que personne ne le lise plus, m'écrier qu'il n'y a plus de goût au monde, que la gloire n'est qu'une loterie tirée par les bas bleus d'une coterie.

CX.

O bleues, si profondément, si obscurément, si admirablement bleues (comme l'a dit du ciel je ne sais quel poëte, et comme je le dis de vous, ô nos doctes dames!), on rapporte que vos bas sont bleus (Dieu sait pourquoi; j'ai rarement eu occasion d'en voir de cette couleur), — bleus comme la jarretière qui orne avec sérénité une jambe patricienne au bal de la cour ou au lever du roi.

CXI.

Pourtant, il est parmi vous d'angéliques créatures; mais le temps n'est plus où, tandis que vous lisiez, nous lisions, vous dans mes stances, et moi, amant rimailleur, dans vos traits; où, — mais n'importe! tout cela est passé; quoi qu'il en soit, je n'ai point de répugnance pour les doctes natures, car parfois elles recèlent d'innombrables vertus; je sais une dame qui appartient à cette école azurée : c'est la femme la plus charmante, la plus chaste, la meilleure, — mais tout à fait sotte.

CXII.

Humboldt, « le premier des voyageurs, » mais qui n'est pas le dernier, si nous en croyons des rapports récents, a inventé, sous un nom que j'ai oublié, comme aussi la date de cette découverte sublime, un instrument aérien destiné à constater l'état de l'atmosphère en mesurant « l'intensité du bleu; » ô lady Daphné! permettez que je vous mesure!

CXIII.

Mais reprenons notre récit. — Le vaisseau chargé d'esclaves qui devaient être vendus dans la capitale, après les préliminaires d'usage, jeta l'ancre sous les murs du sérail; sa cargaison, étant saine et exempte de la peste, fut débarquée, amenée au marché, et là, avec des Géorgiens, des Russes et des Circassiens, mise en vente pour servir à divers projets et à maintes passions.

CXIV.

Quelques-uns se vendirent cher; on donna jusqu'à quinze cents dollars d'une jeune Circassienne, fille charmante, garantie vierge; la beauté, lui prodiguant ses teintes les plus brillantes, l'avait ornée des plus célestes attraits : sa vente désappointa plus d'un enchérisseur qui avait été jusqu'à onze cents dollars; mais, quand cette somme fut dépassée, ils virent que c'était pour le compte du sultan, et se retirèrent aussitôt.

CXV.

Douze négresses de Nubie furent vendues à un prix qu'elles n'auraient point obtenu sur le marché des Indes occidentales, bien que Wilberforce ait fait doubler la valeur des noirs depuis l'abolition; et il n'y a rien là qui doive étonner; car le vice est toujours plus libéral qu'un roi : les vertus, et même la plus sublime de toutes, la charité, sont économes; — le vice n'épargne rien quand il s'agit d'une rareté.

CXVI.

Mais pour ce qui est de savoir ce qu'il advint de cette jeune troupe, comment les uns furent achetés par des pachas, d'autres par des juifs, comment ceux-ci furent obligés de se courber sous des fardeaux, et ceux-là furent promus à divers commandements, en qualité de renégats, pendant que les femmes étaient tristement groupées ensemble, faisant des vœux pour n'être pas choisies par un visir trop vieux, et qu'on les achetait une à une pour en faire une maîtresse, une quatrième femme, ou une victime,

10.

CXVII.

Tout cela doit être réservé pour la suite du poëme; notre discrétion ajournera aussi, pour le moment, et quelque désagréable que cela soit, le récit de ce qui arriva à notre héros, attendu que ce chant est déjà trop long; je sais combien les redites sont déplacées, mais je ne pouvais, foi de muse, en mettre moins; renvoyons donc la continuation de *Don Juan* à ce que, dans Ossian, on nomme le cinquième *duan*.

NOTES DU CHANT QUATRIÈME.

[1] Auteur du poëme de *Morgante Magiore*, traduit en entier de l'italien par lord Byron. *N. du Trad.*

[2] J'ai cherché quelle pouvait être la raison pour laquelle je m'éveille tous les matins à une certaine heure, et dans les mêmes dispositions de mélancolie, je puis même dire de désespoir, de découragement et de dégoût pour les choses mêmes qui me plaisaient la veille. Cela dure une heure ou deux; puis je me rendors, et je me réveille tranquille. Je fus atteint en Angleterre, il y a cinq ans, d'une sorte d'hypocondrie du même genre, accompagnée d'une soif si violente, que j'ai bu plus de treize bouteilles d'eau de Seltz dans une nuit sans pouvoir apaiser ma soif. Aujourd'hui, je ne suis plus altéré; mais mon accablement moral n'est pas moins grand. Qu'est-ce? — Le foie? Je suppose que tout cela est de l'hypocondrie. *B. 1821.*

[3] Le *rack* est de l'eau-de-vie de sucre. Ce mot, en anglais, signifie aussi *torture*. *N. du Trad.*

[4] Raucocanti peut se traduire par *voix de cheval*. *N. du Trad.*

[5] Dans le texte, il y a *Wordy;* mais il est évident que c'est Wordsworth que l'auteur a voulu désigner. *Words* signifiant *parole, wordy* devrait littéralement se traduire par *hâbleur, verbeux, rabâcheur. N. du Trad.*

DON JUAN.

CHANT CINQUIÈME.

I.

Quand les poëtes érotiques chantent leurs amours en vers liquides, mielleux et doux, et accouplent leurs vers comme Vénus attelle ses colombes, ils ne se doutent pas de tout le mal qu'ils peuvent faire; plus leur succès est grand, plus le péril est grave : témoin les vers d'Ovide. Il n'est pas jusqu'à Pétrarque lui-même qui, jugé sévèrement, ne soit le platonique corrupteur de la postérité.

II.

Je dénonce donc tout ouvrage érotique, excepté ceux qui sont écrits de manière à n'avoir rien d'attrayant, simples, — sans art, — concis, peu propres à séduire, attachant une morale à chaque faute; composés pour instruire plutôt que pour charmer, et attaquant tour à tour toutes les passions; aussi, à moins que mon Pégase ne soit mal ferré, ce poëme sera un modèle moral.

III.

Les rives d'Europe et d'Asie, toutes deux parsemées de palais; çà et là un vaisseau de guerre sillonnant le fleuve océanique[1]; Sainte-Sophie et sa coupole étincelante d'or; les bois de cyprès; le haut Olympe au front blanchissant, les douze îles; enfin tout ce tableau plus magnifique que je ne saurais le rêver, encore moins le décrire : tel est le spectacle qui charmait la charmante Marie Montagu.

IV.

J'ai une passion pour le nom de « Marie; » c'était autrefois un son magique à mon oreille; et maintenant encore il évoque à demi dans ma pensée ces royaumes de féeries où je voyais ce qui ne devait jamais être; tous mes sentiments ont changé, mais celui-ci fut le dernier à varier; c'est un charme dont je ne me suis pas encore complétement affranchi. Mais voilà que je deviens triste, — et laisse refroidir une histoire qui ne doit pas être contée sur un ton pathétique.

V.

Le vent chassait devant lui les eaux de l'Euxin, et la vague se brisait écumante contre les roches bleues des Symplegades. Quel coup d'œil lorsque, de la « Tombe du Géant[2], » on suit les progrès de cette mer qui roule entre le Bosphore, frappant et baignant de ses flots l'Europe et l'Asie, et qu'on assiste tranquille à ce sublime spectacle! De toutes les mers où le voyageur a eu des nausées, aucune n'offre des brisants plus dangereux que l'Euxin.

VI.

C'était l'un de ces jours piquants et froids qui commencent l'automne, où les nuits sont égales, mais non les jours; à cette époque, les Parques coupent brusquement le fil de la destinée des marins; les tempêtes bruyantes soulèvent les flots sur les mers, et le repentir des fautes passées dans le cœur de tous ceux qui voguent sur le vaste abîme : ils promettent d'amender leur vie, et pourtant ils n'en font rien; parce que s'ils sont noyés ils ne le peuvent; s'ils échappent ils ne le veulent plus.

VII.

Sur le marché, on voyait une foule d'esclaves tremblants, de toute nation, de tout âge, de tout sexe. Chaque groupe, avec son marchand, occupait une place distincte. Pauvres gens! leur bonne mine était bien changée! Tous, à l'exception des noirs, semblaient regretter amèrement leurs amis, la terre natale et la liberté. Les noirs montraient plus de philosophie, accoutumés sans doute à l'esclavage, comme l'anguille à être écorchée.

VIII.

Juan était jeune, et plein d'espoir et de santé, comme on l'est à son âge; j'avouerai pourtant qu'il avait l'air un peu triste, et que de temps à autre une larme furtive sillonnait sa joue; peut-être le sang qu'il avait récemment perdu avait-il un peu abattu ses esprits; et puis, perdre une grande fortune, une maîtresse et une position si confortable, pour être mis en vente parmi des Turcs!

IX.

Tout cela était bien fait pour ébranler l'âme d'un stoïque; néanmoins, au total, son attitude était calme; sa personne et la splendeur de son vêtement, dont il avait conservé quelques restes brillants, attiraient sur lui les regards, et faisaient deviner à sa mine qu'il était au-dessus du vulgaire; et puis, malgré sa pâleur, il était si beau! et puis, — on comptait sur sa rançon.

X.

La place, semblable à un jeu de trictrac, quoique plus irrégulièrement bigarrée, était parsemée de groupes noirs et blancs exposés en vente. Les uns choisissaient le jais; d'autres préféraient la couleur pâle. Parmi tous ces gens à vendre, un homme de trente ans, robuste et bien taillé, avec des yeux d'un gris foncé où se peignait la résolution, se trouvait à côté de Juan, attendant un acheteur.

XI.

Il avait l'air anglais; c'est-à-dire qu'il avait de la carrure, un teint blanc et coloré, de belles dents, des cheveux bouclés d'un brun foncé, un front ouvert, où la pensée, le travail ou l'étude avait laissé quelques traces de soucis; une écharpe tachée de sang soutenait l'un de ses bras; il y avait dans son attitude un tel sang-froid qu'un simple spectateur n'eût pu en montrer davantage.

XII.

Mais voyant auprès de lui un jeune adolescent qui paraissait plein de cœur, quoique pour le moment fléchissant sous le poids d'une destinée qui avait abattu même des hommes, il ne tarda pas à manifester une sorte de brusque compassion pour le triste lot d'un compagnon d'infortune si jeune encore. Quant à lui, il regardait sa mésaventure comme n'ayant rien que de très ordinaire, comme une chose toute simple.

XIII.

« Mon enfant! » lui dit-il, « dans cet assemblage confus de Géorgiens, de Russes, de Nubiens, et de je ne sais quoi encore, tous pauvres diables, ne différant que par la couleur, avec lesquels le hasard nous a confondus, il n'y a de gens comme il faut que vous et moi, ce me semble; faisons donc connaissance, ainsi que nous le devons; si je pouvais vous offrir quelque consolation j'en serais charmé; — de quelle nation êtes-vous, je vous prie? »

XIV.

Quand Juan lui eut dit : « Je suis Espagnol, » il répondit : « Je pensais en effet que vous ne pouviez pas être Grec; ces chiens serviles n'ont pas tant de fierté dans le regard. La fortune vous a joué un joli tour, mais c'est sa manière d'en user avec tous les hommes, pour les éprouver; que cela ne vous inquiète pas : — dans huit jours elle changera peut-être; elle m'a traité à peu près comme vous, avec cette différence qu'il n'y a rien là qui soit nouveau pour moi. »

XV.

— « Monsieur, » lui dit Juan, « oserais-je vous demander ce qui vous a amené ici ? » — « Oh ! rien de bien merveilleux : six Tartares et une chaîne. » — « Ce que je désirais savoir, c'est, si la demande n'est pas indiscrète, ce qui vous a valu ce destin. » — « J'ai servi quelques mois, et en divers lieux, dans l'armée russe, et, faisant dernièrement le siége d'une ville par ordre de Souwarow, au lieu de prendre Widdin, c'est moi qui ai été pris. »

XVI.

— « N'avez-vous pas des amis ? » — « J'en ai eu, mais, grâce à Dieu, il y a longtemps qu'ils ne m'ont importuné de leurs nouvelles. Maintenant que j'ai répondu sans hésiter à toutes vos questions, vous devez me montrer la même courtoisie. » — « Hélas ! » dit Juan, « ce serait une longue et douloureuse histoire. » — « Oh ! s'il en est réellement ainsi, sous les deux rapports vous faites bien de vous taire : une histoire lugubre attriste davantage quand elle est longue.

XVII.

« Mais ne vous découragez pas : à votre âge, la fortune, bien que femme passablement inconstante, ne vous laissera pas longtemps dans une telle passe, attendu que vous n'êtes pas son mari. D'ailleurs, vouloir lutter contre notre destin, ce serait comme si l'épi voulait combattre la faucille. Les hommes sont le jouet des circonstances quand les circonstances semblent le jouet des hommes. »

XVIII.

— « Ce n'est pas, » dit Juan, « sur ma condition présente que je gémis, mais sur le passé ; j'aimais une jeune fille !... » Il s'arrêta, et son œil noir se remplit de tristesse ; une larme unique parut un moment sur les cils de sa paupière, puis tomba. « Mais pour revenir à ce que je disais, ce n'est pas tant mon sort actuel que je déplore, car j'ai supporté des détresses auxquelles les plus robustes ont succombé,

XIX.

« Sur la mer orageuse; mais ce dernier coup... » Ici il s'arrêta encore, et détourna la tête. — « Ah! lui dit son ami, je me doutais qu'il y avait une femme dans votre affaire; ce sont là des choses qui demandent une tendre larme, telle que j'en verserais moi-même si j'étais à votre place; j'ai pleuré le jour où ma première femme est morte, et j'en ai fait autant quand ma seconde a pris la fuite.

XX.

« Ma troisième... » — « Votre troisième! » s'écria don Juan en se retournant vers lui; « vous pouvez à peine avoir trente ans : avez-vous donc trois femmes? » — « Non... je n'en ai que deux vivantes : sans doute, une personne mariée trois fois n'est pas chose si rare! » — « Eh bien! votre troisième, que fit-elle? vous a-t-elle quitté aussi, Monsieur? » — « Non, certes. » — « Eh bien? » — « C'est moi qui l'ai quittée. »

XXI.

— « Vous prenez froidement les choses, » dit Juan. — « Que voulez-vous! » reprit l'autre. « Il y encore bien des arcs-en-ciel dans votre firmament; mais tous les miens ont disparu. On commence la vie avec des sentiments chaleureux, des espérances magnifiques; mais le temps décolore peu à peu nos illusions, et, comme le serpent, tous les ans quelque insigne méprise dépouille sa peau brillante.

XXII.

« Il est vrai qu'elle en prend une autre brillante et fraîche, ou même plus fraîche et plus brillante encore; mais au bout de l'année, cette peau doit avoir la destinée de toute chair, quelquefois même elle ne dure qu'une semaine ou deux; — l'amour est le premier filet qui tend pour nous ses mailles homicides; l'ambition, l'avarice, la vengeance, la gloire, servent de glu aux piéges éclatants où, dans nos derniers jours, nous venons voltiger, attirés par l'appât de l'or ou de la renommée. »

XXIII.

— « Tout cela est bel et bon, et peut-être vrai, » dit Juan ; « mais je ne vois pas en quoi cela peut contribuer à améliorer votre condition ou la mienne. » — « Non, sans doute, » reprit l'autre ; « cependant vous m'avouerez qu'en plaçant les choses à leur véritable point de vue, on acquiert du moins l'expérience ; par exemple, nous savons maintenant ce que c'est que l'esclavage, et notre malheur nous enseignera à nous mieux conduire quand nous serons maîtres. »

XXIV.

— « Que ne sommes-nous maîtres dès à présent, ne fût-ce que pour appliquer à ces païens, nos bons amis, les leçons qu'ils nous donnent ! » dit Juan en étouffant un douloureux soupir. « Dieu soit en aide à celui que sa mauvaise étoile envoie à pareille école ! » — « Cela viendra, » répondit l'autre ; « et peut-être avant peu verrons-nous ici notre situation s'améliorer ; en attendant (ce vieil eunuque noir semble nous examiner), je ne serais pas fâché que quelqu'un nous achetât.

XXV.

« Mais, après tout, qu'est-ce que notre état actuel ? Il est fâcheux, et pourrait être plus agréable : — c'est le destin de tous les hommes ; la plupart des hommes, et principalement les grands, sont esclaves de leurs caprices, de leurs passions, et de je ne sais quoi encore ; la société elle-même, qui devrait produire en nous la bienveillante sympathie, détruit le peu que nous en avions : ne sympathiser pour personne est le véritable art social des stoïques du monde, — ces hommes sans cœur. »

XXVI.

En ce moment, un personnage noir du genre neutre et du troisième sexe s'avança, et, lorgnant les captifs, parut examiner leur mine, leur âge et leurs mérites, comme pour s'assurer s'ils convenaient à la cage qu'il leur destinait ; jamais un amant ne lorgna de plus près sa dame, un maquignon son cheval, un tailleur sa pièce de drap, un avocat ses épices, un geôlier son prisonnier,

XXVII.

Que l'acheteur ne fait l'esclave qu'il marchande. Oh! c'est charmant que d'acheter son semblable! puis, nos passions nous mettent à l'encan tous tant que nous sommes, avec plus ou moins d'adresse : les uns se vendent à un beau visage, ceux-ci à un chef belliqueux, d'autres à une place; chacun selon son âge et ses goûts. La plupart s'achètent à beaux deniers comptant; mais tous ont leur tarif en raison de leurs vices : à celui-ci une couronne, à cet autre un coup de pied.

XXVIII.

L'eunuque, les ayant examinés avec soin, se tourna vers le maître, et commença à marchander d'abord l'un, puis tous deux; ils débattirent les prix, contestèrent, jurèrent même, comme s'ils eussent été à une foire chrétienne, marchandant un bœuf, un âne, un agneau ou un chevreau; on eût dit un combat, au bruit qu'ils faisaient pour l'emplette de cette couple magnifique d'animaux humains.

XXIX.

Enfin, on ne les entendit plus que grommeler; ils tirèrent leur bourse en rechignant, retournant chaque pièce d'argent, faisant sonner les unes, pesant les autres dans la main, mêlant par erreur des paras avec des sequins, jusqu'à ce que la somme exacte fût comptée; alors le marchand rendit de la monnaie, signa un reçu dans les règles, et commença à songer à son dîner.

XXX.

Je voudrais bien savoir s'il mangea de bon appétit, ou, dans le cas affirmatif, si sa digestion fut bonne; il me semble que pendant son repas il dut lui venir de singulières pensées, et que sa conscience dut lui faire de curieuses questions sur le point de savoir jusqu'où s'étend le droit divin de vendre la chair et le sang de nos semblables. Quand le poids de notre dîner nous oppresse, je suis d'avis que de nos vingt-quatre heures de douleur, celle-là est la plus pénible.

XXXI.

Voltaire dit « Non »; il prétend que Candide ne trouvait jamais la vie plus tolérable qu'après dîner; il a tort : — à moins que l'homme ne soit un porc, la réplétion ajoute à ses souffrances; excepté pourtant lorsqu'il est ivre : car, lorsque la tête lui tourne, il ne sent point l'oppression du cerveau. Au sujet de la nourriture, je pense comme le fils de Philippe, ou plutôt d'Ammon (un monde et un père ne lui suffisaient pas);

XXXII.

Je pense, comme Alexandre, que l'action de manger, ainsi qu'une ou deux autres, nous fait doublement sentir notre condition mortelle; lorsqu'un rôti, un ragoût, du poisson, une soupe, accompagnés de quelques plats d'entremets, peuvent nous donner une sensation de plaisir ou de peine, qui osera s'enorgueillir d'une intelligence dont l'usage dépend si fort du suc gastrique?

XXXIII.

L'autre soir (c'était vendredi dernier), — c'est un fait réel et non une fable poétique, — je venais de passer ma redingote; mon chapeau et mes gants étaient encore sur la table, quand tout à coup j'entendis une détonation. — Il était à peine huit heures; — je courus aussi vite qu'il me fut possible, et trouvai le commandant de place étendu dans la rue, et pouvant à peine respirer.

XXXIV.

Le pauvre homme! pour je ne sais quelle raison, sans doute fort légère, on lui avait tiré cinq balles, et on l'avait laissé là mourir sur le pavé. Je le fis donc transporter chez moi, et monter dans mon appartement; on le déshabilla, et on examina ses blessures; — mais qu'est il besoin de plus de détails? Tous les soins furent inutiles; il était mort dans une querelle italienne, tué par cinq balles parties d'un vieux canon de fusil.

XXXV.

Je le regardai, car je le connaissais beaucoup. J'ai vu bien des cadavres, mais jamais aucun dont les traits, après un accident de ce genre, parussent si calmes : bien que percé à l'estomac, au cœur et au foie, on eût dit qu'il dormait; l'épanchement intérieur du sang n'avait laissé à l'extérieur aucune trace hideuse, et c'est à peine si l'on eût pu dire qu'il était mort; en le contemplant je pensais ou disais :

XXXVI.

« Est-ce bien là la mort? Qu'est-ce donc que la vie ou la mort? Parle! » mais il ne parla pas; « éveille-toi! » mais il continuait à dormir. — Hier encore, quel souffle était plus puissant que le sien? sa parole tenait en respect des milliers de guerriers; comme le centurion, il disait « va! » et on allait, « viens! » et on venait. La trompette et le clairon étaient muets jusqu'à ce qu'il eût parlé; — et maintenant, un tambour couvert d'un crêpe, voilà tout ce qui lui reste.

XXXVII.

Et ceux qui attendaient ses ordres et le révéraient — vinrent en foule se ranger autour de son lit, pour jeter un dernier coup d'œil sur cette argile glorieuse qui avait saigné pour la dernière fois, mais non pour la première; et finir ainsi! lui qui tant de fois avait vu fuir devant son regard les ennemis de Napoléon! — lui le premier à la charge et dans les sorties, mourir assassiné dans une rue paisible!

XXXVIII.

Les cicatrices de ses vieilles blessures étaient auprès des nouvelles, ces nobles cicatrices qui avaient fait sa gloire; et cette vue présentait un horrible contraste. — Mais laissons là ce sujet : ces choses demandent plus d'attention que je ne puis leur en donner. Je le regardai fixement, comme cela m'est souvent arrivé, afin de voir si je ne pourrais tirer de la mort quelque chose qui pût confirmer, ou ébranler, ou créer une foi quelconque.

XXXIX.

Mais tout était mystère. Nous sommes ici, et nous allons là. — Mais où? Cinq morceaux de plomb, ou trois, ou deux, ou même un seul, nous envoient bien loin! Ce sang n'est-il donc formé que pour être répandu? Eh quoi! chaque élément pourra décomposer les nôtres : l'air, — la terre, — l'eau, — le feu, vivront, et nous, nous mourrons, nous dont l'intelligence embrasse toutes choses? Laissons cela, et revenons à notre histoire.

LX.

L'acquéreur de Juan et de sa nouvelle connaissance conduisit son emplette vers une barque dorée, s'y plaça avec eux, et l'on s'éloigna avec toute la vitesse que pouvaient imprimer l'effort des rames et le mouvement des flots. Les deux captifs avaient l'air de gens qu'on mène au supplice, curieux de savoir ce que tout cela deviendrait, quand la caïque³ s'arrêta dans une petite anse, au pied d'un mur ombragé de hauts cyprès à la verdure sombre.

XLI.

Là, leur conducteur ayant frappé au guichet d'une petite porte de fer, elle s'ouvrit, et ils s'avancèrent d'abord à travers un taillis flanqué des deux côtés de grands arbres ; ils faillirent perdre leur route et ne marchaient qu'en tâtonnant, car la nuit était venue avant qu'ils eussent touché la plage. L'eunuque avait fait un signe aux rameurs, qui avaient repris le large sans dire un seul mot.

XLII.

Pendant qu'ils poursuivaient leur route sinueuse à travers des bosquets d'orangers, de jasmin, *et cœtera* (dont je pourrais vous parler longuement, attendu que nous n'avons pas dans le Nord une telle profusion de plantes orientales, n'était que, dans les derniers temps, nos écrivailleurs se sont mis en tête de transplanter des couches entières dans leurs ouvrages, et cela, depuis qu'un poëte a voyagé parmi les Turcs);

XLIII.

Pendant qu'ils marchaient, il vint à Juan une idée qu'il communiqua tout bas à son compagnon ; — la même pensée vous serait venue, ainsi qu'à moi, en pareille occurrence. « Il me semble, dit-il, qu'il n'y aurait rien de bien répréhensible à frapper un coup qui nous rendrait libres ; assommer ce vieux noir et décamper — serait plus tôt fait que dit. »

XLIV.

— « Oui, répondit l'autre ; mais, cela fait, qu'adviendra-t-il ? *Comment sortir* d'ici ? Comment diable y sommes-nous venus ? mais, en nous supposant dehors, et notre peau sauvée du sort de saint Barthélemy, demain nous verrait dans quelque autre tanière, et pire que nous n'avons été jusqu'ici ; d'ailleurs j'ai faim, et, comme Ésaü, je vendrais en ce moment mon droit d'aînesse pour un beef-steak.

XLV.

« Nous devons être dans le voisinage de quelque habitation ; car la sécurité de ce vieux noir s'aventurant avec deux captifs dans un lieu pareil prouve qu'il compte que ses amis ne dorment pas ; un seul cri nous les amènerait tous sur les bras ; regardons-y donc à deux fois avant de faire le saut, — et voyez où ce sentier nous a conduits ; par Jupiter ! le beau palais ! — et illuminé encore ! »

XLVI.

C'était, en effet, un vaste édifice qui s'offrait à leur vue : la façade semblait surchargée de dorures et de peintures, selon l'usage turc. — Faste de mauvais goût : car les Turcs sont peu avancés dans les arts dont ces pays furent jadis le berceau. Toutes les villas, le long du Bosphore, ressemblent à des écrans fraîchement peints, ou à une jolie décoration d'opéra.

XLVII.

Et à mesure qu'ils approchaient, l'agréable fumet des sauces, des rôtis, des pilaus, choses qui ne sont point indifférentes aux yeux d'un mortel affamé, vint réprimer les intentions farouches de Juan, et l'engager à se bien conduire. En ce moment, son ami, joignant à ce qu'il avait dit une clause conditionnelle, ajouta : « Au nom du ciel ! tâchons d'avoir à souper maintenant ; et puis, s'il faut faire du tapage, je suis votre homme. »

XLVIII.

Il en est qui conseillent de faire appel aux passions des

hommes, d'autres à leur sensibilité, d'autres à leur raison : ce dernier moyen n'a jamais été beaucoup à la mode, car la passion considère tout raisonnement comme hors de saison. Quelques orateurs prennent un ton pleureur; d'autres appliquent de vigoureux coups de férule; tous s'accordent à nous assommer de leurs arguments favoris; mais nul ne songe à être bref.

XLIX.

Mais voilà encore une digression : de tous les moyens de persuasion, — quoique je reconnaisse le pouvoir de l'éloquence, de l'or, de la beauté, de la flatterie, des menaces, d'un shelling, — il n'en est pas de plus sûr, par moments, de plus propre à maîtriser les meilleurs sentiments de l'homme, qui deviennent de jour en jour plus susceptibles, comme nous le voyons, que ce glas magique, irrésistible, le tocsin de l'âme, — la cloche du dîner.

L.

La Turquie n'a pas de cloches, et pourtant on y dîne; Juan et son ami n'entendirent point de signal chrétien appeler les convives; ils ne virent point une longue file de laquais entrer dans la salle du festin; mais ils sentirent le rôti, ils virent briller un large feu, et les cuisiniers, les bras nus, aller et venir; ils regardèrent à droite et à gauche autour d'eux, avec les yeux de l'appétit et son prophétique regard.

LI.

Abandonnant alors toute idée de résistance, ils suivirent de près leur noir guide, qui ne se doutait pas que sa frêle existence avait été sur le point d'être supprimée; il leur fit signe de s'arrêter à quelque distance, frappa à la porte qui s'ouvrit, et une salle vaste et magnifique déploya à leurs regards toute la pompe asiatique du luxe ottoman.

LII.

Je ne décrirai pas; la description est mon fort, mais dans notre époque brillante il n'est pas d'imbécile qui ne décrive son merveilleux voyage à quelque cour étrangère, n'enfante son in-quarto, et ne quête vos éloges : — c'est la ruine de son éditeur; mais pour lui c'est un jeu; et cependant la Nature, torturée de mille manières, se résigne avec une patience exemplaire aux guides du voyageur, aux rimes, aux touristes, aux esquisses, aux illustrations.

LIII.

Çà et là dans cette salle, quelques personnes assises, les jambes croisées, jouaient aux échecs; d'autres causaient par monosyllabes; d'autres semblaient on ne peut plus satisfaites de leur costume; plusieurs fumaient dans des pipes superbes, ornées de becs d'ambre, d'un prix plus ou moins grand; quelques-uns se promenaient; ceux-ci dormaient, ceux-là préludaient au souper par un verre de rhum.

LIV.

Lorsque l'eunuque noir entra avec sa couple d'infidèles achetés, quelques-uns levèrent un moment les yeux, sans ralentir leur pas; mais ceux qui étaient assis ne firent pas le moindre mouvement; un ou deux regardèrent les captifs en face, comme on regarde un cheval dont on cherche à deviner le prix; quelques-uns, de leur place, firent au noir un signe de tête, mais personne ne l'importuna de sa conversation.

LV.

Il leur fit traverser la salle, puis une suite d'appartements magnifiques, mais silencieux, excepté là où le bruit d'un jet d'eau dans un bassin de marbre résonnait au milieu de la tristesse sombre dont la nuit avait revêtu ces lieux, ou lorsqu'une porte entr'ouverte laissait voir une tête de femme dont l'œil noir et curieux semblait s'enquérir d'où diable pouvait provenir ce bruit.

LVI.

Quelques lampes mourantes, suspendues aux vastes lambris, donnaient assez de lumière pour éclairer leur marche, mais pas assez pour montrer les chambres impériales dans tout l'éclat de leur magnificence; peut-être n'y a-t-il rien, — je ne dirai pas qui effraie, mais qui attriste davantage, soit la nuit, soit le jour, qu'une salle immense, sans âme qui vive pour faire diversion à la splendeur inanimée de l'ensemble.

LVII.

Deux ou trois personnes semblent si peu de chose! une seule n'est rien : dans les déserts, dans les forêts, au milieu d'une foule, ou sur le rivage des mers, c'est là qu'est la sollitude, là qu'elle a toujours régné ; mais dans une salle immense, dans une galerie colossale, que l'édifice soit moderne ou construit depuis longtemps, on éprouve je ne sais quelle sensation de mort, surpris qu'on est de se trouver seul dans une enceinte destinée à recevoir un si grand nombre d'hommes.

LVIII.

Une petite pièce propre et commode, dans une nuit d'hiver, avec un livre, ou un ami, ou une dame non mariée, ou un verre de bordeaux, des *sandwichs* et de l'appétit, avec cela on peut passer une soirée anglaise, quoique ce ne soit pas à beaucoup près aussi imposant qu'un théâtre éclairé par le gaz. Pour moi, je passe mes soirées seul dans de longues galeries ; c'est ce qui fait que je suis si mélancolique.

LIX.

Hélas! l'homme fait grand ce qui le fait petit ; j'approuve cela dans une église : ce qui parle du ciel ne doit pas être fragile, mais solide et durable ; et il est bon que le nom de ses auteurs se perde dans la nuit des temps ; mais une vaste maison sied mal à l'homme, et une vaste tombe lui sied plus mal encore : — depuis la chute d'Adam, il me semble que l'histoire de la tour de Babel peut lui apprendre cela mieux que je ne pourrais le faire.

LX.

Babel était primitivement un rendez-vous de chasse de Nemrod ; ce fut ensuite une ville fameuse par ses jardins, ses murailles et sa merveilleuse opulence ; là régna Nabuchodonosor, roi des hommes, jusqu'au jour où il se mit à paître ; là Daniel apprivoisa les lions dans leur caverne, à la grande admiration des peuples émerveillés ; ce lieu fut aussi célèbre par Thisbé et Pyrame, et par Sémiramis, cette reine calomniée.

LXI.

Des historiens grossiers l'ont accusée à tort (je ne doute pas qu'il n'y ait eu complot de leur part) d'une affection inconvenante pour son cheval (l'amour, comme la religion, tombe parfois dans l'hérésie); ce qui a pu donner naissance à cette fable monstrueuse (ces exagérations se voient de temps à autre), c'est probablement qu'on aura écrit *coursier* au lieu de *courrier* : je souhaiterais fort que l'affaire fût portée chez nous devant un jury[4].

LXII.

Mais reprenons. — S'il arrivait (tout est possible par le temps qui court) que des infidèles, parce qu'ils ne peuvent ou ne veulent pas retrouver l'emplacement véritable de cette même Babel (bien que Claudius Rich, écuyer, en possède quelques briques, au sujet desquelles il a dernièrement écrit deux mémoires); s'il arrivait, dis-je, qu'ils ne voulussent pas ajouter foi au témoignage des juifs, ces incrédules que nous devons croire, bien qu'ils ne nous croient pas, nous autres;

LXIII.

Que du moins ils se rappellent qu'Horace a exprimé d'une manière concise et élégante la folie bâtissante de ces hommes qui, oubliant le grand lieu de repos, se livrent exclusivement à l'architecture; nous savons où tout doit aboutir, hommes et choses, morale triste comme toutes les morales, et le « *et sepulcri immemor struis domos*[5] » montre que nous bâtissons des demeures quand nous ne devrions songer qu'à nous construire un tombeau.

LXIV.

Enfin, ils arrivèrent dans une partie retirée du palais, où l'écho se réveillait comme d'un long sommeil; quoique ce lieu fût rempli de tout ce qu'on pouvait désirer, l'œil était émerveillé de ce nombre immense d'objets ne servant à rien; là, l'opulence s'était épuisée à encombrer de meubles un appartement délicieux, dans lequel la Nature étonnée se demandait où l'Art avait voulu en venir.

LXV.

Cette chambre semblait cependant n'être que la première d'une longue enfilade ou suite d'autres pièces qui conduisaient Dieu sait où; toutefois, les meubles y étaient d'une richesse extrême : des sofas si précieux, que c'était vraiment un péché que de s'y asseoir; des tapis d'un travail si rare, qu'on eût souhaité pouvoir glisser dessus comme un poisson doré.

LXVI.

Mais le noir, daignant à peine jeter un coup d'œil sur ce qui plongeait les esclaves dans l'admiration, foulait sans scrupule ce que leurs pieds osaient à peine toucher, de peur de le souiller, comme si c'eût été la Voie-Lactée avec toutes ses étoiles; puis, allongeant la main vers une certaine armoire ou buffet, niché là, dans ce coin que vous voyez, — ou si vous ne le voyez pas, ce n'est pas ma faute; —

LXVII.

Je tiens à être clair; le noir, dis-je, ayant ouvert ce meuble, en tira une grande quantité de vêtements propres à habiller le musulman du plus haut parage; la variété ne manquait pas; et cependant, bien qu'il y eût amplement de quoi choisir, il jugea à propos d'indiquer lui-même le costume convenable aux chrétiens qu'il avait achetés.

LXVIII.

Celui dont il fit choix pour le plus âgé et le plus corpulent des deux fut d'abord un manteau candiote allant jusqu'au genou, et un pantalon pas tout à fait assez étroit pour crever, mais digne par son ampleur d'un véritable Asiatique; un châle dont le Cachemire avait fourni le tissu, des pantoufles jaunes, un poignard riche et commode, enfin tout ce qui constitue un dandy turc.

LXIX.

Pendant qu'il s'habillait, Baba, leur ami noir, leur faisait entrevoir les immenses avantages qu'ils finiraient probablement par obtenir, pourvu seulement qu'ils suivissent la voie convenable que la fortune semblait leur montrer si clairement; et puis il ajouta « qu'il ne leur cacherait pas qu'ils amélioreraient beaucoup leur condition s'ils voulaient condescendre à la circoncision.

LXX.

« Pour lui, il se réjouirait de les voir devenir de vrais croyants; toutefois il n'en laisserait pas moins sa proposition à leur choix. » L'autre, le remerciant de l'excessive bonté qu'il avait de leur laisser une voix dans la décision d'une bagatelle comme celle-là, « ne pouvait, dit-il, exprimer suffisamment toute son admiration pour les coutumes de cette nation polie.

LXXI.

« Pour sa part, il ne voyait pas de grandes objections à une pratique si respectable et si ancienne; et, après avoir avalé quelques rafraîchissements, pour lesquels, il ne le cachait pas, il se sentait en appétit, il ne doutait nullement que quelques heures de réflexion ne le réconciliassent entièrement à cette mesure. » — « Vraiment, » dit Juan avec vivacité, « que je meure si j'en fais rien! j'aimerais mieux me voir circoncire la tête.

LXXII.

« On me coupera mille têtes avant que... » — « Veuillez, » reprit l'autre, « ne point m'interrompre; vous m'avez empêché d'achever ce que j'avais à dire. — Monsieur, comme j'avais l'honneur de vous le dire, — aussitôt que j'aurai soupé, j'examinerai si votre proposition est de nature à être acceptée; à la condition, toutefois, que votre bonté grande permettra que la chose soit laissée à mon libre arbitre. »

LXXIII.

Baba regarda Juan, et dit : « Ayez la bonté de vous habiller. » — En même temps il lui montra un costume qu'une princesse eût été charmée de revêtir; mais Juan ne se sentant pas en humeur de mascarade, resta muet; de la pointe de son pied chrétien il repoussa légèrement les vêtements qu'on lui offrait; et quand le vieux nègre lui dit : « Dépêchez-vous, » il répliqua : « Mon vieux monsieur, je ne suis point une dame. »

LXXIV.

— « J'ignore ce que vous êtes, et ne me soucie pas de le savoir, » dit Baba; « mais veuillez faire ce que je vous prescris; je dois être économe de temps et de paroles. » — « Du moins, » dit Juan, « vous me permettrez de vous demander la cause de ce singulier travestissement? » — « Réprimez, » dit Baba, « cette curiosité; ce mystère vous sera sans doute expliqué en temps et lieu : je ne suis pas autorisé à vous en dire davantage. »

LXXV.

— « En ce cas, si j'y consens, » dit Juan, « je veux bien que... » — « Arrêtez, » reprit le nègre, « n'allez pas me faire fâcher; cette fierté est bonne, mais elle pourrait aller trop loin, et vous pourriez nous trouver peu disposés à la plaisanterie. » — « Comment donc, monsieur, » dit Juan, « sera-t-il dit qu'on m'aura fait revêtir les habits d'un autre sexe? » Mais Baba, jetant le costume par terre, dit : « Achevez de me pousser à bout, et j'appellerai des gens qui ne vous laisseront plus aucun sexe.

LXXVI.

« Je vous offre un fort beau costume; il est vrai que c'est celui d'une femme; mais enfin il y a un motif pour que vous le portiez. » — « Eh quoi ! malgré mon aversion et mon mépris pour ces vêtements efféminés? » dit Juan après un moment de silence, et tout en jurant entre ses dents. « Que diable voulez-vous que je fasse de toute cette gaze? » C'est ainsi que sa bouche profane désignait la plus magnifique dentelle qui ait jamais paré un visage de fiancée.

LXXVII.

Et puis il jura encore, et, tout en soupirant, passa un pantalon de soie couleur de chair; puis on lui attacha une ceinture virginale recouvrant une fine chemise aussi blanche que du lait; mais en mettant son jupon, il trébucha, ce qui — comme nous disons, — ou *wilk*[6], comme disent les Écossais (c'est la rime qui m'oblige à employer ce mot; les rois sont moins impérieux qu'elle);

LXXVIII.

Ce qui (*whilk*, ou *which*, comme il vous plaira) provenait de sa maladresse et de son peu d'habitude à mettre cet accoutrement; pourtant, après bien des peines et des délais, il parvint à ajuster toute sa toilette; il est vrai que le nègre Baba lui donnait un coup de main toutes les fois qu'il se présentait quelque obstacle; enfin, ayant passé ses deux bras dans les manches d'une robe, il s'arrêta, et se considéra des pieds à la tête.

LXXIX.

Il restait encore une difficulté: — ses cheveux n'étaient pas assez longs; mais il y avait là une si grande abondance de fausses tresses, qu'on lui eut bientôt fait une coiffure complète à la mode alors en usage dans le pays; le tout fut entremêlé de pierreries, pour correspondre à l'ensemble de sa toilette. Sur l'invitation de Baba, il avait peigné sa tête, et l'avait parfumée d'huile.

LXXX.

Alors, son équipage féminin étant au grand complet avec quelque léger secours des ciseaux, du fard et du fer à friser, il eut, sous presque tous les rapports, l'air d'une jeune fille, et Baba s'écria en souriant: « Vous voyez, messieurs, qu'une transformation complète s'est effectuée; et maintenant vous allez me suivre, messieurs; c'est-à-dire — la dame. » Ce disant, il frappa des mains deux fois, et tout à coup quatre noirs se présentèrent.

LXXXI.

« Vous, monsieur, » dit Baba en faisant signe au compagnon de Juan, « vous allez accompagner ces messieurs à table; mais vous, digne nonne chrétienne, vous allez me suivre. Point de plaisanterie, monsieur; quand je dis une chose, il faut qu'à l'instant elle se fasse. Que craignez-vous? Croyez-vous être dans la tanière d'un lion? vous êtes dans un palais où le vrai sage peut prendre un avant-goût du paradis du Prophète.

LXXXII.

« Allons donc, les hôtes de céans ne vous veulent point faire de mal, vous dis-je. » — « Tant mieux pour eux, » dit Juan; « autrement ils sentiront le poids de mon bras, qui n'est pas aussi léger que vous pourriez le croire. Je veux bien vous suivre; mais j'aurais bientôt rompu le charme si quelqu'un s'avisait de me prendre pour ce que je parais; j'espère, dans l'intérêt de vos gens, que ce déguisement ne donnera lieu à aucune méprise. »

LXXXIII.

— « Tête obstinée! venez, et vous verrez, » dit Baba. Don Juan se tourna alors vers son camarade, qui, bien qu'un peu chagrin, ne pouvait s'empêcher de sourire à la vue de cette métamorphose. « Adieu! » s'écrièrent-ils simultanément; « ce pays semble fertile en aventures étranges et tout à fait neuves; l'un de nous est à demi transformé en musulman, l'autre en jeune fille, par la puissance de ce vieux magicien noir que nous n'avions pas cherché. »

LXXXIV.

— « Adieu! » répéta Juan; « dans le cas où nous ne devrions plus nous revoir, je vous souhaite un bon appétit. » — « Adieu! » répondit l'autre; « quelque douloureuse que me soit cette séparation, quand nous nous reverrons, nous aurons bien des choses à nous dire. Quand le Destin lève l'ancre, force nous est de le suivre. Conservez votre honneur intact, bien qu'Ève elle-même ait succombé. » — « Soyez tranquille, » s'écria la jeune fille, « le sultan lui-même ne m'enlèvera pas, à moins que Sa Hautesse ne promette de m'épouser. »

LXXXV.

Et ainsi ils se séparèrent, en sortant chacun par une porte différente. Baba conduisit Juan de chambre en chambre, en lui faisant traverser des galeries resplendissantes, et marcher sur des carreaux de marbre, jusqu'à ce qu'enfin ils arrivèrent à un portail gigantesque qui élevait de loin, dans l'ombre, sa masse hardie et colossale; l'air était embaumé de parfums délicieux; on eût dit qu'ils approchaient d'un lieu saint, car tout était vaste, calme, odorant et divin.

LXXXVI.

La porte gigantesque était large, brillante et haute, en bronze doré, et couverte de sculptures curieuses; on y voyait des guerriers combattre avec acharnement : ici le vainqueur s'avance avec fierté; là est étendu le vaincu; ici des captifs, les yeux baissés, suivent le cortége triomphal, et de loin on voit s'enfuir de nombreux escadrons; ce travail paraît appartenir à une époque antérieure à celle où la race impériale, transplantée de Rome, succomba avec le dernier Constantin.

LXXXVII.

Le portail massif s'élevait à l'extrémité d'une vaste salle; de chaque côté étaient assis deux petits nains, les plus petits qu'on puisse imaginer. Ces hideux diablotins semblaient avoir été mis là pour fair ressortir, par le ridicule, la porte énorme dont l'orgueil pyramidal planait au-dessus d'eux. Cette porte déployait dans tous ses *traits* une telle splendeur, que vous n'aperceviez point ces petites créatures,

LXXXVIII.

Si ce n'est au moment de marcher sur eux; et alors vous reculiez d'horreur en voyant l'étonnante laideur de ces petits hommes, dont la couleur n'était ni noire, ni blanche, ni grise, — mais un mélange insolite qu'aucune plume ne saurait décrire, et que le pinceau pourrait seul peut-être retracer. C'étaient de difformes pygmées, sourds et muets, — de vrais monstres qui avaient coûté des sommes monstrueuses comme eux.

LXXXIX.

Ils avaient pour fonctions, — car ils étaient forts, tout petits qu'ils semblaient, et rendaient parfois des services qui exigeaient de la vigueur; — ils avaient, dis-je, pour fonctions d'ouvrir cette porte, ce qui leur était facile, car les gonds en étaient aussi doux que les vers de Rogers; ils avaient aussi mission, par-ci, par-là, selon la coutume de l'Orient, de donner à quelque pacha rebelle la corde d'un arc pour cravate; car ce sont, en général, des muets qu'on emploie à cet office.

XC.

Ils parlaient par signes, — c'est-à-dire qu'ils ne parlaient pas du tout ; pareils à deux incubes, leurs yeux étincelèrent quand Baba, les touchant du doigt, leur fit ouvrir les battants de la porte; Juan éprouva un mouvement d'effroi lorsqu'il vit ces deux petits hommes diriger vers lui leurs yeux de serpent ; on eût dit que leur regard pouvait empoisonner ou fasciner tous ceux sur qui ils s'arrêtaient.

XCI.

Avant d'entrer, Baba s'arrêta pour donner à Juan, en sa qualité de guide, quelques légers avis : « Si vous pouviez, lui dit-il, modifier un peu cette démarche mâle et majestueuse, vous feriez tout aussi bien; tâchez aussi (quoique ce ne soit pas grand'chose) — de vous balancer un peu moins à droite et à gauche, ce qui produit parfois un effet des plus bizarres; enfin, si vous pouviez prendre un air un peu modeste,

XCII.

« Ce serait chose convenable ; car les yeux de ces muets sont comme des aiguilles, et pourraient pénétrer à travers ces jupons. S'ils venaient à découvrir votre déguisement, vous savez que le Bosphore est profond et n'est pas loin d'ici, et il pourrait advenir que vous et moi, avant le lever de l'aurore, nous arrivassions dans la mer de Marmara, sans bateau, et cousus dans des sacs, mode de navigation dont on ne se fait pas faute ici à l'occasion. »

XCIII.

Après cet encouragement, il l'introduisit dans une pièce plus magnifique encore que la dernière; le luxe y était entassé avec une telle profusion, que l'œil ne pouvait saisir aucun objet distinct, tant il était ébloui de l'éclat qui surgissait de toutes parts; c'était une masse étincelante de pierreries et d'or, pleine de confusion dans sa magnificence.

XCIV.

La richesse avait fait des miracles; — le goût, peu de choses : c'est ce qui arrive dans les palais de l'Orient, et même dans les demeures plus modestes des rois de l'Occident; j'en ai vu six ou sept : l'or et les diamants n'y jettent pas grand lustre, et on y trouve beaucoup à reprendre : des groupes de mauvaises statues, des tables, des chaises, des tableaux, que je pourrais critiquer si j'en avais le temps.

XCV.

Dans ce salon impérial, à quelque distance, à demi couchée sous un dais, avec toute l'assurance d'une reine, reposait une dame. Baba s'arrêta, et, s'agenouillant, fit signe à Juan, qui, bien que peu habitué à prier, fléchit instinctivement le genou, se demandant à lui-même ce que tout cela signifiait; cependant Baba continua à saluer et à incliner la tête, jusqu'à ce que le cérémonial fût terminé.

XCVI.

La dame alors, se levant avec l'air qu'avait Vénus quand elle sortit des flots, fixa sur eux, comme une gazelle, deux yeux pareils à ceux de la déesse de Paphos, et dont l'éclat éclipsa toutes les pierreries qui l'entouraient; puis, levant un bras aussi blanc que les rayons de la lune, elle fit signe à Baba : celui-ci, après avoir baisé le bord de sa robe de pourpre, lui parla tout bas en montrant Juan, resté à quelques pas en arrière.

XCVII.

Son aspect était aussi imposant que son rang; sa beauté était de cette espèce écrasante qui ne pourrait que perdre à être décrite : j'aime mieux laisser votre imagination faire tous les frais de cette description que de l'affaiblir par ce que je pourrais dire de ses formes et de ses traits; vous seriez frappé d'aveuglement si je pouvais faire convenablement ressortir tous les détails; il est donc fort heureux, et pour vous et pour moi, que l'expression me manque.

XCVIII.

J'ajouterai cependant que son âge était mûr; elle pouvait être dans son vingt-sixième printemps; mais il est des beautés auxquelles le temps s'abstient de toucher, détournant sa faux sur de vulgaires objets. Telle fut Marie, reine d'Écosse; il est vrai que les larmes et l'amour sont des choses qui détruisent; la douleur qui nous mine enlève sa magie à plus d'une enchanteresse; pourtant il en est qui ne deviennent jamais laides : témoin Ninon de Lenclos.

XCIX.

Elle adressa quelques mots à ses suivantes, qui formaient un chœur de dix ou douze jeunes filles, toutes vêtues de la même manière, et comme Juan, à qui Baba avait fait prendre leur uniforme; on les eût prises pour une troupe de nymphes, et elles auraient pu traiter de cousines les compagnes de Diane, du moins pour ce qui est de l'extérieur; au delà, je ne voudrais rien garantir.

C.

Elles firent leurs révérences et s'éloignèrent, mais par une autre porte que celle par laquelle Baba et Juan étaient entrés. Ce dernier était immobile à quelque distance, admirant tout ce qu'il voyait dans cet étrange salon, bien fait pour inspirer la surprise et l'admiration; car nous les éprouvons toutes deux, ou point du tout; et je dois dire que je n'ai jamais compris le bonheur qu'il pouvait y avoir dans le « *nil admirari.* »

CI.

« N'admirer rien, c'est là le secret du bonheur :
Ce sont les propres mots de Crcech le traducteur.
    La vérité, simple et facile,
N'a pas besoin, Murray, des ornements du style. »

Ainsi disait Horace, il y a longtemps, comme nous le savons tous; ainsi Pope reproduit son précepte en le traduisant; mais si personne *n'avait admiré*, Pope aurait-il chanté? Horace eût-il trouvé des inspirations ?

CII.

Quand toutes ces demoiselles furent sorties, Baba fit signe à Juan d'approcher, et lui ordonna pour la seconde fois de se mettre à genoux, et de baiser le pied de la dame. Quand Juan entendit cet ordre, il se leva de toute sa hauteur, et dit

« qu'il était bien fâché, mais qu'il ne baiserait jamais d'autre chaussure que celle du pape. »

CIII.

Baba, indigné de cette fierté déplacée, lui fit de vertes remontrances ; il le menaça même (mais tout bas) du fatal lacet ; — tout fut inutile : Juan n'était pas homme à s'humilier, même devant l'épouse de Mahomet. Il n'y a rien au monde comme l'étiquette dans les appartements royaux ou impériaux, de même qu'aux courses de chevaux et aux bals de province.

CIV.

Il restait immobile comme Atlas, avec un monde de paroles résonnant à ses oreilles, et néanmoins refusant de fléchir ; il sentait bouillonner dans ses veines le sang de tous ses ancêtres castillans ; et, plutôt que de condescendre à déshonorer sa race, il eût préféré voir mille glaives lui arracher mille fois la vie ; enfin, voyant qu'il était inutile d'insister à l'égard du « *pied*, » Baba lui proposa de baiser la main.

CV.

C'était là un honorable compromis, un lieu mitoyen de repos diplomatique, où l'on pouvait s'aboucher sur un pied plus pacifique. Juan déclara qu'il était prêt à s'acquitter de toutes les courtoisies convenables, ajoutant que celle-ci était la plus usitée et la meilleure, car, dans les pays du Midi, la coutume fait encore aux messieurs un devoir de baiser la main des dames.

CVI.

Il s'avança donc, quoique d'assez mauvaise grâce ; et pourtant jamais les lèvres ne laissèrent leur impression passagère sur des doigts *mieux nés* ou plus beaux : de tels doigts la lèvre ne se détache qu'à regret ; et au lieu d'un baiser elle voudrait en imprimer deux, comme vous vous en convaincrez si la main de celle qui vous est chère se met en contact avec votre bouche ; que dis-je ! il suffit souvent de la main d'une belle étrangère pour mettre en péril une année de constance.

CVII.

Après avoir considéré Juan de la tête aux pieds, la dame dit à Baba de se retirer, ordre que ce dernier exécuta dans la perfection, en homme habitué à battre en retraite, entendant les choses à demi-mot; il dit tout bas à Juan de ne rien craindre, le regarda en souriant, et prit congé, le contentement peint sur sa figure, comme un homme qui venait de faire une bonne action.

CVIII.

Dès qu'il fut sorti, il se fit un changement soudain: je ne sais quelles pensées occupaient la dame, mais sur son front brillant rayonna une émotion étrange; le sang, montant à sa joue transparente, la colora d'un rouge vif, comme ces nuages qu'on voit à l'horizon dans un ciel d'été; et dans ses grands yeux se peignit un mélange de sensations moitié de volupté, moitié d'orgueil.

CIX.

Sa taille avait toute la souple élégance de son sexe; ses traits, toute la douceur de ceux du diable quand il prit la forme d'un chérubin pour tenter Ève, et nous fraya (Dieu sait comment!) le chemin du mal; l'œil ne pouvait pas plus reprendre des défauts dans sa beauté que découvrir des taches dans le soleil; et pourtant on y sentait l'absence d'un je ne sais quoi; on eût dit qu'elle *ordonnait* plutôt qu'elle *n'accordait*.

CX.

Quelque chose d'impérial, ou d'impérieux, jetait, pour ainsi dire, une chaîne sur tout ce qu'elle faisait, ou plutôt, à son approche vous sentiez comme une chaîne peser sur vous; or, pour peu que le despotisme se montre, le bonheur le plus enivrant semble presque une peine; l'âme au moins est libre; en vain nous voudrions, contre son gré, faire obéir les sens; l'esprit finit toujours par faire prévaloir sa volonté.

CXI.

Son sourire même, si doux qu'il fût, était hautain; sa tête saluait sans qu'on la vît s'incliner; une volonté despotique perçait jusque dans ses petits pieds ; on eût dit qu'ils avaient la conscience de son rang, et qu'ils ne marchaient que sur des têtes prosternées ; enfin, pour compléter son air imposant, un poignard (c'est la coutume de sa nation) brillait à sa ceinture, et annonçait en elle l'épouse du sultan (et non la mienne, Dieu merci !).

CXII.

« Entendre et obéir, » telle avait été, depuis le berceau, la loi suprême de tout ce qui l'entourait ; satisfaire toutes ses fantaisies, pour l'amuser ou lui plaire, tels avaient été sa volonté et le principal emploi de ses esclaves ; son sang était illustre, sa beauté à peine terrestre ; jugez alors s'il devait y avoir un frein à ses caprices ; si elle avait été chrétienne, je crois, ma foi, que nous aurions enfin trouvé le « mouvement perpétuel. »

CXIII.

Tout ce qu'elle voyait et désirait lui était présenté ; tout ce que, sans le voir, elle supposait exister, était cherché avec diligence, et quand on l'avait trouvé, on l'achetait à tout prix ; innombrables étaient les emplettes qu'elle avait faites et les embarras que ses caprices avaient causés ; néanmoins, il y avait tant de grâce dans sa tyrannie, que les femmes lui pardonnaient tout, hormis son visage.

CXIV.

Juan, le dernier de ses caprices, avait été aperçu par elle en se rendant au marché. Elle avait sur-le-champ donné ordre de l'acheter, et Baba, qu'on trouvait toujours prêt quand il s'agissait d'un mauvais tour, savait parfaitement mener à fin ces sortes de transactions ; elle manquait de prudence, mais lui il en avait ; c'est ce qui explique le costume que Juan avait eu tant de répugnance à revêtir.

CXV.

Sa jeunesse et ses traits favorisèrent le déguisement ; et si vous me demandez comment l'épouse du sultan pouvait hasarder ou combiner des fantaisies aussi étranges, je laisserai aux sultanes à décider la question : les empereurs ne sont que des maris aux yeux de leurs femmes, et les rois, aussi bien que les reines, sont souvent mystifiés, comme nous pouvons tous le constater avec une rigoureuse précision, les uns par expérience, les autres par tradition.

CXVI.

Mais revenons à notre objet principal. — Elle jugea alors que tous les obstacles étaient vaincus, et crut témoigner beaucoup de condescendance envers cet esclave devenu enfin sa propriété, lorsque, sans plus de préface, elle abaissa sur lui ses yeux bleus, où se mêlaient la passion et l'autorité, et se contenta de lui dire : « Chrétien, sais-tu aimer? » s'imaginant que, pour l'émouvoir, ce peu de mots suffisaient.

CXVII.

Et cela eût suffi, en effet, en temps et lieux convenables ; mais Juan, l'âme encore pleine d'Haïdée et de son île, et de sa figure ionienne, sentit le sang chaleureux qui colorait son visage refluer jusqu'à son cœur, et laisser sur ses joues la pâleur de la neige. Ces paroles le percèrent au fond de l'âme comme des lances arabes, si bien qu'il ne dit mot, mais fondit en larmes.

CXVIII.

Elle fut vivement choquée, non de le voir pleurer, car les femmes pleurent à volonté ; mais il y a dans les larmes d'un homme quelque chose de plus pénible et de plus poignant ; les pleurs d'une femme attendrissent, ceux d'un homme brûlent presque comme du plomb fondu ; on dirait que pour les lui arracher on lui enfonce une lance dans le cœur ; en un mot, c'est pour elles un soulagement, pour nous une torture.

CXIX.

Elle eût voulu le consoler, mais ne savait comment : n'ayant point d'égaux, rien qui jusqu'à ce jour eût éveillé sa sympathie, n'ayant jamais su ce que c'était qu'un sentiment sérieux et triste, sauf quelques soucis boudeurs dont le nuage venait parfois obscurcir son front, elle s'étonnait que, si près de ses yeux, il y eût des yeux qui versassent des larmes.

CXX.

Mais la nature donne plus d'instinct que la grandeur ne

peut en étouffer; et lorsqu'une sensation *forte*, bien qu'étrange, vient l'émouvoir... — le cœur des femmes est un sol si favorable au développement des sentiments tendres! A quelque nation qu'elles appartiennent, dans toutes les situations, comme le Samaritain, elles versent sur nos blessures « le vin et l'huile; » c'est ainsi que Gulbeyaz, sans savoir pourquoi, sentit ses yeux s'humecter d'une étrange moiteur.

CXXI.

Mais les larmes ont une fin comme toute autre chose. Juan, qui s'était livré à un tel épanchement de douleur en s'entendant brusquement demander *s'il avait aimé*, rappela bientôt la fermeté dans ses regards, auxquels la faiblesse qu'il se reprochait avait donné un nouvel éclat; et, bien que sensible à la beauté, il s'indigna de n'être pas libre.

CXXII.

Gulbeyaz, pour la première fois de sa vie, se sentit fort embarrassée : car elle n'avait jamais entendu autour d'elle que des prières et des louanges. Comme, d'ailleurs, elle risquait sa vie pour se procurer un confortable tête-à-tête avec celui auquel elle se proposait de donner des leçons d'amour, perdre le temps était pour elle un vrai martyre; et déjà il s'était écoulé près d'un quart d'heure.

CXXIII.

A ce propos, je me permettrai de dire aux messieurs le temps précis qu'on accorde en pareil cas, — je veux dire dans les pays méridionaux. Quant à nous, on nous laisse plus de latitude; mais ici un léger délai est un grand crime. Rappelez-vous donc que, par grâce singulière, vous n'avez tout juste que deux minutes pour votre déclaration : — une seconde de plus vous perdrait de réputation.

CXXIV.

Celle de Juan était bonne, et eût pu être meilleure encore; mais il avait Haïdée en tête. Ceci peut sembler étrange, mais enfin il n'avait pu encore l'oublier, ce qui le faisait paraître excessivement impoli. Gulbeyaz, qui le regardait comme son débiteur pour l'avoir fait conduire dans son palais, commença à rougir jusqu'au blanc des yeux, puis devint pâle comme la mort, puis rougit de nouveau.

CXXV.

Enfin, d'un air tout à fait impérial, elle posa sa main sur la sienne, et, fixant sur lui des yeux qui, pour persuader, n'avaient pas besoin d'un empire, elle chercha dans les siens un amour qu'elle n'y trouva pas. Son front se rembrunit, mais sa bouche n'articula point de reproches : ce moyen est le dernier qu'emploie une femme orgueilleuse. Elle se leva, et, après un moment de chaste hésitation, elle se jeta dans ses bras, et y resta immobile.

CXXVI.

L'épreuve était périlleuse, et Juan le sentit; mais il était cuirassé par la douleur, la colère et l'orgueil. Il dégagea doucement ses bras d'albâtre, et la fit asseoir, faible et languissante, à son côté; puis il se leva avec fierté, promena autour de lui ses regards; puis, les reportant froidement sur Gulbeyaz, il s'écria : « L'aigle captif refuse de s'accoupler, et moi je ne veux pas servir les caprices sensuels d'une sultane.

CXXVII.

« Tu me demandes si je sais aimer ! Juge à quel point j'*ai* aimé, puisque je ne t'aime pas ! Sous ce lâche déguisement, la quenouille et les fuseaux peuvent seuls me convenir. L'amour est pour ceux qui sont libres ! La splendeur de ces lieux ne m'éblouit pas... Quel que soit ton pouvoir, et il est grand sans doute, en vain autour d'un trône les fronts s'inclinent, les genoux fléchissent, les yeux veillent, les mains obéissent, — nos cœurs sont à nous seuls. »

CXXVIII.

C'était là une vérité on ne peut plus triviale pour nous, mais non pour elle, qui n'avait jamais rien entendu de pareil : elle s'imaginait que le moindre de ses commandements devait être reçu avec transport, et que la terre n'était faite que pour les reines et les rois. Si le cœur est placé du côté gauche ou du côté droit, elle le savait à peine, tant est grande la perfection à laquelle la légitimité amène ses croyants héréditaires, élevés dans la conscience de leurs droits royaux sur les hommes.

CXXIX.

D'ailleurs, comme nous l'avons dit, elle était si belle, que, même dans une condition beaucoup plus humble, elle eût pu faire d'un mortel un roi ou allumer un incendie ; et puis il est à présumer qu'elle comptait un peu sur ses charmes, rarement mis en oubli par celles qui les ont. Elle estimait que sa beauté lui donnait un double droit divin, et je partage à moitié cette opinion.

CXXX.

O vous qui, dans votre jeunesse, avez eu à défendre votre chasteté contre les attaques désespérées de quelque douairière amoureuse de vous au temps de la canicule, et qui l'avez blessée par vos refus, rappelez-vous, ou, si vous ne le pouvez, figurez-vous sa rage, et remettez-vous en mémoire tout ce qu'on a dit et écrit sur ce sujet ! Et puis supposez une beauté accomplie en pareil cas.

CXXXI.

Supposez, — mais vous avez déjà supposé l'épouse de Putiphar, lady Booby [7], Phèdre et tous les bons exemples que l'histoire nous présente dans ce genre. Quel dommage qu'ils soient si peu nombreux, ceux que citent les poëtes et les précepteurs pour votre instruction, ô vous, jeunesse de l'Europe ! Mais, quand vous aurez évoqué le souvenir du petit nombre que nous connaissons, vous n'aurez point encore une idée de la colère qui se peignit sur le front de Gulbeyaz.

CXXXII.

Une tigresse à qui on dérobe ses petits, une lionne ou toute autre intéressante bête de proie, sont des comparaisons qui s'offrent d'elles-mêmes pour peindre la désolation des dames contrariées dans leurs volontés ; mais, quoique je ne puisse me contenter à moins, ces similitudes n'expriment pas la moitié de ce que je voudrais dire : car qu'est-ce que le chagrin de se voir enlever un ou plusieurs enfants, comparé à la douleur de perdre toute espérance d'en avoir ?

CXXXIII.

L'amour de la progéniture est la loi générale de la nature, depuis la lionne et ses lionceaux jusqu'à la cane et ses canards. Rien n'aiguise leur bec ou leurs griffes comme une invasion parmi leurs nourrissons ou leur couvée, et quiconque a vu un *nourriciaire* [8] humain sait combien les mères se complaisent aux cris et aux rires de leurs enfants. Or, pour ne pas fatiguer plus longtemps votre patience, on peut juger par la force de l'effet, de la force encore plus grande de la cause.

CXXXIV.

Si je disais que le feu sortait des yeux de Gulbeyaz, ce ne serait rien dire : — car ses yeux lançaient continuellement des flammes ; si je disais que ses joues se couvrirent des teintes les plus vives, je ferais seulement tort au teinturier : car l'expression de sa passion avait quelque chose de surnaturel. Jamais, jusqu'à ce jour, un seul de ses désirs n'avait été contrarié : vous qui savez ce que c'est qu'une femme contrecarrée (et le nombre est grand de ceux qui savent cela), vous ne sauriez vous faire une idée de celle-ci.

CXXXV.

Sa fureur ne dura qu'une minute, et ce fut fort heureux : — un moment de plus l'eût tuée ; mais l'intervalle de sa durée fut comme un coup d'œil rapide jeté sur l'enfer. Il n'y a rien de plus sublime qu'un courroux énergique, horrible à voir, mais grandiose à décrire, pareil à l'Océan faisant la guerre aux rochers d'une île. Les passions profondes qui flamboyaient dans toute sa personne faisaient d'elle comme un bel orage incarné.

CXXXVI.

Ce serait comparer une tempête vulgaire à un typhon que de mettre en parallèle avec sa rage une fureur commune, et cependant elle ne sentit pas le besoin de s'élancer dans la lune, comme le modéré Hotspur de notre barde immortel : sa colère prit un diapason moins élevé. Ce fut peut-être le résultat de la douceur de son sexe ou de son âge. — D'abord, elle se fût volontiers écriée, avec le roi Lear : « Tue !

tue! tue! » mais bientôt sa soif de sang s'éteignit dans les larmes.

CXXXVII.

Sa colère éclata comme un orage, et comme un orage elle passa, et passa sans paroles. — Par le fait, elle ne pouvait parler. A la fin, la honte naturelle à son sexe se fit jour. Jusque-là, ce sentiment avait été faible en elle; mais alors il s'épancha librement, comme l'eau à travers une subite issue : car elle se sentait humiliée, et aux personnes de son rang l'humiliation est parfois utile :

CXXXVIII.

Elle leur enseigne qu'ils sont de chair et de sang; elle leur donne aussi à entendre que les autres, bien que d'argile, ne sont pas tout à fait de boue; que les urnes et les cruches sont sœurs, — également fragiles, et l'œuvre du même potier, bien que n'étant pas nées des mêmes pères et mères : elle enseigne, — Dieu sait tout ce qu'elle peut enseigner; parfois ses leçons corrigent, et très souvent elles vont à leur but.

CXXXIX.

Sa première pensée fut de couper la tête de Juan; la seconde, de se borner à couper — court à sa connaissance; la troisième, de lui demander où il avait été élevé; la quatrième, de l'amener à repentance par la raillerie; la cinquième, d'appeler ses femmes, et de se mettre au lit; la sixième, de se poignarder; la septième, de condamner Baba à la bastonnade; — mais sa grande ressource fut de se rasseoir, et de pleurer, comme cela va sans dire.

CXL.

Elle songea à se poignarder; mais à cela il y avait un inconvénient, c'est qu'elle avait le poignard sous la main; car les corsets, en Orient, ne sont par rembourrés, de sorte qu'un poignard les traverse pour peu qu'on frappe fort; elle songea à tuer Juan, — mais, hélas! le pauvre garçon! bien qu'il l'eût mérité par son peu d'empressement, lui couper la tête n'était pas le moyen le plus sûr poup arriver au but, — c'est-à-dire à son cœur.

CXLI.

Juan fut ému ; il avait pris son parti sur la chance d'être empalé ou coupé par morceaux pour servir de nourriture aux chiens, ou mis à mort au milieu d'affreuses tortures, ou jeté aux lions, ou donné en amorce aux poissons ; et c'est ainsi qu'il s'était héroïquement résigné à tout, plutôt que de pécher, — à moins que ce ne fût de son plein gré ; mais tous ces grands préparatifs de mort se fondirent comme de la neige devant les pleurs d'une femme.

CXLII.

De même que Bob Acre sentait son courage lui glisser des mains, de même la vertu de Juan se relâcha, je ne sais trop comment ; d'abord il se demanda comment il avait pu refuser, puis s'il était temps encore de faire sa paix ; puis il accusa sa sauvage vertu, comme un moine se repent de son vœu, ou une dame de son serment, repentir qui se termine habituellement par une légère infraction aux deux engagements.

CXLIII.

Il se mit donc à bégayer quelques excuses ; mais, en pareille matière, les mots ne suffisent pas, dussiez-vous recourir à tout le vocabulaire des muses, au caquet le plus fashionable d'un dandy, ou à toutes les métaphores dont Castlereagh fait abus ; au moment même où un languissant sourire commençait à le flatter de l'espoir d'obtenir sa grâce, mais avant qu'il osât s'aventurer plus loin, le vieux Baba entra un peu brusquement.

CXLIV.

« Épouse du soleil et sœur de la lune ! » (ce fut ainsi qu'il s'exprima) « impératrice de la terre, qui, par le froncement de vos sourcils dérangeriez l'harmonie des sphères, et dont le sourire fait danser de joie toutes les planètes, votre esclave vous apporte un message , — il espère qu'il n'est pas venu trop tôt, — un message qui mérite peut-être votre sublime attention : le Soleil en personne m'envoie, comme un rayon, vous annoncer qu'il va venir ici. »

CXLV.

— « Est-ce comme vous le dites ? » s'écria Gulbeyaz ; « plût au ciel qu'il ne voulût pas briller aujourd'hui ! Mais dites à mes femmes de former la voie lactée. Allez, ma vieille comète ! avertissez les étoiles ; et toi, chrétien, mêle-toi avec elles comme tu pourras, et si tu veux que je te pardonne tes mépris passés... » Ici elle fut interrompue par un murmure confus, puis par une voix qui cria : « Le sultan arrive ! »

CXLVI.

D'abord vinrent les femmes de Gulbeyaz, en file respectueuse ; puis les eunuques blancs et noirs de Sa Hautesse : le cortége pouvait avoir un quart de mille de longueur. Sa Majesté avait toujours la politesse de faire annoncer ses visites longtemps à l'avance, surtout de nuit ; car étant la dernière des quatre épouses de l'empereur, elle était, comme de raison, la favorite.

CXLVII.

Sa Hautesse était un homme d'un port grave, coiffé jusqu'au nez, et barbu jusqu'aux yeux ; sorti d'une prison pour monter sur le trône, il avait depuis peu succédé à son frère étranglé ; c'était un aussi bon souverain qu'aucun de ceux dont il est fait mention dans les histoires de Cantemir et de Knollès, où il en est bien peu qui brillent, à l'exception de Solyman, la gloire de leur race.

CXLVIII.

Il allait à la mosquée en grande pompe, et disait ses prières avec une « ponctualité plus qu'orientale ; » il abandonnait à son visir toutes les affaires de l'État, et montrait bien peu de curiosité royale ; je ne sais s'il avait des soucis domestiques ; nulle procédure n'attestait l'existence de discordes conjugales ; quatre femmes, et deux fois cinq cents concubines, toutes invisibles, ne donnaient pas plus d'embarras à gouverner qu'une reine chrétienne.

CXLIX.

S'il survenait par-ci par-là un faux pas, le crime et la criminelle faisaient peu de bruit ; l'histoire n'en passait guère que par une seule bouche : le sac et la mer réglaient tout sans délai, et gardaient fidèlement le secret; le public n'en savait pas plus que ce vers; nul scandale ne faisait de la presse un fléau; — la morale s'en trouvait mieux, et les poissons pas plus mal.

CL.

Il voyait de ses propres yeux que la lune est ronde, et était certain que la terre est carrée, attendu qu'il avait voyagé à cinquante milles de distance et n'avait vu aucun signe qui indiquât qu'elle fût circulaire; son empire était sans limites; il est vrai que la paix en était un peu troublée çà et là par des pachas rebelles et des giaours envahisseurs; mais il faut dire aussi qu'ils ne venaient jamais jusqu'aux « Sept-Tours, »

CLI.

Excepté dans la personne de leurs ambassadeurs, qu'on y envoyait loger dès qu'une guerre éclatait, conformément au véritable droit des gens, qui, en effet, ne saurait vouloir que des misérables n'ayant jamais tenu une épée dans leurs sales mains diplomatiques, puissent exhaler leur fiel, brouiller les gens, et rédiger tranquillement leurs mensonges sous le nom de dépêches, et tout cela sans courir de risque, sans s'exposer même à voir roussir un de leurs favoris noirs.

CLII.

Il avait cinquante filles et quatre douzaines de fils; quant aux filles, dès qu'elles étaient grandes, on les confinait dans un palais, où elles vivaient comme des nonnes, jusqu'à ce qu'un pacha fût investi de quelque fonction lointaine; alors, celle dont c'était le tour était mariée sur-le-champ, quelquefois à l'âge de six ans. — Cela peut paraître singulier, mais c'est vrai; la raison en est que le pacha est tenu de faire un présent à son beau-père.

CLIII.

Ses fils étaient retenus en prison jusqu'à ce qu'ils fussent en âge de remplir un lacet ou un trône, l'un ou l'autre; mais les destins seuls savaient lequel des deux; dans l'intervalle on leur donnait une éducation de prince, comme les preuves l'ont toujours démontré, si bien que l'héritier présomptif était trouvé également digne de la potence et de la couronne.

CLIV.

Sa Majesté salua sa quatrième épouse avec tout le cérémonial de son rang ; celle-ci éclaircit ses yeux brillants, et adoucit son regard, comme il convient à une épouse qui a joué un tour à son mari ; ces femmes-là sont tenues de paraître doublement attachées au maintien de la foi conjugale, pour sauver le crédit de leur banque en faillite : aucun époux ne reçoit un accueil aussi cordial que celui que sa femme a qualifié pour le paradis.

CLV.

Sa Hautesse promenant autour d'elle ses grands yeux noirs, et, les arrêtant sur les jeunes filles, selon son habitude, aperçut Juan déguisé au milieu d'elles, ce qui ne lui causa ni surprise ni mécontentement ; seulement, s'adressant d'un air sage et posé à Gulbeyaz, qui s'efforçait de comprimer un soupir égaré, il lui dit : « Je vois que vous avez acheté une esclave nouvelle ; c'est grand dommage qu'une simple chrétienne soit si jolie ! »

CLVI.

Ce compliment, qui attira tous les regards sur la vierge récemment achetée, la fit rougir et trembler. Ses camarades se crurent perdues. O Mahomet ! fallait-il que Sa Majesté fît tant d'attention à une giaour, tandis que ses lèvres impériales n'avaient presque jamais adressé la parole à l'une d'elles ! Il se fit un mouvement et un chuchotement général ; mais l'étiquette ne permit à personne de ricaner.

CLVII.

Les Turcs font bien, — du moins quelquefois, — d'enfermer les femmes, — parce que, malheureusement, dans ces climats funestes, leur chasteté n'a pas cette qualité astringente qui, dans le Nord, empêche les crimes précoces, et rend notre neige moins pure que nos mœurs : le soleil, qui dissout chaque année les glaces du pôle, produit sur le vice un effet tout contraire.

CLVIII.

C'est ce qui fait qu'en Orient on est extrêmement rigide. Dans ce pays-là *mariage* est synonyme de *cadenas*, avec cette différence que le premier, une fois qu'il a été crocheté, ne peut plus être remis en place, gâté qu'il est, comme une pièce de bordeaux mise en perce. Mais la faute en est à leur polygamie. Pourquoi aussi ne pas pétrir à toujours deux âmes vertueuses, pour en composer ce centaure moral qui a nom l'homme et la femme?

CLIX.

Ici s'arrête notre chronique; nous allons donc faire halte; non que la matière nous manque; mais, conformément aux vieilles lois épiques, il est temps que nous carguions les voiles, et que notre poésie jette l'ancre. Pourvu que ce cinquième chant soit dûment applaudi, le sixième aura une teinte de sublime; en attendant, puisque Homère dort quelquefois, vous voudrez bien permettre à ma muse de prendre un petit somme.

NOTES DU CHANT CINQUIÈME.

[1] Ωκεανοιο ρεειc. Cette expression d'Homère a été beaucoup critiquée: elle ne répond point à nos idées atlantiques sur l'Océan; mais elle s'applique suffisamment à l'Hellespont, au Bosphore et à la mer Égée, toute parsemée d'îles.

[2] Le Tombeau du Géant est une colline sur le rivage asiatique, et qui sert de but de pèlerinage pour les dévots, comme est Harrow ou Highgate. HOBHOUSE.

[3] On donne ce nom aux légères et élégantes barques qui ornent les quais de Constantinople.

[4] Au moment où lord Byron écrivait ce chant, le procès de la malheureuse reine Caroline, accusée, entre autres crimes, d'avoir eu pour amant son chambellan Bergami, qui avait commencé par être *courrier*, occupait vivement l'attention en Italie et en Angleterre. Lord Byron fait souvent allusion aux troubles domestiques de Georges IV.

[5] « Oublieux du tombeau, tu construis des maisons. »
HORACE.

[6] *Ce qui* s'exprime en anglais par *which*, et en écossais par *whilk*. Comme il s'agissait de rimer avec *milk*, lait, on conçoit que, dans son prétendu embarras, le poëte a dû recourir au mot écossais. *N. du Trad.*

[7] Personnage de *Joseph Andrews*, roman de Fielding.

⁸ *Human nursery*. Ce mot nous manque : il désigne la partie du logis réservée aux enfants. On dit *séminaire*, *pénitentiaire* : pourquoi pas *nourriciaire* ? Dans la création des mots nouveaux, il faut accorder à un traducteur quelque licence. *N. du Trad*.

APPENDICE AU CHANT CINQUIÈME.

APOPHTHEGMES DE BACON.

On lit dans le *Journal de Byron*, 5 janvier 1821 : « A quatre heures du matin, j'ordonnai à Fletcher de copier sept ou huit apophthegmes de Bacon dans lesquels j'ai découvert des fautes grossières qu'un écolier ne commettrait pas. Voilà les savants ! Si un ignorant connu peut découvrir de pareilles balourdises, que doit-on penser du reste ? Je vais me mettre au lit, car je trouve que je deviens cynique. »

APOPHTHEGMES DE BACON.	OBSERVATIONS.
91. Michel-Ange, le fameux peintre, peignant, dans la chapelle du pape, un tableau de l'enfer, fit un des damnés si ressemblant à un des cardinaux, lequel était son ennemi, que chacun reconnaissait l'original dans la copie, à la première vue. Les choses en vinrent à ce point que le cardinal s'en plaignit au pape Clément, le priant de faire effacer cette figure. Le pape lui répondit : « Ne savez-vous pas que je puis retirer une âme du purgatoire, mais non de l'enfer.	Ce n'était *pas* le portrait d'un cardinal, mais du maître des cérémonies de la cour pontificale.
155. Après le passage du Granique, Darius fit à Alexandre les propositions les plus séduisantes ; celui-ci ayant consulté ses généraux pour savoir comment il devait répondre, Parménion dit : « Certainement j'accepterais ces offres si j'étais Alexandre. » — « Et moi aussi, » dit Alexandre, « si j'étais Parménion. »	Ce fut après la bataille d'Issus, pendant le siége de Tyr, et non aussitôt après le passage du Granique, que Darius fit ces propositions à Alexandre.
158. Lorsqu'on vint dire à Antigone que les ennemis lançaient des flèches en si grand nombre que le soleil en était obscurci : « Cela se trouve à merveille, car il fait chaud, dit-il, et nous combattrons à l'ombre. »	Ce mot n'est pas d'Antigone, mais de Léonidas, avant le combat des Thermopyles.
162. Un philosophe discutait avec l'empereur Adrien, et discutait très faiblement ; un de ses amis, qui l'avait en-	Cette anecdote appartient au règne d'Auguste, et non à celui d'Adrien.

tendu, lui dit en sortant: « Il me semble que vous n'étiez pas le même qu'à votre ordinaire; j'aurais mieux répondu que vous si je l'avais voulu. »—« Comment voulez-vous, répondit le philosophe, que je lutte contre un homme qui commande trente légions? »

164.

Un homme découvrit un jour une grande somme d'argent enfouie dans la maison de son père, et, se sentant fort embarrassé, il écrivit à l'empereur qu'il avait trouvé un trésor; l'empereur lui écrivit: « Uses-en. » L'homme au trésor répondit que sa condition et son état ne lui permettaient pas d'user d'une si grande somme; l'empereur lui écrivit de nouveau : « Abuses-en. »

Ceci arriva au père d'Hérode Atticus, et cette réponse fut faite par l'empereur Nerva, qui méritait que son nom ne fût pas oublié par le plus grand, le plus sage, le plus méprisable de tous les hommes :
If parts allure thee, think how Bacon shined,
The wissest, brightest, meanest of mankind. POPE.

178.

Un des sept sages a dit que les lois étaient comme des toiles d'araignée : les petits s'y prenaient, les grands passaient au travers.

Ce mot est du Scythe Anacharsis, et non d'un Grec.

209.

Un orateur athénien dit à Démosthènes : « Les Athéniens vous tueront s'ils deviennent fous. » Démosthènes répondit : « Et ils vous tueront s'ils restent dans leur bon sens. »

Ce propos n'est pas de Démosthènes, mais il fut tenu à Démosthènes par Phocion.

224.

Sous Tibère, un philosophe, voyant le caractère de Caïus, dit : « C'est de la boue détrempée dans du sang. »

Ceci a été dit, non pas de Caïus (Caligula, je présume), mais de Tibère lui-même.

97.

Un roi de Hongrie fit un évêque prisonnier au milieu d'une bataille; le pape lui ayant écrit qu'il violait les priviléges de la sainte Église en retenant un de ses fils, le roi lui envoya l'armure dont l'évêque était revêtu au moment où il avait été pris, avec ces mots : *Vide num hæc sit vestis filii tui.*

Cette réponse ne fut pas faite au pape par un roi de Hongrie, mais par Richard Cœur de Lion, en envoyant au pape la cuirasse de l'évêque de Beauvais.

267.

Une vieille femme offrait une pétition à Démétrius, roi de Macédoine; celui-ci répondit qu'il n'avait pas le temps; alors cette vieille élevant la voix : « Que ne chargez-vous un autre de régner? »

Ceci n'arriva point à Démétrius, mais à Philippe, roi de Macédoine.

I.

VOLTAIRE.

Ayant avancé que Bacon était souvent inexact dans ses citations historiques, j'ai cru nécessaire de donner quelques exemples au hasard à l'appui de mon assertion. Ce ne sont que des erreurs sans importance. Cependant, pour de pareilles erreurs, un écolier de quatrième serait fouetté ; et c'est pour avoir commis une demi-douzaine d'erreurs semblables que l'on a traité Voltaire d'écrivain superficiel, Voltaire, dit Warton, écrivain de recherches profondes beaucoup plus qu'on ne se l'imagine, et qui a dévoilé la littérature et les mœurs des époques encore barbares avec une admirable sagacité et une grande pénétration. Si l'on veut un second témoignage en faveur de Voltaire, on peut consulter l'excellent ouvrage de lord Holland sur la vie et les écrits de Lope de Vega, t. 1er, p. 215, édit. de 1817.

Voltaire a été appelé un *écrivain superficiel* par ce même homme, de cette même école qui appelle l'ode de Dryden une *chanson d'homme ivre*; cette *école* (elle s'appelle ainsi, je crois, parce qu'elle n'a pas encore complété son éducation), avec tout son bagage d'épopée et d'excursions, n'a rien produit qui vaille ces deux mots dans *Zaïre* : *Vous pleurez!*

> ...Il est trop vrai que l'honneur me l'ordonne,
> Que je vous adorais, que je vous abandonne,
> Que je renonce à vous, que vous le désirez,
> Que sous une autre loi... Zaïre, vous PLEUREZ!

ou un seul discours de *Tancrède*. Toute la vie de ces apostats, de ces renégats, avec leur morale au thé et leurs trahisons politiques, ne peut offrir, malgré leurs prétentions à la vertu, une seule *action* qui égale ou approche la défense de la famille de Calas par ce grand et immortel génie, Voltaire l'universel !

Je me suis aventuré à faire remarquer cette absurdité « d'un des plus grands génies qu'ait produits l'Angleterre, et peut-être le monde entier, » pour prouver combien nous sommes injustes en condamnant le plus grand génie de la France en raison d'inadvertances dont ne s'est pas fait faute le plus grand génie de l'Angleterre. Demande : Bacon était-il une plus grande intelligence que Newton ?

II.

CAMPBELL.

Me trouvant en humeur de critiquer, je veux, après avoir relevé les erreurs de Bacon, dire deux ou trois mots, en passant, de l'ouvrage sur les poëtes anglais par Campbell, si célèbre à bon droit. Je fais ceci dans de bonnes intentions, et j'espère qu'on ne s'y méprendra pas. Si quelque chose pouvait ajouter à l'estime que je professe pour le talent et le caractère de M. Campbell, ce serait sa glorieuse, classique et honorable défense de Pope contre le cant vulgaire du jour, et Grub-street.

Les inadvertances dont je veux parler sont celles-ci :

Premièrement, en parlant d'Anstey, il l'accuse d'avoir pris ses principaux caractères dans Smolett. Or, le *Guide à Bath* d'Anstey fut publié en 1766, et *Humprey Clinker*, de Smolett (le seul ouvrage de Smolett auquel il ait pu prendre le caractère de Tabitha), fut écrit pendant la dernière résidence de Smolett à Leghorn, en 1770. Si quelqu'un a emprunté, Anstey est le créancier et non le débiteur. Je m'en rapporte aux propres dates de M. Campbell dans les *Vies de Smolett* et *d'Anstey*.

Secondement, M. Campbell, dans la *Vie de Cowper* (note à la p. 358, t. II), dit qu'il ne sait de qui Cowper veut parler dans ces deux vers :

> Nor he who, for the banc of thousands born,
> Built *God a church* and laugh'd his word to scorn.

Le calviniste désigne ici Voltaire et l'Église de Ferney, avec son inscription : *Deo erexit Voltaire.*

Troisièmement, dans la *Vie de Burns*, M. Campbell cite aussi Shakspeare :

> To gild refined gold, to paint the *rose*
> Or *add fresh* perfume *to* the violet.

Cette leçon n'est point conforme au texte original :

> *To gild refined gold, to paint the lily*
> *To throw a perfume on the violet.*

Un grand poëte qui en cite un autre doit être correct. Il doit aussi être exact lorsqu'il accuse un frère du Parnasse du crime terrible d'avoir emprunté. Un poëte peut tout emprunter, sauf de l'argent, de préférence aux pensées des autres : car il est sûr qu'on les lui réclamera ; mais il est dur, lorsqu'on est le prêteur, d'être dénoncé comme débiteur ; et c'est le cas d'Anstey vis-à-vis de Smolett.

Puisqu'il existe un honneur parmi les voleurs, qu'il y en ait quelque peu parmi les poëtes ; et personne n'y peut contribuer plus efficacement que M. Campbell, qui possède une réputation si bien établie d'originalité, et qui est le seul poëte de notre époque, excepté Rogers, auquel on puisse reprocher (et dans ce cas c'est un reproche véritable) d'avoir *trop peu* écrit. Ravenne, 5 janvier 1821.

On lit dans le *Journal de lord Byron*, 10 janvier 1821 : « Lu les *Poëtes* de Campbell, corrigé quelques *lapsus calami* ; un bon ouvrage, — quoiqu'en style affecté ; mais sa *Défense de Pope* est glorieuse. — Il est vrai que c'est également sa cause. — N'importe, — c'est un très bon ouvrage, et qui lui fait grand honneur. »

DON JUAN.

PRÉFACE

DES CHANTS SIXIÈME, SEPTIÈME ET HUITIÈME.

Les détails du siége d'Ismaïl, qui remplissent les deux chants suivants, VII et VIII, sont tirés d'un ouvrage français intitulé *Histoire de la Nouvelle-Russie*. Quelques-unes des actions que l'auteur attribue à don Juan ont un fondement historique ; tel est le fait d'avoir sauvé un enfant ; cela arriva au feu duc de Richelieu, alors jeune volontaire au service de la Russie, et qui devint, dans la suite, le fondateur et le bienfaiteur d'Odessa, où son nom et son souvenir vivront éternellement entourés de respect et de reconnaissance.

L'on trouvera également, dans ces chants, une ou deux stances sur le feu marquis de Londonderry ; elles étaient écrites avant sa mort. Si le parti de l'oligarchie était mort avec lui, ces stances eussent été supprimées : mais je ne vois rien dans sa vie ni dans sa mort qui puisse restreindre la libre expression des opinions de ceux qu'il a passé toute sa vie à opprimer. Qu'il ait été un homme aimable dans la vie *privée*, cela peut être vrai ou non ; mais cela n'a aucun rapport avec sa vie publique ; et quant à pleurer sa mort, il en sera temps quand l'Irlande aura cessé de pleurer le jour de sa naissance. Comme ministre, je l'ai toujours regardé (et je suis ici l'organe de millions d'autres personnes) comme le ministre le plus despote et le plus dénué d'intelligence qui ait jamais tyrannisé un pays. C'est la première fois, depuis les Normands, que l'Angleterre a été insultée par un *ministre* qui ne parlait pas anglais, et que le Parlement a souffert qu'on le régentât dans le style de mistress Malaprop[1].

Je ne dirai rien du genre de sa mort, sinon que si un pauvre radical, comme Waddington ou Watson, se fût coupé la gorge, on l'eût enterré dans un carrefour avec les emblèmes ordinaires du pieu et du maillet ; mais le ministre était un élégant lunatique, un sentimental suicide, il se coupa habilement l'*artère carotide*. (Que bénie soit leur science anatomique !) Hélas ! et le cortége ! et l'abbaye ! et les syllabes de la douleur qui s'échappaient involontairement du cœur des journalistes ! et la harangue élogieuse du coroner en face du corps sanglant du décédé (un Antoine digne d'un tel César) ! et la nauséabonde et atroce hypocrisie de cette foule dégradée de gens conjurés contre tout ce qui est sincère et honorable ! Sa mort prouve, la loi en main, qu'il était nécessairement ou un félon ou un insensé [2]. Ainsi, dans l'un ou l'autre cas, il n'y a pas grand sujet à panégyrique [3]. Pendant sa vie il a été — ce que tout le monde sait, et ce dont tout le monde souffrira encore pendant bien des années, à moins que sa mort ne serve de *leçon morale* aux Séjans [4] de l'Europe. Les nations ont au moins cette consolation, de savoir que leurs oppresseurs ne sont pas heureux, et qu'ils jugent eux-mêmes leur propre conduite au point d'anticiper sur la sentence de la postérité. — Mais ne parlons pas davantage de cet homme, et que l'Irlande enlève les cendres de son Grattan du sanctuaire de Westminster. Le patriote de l'humanité doit-il reposer près du Werther de la politique ?

Quant aux objections que l'on a faites sur les autres licences que contiennent les chants déjà publiés, je me contenterai de citer Voltaire : « La pudeur s'est enfuie des cœurs, et s'est réfugiée sur les lèvres ; plus les mœurs sont dépravées, plus les expressions deviennent mesurées ; on croit regagner en langage ce qu'on a perdu en vertu. »

Ces paroles sont la vérité même, appliquées à la population corrompue et hypocrite qui forme le levain de la génération anglaise actuelle, et c'est la seule réponse qu'elle mérite. L'épithète de blasphémateur, celles de radical, libéral, jacobin, réformiste, dont ces dogues fatiguent les oreilles de ceux qui les écoutent, sont un honneur pour tout le monde quand on songe pour quels hommes elles furent d'abord inventées.

Socrate et Jésus furent mis à mort comme *blasphémateurs*, et beaucoup d'entre ceux qui se sont opposés courageusement aux abus les plus grossiers que l'on a faits du nom de Dieu et de l'esprit de l'homme, ont subi de même le martyre ; mais la persécution n'est pas la réfutation, ni même le triomphe ; le misérable infidèle, comme on l'appelle, est probablement plus heureux dans sa prison que le plus orgueilleux de ses assaillants. — Je n'ai rien à dire de ses opinions ; — elles peuvent être bonnes ou mauvaises, — mais il a souffert pour elles, et ses souffrances endurées pour sa foi politique feront plus de prosélytes à son déisme que l'exemple de prélats hétérodoxes ⁵ n'en fera au christianisme, que n'en fera à la tyrannie celui d'hommes d'Etat se suicidant, ou d'homicides salariés à cette alliance impie qui insulte le monde en prenant le nom de « sainte. » Je ne voudrais pas fouler aux pieds les êtres vils et les cadavres, mais il serait bon que les membres des classes d'où sont sortis ces personnages diminuassent un peu de cette hypocrisie, qui est le vice le plus monstrueux de cette époque menteuse de spoliateurs à double face; — mais en voici assez pour aujourd'hui.

Pise, juillet 1822.

NOTES DE LA PRÉFACE

DES CHANTS SIXIÈME, SEPTIÈME ET HUITIÈME.

¹ Voir la comédie de Shéridan, *les Rivaux*.

² Je dis *la loi* en main, *la loi* de l'Angleterre : les lois de l'humanité, en général, sont plus indulgentes ; mais, comme les monarchistes ont toujours le mot *la loi* à la bouche, il est bon de voir comment ils s'y conforment.

³ A propos de ce passage, un *Magazine* du temps observa : « Lord Byron ne paraît pas savoir qu'il est très possible pour un gentilhomme anglais d'être à la fois un félon et ce que l'on appelle communément un fou.

⁴ Il faut excepter Canning; Canning est un homme de génie presque universel, un orateur, un poëte, un homme d'Etat. Un homme de mérite ne peut vouloir continuer l'œuvre de son prédécesseur lord C... Si jamais un homme fut capable de sauver le pays, c'est Canning ; le voudra-t-il ? Je l'espère pour ma part.

⁵ Lorsque lord Sandwich dit qu'il ne connaissait pas de différence entre l'orthodoxie et l'hétérodoxie, l'évêque Warburton répliqua : « L'orthodoxie, milord, c'est *ma doxie* ; et l'hétérodoxie c'est *la doxie* d'un autre. » Un prélat de nos jours semble avoir découvert une troisième espèce de *doxie* qui n'a pas encore grandement relevé, aux yeux des élus, ce que Bentham appelle *church of Englandism*.

CHANT SIXIÈME[1].

I.

« Il est, dans les affaires des hommes, un flux et reflux qui, pris à la marée montante, » — vous savez le reste [2], et la plupart d'entre nous en ont fait parfois l'expérience; nous croyons du moins qu'il en est ainsi, quoique bien peu aient saisi le moment avant qu'il fût passé sans retour. Mais nul doute que tout ne soit pour le mieux ; — il ne faut pour s'en convaincre que considérer la fin : c'est quelquefois quand les choses sont au pire qu'elles prennent une face plus favorable.

II.

Il est, dans les affaires des femmes, un flux et reflux qui, pris à la marée montante, conduit..... — Dieu sait où : ce serait un habile navigateur que celui dont la carte indiquerait tous les courants de cette mer ; les rêveries de Jacob Behme[3] ne sont pas comparables à ses tourbillons et à ses brisants ; les hommes avec leurs têtes réfléchissent à ceci, à cela ; les femmes avec leurs cœurs songent..... Dieu sait à quoi !

III.

Et néanmoins, une femme impétueuse, opiniâtre, entière, jeune, belle, audacieuse, — prête à risquer un trône, le monde, l'univers, pour être aimée à sa manière ; à balayer les étoiles dans le firmament, plutôt que de ne pas être aussi libre que les vagues quand souffle la brise, — une pareille femme (si toutefois il en existe) serait assurément un diable, et pourtant elle ferait bien des manichéens.

IV.

Trônes, mondes, *et cœtera*, sont si souvent bouleversés par l'ambition la plus vulgaire, que lorsque c'est la passion qui les renverse, nous oublions volontiers, ou, du moins, nous pardonnons ces écarts de l'amour. Si l'on se souvient encore d'Antoine, ce n'est pas à cause de ses conquêtes ; mais Actium, perdu pour les beaux yeux de Cléopâtre, contre-balance toutes les victoires de César.

V.

Il mourut à cinquante ans pour une reine de quarante : je suis fâché qu'ils n'aient pas eu quinze et vingt ans, car à cet âge, les richesses, les royaumes, les mondes, ne sont qu'une vétille ; je me souviens du temps où, pour faire ma cour, quoique je n'eusse pas grande abondance de mondes à perdre, je donnais ce que j'avais, — un cœur ; du train dont le monde allait, ce que je donnais valait un monde, car le monde entier ne pourrait jamais me rendre ces purs sentiments disparus pour toujours.

VI.

C'était le « denier » de l'adolescent, et peut-être, comme celui de la veuve, il m'en sera tenu compte plus tard, sinon maintenant ; mais que ces choses-là comptent ou ne comptent pas, tous ceux qui aiment ou ont aimé avoueront avec moi que la vie n'a rien qu'on leur puisse comparer. Dieu est amour, dit-on, et l'amour est un dieu, ou du moins il l'était avant que la face de la terre fût ridée par les péchés et les larmes de..... — C'est à la chronologie à préciser l'époque.

VII.

Nous avons laissé notre héros et notre troisième héroïne dans une position plus embarrassante qu'extraordinaire ; car il faut bien que les hommes risquent parfois leur peau pour ce funeste tentateur, une femme défendue ; les sultans abhorrent par trop cette sorte de péché, et ne sont pas du tout de l'avis de ce sage Romain, de l'héroïque, stoïque et sentencieux Caton, qui prêta sa femme à son ami Hortensius.

VIII.

Je sais que Gulbeyaz était extrêmement répréhensible, je l'avoue, j'en gémis, je la condamne ; mais je déteste toute fiction, même en poésie : il me faut donc dire la vérité, dussiez-vous m'en blâmer. Sa raison étant faible et ses passions fortes, elle jugea que le cœur de son époux (quand même elle eût eu le droit de le revendiquer) était à peine suffisant, car il avait cinquante-neuf ans, et quinze cents concubines.

IX.

Je ne suis pas, comme Cassio, « un mathématicien ; » mais il appert de la « théorie des livres, » résumée avec une féminine précision, qu'en faisant entrer en ligne de compte l'âge de Sa Hautesse, la belle sultane péchait par inanition ; car, au cas où le sultan se fût montré équitable envers toutes ses bien-aimées, elle ne pouvait réclamer que la quinze-centième partie de ce qui doit être un monopole,—le cœur.

X.

On remarque que les femmes sont litigieuses sur tous les objets de possession légale, et surtout lorsqu'elles sont dévotes, car alors la transgression est double à leurs yeux ; elles nous assiégent de procès et de poursuites, comme chaque session des tribunaux en fait foi, pour peu qu'elles soupçonnent que d'autres entrent en partage d'un bien auquel la loi leur donne un droit exclusif

XI.

Or, si cela se fait en pays chrétien, les païennes aussi, quoique dans une latitude moins grande, sont sujettes à mener les choses rondement, à prendre ce que les rois appellent une « attitude imposante », et à combattre de pied ferme pour leurs droits conjugaux, quand leurs époux et maîtres les traitent avec ingratitude ; et comme quatre femmes ont un droit quadruple, le Tigre a ses jalousies aussi bien que la Tamise.

XII.

Gulbeyaz était la quatrième, et comme je l'ai dit, la favorite ; mais qu'est-ce qu'une faveur partagée entre quatre ? La polygamie doit être redoutée avec raison, non seulement comme un péché, mais comme une coutume insipide : un homme sage, uni à une femme modérée, trouvera difficilement de la philosophie pour un plus grand nombre ; et, à moins d'être mahométan, il s'abstiendra de transformer sa couche nuptiale en un « lit de Ware[4]. »

XIII.

Sa Hautesse, le plus sublime des hommes, ainsi qualifié suivant les formes usitées pour tous les monarques, jusqu'au moment où ils sont livrés aux vers, ces funestes et affamés jacobins qui se sont repus des rois les plus superbes,—Sa Hautesse jeta les yeux sur les charmes de Gulbeyaz, s'attendant à un accueil d'amant (c'est par tout pays un accueil à l'écossaise[5].

XIV.

Or, il faut distinguer ici ; car quoique les baisers, les douces paroles, les embrassements, *et cœtera*, puissent simuler ce qui n'est pas, ce sont choses qu'on prend et qu'on ôte comme un chapeau, ou plutôt comme ces coiffures que porte le beau sexe ; parure dont la tête ou le cœur se décore, mais qui ne fait pas plus partie de la tête que leurs caresses du cœur.

XV.

Une légère rougeur, un doux tremblement, une calme et suave expression de féminine extase, manifestée moins dans les yeux que par les paupières, qui s'abaissent pour cacher ce qui reçoit du mystère un charme de plus, voilà (pour un amant discret) les signes les plus infaillibles de l'amour, qui n'a pas de trône plus charmant que le cœur d'une femme sincère ; car un excès de *chaleur* ou de *froideur* détruit le charme.

XVI.

Si cette chaleur est fausse, elle est pire que la réalité ; si elle est vraie, c'est un feu qui ne saurait longtemps durer ; car, excepté dans la première jeunesse, nul ne voudrait se fier aux seuls désirs, gage précaire [6], sujet à être transféré au premier acheteur venu, au prix d'un misérable escompte ; d'un autre côté, les femmes par trop froides sont passablement insipides.

XVII.

C'est-à-dire que nous ne pouvons leur pardonner leur mauvais goût ; car les amants, tardifs ou empressés, veulent entendre l'aveu d'une flamme mutuelle, et, eussent-ils pour maîtresse la monastique concubine de neige de saint François [7], ils voudraient la voir brûler d'une passion sentimentale ; — en un mot, la gent amoureuse doit suivre la maxime horacienne : « *Medio tu tutissimus ibis.* »

XVIII.

Le « *tu* » est de trop, — mais qu'il y reste, le vers l'exige, c'est-à-dire le vers anglais, et non l'hexamètre antique ; mais, après tout, il n'y a dans le dernier vers ni rime ni mesure ; il était difficile de le faire plus mauvais, et il n'est là que pour terminer l'octave; traduisez-le, et vous y trouverez une règle de morale, sinon de prosodie.

XIX.

Si la belle Gulbeyaz se surpassa ce jour-là, je l'ignore; — quoi qu'il en soit, elle réussit, et le succès est beaucoup en toute chose, en affaires de cœur comme dans tout autre article de la toilette des femmes. L'égoïsme, dans l'homme, dépasse encore l'artifice de la femme; elles mentent, nous mentons, tout le monde ment, ce qui n'empêche pas d'aimer; et nulle vertu, si on en excepte la famine, n'a pu encore arrêter cette mère de tous les vices, — la propagation.

XX.

Laissons reposer ce royal couple : un lit n'est pas un trône, et peut-être dormaient-ils, que leurs rêves fussent de joie ou de douleur; cependant des joies désappointées sont des douleurs aussi profondes que puisse en endurer l'humaine argile. Nos moindres afflictions sont celles dont nous pleurons; ce qui use l'âme, ce sont les petits chagrins journaliers, c'est la douleur tombant goutte à goutte, comme l'eau sur la pierre.

XXI.

Une femme acariâtre, un fils morose, un billet à payer non acquitté, protesté ou escompté à un taux ruineux, un enfant maussade, un chien malade, un cheval favori devenu boiteux au moment où vous le montez, une méchante et vieille douairière faisant un testament plus détestable qu'elle, qui vous frustre de la somme sur laquelle vous comptiez, — ce sont là des bagatelles, et cependant j'ai vu rarement quelqu'un qui n'en fût pas affecté.

XXII.

Je suis philosophe; j'envoie tout au diable, billets, bêtes, hommes et... — non! j'en excepte les femmes! Dans une bonne et franche malédiction s'exhale ma bile, et alors, mon stoïcisme ne me laissant plus rien qu'on puisse appeler douleur ou peine, mon âme peut se livrer tout entière aux travaux de la pensée; quoique j'ignore ce que c'est que l'âme et la pensée, leur origine, leur mode d'existence ; — que le diable les emporte l'une et l'autre !

XXIII.

Quand on a bien lancé l'anathème sur toutes choses, on se sent soulagé, comme lorsqu'on a lu la malédiction d'Athanase, qui a tant de charmes pour le vrai croyant ; je doute que de nos jours on pût en adresser une pire à son plus mortel ennemi agenouillé devant soi, tant elle est solennelle, positive et bien formulée ! Elle brille dans un livre de prières, comme l'arc-en-ciel dans une atmosphère qui vient de s'éclaircir.

XXIV.

Gulbeyaz et son époux dormaient, ou, du moins, l'un des deux. — Oh ! que la nuit est longue pour les épouses coupables qui brûlent pour un jeune bachelier, alors que sur leur couche douloureuse elles soupirent après la clarté de l'aube grisâtre, épient ses premiers rayons à travers les jalousies obscures, s'agitent, se retournent, s'assoupissent, se raniment, et tremblent que leur trop légitime compagnon de lit ne s'éveille !

XXV.

Il s'en trouve sous le ciel de ces femmes, et aussi sous les ciels de lits à quatre colonnes et à rideaux soyeux, où les riches et leurs moitiés reposent leurs têtes dans des draps aussi blancs que la neige que le vent chasse dans les airs, comme disent les poëtes. Fort bien ! c'est une loterie que le mariage. Gulbeyaz était impératrice : mais peut-être avait-elle été aussi malheureuse que la reine d'un paysan.

XXVI.

Don Juan, sous son déguisement de femme, s'était, avec le long cortége des demoiselles, humblement incliné devant le regard impérial ; au signal accoutumé, toutes avaient repris le chemin de leurs chambres, dans ces longues galeries du sérail, où ces dames reposaient leurs membres délicats ; c'est là que des milliers de cœurs soupiraient après l'amour, comme l'oiseau prisonnier après les champs de l'air.

XXVII.

J'aime le beau sexe, et j'ai été, par moments, tenté de retourner le vœu du tyran qui souhaitait que le genre humain n'eût qu'une tête, afin de l'abattre d'un seul coup. Mon vœu n'est pas moins vaste, mais pas tout à fait si méchant, et, somme toute, beaucoup plus tendre que cruel : je désirais donc (non pas maintenant, mais quand j'étais adolescent) que l'espèce femme tout entière n'eût qu'une seule bouche de rose, afin de *les* baiser toutes à la fois, du nord au midi.

XXVIII.

O trop heureux Briarée! de posséder tant de têtes et tant de bras, si tu avais tout le reste dans la même proportion ! — Mais ma muse recule à la pensée gigantesque d'être la fiancée d'un géant, ou de voyager en Patagonie ; retournons donc en Lilliput, et guidons notre héros dans le labyrinthe d'amour où nous l'avons laissé quelques lignes plus haut.

XXIX.

Il sortit avec les charmantes odalisques et se joignit à leur cortége au signal donné ; malgré tous les périls qu'il courait, et bien que les conséquences de telles escapades soient pires que tous les dommages-intérêts que les messieurs paient dans la morale Angleterre, où la chose a son tarif, il ne put s'empêcher, tout en marchant, de jeter par-ci par-là un coup d'œil sur leurs charmes, et de lorgner et leur gorge et leur taille.

XXX.

Néanmoins il n'oublia pas son rôle ; — elles continuaient à s'avancer le long des galeries et de salle en salle, troupe virginale et édifiante, flanquée par des eunuques, pendant qu'à leur tête marchait une matrone chargée de maintenir la discipline dans les rangs femelles, et d'empêcher dans leurs évolutions qu'aucune ne s'écartât ou ne parlât sans sa permission. Son titre était « la mère des vierges. »

XXXI

J'ignore si elle était « mère », et si celles qui lui donnaient ce nom étaient « vierges » ; mais au sérail c'est là son titre, venu je ne sais d'où, mais tout aussi bon qu'un autre ;

Cantemir[8] ou de Tott[9] pourra vous le dire ; ses fonctions consistaient à écarter ou à étouffer tout penchant répréhensible parmi quinze cents jeunes filles, et à les punir quand elles étaient en faute.

XXXII.

Excellente sinécure, sans doute, mais rendue plus facile par l'absence de tout autre homme que Sa Majesté, — qui, avec son aide, et au moyen de gardes, de verroux, de murailles, et d'un léger exemple par-ci par-là, seulement pour faire peur au reste, réussissait à maintenir, dans cette tanière de beautés, une atmosphère aussi froide que celle d'un couvent d'Italie, où toutes les passions n'ont, hélas ! qu'une seule issue.

XXXIII.

Et quelle est-elle ? La dévotion, cela va sans dire ; — comment pouvez-vous faire une telle question ? — Mais continuons. Comme je le disais, cette longue file de demoiselles de tous pays, soumises à la volonté d'un seul homme, s'avançait d'un pas lent et majestueux, comme des nénufars flottant sur un ruisseau, ou plutôt sur un lac, — car les ruisseaux ne coulent *pas lentement*. — Cette troupe, dis-je, marchait d'un air virginal et mélancolique.

XXXIV.

Mais lorsqu'elles furent arrivées dans leurs appartements, là, comme des oiseaux, des écoliers ou des fous de Bedlam qui ont la clef des champs; comme des vagues à la marée haute, ou des femmes, en général, affranchies de leurs entraves (qui, après tout, ne servent pas à grand'chose), ou comme des Irlandais à la foire, leurs surveillantes étant parties, et une sorte de trêve établie entre elles et l'esclavage, elles se mirent à chanter, à danser, à babiller, à sourire et à folâtrer.

XXXV.

Leur babil, comme de coutume, roula principalement sur la nouvelle arrivée, ses formes, ses cheveux, son air, enfin toute sa personne; quelques-unes étaient d'avis que sa robe ne lui allait pas bien ; on s'étonnait qu'elle n'eût pas de boucles d'oreilles; plusieurs disaient qu'elle s'approchait de l'été de son âge; d'autres soutenaient qu'elle n'était encore que dans son printemps; il y en avait qui la trouvaient un peu masculine dans sa taille, pendant que d'autres souhaitaient qu'elle le fût tout à fait.

XXXVI.

Mais personne ne doutait qu'elle ne fût ce qu'annonçait son costume, une demoiselle jolie, fraîche, « excessivement belle » et comparable aux plus ravissantes Géorgiennes ; elles s'étonnèrent aussi que Gulbeyaz fût assez simple pour acheter des esclaves qui, le cas advenant où Sa Hautesse se lasserait de son épouse, pourraient partager son trône, sa puissance et le reste.

XXXVII.

Mais, chose étonnante dans cette réunion virginale, quoique la beauté de leur nouvelle compagne fût assez grande pour leur donner du dépit, le premier examen terminé, elles trouvèrent en elle beaucoup moins à reprendre qu'il n'est d'usage chez le beau sexe, pour qui toute nouvelle venue, regardée avec des yeux chrétiens ou païens, est toujours « la plus laide créature du monde. »

XXXVIII.

Et cependant elles avaient, comme les autres, leurs petites jalousies ; mais en cette occasion, soit qu'il existe en effet des sympathies involontaires, soit par toute autre raison, sans avoir pu pénétrer le secret de son déguisement, elles éprouvèrent toutes une sorte de *concaténation,* comme le magnétisme, ou le diabolisme, ou ce qu'il vous plaira : — nous ne disputerons pas sur le mot.

XXXIX.

Mais il est certain qu'elles ressentirent pour leur nouvelle compagne quelque chose de plus nouveau encore : une sorte d'amitié sentimentale et pénétrante, extrêmement pure, qui leur faisait désirer à toutes de l'avoir pour sœur, à l'exception de quelques-unes qui souhaitaient d'avoir un frère justement comme elle, un frère que dans leur patrie, la douce Circassie, elles eussent préféré au padisha[10], ou au pacha.

XL.

Parmi celles qui se sentaient le plus disposées à cette amitié sentimentale, il y en avait trois surtout : Lolah, Katinka [11] et Doudou [12] ; afin d'être bref, et pour épargner au lecteur les descriptions, j'ajouterai qu'au dire des rapports les plus authentiques, elles étaient belles autant qu'on peut l'être, bien qu'à des degrés divers ; différentes entre elles de taille et de teint, par suite de la différence de leur âge et de leur patrie, toutes trois s'accordaient à admirer leur nouvelle connaissance.

XLI.

Lolah était brune comme l'Inde, et aussi ardente ; Katinka était une Géorgienne au teint de lis et de rose, avec de grands yeux bleus, de beaux bras, une belle main, et des pieds si mignons qu'on eût dit qu'ils n'étaient pas faits pour fouler la terre, mais pour effleurer sa surface ; les charmes de Doudou semblaient n'avoir pas de meilleur encadrement qu'un lit, car elle avait un certain air d'embonpoint, d'indolence et de langueur ; mais elle était d'une beauté à vous faire tourner la tête.

XLII.

Doudou semblait une sorte de Vénus endormie, quoique très propre à « tuer le sommeil » de ceux qui contemplaient le céleste incarnat de sa joue, son front attique, ou son nez digne du ciseau de Phidias ; il est vrai que ses formes offraient peu d'angles, et qu'elle eût pu être plus svelte sans y rien perdre ; et cependant, après tout, il eût été difficile de dire ce qu'on eût pu retrancher en elle sans nuire à chacun de ses charmes pris à part.

XLIII.

Elle n'était pas excessivement vive, mais elle s'insinuait dans votre âme, comme l'aube d'une journée de mai ; ses yeux n'étincelaient pas à vous éblouir, mais, à demi clos, ils captivaient doucement ceux qui les regardaient ; on eût dit (c'est une comparaison toute neuve) que, récemment enfantée par le ciseau, nouvelle statue de Pygmalion, elle s'éveillait, et que, la lutte entre la femme et le marbre n'étant pas achevée, elle s'épanouissait timidement à la vie.

XLIV.

« Comment vous nommez-vous? » dit Lolah à la nouvelle venue. « — Juanna. — Fort bien, c'est un fort joli nom. » — « D'où venez-vous? » lui demanda Katinka. « — D'Espagne. — Où *est* l'Espagne? — Ne faites point de ces questions sottes, et ne montrez pas ainsi votre ignorance géorgienne; fi donc! » répondit Lolah, avec un accent un peu dur, à la pauvre Katinka; « l'Espagne est une île, près du Maroc, entre l'Égypte et Tanger. »

XLV.

Doudou ne dit rien, mais elle s'assit auprès de Juanna, jouant avec son voile ou ses cheveux; puis, la regardant fixement, elle soupira, comme si elle l'eût plainte d'être là, jolie étrangère, sans ami et sans guide, et toute confuse de l'étonnement général qui, par tout pays, accueille les malheureux étrangers, avec de charitables observations sur leur maintien et leur physionomie.

XLVI.

Mais en ce moment la mère des vierges s'approcha, et dit : « Mesdames, il est temps d'aller se coucher. Je ne sais trop que faire de vous, ma chère, » ajouta-t-elle en s'adressant à Juanna, la nouvelle odalisque : « nous n'attendions pas ici votre arrivée, et tous les lits sont occupés : si vous voulez, vous partagerez le mien; mais dès demain de bonne heure tout sera arrangé de la manière convenable. »

XLVII.

Ici Lolah intervint : — « Maman, vous savez que vous ne dormez pas très bien; je ne souffrirai pas qu'on trouble votre sommeil; je prendrai Juanna avec moi : nous sommes minces toutes deux, et chacune de nous tiendra moins de place que vous. Ne dites pas non; c'est moi qui me charge de la jeune étrangère. » — Mais ici Katinka l'interrompit, et dit qu'elle aussi avait de la compassion et un lit.

XLVIII.

« D'ailleurs, » ajouta-t-elle, « je déteste coucher seule. »

La matrone fronça le sourcil : « Pourquoi cela ? » — « Je crains les revenants, répondit Katinka : il me semble voir un fantôme aux quatre coins de mon lit ; et puis j'ai des rêves affreux ; je ne vois que guèbres, giaours, ginns et goules. » La dame répondit : « Entre vous et vos rêves, je crains bien que Juanna n'ait guère le loisir d'en faire.

XLIX.

« Vous, Lolah, vous continuerez à dormir seule, pour raisons à moi connues ; vous de même, Katinka, jusqu'à nouvel ordre ; je placerai Juanna avec Doudou, qui est une fille tranquille, inoffensive, silencieuse, modeste, et qui ne passera pas la nuit à remuer et à babiller. Qu'en dites-vous, mon enfant ? » — Doudou ne dit rien, car ses qualités étaient de l'espèce la plus silencieuse.

L.

Mais elle se leva, baisa la matrone sur le front, entre les deux yeux, Lolah et Katinka sur les deux joues ; puis, inclinant légèrement la tête (les révérences ne sont en usage ni chez les Turcs, ni chez les Grecs), elle prit Juanna par la main pour la conduire au dortoir, laissant à leur dépit ses deux compagnes, piquées de la préférence accordée à Doudou par la matrone, mais gardant le silence par respect.

LI.

Le dortoir (*oda* est le nom turc) était une pièce spacieuse ; le long des murs étaient rangés des lits, des toilettes ; — et bien d'autres objets encore que je pourrais décrire, car j'ai tout vu ; qu'il suffise de savoir que rien n'y manquait ; c'était, en somme, une salle magnifiquement meublée, contenant tout ce que les dames peuvent désirer, sauf un ou deux articles, et encore ceux-là étaient-ils plus près d'elles qu'elles ne le soupçonnaient.

LII.

Donc, avons-nous dit, Doudou était une douce créature, qui, sans éblouir, était extrêmement séduisante ; elle avait les traits les plus réguliers du monde, de ces traits que les peintres ne peuvent saisir du premier coup, comme ces visages qui pèchent contre les proportions, — comme ces brusques ébauches de la nature, que l'artiste attrape sur-le-champ, pleines d'expression, bonne ou mauvaise, qui frappent à la première vue, et dont la reproduction, soit qu'elle plaise ou déplaise, n'en est pas moins ressemblante.

LIII.

C'était un suave et doux paysage, où tout était harmonie, calme et repos, où tout était luxuriant et frais; elle avait cette gaieté tranquille qui, si elle n'est pas le bonheur, en approche de plus près que toutes ces grandes passions que certaines gens qualifient de « sublimes; » je voudrais les voir en essayer, j'ai vu les orages dans l'Océan et dans la femme, et j'ai plaint les amants plus que les matelots.

LIV.

Mais elle était pensive plutôt que mélancolique, et sérieuse plutôt que pensive, et par-dessus tout, elle avait une tranquille sérénité; il ne semblait pas que jusque-là rien eût altéré la pureté de son âme. Chose étrange! belle et à dix-sept ans, elle paraissait ignorer si elle était blonde ou brune, petite ou grande; elle n'avait jamais arrêté sa pensée sur elle-même.

LV.

C'est pourquoi elle était douce et bonne comme l'âge d'or (quand l'or était inconnu, ce qui lui a valu son nom; de même qu'on a pu dériver *lucus* de *non lucendo*, on l'a nommé en raison, non de ce qu'il était, mais de ce qu'il n'était pas; c'est un style devenu très commun dans ce siècle, dont le diable peut bien décomposer le métal, mais ne saurait le classer.

LVI.

Je pense que ce pourrait bien être de « l'airain de Corinthe, » qui était un mélange de tous les métaux, mais où le bronze dominait). Lecteur indulgent, passe-moi cette longue parenthèse, je n'ai pu la clore plus tôt, sur ma parole! Place mes fautes dans la catégorie des tiennes; ce qui veut dire : accorde-leur, ainsi qu'à moi, une interprétation favorable. Tu ne le veux pas? — peu m'importe, — je n'en ferai pas moins à ma tête.

LVII.

Il est temps de revenir à notre simple récit; j'en reprends donc le fil. Doudou, avec une amabilité sans affectation, conduisit Juan, ou Juanna, dans tous les détours de ce labyrinthe de femmes, et lui décrivit chaque endroit, — chose étrange! — en très peu de paroles; je n'ai à mon service qu'une comparaison, encore est-elle absurde, pour peindre une femme silencieuse : c'est celle d'un tonnerre *muet*.

LVIII.

Puis, causant avec elle (je dis *elle,* parce que Juan était encore du genre *épicène* [13], en apparence du moins (correctif nécessaire), elle lui donna un aperçu des coutumes de l'Orient, et de la chaste intégrité de ses lois, en vertu desquelles plus un harem est nombreux, plus rigoureuses deviennent les vertus virginales des belles surnuméraires.

LIX.

Puis elle donna à Juanna un chaste baiser; Doudou aimait beaucoup à baiser; à quoi, sans doute, nul ne saurait trouver à redire, car c'est un passe-temps fort agréable, pourvu qu'il soit innocent; et, entre femmes, un baiser ne signifie rien, si ce n'est qu'elles n'ont, pour le moment, rien de mieux ou de plus nouveau à leur portée. « Je baise » rime à « bien aise », en réalité comme en vers [14]; heureux s'il n'en résultait pas de plus fâcheuses conséquences!

LX.

Dans la sécurité de l'innocence, elle se déshabilla, ce qui fut bientôt fait, car elle était vêtue sans art, comme un enfant de la nature. Si parfois il lui arrivait de donner un coup d'œil au miroir, c'était comme le faon timide, qui, en prenant son élan, aperçoit son ombre dans l'onde du lac, et revient sur ses pas pour admirer ce nouvel habitant des flots.

LXI.

Et elle quitta, l'une après l'autre, toutes les parties de son vêtement; mais ce ne fut pas sans avoir d'abord offert son aide à Juanna, qui le refusa par un excès de modestie ; elle ne pouvait, en conscience, faire moins; cependant elle paya un peu cher cette politesse, en se piquant les doigts avec ces maudites épingles, inventées, sans doute, pour nos péchés, —

LXII.

Et qui font d'une femme une sorte de porc-épic qu'on ne saurait toucher impunément. Redoutez-les surtout, ô vous que le destin réserve, comme cela m'est arrivé dans ma jeunesse, à servir de femme de chambre à une dame ; — enfant, je fis de mon mieux en l'habillant pour un bal masqué ; je plaçai les épingles en nombre suffisant, mais pas toujours où elles auraient dû être.

LXIII.

Mais ce sont là des futilités pour des gens sages, et j'aime la sagesse plus qu'elle ne m'aime; j'ai une tendance à philosopher sur tout, depuis un tyran jusqu'à un arbre; ce qui n'empêche pas que la *vérité*, cette vierge immaculée, continue à me fuir. Que sommes-nous ? D'où venons-nous ? Quelle sera notre existence ultérieure ? quelle est notre existence actuelle ? Questions insolubles, et qui pourtant reviennent sans cesse.

LXIV.

Un silence profond régnait dans le dortoir ; les lampes, placées à distance les unes des autres, ne jetaient qu'une lumière incertaine, et le sommeil planait sur les formes charmantes de toutes ces jeunes beautés. S'il est des esprits qui reviennent, c'est ici qu'ils auraient dû errer, dans leur plus aérien appareil : cela eût fait diversion à leurs promenades sépulcrales ; c'eût été faire preuve de meilleur goût que de continuer à hanter de vieilles ruines ou de sauvages solitudes.

LXV.

Tout autour reposait un cercle nombreux de beautés, semblables à ces fleurs différentes de tige, de couleur et de patrie, transplantées dans un jardin exotique, où elles croissent à grands frais à force de soins et de chaleur. L'une, avec sa chevelure châtaine nouée négligemment, et son beau front doucement incliné, comme le fruit qui pend au rameau, sommeillait avec une respiration calme, et ses lèvres entr'ouvertes laissaient voir un double rang de perles.

LXVI.

Une autre, au milieu d'un rêve brûlant et délicieux, appuyait sur un bras d'albâtre sa joue vivement colorée ; les boucles luxuriantes de sa noire chevelure étaient éparses sur son front. Elle souriait au milieu de son rêve, et, telle que la lune qui perce un nuage, découvrant la moitié de ses beautés, pendant qu'elle tressaillait sous son linceul de neige, on eût dit que ses charmes profitaient de l'heure discrète de la nuit pour se montrer timidement à la lumière.

LXVII.

Cela semble impliquer contradiction ; mais il n'en est rien, car il faisait nuit ; mais, comme je l'ai dit, la salle était éclairée de lampes. Une troisième, dans ses traits pâlissants, offrait l'image de la Douleur qui dort ; et on voyait, aux soulèvements de son sein, qu'elle rêvait d'un rivage adoré, de la patrie absente ; et cependant des larmes sillonnaient lentement la noire frange de ses yeux, comme les gouttes de la rosée de la nuit brillent sur le noir rameau d'un cyprès.

LXVIII.

Une quatrième, immobile et silencieuse comme une statue de marbre, dormait d'un sommeil profond, muet et insensible ; blanche, froide et pure comme un ruisseau glacé, ou le minaret de neige d'un pic des Alpes, ou l'épouse de Lot changée en sel, — ou tout ce qu'il vous plaira : — voilà un monceau de comparaisons ; prenez et choisissez ; — peut-être vous contenterez-vous d'une figure de femme sculptée sur une tombe.

LXIX.

Mais quoi ! une cinquième paraît ; et quelle est-elle ? Une dame d'un « certain âge », ce qui veut dire certainement âgée ; — j'ignore quel pouvait être son âge, n'ayant jamais compté les années d'une femme au delà de dix-neuf ; mais enfin elle était là qui dormait, un peu moins belle qu'avant d'être arrivée à cette désolante période qui met à la retraite hommes et femmes, et nous envoie méditer sur nos péchés et sur nous-mêmes.

LXX.

Pendant ce temps-là, comment dormait, comment rêvait Doudou? C'est ce que les recherches les plus assidues n'ont pu m'apprendre, et je ne voudrais pas hasarder un seul mot qui ne fût pas vrai ; mais à l'heure où la moitié de la nuit s'était écoulée, à l'heure où la lumière des lampes commençait à devenir bleuâtre et vacillante, où les fantômes planaient dans la salle, ou semblaient y planer aux regards de ceux qui affectionnent leur société, en ce moment, dis-je, Doudou poussa un cri,

LXXI.

Un cri si aigu qu'il éveilla tout l'oda en sursaut, et causa une commotion générale; de tous les points de la salle, matrones, vierges, et celles dont on pouvait dire qu'elles n'étaient ni l'une ni l'autre, accoururent en foule, l'une poussant l'autre, comme les vagues de l'Océan, toutes tremblantes, étonnées, et ne sachant pas plus que moi ce qui avait pu éveiller si bruyamment la paisible Doudou.

LXXII.

Elle était effectivement bien éveillée; autour de son lit ses compagnes arrivèrent d'un pas léger, mais précipité, avec leurs draperies flottantes, les cheveux épars, les yeux avides, la gorge, les bras et les pieds nus, et plus brillants qu'aucun météore du pôle septentrional ; — elles s'informèrent de la cause de son effroi, car elle semblait agitée, émue, effrayée; ses yeux étaient dilatés, et ses joues couvertes d'une vive rougeur.

LXXIII.

Mais ce qui est surprenant, — et ce qui prouve combien c'est une excellente chose qu'un sommeil salutaire,—Juanna dormait profondément; jamais époux ne ronfla d'aussi bon cœur auprès de la compagne unie à son sort par le saint nœud du mariage. Les clameurs ne la purent tirer de cet état fortuné; il fallut la réveiller, du moins on le dit ; — et alors, enfin, elle ouvrit de grands yeux, et bâilla, l'air modeste et surpris.

LXXIV.

Alors commença une stricte investigation. Comme toutes parlaient à la fois, exprimant leurs conjectures ou leur étonnement, et demandant le récit de ce qui s'était passé, un homme d'esprit et un sot eussent été également embarrassés de répondre d'une manière claire et intelligible. Doudou n'avait jamais passé pour manquer de sens; mais, n'étant pas « orateur comme Brutus [15], » elle eut d'abord beaucoup de peine à s'expliquer.

LXXV.

Enfin, elle dit que, dormant d'un profond somme, elle avait rêvé qu'elle se promenait dans « une forêt obscure, » comme celle où se trouva Dante, à l'âge où tous les hommes sont bons, à mi-chemin de la vie, alors que les dames, couronnées de vertu, sont moins exposées à ce que les amants leur manquent de respect; il lui semblait que cette forêt était pleine de fruits agréables, et d'arbres à végétation vigoureuse et à vastes racines.

LXXVI.

Et au milieu, croissait une pomme d'or d'une énorme grosseur, — mais à une hauteur trop grande pour qu'on pût la cueillir; elle la contempla d'un œil avide, puis se mit à jeter des pierres et tout ce qui s'offrait à elle, pour faire tomber ce fruit qui continuait méchamment à adhérer à son rameau, où il se balançait à ses yeux, mais toujours à une hauteur désespérante.

LXXVII.

Tout à coup, lorsqu'elle y pensait le moins, il tomba de lui-même à ses pieds; son premier mouvement fut de se baisser, afin de le ramasser et d'y mordre à belles dents; mais au moment où ses jeunes lèvres s'apprêtaient à presser le fruit d'or de son rêve, il en sortit une abeille qui s'élança sur elle et la perça de son dard jusqu'au fond du cœur; — et alors elle s'était éveillée en sursaut, et en poussant un grand cri.

LXXVIII.

Elle fit ce récit avec une certaine confusion et un grand embarras, comme on en éprouve habituellement après un rêve désagréable, quand on n'a personne auprès de soi pour vous en expliquer l'illusion et l'extravagance. J'en ai vu de singuliers qui semblaient avoir quelque chose de prophétique, et offrir une étrange coïncidence, pour employer l'expression en usage de nos jours [16].

LXXIX.

Les demoiselles, qui avaient redouté quelque grand malheur, commencèrent, comme cela est d'habitude après une fausse alarme, à gronder un peu Doudou de leur avoir causé une telle peur, et troublé pour rien leur sommeil. La matrone aussi, courroucée d'avoir quitté son lit chaud pour le rêve qu'il lui avait fallu entendre, réprimanda la pauvre Doudou, qui soupira, disant qu'elle était bien fâchée d'avoir crié.

LXXX.

« J'ai entendu conter des histoires d'un coq et d'un taureau; mais pour un rêve où il n'est question que d'une pomme et d'une abeille, interrompre notre sommeil, et faire lever l'oda tout entier, à trois heures et demie du matin, certes, il y a là de quoi nous faire penser que la lune est dans son plein. Assurément il y a en vous quelque chose qui ne va pas bien, mon enfant. Nous verrons ce que pensera demain, de cette vision hystérique, le médecin de Sa Hautesse.

LXXXI.

« Et cette pauvre Juanna, encore! la première nuit que cette chère enfant passe au milieu de nous, voir son repos troublé par une telle clameur! — J'avais jugé à propos de ne pas faire coucher seule cette jeune étrangère, et, comme la plus paisible de toutes, Doudou, j'avais pensé qu'avec vous elle aurait passé une nuit tranquille; mais je vais maintenant la confier aux soins de Lolah, — bien que son lit soit plus étroit que le vôtre. »

LXXXII.

A cette proposition, les yeux de Lolah brillèrent; mais la pauvre Doudou, avec de grosses larmes, résultat de son rêve ou de la réprimande, demanda en grâce qu'on lui pardonnât cette première faute, ajoutant d'une voix douce et suppliante qu'on voulût bien laisser Juanna auprès d'elle, et qu'à l'avenir elle garderait ses rêves pour elle seule.

LXXXIII.

Elle promit de ne plus rêver désormais, ou du moins de ne plus rêver si haut; elle ne comprenait pas comment elle avait crié, — c'était bien sot à elle, elle en convenait; c'était une aberration nerveuse, une folle hallucination, et un juste sujet de moquerie; — mais elle se sentait abattue, et priait qu'on voulût bien la laisser; dans quelques heures elle aurait surmonté cette faiblesse, et serait complétement rétablie.

LXXXIV.

Ici, Juanna intervint charitablement, disant qu'elle se trouvait fort bien où elle était, comme le prouvait le sommeil dont elle dormait tout à l'heure, lorsqu'un bruit pareil à celui du tocsin résonnait autour d'elle. Elle ne se sentait pas le moins du monde disposée à quitter sa compagne de lit, et à s'éloigner d'une amie qui n'avait d'autre tort que celui d'avoir une fois rêvé mal à propos.

LXXXV.

Quand Juanna eut parlé ainsi, Doudou se retourna et cacha son visage dans le sein de Juanna; on ne voyait plus que sa gorge, qui en ce moment avait la couleur d'un bouton de rose. Je ne saurais dire pourquoi elle rougit, ni expliquer le mystère de cette interruption du repos général; tout ce que je sais, c'est que les faits que je raconte ont toute la véracité qui a régné dans le monde dans ces derniers temps.

LXXXVI.

Souhaitons-leur donc bonne nuit, — ou, si mieux aimez, le bonjour : — car le coq avait chanté, la lumière du jour commençait à dorer les monts asiatiques, et le croissant de la mosquée à reluire aux regards de la longue caravane gravissant lentement, sous l'humidité de la rosée matinale, les pierreuses hauteurs qui flanquent l'Asie, aux lieux où le Kaff voit à ses pieds les Kurdes.

LXXXVII.

Au premier rayon, ou plutôt à la première lueur grisâtre de l'aurore, Gulbeyaz quitta sa couche d'insomnie, pâle comme la Passion qui se lève, le cœur dévoré d'inquiétudes; elle mit son manteau, ses pierreries, son voile. Le fabuleux rossignol exhalant son chant de tristesse, le cœur percé d'une épine cruelle, est cent fois plus léger de cœur et de voix que ces êtres passionnés, auteurs insensés de leurs propres douleurs.

LXXXVIII.

Et voilà justement la morale de cette composition, si les gens voulaient en saisir le véritable sens; — mais c'est ce qu'ils ne font qu'avec une certaine méfiance, attendu que les lecteurs charitables ont tous le don de fermer à la lumière leurs organes visuels; et puis les charitables écrivains aiment à s'accuser les uns les autres, ce qui est très naturel : le nombre en est trop grand pour qu'on puisse les flatter tous.

LXXXIX.

La sultane quitta donc un lit magnifique, plus doux que celui de l'efféminé Sybarite, dont la sensibilité ne pouvait supporter le pli d'une feuille de rose; elle se leva si belle que l'art ne pouvait presque rien pour elle : quoique pâlie par la lutte intérieure de l'amour et de l'orgueil, l'idée de son imprudence l'avait tellement agitée, qu'elle ne donna pas même un coup d'œil au miroir.

XC.

A peu près en même temps, ou peut-être un peu plus tard, se leva son illustre époux, sublime possesseur de trente royaumes, et d'une femme dont il était abhorré; — circonstance beaucoup moins importante dans ce climat, — du moins pour ceux à qui leur fortune permet de tenir au grand complet leur cargaison conjugale, — que dans les pays où deux femmes sont une marchandise prohibée.

XCI.

Il ne prenait pas grand souci de cette matière, ni même de toute autre; en sa qualité d'homme, il aimait à avoir sous la main une jolie femme, comme un autre un éventail; c'est pourquoi il avait une abondante provision de Circassiennes, pour s'amuser au sortir du divan; toutefois, depuis peu il s'était épris pour les beautés de son épouse, de je ne sais quelle ferveur d'amour ou de devoir.

XCII.

Il se leva donc, et, après les ablutions ordinaires commandées par les usages de l'Orient, après avoir terminé ses prières et autres évolutions pieuses, il but six tasses de café pour le moins, puis se retira pour savoir des nouvelles des Russes, dont les victoires s'étaient récemment multipliées sous le règne de Catherine, proclamée encore par la gloire la plus grande des souveraines et des catins.

XCIII.

O toi, grand et légitime Alexandre, fils de son fils! que cette dernière épithète n'offense pas ton oreille, si elle parvient jusqu'à toi! — et, en effet, de nos jours les vers pénètrent presque jusqu'à Pétersbourg, et, grâce à leur redoutable impulsion, les vagues gigantesques du fleuve menaçant de la liberté vont mêler leur murmure aux mugissements de la Baltique; — pourvu que tu sois le fils de ton père, c'est tout ce que je demande!

XCIV.

Appeler les gens fils de l'amour, ou proclamer leurs mères les antipodes de Timon, ce *haïsseur* du genre humain, ce serait une honte, une calomnie, ou tout ce qu'il plaira à la rime; mais les aïeux sont le gibier de l'histoire, et si le faux pas d'une dame imprimait un sceau criminel à toutes les générations, dites-moi, je vous prie, quelle généalogie auraient à montrer les gens les mieux nés?

XCV.

Si Catherine et le sultan avaient compris leurs véritables

intérêts, chose que les rois entendent rarement, jusqu'à ce que de rudes leçons viennent la leur apprendre, il y avait un moyen, peut-être un peu précaire, de terminer leurs différends sans l'aide des princes et des plénipotentiaires : c'était de renvoyer, elle ses gardes, lui son harem, et, quant au reste, de s'aboucher et de s'arranger à l'amiable.

XCVI.

Mais, dans l'état où se trouvaient les choses, Sa Hautesse était chaque jour obligée de tenir conseil sur les voies et moyens de résister à cette belliqueuse harpie, cette moderne amazone, cette reine des ribaudes ; et la perplexité des colonnes de l'état était grande, car l'état pèse quelquefois d'un poids un peu lourd sur les épaules de ceux qui n'ont pas la ressource d'établir un nouvel impôt.

XCVII.

Quoi qu'il en soit, quand le sultan fut parti, Gulbeyaz se retira dans son boudoir, lieu charmant pour l'amour ou le déjeuner, lieu retiré, commode, solitaire, pourvu de tous les agréments qui embellissent ces joyeux réduits. — Mainte pierre précieuse étincelait aux lambris, maint vase de porcelaine contenait des fleurs prisonnières, ces captives enchanteresses des heures d'un captif.

XCVIII.

La nacre de perles, le porphyre et le marbre décoraient à l'envi ce somptueux séjour ; on entendait du dehors le gazouillement des oiseaux, et les vitraux peints qui éclairaient cette grotte enchantée coloraient de nuances variées les rayons du jour ; — mais toute description est insuffisante à reproduire l'effet réel. Je préfère donc ne pas insister sur ces détails : il vaut mieux ne donner qu'une esquisse ; l'imagination du lecteur intelligent fera le reste.

XCIX.

C'est dans ce lieu qu'elle fit venir Baba, lui redemanda don Juan, et l'interrogea sur ce qui s'était passé depuis que les esclaves étaient sorties de sa présence ; voulut savoir s'il avait partagé leur appartement, si toute chose avait été convenablement conduite, et si son déguisement avait été maintenu comme il devait l'être ; mais, ce qu'elle désira surtout connaître, c'est où et comment il avait passé la nuit.

C.

Baba répondit avec quelque embarras à ce long catéchisme de questions, dans lequel les demandes étaient plus faciles à faire que les réponses, — qu'il avait fait son possible pour exécuter d'une manière satisfaisante les ordres qu'il avait reçus; mais on voyait qu'il cachait quelque chose que son hésitation révélait plus qu'elle ne le masquait. Il se gratta l'oreille, infaillible ressource à laquelle ont recours les gens embarrassés.

CI.

Gulbeyaz n'était pas un modèle de patience, et qu'il s'agit de paroles ou d'actes, elle n'aimait guère à attendre : elle voulait de la promptitude dans les réponses, et lorsqu'elle vit Baba hésiter dans les siennes comme un cheval qui bronche, elle l'embarrassa par de nouvelles questions. Voyant que ses paroles devenaient de plus en plus décousues, son visage commença à s'enflammer, ses yeux à étinceler, et les veines d'azur de son front superbe à se gonfler et à se rembrunir.

CII.

Quand Baba vit ces symptômes, qu'il savait ne lui présager rien de bon, il la supplia de calmer sa colère, et de vouloir bien l'entendre jusqu'au bout; — il n'avait pu empêcher ce qu'il allait raconter : alors il avoua que, ainsi que nous l'avons dit, Juan avait été confié aux soins de Doudou; mais il ajouta que ce n'était pas sa faute, et le jura par la bosse du saint chameau et par le Koran.

CIII.

La directrice de l'oda, seule chargée de la discipline du harem, avait tout réglé elle-même aussitôt que les odalisques étaient arrivées dans leur appartement : car là se terminaient les fonctions de Baba; et lui (le susdit Baba) n'avait pas osé en ce moment pousser les précautions plus loin, dans la crainte de faire naître des soupçons qui auraient encore empiré les choses.

CIV.

Il espérait, bien plus, il était sûr que Juan ne s'était pas trahi; on ne pouvait douter que sa conduite n'eût été pure, vu qu'un acte insensé ou imprudent eût, non seulement compromis sa sécurité, mais l'eût exposé, par sa découverte, à être enfermé dans un sac et jeté à la mer. Ainsi Baba parla de tout, hormis du rêve de Doudou, qui pourtant n'était pas une plaisanterie.

CV.

Il laissa discrètement ce fait derrière la toile, et continua à pérorer, — et pérorerait encore sans avoir été interrompu, tant était intense l'angoisse qui contractait le front de Gulbeyaz! Ses joues prirent une teinte cendrée, ses oreilles bourdonnèrent, la tête lui tourna comme si elle eût reçu un coup violent, et la douloureuse rosée du cœur coula rapide et glacée sur son beau front, comme sur un lis la rosée du matin.

CVI.

Bien qu'elle ne fût pas de ces femmes à évanouissements, Baba crut qu'elle allait perdre connaissance, en quoi il se trompa: — ce n'était qu'une convulsion passagère, mais qu'aucune parole ne saurait décrire; nous connaissons tous, et quelques-uns d'entre nous par expérience, cet anéantissement total qu'on éprouve quand il survient quelque chose d'extraordinaire. — Gulbeyaz éprouva donc dans cette courte agonie, ce qu'elle n'aurait jamais pu exprimer : — comment donc le pourrais-je?

CVII.

Elle fut un moment, comme la pythonisse sur son trépied, torturée et puisant ses inspirations dans ses angoisses mêmes, alors que toutes les fibres du cœur sont violemment tirées en sens contraire, comme par des chevaux sauvages; puis, ses forces diminuant et son énergie venant à s'affaisser, elle retomba lentement sur son siége, et appuya sa tête convulsive sur ses genoux tremblants.

CVIII.

Son visage était caché; sa chevelure, retombant en longues

tresses, comme les rameaux du saule pleureur, balayait le marbre où posait son siége, ou plutôt son sofa (car c'était une basse et moelleuse ottomane, toute garnie de coussins). Le noir désespoir soulevait et abaissait son sein, comme une vague qui se précipite sur une côte dont les rochers arrêtent sa course, mais reçoivent ses assauts.

CIX.

Sa tête était penchée, et sa longue chevelure tombante cachait ses traits mieux que n'eût fait un voile; l'une de ses mains reposait sur l'ottomane, inanimée, blanche comme la cire, pâle comme l'albâtre. Que ne suis-je peintre! Que ne puis-je grouper ce qu'il faut qu'un poëte énumère longuement! Que mes paroles ne sont-elles des couleurs! Mais leurs teintes pourront peut-être servir d'esquisse ou d'indications rapides.

CX.

Baba, qui savait par expérience quand il fallait parler et quand il fallait se taire, garda alors le silence attendant que la crise de Gulbeyaz fût passée, n'osant contrarier ni ses paroles ni son silence. Enfin, elle se leva, et se mit à parcourir la chambre à pas lents, mais toujours silencieuse; et son front s'éclaircit, mais non son regard troublé : le vent ne soufflait plus, mais la mer était encore houleuse.

CXI.

Elle s'arrêta, et releva la tête pour parler, — puis attendit encore, puis se remit à marcher, tantôt à grands pas, tantôt lentement; ce qui est toujours l'indice d'une profonde émotion. — Vous pouvez en quelque sorte deviner un sentiment dans chaque pas, comme Salluste l'observe au sujet de Catilina, qui, agité par les démons de toutes les passions, les laissait voir à sa manière de marcher.

CXII.

Gulbeyaz s'arrêta, et, faisant signe à Baba : « Esclave! amène les deux esclaves! » dit-elle d'une voix basse, mais que Baba ne se sentit pas d'humeur à braver; pourtant il tressaillit, manifesta quelque hésitation, et, feignant de ne pas avoir compris, supplia Sa Hautesse de vouloir bien lui dire de quels esclaves elle voulait parler, dans la crainte d'une méprise pareille à la dernière.

CXIII.

« La Géorgienne et son amant, » répondit l'impériale épouse ; — elle ajouta : « Que le bateau soit prêt du côté de la porte secrète du sérail ; tu sais le reste. » Elle parut ne prononcer ces paroles qu'avec effort, en dépit de son amour offensé et de son farouche orgueil ; Baba le remarqua avec empressement, et la conjura, par tous les poils de la barbe de Mahomet, de révoquer l'ordre qu'il venait d'entendre.

CXIV.

« Entendre, c'est obéir », dit-il, « néanmoins, sultane, songez aux conséquences ; non que je ne sois prêt à exécuter vos ordres dans leur sens le plus rigoureux ; mais tant de précipitation peut avoir des suites funestes, même aux dépens de Votre Majesté ; je ne veux pas parler ici de votre ruine et de votre position critique en cas d'une découverte prématurée,

CXV.

« Mais de vos propres sentiments. Lors même que tout ce secret resterait caché sous les vagues dans leurs funestes abîmes, qui ont déjà enseveli tant de cœurs palpitants d'amour, — vous aimez ce jeune homme, ce nouvel hôte du sérail, et si vous recourez à ce remède violent... — excusez la liberté que je prends, mais je vous assure que le moyen de vous guérir n'est pas de le tuer. »

CXVI.

« — Que connais-tu de l'amour et du sentiment ? — misérable ! Va-t'en ! » s'écria-t-elle, les yeux enflammés de courroux ; —. « va-t'en, et exécute mes ordres ! » Baba disparut, car pousser plus loin ses remontrances, c'était, il ne l'ignorait pas, s'exposer à devenir son propre bourreau ; et, bien qu'il désirât beaucoup sortir de cette fâcheuse affaire sans qu'il en résultât aucun mal pour autrui, cependant il préférait sa tête à celle des autres.

CXVII.

Il courut donc remplir sa commission, non sans murmurer et grommeler, en bon Turc, contre les femmes de toutes conditions, mais surtout contre les sultanes et leurs manières d'agir, leur obstination, leur orgueil, leur indécision, leur manie de ne pas savoir deux jours de suite ce qu'elles veulent, les tourments qu'elles donnent, leur immoralité, toutes choses qui lui faisaient chaque jour bénir sa neutralité.

CXVIII

Puis il appela ses confrères à son aide, et envoya l'un d'entre eux avertir le jeune couple de se parer sans délai, surtout de se peigner avec le plus grand soin, et de se préparer à paraître devant l'impératrice, qui s'était informée de leurs nouvelles avec la plus vive sollicitude : sur quoi Doudou parut surprise, et Juan tout interdit; mais, bon gré mal gré, il fallut obéir.

CXIX.

Et ici je les laisse se préparer à l'audience impériale. Quant à savoir si Gulbeyaz leur témoigna à tous deux de la commisération, ou s'en débarrassa comme font dans leur colère les autres dames de sa nation, — c'est une question qu'il m'est aussi facile de décider que de soulever un cheveu ou une plume ; mais à Dieu ne plaise que je détermine à l'avance la manière dont un caprice féminin doit avoir son cours !

CXX.

Faisant donc des vœux pour eux, et doutant fort qu'ils se tirent d'affaire, je les quitte pour combiner une autre partie de cette histoire; car il nous faut de temps en temps changer les mets de ce banquet. Espérant donc que Juan échappera aux poissons, bien que sa position actuelle semble étrange et peu sûre, comme ces digressions sont permises, ma muse va s'occuper un peu de guerre.

NOTES DU CHANT SIXIÈME.

¹ Les chants VI, VII et VIII furent écrits à Pise, en 1822, et publiés par M. John Hunt, en juillet 1823 ; la lettre suivante, du poëte, explique comment il se remit à *Don Juan* :

« *Pise, 8 juillet* 1822. Il n'est pas impossible que je puisse avoir trois ou quatre chants de *Don Juan* prêts pour cet automne, ou un peu plus tard, ayant obtenu de ma dictatrice la permission de le continuer, pourvu cependant que je fusse désormais plus réservé, plus sur le décorum, plus sentimental que dans le commencement. On peut voir comment je me suis conformé à ces ordres sévères, car l'embargo n'a été levé qu'à ces conditions.

² Voir Shakspeare, *Jules César*, act. 4, sc. 5.

³ Fameux visionnaire, né près de Gorlitz, en 1575, et fondateur de la secte des behménites. Il trouva de nombreux disciples en Allemagne, et il n'a pas manqué d'admirateurs en Angleterre. Le fameux William Law a donné une édition de ses œuvres.

⁴ A Ware, l'auberge connue par son enseigne, *à la Tête du Sarrasin*, contient encore le fameux lit, large de douze pieds carrés, auquel Shakspeare fait allusion dans sa *Douzième Nuit*.

⁵ Voir *Waverley*.

⁶ *Precarious bond*. Le mot *bond* signifie tout à la fois lien, gage et billet à ordre ; l'auteur y attache donc un double sens ; nous avons préféré le mot qui répondait à son intention. *N. du Trad.*

⁷ Allusion à la couche de neige où saint François se plongea pour échapper aux tentations de la chair. Butler, *Vie des Saints*.

⁸ Démétrius Cantemir, prince de la Moldavie ; son *Histoire de la grandeur et de la décadence de l'empire ottoman* a été traduite en anglais par Tindal ; il mourut en 1725.

⁹ *Mémoire sur la situation de l'empire turc*, 1785.

¹⁰ Padisha est le nom turc du Grand-Seigneur.

¹¹ Katinka était le nom de la plus jeune des trois jeunes filles dans la maison desquelles lord Byron résida pendant son séjour à Athènes, en 1810. *Voir les Mémoires de Moore*, t. 1, p 520.

¹² Dans le texte il y a *Dudu*, qui se prononce *Doudou*. Nous avons cru devoir écrire ce nom en français comme il se prononce en anglais. *N. du Trad.*

¹³ Des deux genres. *N. du Trad.*

¹⁴ *Kiss* rhymes to *bliss* in fact as well as verse. *N. du Trad.*

¹⁵ Voir la réponse d'Antoine à Brutus, dans le *Jules César* de Shakspeare. *N. du Trad.*

¹⁶ Un des avocats de la reine Caroline, parlant, devant la Chambre des lords, d'un des incidents les plus accusateurs de sa liaison avec Bergami, le représenta comme le résultat imprévu de coïncidences étranges.

DON JUAN.

CHANT SEPTIÈME[1].

I.

O amour! ô gloire! qui, voltigeant sans cesse autour de nous, vous posez si rarement, qu'êtes-vous? Les cieux polaires n'ont point de météore plus éblouissant et plus passager ; engourdis et enchaînés à la terre glacée, nous levons les yeux vers ces deux lueurs charmantes ; elles prennent mille et mille couleurs, puis nous laissent, transis, poursuivre notre route.

II.

Ce qu'elles sont, mon poëme l'est également : poëme indéfinissable et toujours changeant, sorte d'aurore boréale versifiée, éclairant un climat désert et glacial. Quand nous savons ce que nous sommes tous, force nous est de gémir sur nous-mêmes ; néanmoins, il ne saurait, j'espère, y avoir grand mal à rire de *toute* chose ; — car, qu'est-ce après *tout*, que *toute* chose, — sinon une *parade ?*

III.

Ils m'accusent, — *moi*, — l'auteur du présent poëme, de — je ne sais trop quoi, — d'une tendance à ravaler et à tourner en dérision les facultés de l'homme, ses vertus, que sais-je enfin ? Ils me reprochent tout cela en termes passablement durs. Bon Dieu ! je ne les comprends pas ! Je n'en dis pas plus que n'en ont dit Dante, Salomon, Cervantès,

IV.

Swift, Machiavel, Larochefoucault, Fénelon, Luther, Platon, Tillotson, Wesley et Rousseau, qui savaient que cette vie ne vaut pas une patate. Ce n'est ni leur faute ni la mienne s'il en est ainsi ; — pour ma part, je ne prétends être ni un Caton ni un Diogène. — Nous vivons et nous mourons ; mais lequel des deux vaut le mieux ? c'est ce que vous ne savez pas plus que moi

V.

Socrate disait que « tout ce que nous savons, c'est que

nous ne savons rien; » belle science, vraiment, qui rabaisse au niveau d'un âne tous les sages présents, passés et futurs! Newton (cette intelligence proverbiale), hélas! déclarait, après toutes ses grandes découvertes récentes, qu'il ne se considérait que « comme un enfant ramassant des coquillages au bord du grand océan de la Vérité. »

VI.

« Tout est vanité, » dit l'Ecclésiaste; la plupart des prédicateurs en disent autant, ou le prouvent par leur manière de pratiquer le véritable christianisme; enfin, c'est une vérité que tous connaissent, ou ne tarderont pas à connaître; et dans ce vide universel avoué par les saints, les philosophes, les prédicateurs et les poëtes, moi seul je ne pourrai, sans m'exposer à des querelles, proclamer le néant de la vie!

VII.

Chiens, ou hommes! — car c'est vous faire trop d'honneur que de vous appeler chiens, vous ne les valez pas, — libre à vous de lire ou de ne pas lire l'ouvrage où j'essaie de vous faire voir ce que vous êtes en toute chose. De même que les hurlements des loups n'empêchent pas la lune de poursuivre son cours, de même ma muse radieuse ne voilera pas pour vous un seul de ses rayons. Hurlez donc votre inutile rage, pendant que sur vos voies ténébreuses luira sa lumière argentée!

VIII.

« *Les farouches amours, et les perfides guerres* », je ne sais si je cite fidèlement; — n'importe, c'est à peu près le sens, j'en suis sûr; je chante les unes et les autres, et je vais de ce pas canonner une ville qui soutint un fameux siége par terre et par mer[2] contre Souvaroff, en anglais Suwarow, qui aimait le sang comme un alderman aime la moelle.

IX.

La forteresse a nom Ismaël; elle est située sur la rive gauche du bras gauche du Danube[3]; la ville, bâtie à l'orientale, était une forteresse du premier rang, et doit l'être encore, à moins que depuis on ne l'ait démantelée, ce qui est un jeu de conquérant ; elle est à peu près à quatre-vingts verstes de la mer, et elle a trois mille toises de tour[4].

X.

On a compris dans ces fortifications un faubourg situé à la gauche de la ville, sur une hauteur qui la domine ; autour de cette élévation, un Grec a fait placer les palissades *perpendiculairement* sur le parapet, de manière à *entraver* le feu des assiégés, et à *favoriser* celui des assiégeants.

XI.

Cette circonstance pourra donner une idée des grands talents de ce nouveau Vauban ; mais les fossés en bas étaient profonds comme l'Océan, et les remparts plus hauts que vous ne voudriez vous voir pendre ; toutefois, on avait négligé plus d'une précaution (excusez, je vous prie, ce jargon d'ingénieur) : il n'y avait ni ouvrage avancé, ni chemin couvert, pour vous dire au moins : « On ne passe pas. »

XII.

Mais un bastion de pierre, ouvert par une gorge très étroite, et des murs aussi épais que beaucoup de crânes de ma connaissance ; deux batteries armées de pied en cap, comme notre saint Georges, l'une casematée, et l'autre à barbette, défendaient d'une manière formidable la rive du Danube ; du côté droit de la ville était un cavalier de quarante pieds d'élévation, garni de vingt-deux pièces de canon.

XIII.

Mais du côté du fleuve, la ville était absolument ouverte, les Turcs ne croyant pas que les Russes pussent jamais avoir une flottille dans le Danube ; ils restèrent dans cette persuasion jusqu'au moment où ils furent envahis, époque à laquelle il était trop tard pour se raviser ; mais comme il n'était guère possible de passer le Danube à gué, ils regardèrent la flottille moscovite, en se contentant de crier « Allah ! » et « Bis Millah ! »

XIV.

Les Russes étaient prêts à donner l'assaut ; mais, ô déesses de la guerre et de la gloire ! comment faire pour écrire le nom de tous ces Cosaques qui seraient immortels si l'on pouvait raconter leurs actions? Hélas! que manquait-il à leur renommée? Achille lui-même n'était ni plus terrible ni plus couvert de sang que des milliers d'hommes de cette nation récemment policée, dont les noms n'auraient besoin — que de pouvoir être prononcés.

XV.

Toutefois, j'en citerai quelques-uns, ne fût-ce que pour ajouter à l'harmonie de mes vers. Là étaient Strongenoff, Strokonoff, Meknop, Serge Low, Arsniew de la Grèce moderne, Tschitsshakoff, Roguenoff, Chokenoff, et autres, dont les noms contiennent chacun douze consonnes; j'en trouverais encore bien d'autres si je voulais fouiller plus avant dans les Gazettes; mais il paraît que la Gloire (cette capricieuse catin) a de l'oreille en même temps qu'elle a une trompette,

XVI.

Et ne peut faire entrer dans le vers ces syllabes discordantes, qui sont des noms à Moscou; il s'en trouvait néanmoins d'aussi dignes de mémoire que jamais vierge le fut du carillon nuptial; sons mélodieux appropriés aux péroraisons que fait Londonderry pour gagner du temps. De tous ces noms finissant en « ischskin, ousckin, iffskchy, ouski, » je ne citerai que Rousamouski,

XVII.

Scherematoff, Chrematoff, Koklophti, Koclobski, Kourakin et Mouskin Pouskin, tous hommes d'action et n'ayant point leurs pareils pour tenir tête à un ennemi et lui passer un sabre au travers du corps; tous ayant peu de soucis de Mahomet et du mufti, et, si le parchemin renchérissait, prêts à faire servir leur peau, faute de mieux, à remplacer celle de leurs timbales.

XVIII.

Il y avait aussi des étrangers de grand renom, de divers pays, et tous volontaires; gens qui ne combattaient ni pour leur patrie, ni pour leur roi, mais pour devenir un jour brigadiers, comme aussi pour se procurer le divertissement du sac d'une ville, passe-temps fort agréable pour des jeunes gens de leur âge. Parmi eux se trouvaient plusieurs Anglais vaillants, dont seize s'appelaient Thomson et dix-neuf Smith.

XIX.

Il y avait Jack Thomson et Bill Thomson; — le reste des Thomson avaient nom *Jemmy* [5], d'après le grand poëte; j'ignore s'ils avaient armoiries ou cimier; mais, avec un tel parrain, on peut s'en passer. Parmi les Smith, on comptait trois Pierre; mais le meilleur de tous pour porter et parer un coup vigoureusement, était ce Smith si renommé depuis « dans les quartiers d'Halifax [6]; » alors il servait les Tartares.

XX.

Les autres étaient des Jack, des Gill, des Will et des Bill [7]; mais quand j'aurai ajouté que l'aîné des Jack Smith était né dans les montagnes du Cumberland, et que son père était un honnête forgeron, j'aurai dit tout ce que je sais d'un nom qui occupe trois lignes dans la dépêche relative à la prise de Schmacksmith, village moldave, où il mourut, immortel dans un bulletin.

XXI.

Je voudrais bien savoir (quoique Mars soit un dieu dont je fais grand cas) si le nom d'un homme, dans un bulletin, peut compenser une balle dans le corps. J'espère qu'on ne me fera pas un crime de cette question; car, bien que je ne sois qu'un simple nigaud, il me semble qu'un certain Shakspeare met la même pensée dans la bouche d'un des personnages de ces pièces dont tant de gens raffolent, et dont les citations fournissent de l'esprit à tant d'autres.

XXII.

Il y avait aussi des Français, braves, jeunes et gais; mais j'ai trop de patriotisme pour citer leurs noms gaulois à propos d'une journée glorieuse; j'aimerais mieux dire dix mensonges qu'un mot de vérité; — la vérité, en ce cas, est trahison; c'est trahir son pays, et comme traîtres sont abhorrés ceux qui, en anglais, parlent des Français autrement que pour démontrer comme quoi la paix doit faire de John Bull l'ennemi des Français.

XXIII.

Les Russes s'étaient proposé deux buts par la construction de deux batteries sur l'île qui avoisine Ismaël : le premier, de bombarder la place et d'en abattre les édifices publics et particuliers, sans se soucier des pauvres diables dont on causerait la mort. Il est vrai de dire que la configuration de la ville devait suggérer cette idée : comme elle était bâtie en amphithéâtre, chaque maison présentait à la bombe un admirable but.

XXIV.

Le second objet était de profiter de ce moment de consternation générale pour attaquer la flottille turque, qui était, près de là, paisiblement à l'ancre; mais un troisième motif, et vraisemblablement le plus plausible, était d'effrayer les Turcs et de les engager à capituler ; idée qui passe quelquefois par la tête des guerriers, à moins qu'ils ne soient comme des boule-dogues et des chiens terriers.

XXV.

Une habitude blâmable, qui n'est que trop commune, celle de mépriser son ennemi, fut cause de la mort de Tchitchitzkoff et de Smith, l'un de ces dix-neuf « Smith » valeureux dont nous avons parlé tout à l'heure [8]; mais ce nom est ajouté à tant de *Sirs* et de *Madams*, qu'on serait tenté de croire que le premier qui le porta fut *Adam* lui-même.

XXVI.

La hâte qu'on mit à établir les batteries russes rendit leur construction imparfaite; ainsi la même cause qui fait qu'un vers n'a pas le nombre voulu de pieds, ou qui rembrunit la figure de Longman et de John Murray quand la vente d'un livre nouveau ne marche pas aussi rapidement que le désireraient ceux qui l'ont publié, peut aussi retarder pour quelque temps ce que l'histoire appelle tantôt « meurtre, » et tantôt « gloire. »

XXVII.

Soit stupidité de l'ingénieur, soit précipitation ou gaspillage, soit cupidité de l'entrepreneur voulant sauver son âme en fraudant en matière d'homicide, peu importe; mais il est certain qu'on négligea de donner aux batteries la solidité nécessaire; ou elles manquaient, ou l'ennemi ne les manquait pas; et, dans les deux cas, elles ajoutaient beaucoup à la liste des tués.

XXVIII.

On calcula mal les distances, ce qui rendit fautives toutes les opérations navales; trois brûlots perdirent leur aimable existence avant d'arriver au lieu où ils devaient produire leur effet; on se pressa trop d'allumer la mèche, et rien ne put remédier à cette bévue; ils brûlèrent au milieu du fleuve pendant que les Turcs, bien que l'aube eût déjà paru, dormaient encore profondément.

XXIX.

Toutefois, à sept heures, ils se levèrent et virent la flottille russe commencer son mouvement; il en était neuf lorsque, continuant à s'avancer résolument, elle se trouva à la portée d'un câble des remparts d'Ismaël, et commença une canonnade qui lui fut rendue, je puis dire, avec usure, accompagnée d'un feu de mousqueterie et de mitraille, ainsi que de bombes et d'obus de tous les calibres.

XXX.

La flotte soutint le feu des Turcs pendant six heures consécutives, et, secondée par les batteries de terre, elle fit jouer ses pièces avec une grande précision; enfin, on reconnut que les canonnades ne suffisaient pas pour réduire la place, et à une heure le signal de la retraite fut donné. Une barque sauta; une seconde dériva par la force du courant, et fut prise par les Turcs.

XXXI.

Les musulmans avaient aussi perdu beaucoup de monde et plusieurs vaisseaux; mais à peine virent-ils l'ennemi s'éloigner que leurs délhis [9] se jetèrent dans de petites barques, poursuivirent les Russes, les incommodèrent par un feu bien nourri, et essayèrent une descente; mais en cela ils échouèrent; le comte de Damas les rejeta pêle-mêle dans le fleuve, avec toute une gazette de carnage.

XXXII.

« Je ne tarirais pas, » dit l'historien, « si je voulais rapporter tout ce que les Russes firent de mémorable dans cette journée ; il me faudrait composer plusieurs volumes, et j'aurais encore beaucoup de choses à ajouter; » ce disant, il n'en parle plus, mais se borne à faire sa cour à quelques étrangers de distinction présents à ce combat : le prince de Ligne, Langeron et Damas, noms aussi grands qu'aucun de ceux que la gloire ait jamais inscrits dans ses fastes.

XXXIII.

Nous pouvons voir, par cet exemple, ce que c'est que la gloire; car combien de lecteurs vulgaires ignorent jusqu'à l'existence de ces trois preux chevaliers! (Ils vivent peut-être encore, qui sait?) La renommée est un but qu'on atteint ou qu'on manque; il y a du bonheur jusque dans la gloire, il faut le reconnaître. Il est vrai que les mémoires [10] du prince de Ligne ont pour lui entr'ouvert le rideau de l'oubli.

XXXIV.

Voilà donc des hommes qui ont vaillamment combattu et se sont comportés en héros; mais, perdus dans la multiplicité d'événements semblables, il est rare que leurs noms se retrouvent, et plus rare encore qu'on les cherche. C'est ainsi qu'une gloire méritée est sujette à subir de tristes mutilations, et s'éteint plus tôt qu'elle ne le devrait : sur chaque bulletin de nos modernes batailles je vous défie de vous rappeler dix noms.

XXXV.

Bref, cette dernière attaque, toute glorieuse qu'elle fût, fit voir qu'il y avait *quelque part quelque chose* qui n'allait pas, et l'amiral Ribas (connu dans l'histoire de Russie) conseilla fortement un assaut. Jeunes et vieux combattirent cette proposition, qui fit naître un long débat. Mais il faut que je m'arrête; car si je rapportais le discours de chaque guerrier, je doute que beaucoup de lecteurs voulussent monter à la brèche.

XXXVI.

Il y avait un homme, si toutefois c'était un homme ; non que sa virilité pût être mise en question ; car, s'il n'eût pas été un Hercule, sa carrière, au temps de sa jeunesse, aurait été aussi courte que le fut sa dernière maladie, causée par une indigestion, alors que, pâle, épuisé et maudit, il mourut sous un arbre, sur le sol de la verte province qu'il avait dévastée, comme une sauterelle dans le champ qu'a flétri son passage ;

XXXVII.

C'était Potemkin, — grand homme dans un temps où la grandeur était le prix de l'homicide et de la débauche ; si des décorations et des titres donnaient droit à la gloire, la sienne eût égalé la moitié de sa fortune. Cet homme, haut de six pieds, fit naître un caprice proportionné à sa taille dans le cœur de la souveraine des Russes, qui mesurait les hommes comme on mesure un clocher.

XXXVIII.

Pendant qu'on était dans l'indécision, Ribas envoya un courrier au prince, et réussit à faire régler les choses comme il l'entendait. Je ne puis dire comment il s'y prit pour plaider sa cause ; mais il eut promptement lieu d'être satisfait. Pendant ce temps, les travaux des batteries avançaient, et bientôt, sur le bord du Danube, quatre-vingts canons ouvrirent un feu des plus vifs, auquel il fut convenablement répondu.

XXXIX.

Mais le treize décembre, lorsque déjà une partie des troupes était embarquée, et qu'on allait lever le siége, un courrier, venu à franc-étrier, ranima le courage de tous les aspirants à la gloire de gazette, de tous les dilettanti dans l'art de la guerre ; il remit une dépêche conçue en termes électrisants, annonçant la nomination au commandement de l'armée de cet amant des batailles, le feld-maréchal Souwaroff.

XL.

La lettre du prince au maréchal eût été digne d'un Spartiale si la cause qu'il fallait servir eût pu sourire à un noble cœur, s'il eût été question de défendre la liberté, la patrie ou les lois; mais comme il n'y avait d'autre mobile que l'ambition du pouvoir, jalouse de dominer tous les fronts de son front superbe, cette lettre n'a rien qui la recommande, sauf le style; on n'y lisait que ces mots : « Vous prendrez Ismaël, coûte que coûte. »

XLI.

Dieu dit « Que la lumière soit! » et la lumière fut. « Que le sang coule! » dit l'homme, et il en déborde une mer. Le *fiat* de cet enfant gâté de la Nuit (car le jour ne vit jamais ses mérites) pouvait produire plus de maux en une heure que n'eussent pu en réparer trente étés brillants, eussent-ils été aussi beaux que ceux qui mûrirent le fruit d'Éden : car la guerre coupe non seulement les branches, mais aussi les racines.

XLII.

Nos amis les Turcs, qui commençaient déjà à saluer de bruyants « Allahs » la retraite des Russes, éprouvèrent un rude mécompte; on se fait rarement faute de croire son ennemi battu, ou abattu, si vous insistez sur la propriété des termes, chose dont je ne m'occupe guère dans le feu de la composition [11]; je disais donc que les Turcs furent étrangement désappointés, eux qui, abhorrant le porc, tenaient cependant à sauver leur lard.

XLIII.

Car, le seize, on vit venir de loin deux hommes courant à toute bride; on les prit d'abord pour des Cosaques; leur bagage n'était pas lourd; ils n'avaient que *trois* chemises à eux deux; ils étaient montés sur des coursiers de l'Ukraine. Lorsqu'on put distinguer de plus près ces deux hommes si simples, on reconnut en eux Souwaroff et son guide.

XLIV.

« Grande joie aujourd'hui à Londres! » s'écrie quelque sot fieffé chaque fois qu'il y a à Londres grande illumination, de toutes les fascinations la première pour John Bull, cet habile personnage ; pourvu que les rues soient garnies de verres de couleur, ce sage (le susdit John) livre à discrétion sa bourse, son âme, sa raison, et même sa déraison, pour satisfaire, comme un gros papillon de nuit qu'il est, ce seul et unique sens.

XLV.

Il n'a que faire maintenant de « damner ses yeux », car ils le sont déjà ! ce jurement célèbre n'a plus pour le diable aucune valeur, car John a depuis peu perdu l'usage de ses deux yeux. Il appelle les dettes une richesse, et les impôts un paradis ; la famine au corps maigre et décharné a beau le regarder en face, il ne la voit pas, ou il jure que la famine est fille de Cérès.

XLVI.

Mais je reprends mon histoire : — Grande joie au camp ! Joie au Russe, au Tartare, à l'Anglais, au Français, au Cosaque, sur lesquels Souwaroff est venu luire comme une lampe au gaz, présage d'un assaut glorieux ; comme le feu follet qui brille au bord des marais humides conduit le voyageur dans une fondrière, tout le monde suivait, n'importe où, la lueur vacillante de cet étrange météore.

XLVII.

Mais certes, les choses prirent une face différente ; il y eut de l'enthousiasme et force acclamations ; la flotte et le camp saluèrent avec beaucoup de grâce, et tout annonça un prochain succès. L'armée se rapprocha et s'établit à une portée de canon de la place ; on construisit des échelles ; on répara les imperfections des premiers travaux ; on en fit de nouveaux ; on prépara des fascines et toutes sortes de machines bienveillantes.

XLVIII.

C'est ainsi que l'esprit d'un seul homme imprime à la foule une direction commune ; ainsi roulent les vagues sous le souffle du vent ; ainsi marche le troupeau sous la protection du taureau ; ainsi chemine un aveugle sous la conduite de son chien ; ainsi les moutons qui vont au pâturage suivent le bélier au tintement de sa clochette: tel est l'empire des grands hommes sur les petits.

XLIX.

Tout le camp retentissait de cris de joie; vous eussiez dit qu'ils allaient à la noce (je tiens la métaphore pour bonne, car guerre et mariage amènent du grabuge); il n'était pas jusqu'au dernier goujat qui ne sentît redoubler son amour du danger et du pillage; et pourquoi? parce qu'un petit homme vieux, bizarre, à peine vêtu, était venu prendre le commandement.

L.

Mais cela était ainsi; tous les préparatifs se firent avec activité; la première attaque était composée de trois colonnes, n'attendant que le signal pour s'élancer sur l'ennemi; trois autres colonnes étaient destinées à la seconde attaque, et animées d'une soif de gloire qu'un océan de carnage pouvait seul étancher; la troisième attaque, par eau, n'avait que deux colonnes.

LI.

On construisit de nouvelles batteries, et on tint un conseil de guerre; comme cela arrive quelquefois dans les grandes extrémités, on y vit régner l'unanimité, dont la plupart des conseils offrent si rarement l'exemple; et toute difficulté ayant disparu, on vit briller, dans toute sa sublimité, l'astre de la Gloire, pendant que Souwaroff, décidé à la conquérir, enseignait à ses recrues le maniement de la baïonnette.

LII.

C'est un fait avéré que lui, commandant en chef, ne dédaignait pas de faire manœuvrer, en personne, ses lourdauds de conscrits, trouvant ainsi le temps de faire l'office d'un caporal : c'est comme si vous vouliez accoutumer une jeune salamandre à avaler du feu de bonne grâce. Il leur montrait à monter à une échelle (qui ne ressemblait pas à celle de Jacob) et à franchir un fossé.

LIII.

Il fit aussi habiller des fascines comme des hommes, avec

des turbans, des cimeterres et des poignards, et fit charger à la baïonnette ces mannequins, comme s'ils eussent été des Turcs véritables; quand ces recrues furent bien exercées à ces combats simulés, il les jugea propres à assaillir les remparts; les habiles en rirent et en plaisantèrent; il les laissa dire, mais il prit la ville.

LIV.

Tel était l'état des choses à la veille de l'assaut; tout le camp était plongé dans un profond repos, ce que vous eussiez eu peine à concevoir; cependant des hommes résolus à tout affronter sont silencieux quand tout est prêt et qu'on n'attend plus que le signal. — Il y avait peu de bruit; car les uns pensaient à leurs foyers et à leurs amis, et les autres à eux-mêmes et à leur dernière heure.

LV.

Souwaroff, surtout, était sur le qui-vive, inspectant, faisant faire l'exercice, donnant des ordres, plaisantant, méditant; car, on peut l'affirmer en toute assurance, c'était l'homme le plus extraordinaire qu'on pût voir : héros, bouffon, moitié démon, moitié boue, priant, instruisant, ravageant, pillant; tantôt Mars, tantôt Momus, et, la veille d'un assaut, arlequin en uniforme.

LVI.

Le jour qui précéda l'assaut, pendant qu'il s'occupait à exercer ses conscrits, — car ce grand conquérant se faisait caporal, — quelques Cosaques, rôdant comme des faucons autour d'une colline, rencontrèrent, à la tombée de la nuit, une troupe d'individus dont l'un parlait leur langue, — bien ou mal, n'importe : c'était beaucoup que de se faire comprendre; quoi qu'il en soit, à sa voix, ou à ses paroles, ou à ses manières, ils reconnurent qu'il avait servi sous leur bannière.

LVII.

Aussitôt, sur sa demande, ils l'amenèrent, lui et ses camarades, au quartier-général. Leur costume était musulman; mais il était facile de voir que c'étaient des Tartares déguisés, et que sous la veste turque battaient des poitrines chrétiennes : ce n'est pas la première fois que le christianisme a échangé sa grâce intérieure contre la pompe extérieure, et donné lieu à d'étranges méprises.

LVIII.

Souwaroff, qui était en manches de chemise, devant une compagnie de Kalmouks, faisant manœuvrer, criant, plaisantant, jurant contre les lambins, et donnant une leçon dans l'art sublime de tuer : — car ce grand philosophe, ne voyant dans l'humaine argile que de la boue, inculquait alors ses maximes, prouvant à toute intelligence martiale que la mort sur le champ de bataille valait une pension ;

LIX.

Souwaroff, quand il vit cette troupe de Cosaques et leur proie, se tourna, et, dirigeant vers eux son front couvert et son regard perçant : « D'où venez-vous ? » — « De Constantinople. Nous sommes des captifs échappés. »—Qui êtes-vous ? » — « Ce que vous voyez. » Ce dialogue était laconique ; car celui qui répondait savait à qui il parlait, et était économe de mots.

LX.

« Vos noms ? » — « Le mien est Johnson ; celui de mon camarade, Juan ; les deux autres sont des femmes ; le troisième n'est ni homme ni femme. » Le général jeta sur la troupe un coup d'œil rapide, puis dit : « J'ai déjà entendu *votre* nom ; le second est nouveau pour moi ; il est absurde d'avoir amené ici ces trois autres personnes ; mais n'importe. Il me semble avoir entendu votre nom dans le régiment de Nikolaiew. » — « Précisément. »

LXI.

— Vous avez servi à Widdin ? » — « Oui. » — « Vous conduisiez l'attaque ? » — « C'est vrai. » — « Qu'êtes-vous devenu depuis ? » — « Je le sais à peine. » — « Vous étiez le premier sur la brèche ? » — « Du moins je n'ai pas été lent à suivre ceux qui pouvaient y être. » — « Ensuite ? » — « Une balle m'étendit par terre, et l'ennemi me fit prisonnier. » — « Vous serez vengé, car la ville que nous assiégeons est deux fois aussi forte que celle où vous avez été blessé.

LXII.

« Où voulez-vous servir ? » — Où vous voudrez. » — « Je sais que vous préférez les postes les plus périlleux, et je ne doute pas qu'après les maux que vous avez endurés, vous ne soyez le premier à attaquer l'ennemi. Et ce jeune homme au menton sans barbe, aux vêtements déchirés, de quoi est-il capable ? » — « Ma foi, général, s'il réussit en guerre comme en amour, c'est lui qui devrait monter le premier à l'assaut. »

LXIII.

— « Il le fera, s'il l'ose. » Ici, Juan s'inclina aussi profondément que le compliment le méritait. Souwaroff continua : « Par un heureux hasard, c'est votre régiment qui doit demain, ou peut-être ce soir, monter le premier à l'assaut. J'ai promis à divers saints que, sous peu, la charrue ou la herse passera sur ce qui fut Ismaël, sans être arrêtée par la plus superbe de ses mosquées.

LXIV.

« Ainsi donc, mes enfants, à la gloire ! » Cela dit, il se retourna, et se remit à commander l'exercice dans le russe le plus classique, jusqu'à ce que tous les cœurs héroïques brûlassent d'une noble ardeur pour le pillage et la gloire : on eût dit un prédicateur qui, méprisant noblement tous les biens de la terre, hormis pourtant les dîmes, les exhortait à attaquer et à immoler ces païens, qui avaient l'audace de résister aux armées de Catherine, l'impératrice chrétienne.

LXV.

Johnson, qui, par ce long colloque, comprit qu'il était dans les bonnes grâces du général, se décida à adresser encore la parole à Souwaroff, bien qu'il le vît absorbé de nouveau par son amusement favori. « Je suis on ne peut plus reconnaissant qu'on veuille bien m'accorder de mourir l'un des premiers ; mais si vous aviez la bonté de nous assigner à tous deux notre poste, mon ami et moi nous saurions quels devoirs nous aurons à remplir. »

LXVI.

— « C'est juste ! j'étais occupé, et j'oubliais. Vous, vous

rentrerez dans votre ancien régiment, qui doit être maintenant sous les armes. Holà! Katskoff (ici, il appela un aide-de-camp polonais), — conduisez monsieur à son poste, je veux dire au régiment de Nikolaiew. Le jeune étranger pourra rester avec moi; c'est un beau garçon. On peut envoyer les femmes aux bagages ou à l'ambulance. »

LXVII.

Mais ici commença une espèce de scène. Les dames, qui n'étaient pas accoutumées à ce que l'on disposât d'elles d'une manière si nouvelle, bien que leur éducation de harem les eût prédisposées sans doute à la plus vraie des doctrines, l'obéissance passive, levèrent alors la tête, les yeux enflammés et pleins de larmes; et, pareilles à la poule qui étend ses ailes sur ses poussins, elles étendirent leurs bras

LXVIII.

Sur les deux braves ainsi promus et honorés par le plus grand capitaine qui ait jamais peuplé l'enfer de héros immolés, ou plongé une province ou un royaume dans la douleur. O mortels insensés, pour qui l'expérience est vaine! O laurier glorieux en effet, puisque, pour une seule feuille de cet arbre prétendu immortel, doit couler une mer sans reflux, une mer de sang et de larmes!

LXIX.

Souwaroff, qui avait très peu d'égard pour les larmes, et pas beaucoup de sympathie pour le sang, ne vit pourtant pas sans une légère ombre de sensibilité ces femmes, les cheveux épars, en proie à de sincères douleurs; car, bien que l'habitude endurcisse contre les souffrances de millions d'hommes les cœurs qui font leur métier du carnage, parfois une douleur isolée pourra toucher même des héros, — et Souwaroff l'était.

LXX.

Il dit du ton kalmouck le plus tendre : « Parbleu, Johnson, comment diable avez-vous pu amener ici des femmes? Il leur sera témoigné toutes les attentions possibles, et elles seront conduites en sûreté jusqu'aux fourgons; par le fait, ce n'est que là qu'elles peuvent être en sûreté. Vous auriez dû savoir que cette espèce de bagage ne convient pas : à moins qu'elles n'aient un an de ménage, je hais les recrues mariées. »

LXXI.

— « N'en déplaise à Votre Excellence, » répondit notre Anglais, « ce sont les femmes d'autrui et non les nôtres. Je suis trop au fait du service pour en enfreindre les règles, en amenant une femme à moi dans un camp ; je sais que dans une charge rien ne tourmente le cœur d'un héros comme de laisser après lui une petite famille.

LXXII.

« Mais vous voyez ici deux dames turques, qui, après avoir, ainsi que leur domestique, favorisé notre fuite, nous ont accompagnés dans ce déguisement à travers mille périls. Pour moi ce genre de vie n'est pas nouveau ; pour elles, frêles créatures, c'est une position pénible. C'est pourquoi, si vous voulez que je combatte libre de toute préoccupation, je demande qu'elles soient traitées avec égard. »

LXXIII.

Pendant ce temps-là, ces deux pauvres filles, les larmes aux yeux, semblaient ne trop savoir quelle confiance accorder à leurs protecteurs ; leur surprise n'était pas moins grande ni moins juste que leur douleur de voir un vieillard, plus fou que sage dans son aspect, simplement vêtu, couvert de poussière, habit bas, avec un gilet qui n'était pas très propre ; de le voir, dis-je, plus redouté que tous les sultans du monde.

LXXIV.

En effet, comme elles pouvaient le lire dans tous les regards, tout semblait obéir à son moindre signe. Or, accoutumées qu'elles étaient à considérer le sultan comme une sorte de dieu, à le voir, resplendissant de pierreries, se prélasser dans toute la pompe du pouvoir comme un paon impérial (le paon, ce royal oiseau dont la queue est un diadème), elles ne pouvaient se figurer que le pouvoir pût se passer de cet accompagnement.

LXXV.

John Johnson, voyant leur embarras extrême, bien que peu versé dans la sensibilité orientale, leur offrit des consolations à sa manière; don Juan, beaucoup plus sentimental, jura qu'elles le reverraient à la pointe du jour, ou que toute l'armée russe s'en repentirait. Chose étrange! elles trouvèrent dans cette assurance quelque consolation, — car les femmes aiment l'exagération.

LXXVI.

Puis, après beaucoup de larmes, de soupirs, et quelques légers baisers, ils se séparèrent pour le moment, — celles-ci pour attendre, selon que l'artillerie porterait juste ou faux, ce résultat que les sages nomment hasard, providence ou destin — (l'incertitude est un des nombreux bienfaits hypothéqués sur les domaines de l'humanité), tandis que leurs chers amis allaient s'armer pour brûler une ville qui ne leur avait jamais fait de mal.

LXXVII.

Souwaroff, — qui ne voyait les choses qu'en gros, trop grossier lui-même pour les voir en détail; qui ne faisait pas plus de cas de la vie que d'un fétu, qui ne voyait que du vent dans les gémissements d'une nation en deuil, et, pourvu que la victoire lui restât, ne se souciait pas plus de la perte de son armée que la femme et les amis de Job ne s'occupaient de ses maux; — qu'étaient-ce pour lui que les sanglots de deux femmes?

LXXVIII.

Rien; — cependant l'œuvre de gloire se continuait dans les préparatifs d'une canonnade aussi terrible que celle d'Ilion, si Homère avait eu des obusiers sous la main; mais ici, au lieu de tuer le fils de Priam, nous ne pouvons parler que d'escalade, de bombes, de tambours, de fusils, de bastions, de batteries, de baïonnettes, de boulets; mots rudes que le gosier délicat de la Muse a peine à prononcer.

LXXIX.

O toi, éternel Homère! qui sus charmer toutes les oreilles, et même les plus longues, tous les âges, bien qu'ils soient si courts, uniquement en maniant d'un bras poétique des armes dont les hommes ne feront plus usage, à moins que la poudre ne se montre beaucoup moins meurtrière que ne le souhaitent toutes les cours aujourd'hui liguées pour détruire la jeune Liberté; mais elles ne trouveront pas dans la Liberté une nouvelle Troie;

LXXX.

O toi, éternel Homère! j'ai maintenant à décrire un siége où plus d'hommes furent immolés avec des engins plus redoutables et par des coups plus prompts que dans la campagne dont tu as rendu compte dans ta gazette grecque; et cependant je dois reconnaître, comme tout le monde, que vouloir aller de pair avec toi serait aussi insensé à moi qu'à un ruisseau de rivaliser avec l'Océan; ce qui n'empêche pas que nous autres modernes, nous ne vous égalions dans le carnage;

LXXXI.

Sinon en poésie, du moins en fait : et le fait, c'est la vérité, ce grand *desideratum*, dont il faut pourtant retrancher quelque chose, toute fidèle et minutieuse que soit la Muse à décrire chaque acte. Maintenant, la ville va être attaquée; de grandes actions se préparent, — comment les raconterai-je? Ames des généraux immortels! Phébus n'attend plus que vos dépêches pour en colorer ses rayons.

LXXXII.

O vous, grands bulletins de Bonaparte! ô vous, liste longue et moins pompeuse des tués et des blessés! ombre de Léonidas, qui combattiez si vaillamment alors que ma pauvre Grèce était, comme aujourd'hui, cernée par ses ennemis! ô Commentaires de César! ombres glorieuses! pour que je n'y perde pas mon latin, communiquez à la Muse une portion des teintes si belles, si passagères, de votre pâlissant crépuscule!

LXXXIII.

Quand j'appelle « pâlissante » l'immortalité des armes, je veux dire que chaque siècle, chaque année, et presque chaque jour, est malheureusement forcé de donner naissance à quelque héros à la mamelle; lorsque nous venons à calculer la somme des actes les plus utiles à la félicité humaine, ce héros n'est plus qu'un boucher en grand, qui a su en imposer à de jeunes cervelles.

LXXXIV.

Médailles, grades, rubans, dentelle, broderie, écarlate, sont choses éternellement inhérentes à l'homme immortel, comme la pourpre à la prostituée de Babylone; un uniforme est pour les jeunes gens ce qu'est un éventail pour les femmes; il n'est pas de goujat en habit rouge qui ne se croie le premier à l'avant-garde de la gloire. Mais la gloire est la gloire; et si vous voulez savoir ce que c'est, — demandez-le au pourceau qui voit le vent [12] !

LXXXV.

Du moins il le *sent*, et quelques-uns disent qu'il le *voit*, parce qu'il court devant lui comme un pourceau; ou, si la simplicité de cette phrase vous déplaît, disons qu'il file devant lui comme un brick, un schooner, ou... — mais il est temps de terminer ce chant, avant que ma Muse se sente fatiguée. Le suivant sonnera un branle à mettre tout le monde en émoi, comme le bourdon d'un clocher de village.

LXXXVI.

Entendez-vous, à travers le silence de la nuit froide et lugubre, le mouvement des armées qui forment leurs rangs? Voyez ces masses noires qui se glissent sans bruit, et prennent position le long des remparts assiégés et de la rive hérissée du fleuve armé, tandis que la lueur incertaine des étoiles scintille à travers les sombres vapeurs qui se déroulent en pittoresques flocons. — Bientôt la fumée de l'enfer les couvrira d'un voile plus épais.

LXXXVII.

Arrêtons-nous ici pour un moment; imitons cette pause courte, mais terrible, qui, séparant la vie de la mort, glaça un instant le cœur de ces hommes, dont plusieurs milliers respiraient leur dernier souffle! Un moment! — et tout redeviendra plein de vie: la marche, la charge, les cris des deux fois rivales, hourra! et allah! — et le moment d'après, le cri de mort étouffé dans le mugissement de la bataille.

NOTES DU CHANT SEPTIÈME.

1 Le septième et le huitième chant contiennent une description étendue et détaillée du siége et de la prise d'Ismaël, avec force sarcasmes sur nos soldats mercenaires, ces bouchers en grand. Avec de pareilles opinions, ainsi développées, il est nécessaire, dans notre siècle de tyrannie et de philosophie, de jeter loin de soi le fourreau : je sais que j'aurai de terribles adversaires; mais il faut livrer la bataille, et le résultat en sera bon pour l'humanité, quoi qu'il en puisse arriver à mon pauvre individu.   B.

2 En 1790, le 30 novembre, on s'approcha de la place; les troupes de terre formaient un total de vingt mille hommes, indépendamment de sept à huit mille Cosaques.   *Histoire de la Nouvelle Russie*, t. II, p. 201.

3 Ismaël est située sur la rive gauche du bras gauche du Danube. *Ibid.*

4 A peu près à quatre-vingts verstes de la mer : elle a près de trois mille toises de tour. — (Tous les détails relatifs à ce siége sont pris dans l'histoire ci-dessus mentionnée.)

5 James Thomson, auteur du poëme des *Saisons*; Jemmy est un diminutif de James.   *N. du Trad.*

6 Voir la farce *Love Laughs at Locksmiths*.

7 Jack est le diminutif de John, Gill de Gile, Will et Bill de William.
   N. du Trad.

8 Il y a dans le texte : « que nous avons tout à l'heure fait rimer avec *pith*. Ce dernier mot signifie *force*, *vaillance*, et, dans la stance XVIII, arrive à point nommé pour rimer avec Smith.   *N. du Trad.*

9 Littéralement, fous, espèces de troupes qui, dans les armées turques, sont employées en enfants perdus. D'HERBELOT.

10 Charles-Joseph, prince de Ligne, était né à Bruxelles; envoyé en 1782, par l'empereur Joseph II, près de Catherine, il devint son favori; elle le nomma feld-maréchal, et lui donna un gouvernement en Crimée; il fut envoyé en 1788, pour aider Potemkin, au siége d'Oczakoff; il mourut en 1814.

11 Les jeux de mots, les calembours, ne sont pas susceptibles d'une traduction littérale, et le traducteur doit, non les faire disparaître, car ce serait effacer un des traits de la physionomie du style qu'il reproduit, mais les remplacer par des équivalents. C'est ce que nous avons fait dans ce passage, comme dans quelques autres : *battu*, en anglais, s'exprime par *beaten*, ou *beat* par abréviation. *Beaten* est le mot grammatical. Byron, après avoir employé le mot *beat*, ajoute *ou beaten, si vous tenez à la grammaire, chose dont je ne m'occupe guère*, etc... Ici la traduction littérale eût été un non-sens.   *N. du Trad.*

12 Expression du Psalmiste.

DON JUAN.

CHANT HUITIÈME.

I.

O sang et tonnerre! ô sang et blessures! Voilà des jurements bien vulgaires, n'est-ce pas, doux lecteur? voilà d'épouvantables consonnances : c'est vrai; pourtant c'est la seule explication du rêve de la gloire ; et comme ce sont là les objets dont va s'occuper ma Muse véridique, comme ils forment le sujet de ses chants, c'est à eux aussi qu'il lui faut demander ses inspirations! Appelez-les Mars, Bellone, comme il vous plaira; — tout cela ne veut dire qu'une chose, la guerre.

II.

Tout était prêt : — le feu, le glaive, les hommes destinés à manier ces instruments terribles. L'armée, comme un lion qui sort de sa tanière, s'avança, les muscles et les nerfs tendus pour le carnage; — hydre humaine sortant de son marais pour souffler la destruction sur sa voie sinueuse, ayant pour têtes des héros, têtes à peine coupées qu'elles étaient remplacées par d'autres.

III.

L'histoire ne peut saisir les objets qu'en gros; mais si nous les connaissions en détail, peut-être qu'en balançant le profit et la perte, nous rabattrions du mérite de la guerre ; nous trouverions qu'acheter au prix de tant d'or quelques conquêtes, c'est payer bien cher d'assez minces résultats; il y a plus de gloire vertueuse à sécher une seule larme qu'à répandre des mers de sang!

IV.

Et pourquoi? parce que la première de ces gloires procure le contentement de soi-même, tandis que l'autre, malgré tout son éclat, ses acclamations, ses ponts, ses arcs-de-triomphe, ses pensions décernées par un peuple auquel il ne reste pas grand'chose, malgré les titres pompeux et les dignités qu'elle confère, peut bien exciter les ébahissements de la corruption; mais, après tout, hormis dans les combats de la Liberté, elle n'est que la crécelle de l'homicide.

V.

Telle est la gloire des armes, telle elle sera toujours; il n'en est pas ainsi de Léonidas et de Washington : chacun de leurs champs de bataille est un lieu sanctifié qui parle de nations sauvées, non de mondes désolés. Comme ces noms résonnent doucement à l'oreille! Pendant que le nom des simples conquérants excitera l'étonnement ou la stupeur des âmes serviles et vaines, le leur servira de mot de ralliement jusqu'à ce que l'avenir soit libre.

VI.

La nuit était sombre; à travers l'épais brouillard on ne distinguait que la flamme de l'artillerie, qui ceignait l'horizon d'un nuage de feu, et se reflétait dans les eaux du Danube comme dans un miroir de l'enfer. Les détonations successives et leurs roulements prolongés assourdissaient l'oreille bien plus que n'eût fait le tonnerre, car les foudres du ciel nous épargnent, ou nous frappent rarement; — celles de l'homme réduisent des millions d'hommes en cendres !

VII.

La colonne désignée pour l'assaut eut à peine parcouru, au delà des batteries russes, un espace de quelques toises, que les musulmans irrités se levèrent enfin, et répondirent aux tonnerres des chrétiens par un langage du même genre : alors un vaste incendie embrasa l'air, la terre et le fleuve; le sol sembla trembler sous ce bruit effroyable, pendant que toute la ligne des remparts vomissait des flammes, comme l'Etna quand l'inquiet Titan s'agite dans sa caverne.

VIII.

Au même instant s'éleva un cri universel d'*Allah!* qui, non moins bruyant que la voix des foudres de la guerre, alla jeter à l'ennemi un orgueilleux défi : « *Allah!* » répétèrent la ville, le fleuve et le rivage. Et, dans les nuages étendus comme un voile épais sur les combattants, vibra le nom de l'Éternel. Écoutez! à travers tous les bruits, un bruit domine : « Allah! Allah! hu! »

IX.

Toutes les colonnes étaient en mouvement; mais celles qui attaquaient par eau virent leurs soldats tomber comme des feuilles, bien que commandées par Arseniew, ce fils renommé du meurtre, aussi brave qu'aucun de ceux qui affrontèrent jamais la bombe ou le boulet. « Le carnage, » dit Wordsworth, « est fils de Dieu; » si cela est vrai, il est frère du Christ, et se conduisit alors comme dans la Terre-Sainte.

X.

Le prince de Ligne fut blessé au genou; le comte de Chape-au-Bras eut une balle dans le fond de son bonnet, et sa tête n'en fut pas blessée; ce qui prouve que cette tête était la plus aristocratique qu'on pût voir, puisqu'elle ne reçut aucun mal, non plus que le bonnet; de fait, la balle ne pouvait en vouloir à une tête de tout point légitime : « Poussière sur poussière, » dit-on; — pourquoi pas plomb sur plomb?

XI.

Le général Markow, brigadier, insistait pour qu'on emportât le *prince* blessé au milieu de milliers d'autres, gémissants et mourants auprès de lui, —tous gens de rien, qui pouvaient se tordre et se débattre, et implorer de l'eau sans qu'aucune oreille les entendît. — Le général Markow, qui témoignait ainsi de sa sympathie pour l'élévation du rang, reçut une leçon propre à lui en inspirer plus encore, et eut la jambe cassée.

XII.

Trois cents bouches à feu vomirent leur émétique, et trente mille mousquets lancèrent une grêle de pilules pour provoquer un diurétique sanguin. O mortalité! tu as tes bulletins mensuels, tes pestes, tes famines, tes médecins, ce qui n'empêche pas les maux présents, passés et futurs de tinter à nos oreilles comme l'horloge de la mort[1]; — mais tout cela doit céder au tableau fidèle d'un champ de bataille.

XIII.

Là, toutes les tortures accumulées, tellement que les hommes s'endurcissent en présence de ces innombrables douleurs qu'ils rencontrent partout où se porte leur regard ; — là, les voix gémissantes, l'agonie qui se roule dans la poussière, les yeux tout blancs, retournés dans leur orbite : — voilà le partage de milliers de soldats vulgaires, pendant que les autres gagneront peut-être un ruban à la boutonnière !

XIV.

Et pourtant j'aime la gloire, moi ; — la gloire, c'est magnifique : — songez combien il est doux, sur vos vieux jours, de vivre aux dépens de votre bon roi ! une modique pension allèche plus d'un sage ; et puis, les héros ne sont faits que pour fournir matière aux chants des poëtes, ce qui vaut mieux encore ; ainsi, le plaisir de servir de texte à d'éternels récits de guerre, outre l'avantage de jouir de sa demi-solde le reste de ses jours, cela vaut bien la peine de décimer le genre humain.

XV.

Les troupes qui avaient déjà pris terre se portèrent à droite pour s'emparer d'une batterie ; les autres, débarquées plus bas, ne se mirent pas à l'œuvre moins promptement que leurs camarades : c'étaient des grenadiers ; ils gravirent un à un, aussi gaiement que des enfants qui montent sur le sein de leur mère, et escaladèrent le retranchement et la palissade avec autant d'ordre que s'ils eussent été à la parade.

XVI.

Et cela était admirable ; car le feu était si vif, que si le Vésuve, outre sa lave, était chargé de toute sorte de projectiles infernaux[2], il ne pourrait faire plus de ravages ; un tiers des officiers y périt, circonstance qui était loin de promettre la victoire aux gentilshommes occupés à l'assaut : quand le chasseur tombe, les chiens sont en défaut.

XVII.

Mais ici je laisse les affaires générales pour suivre notre

héros dans sa carrière de gloire : il faut qu'il gagne ses lauriers à part ; car d'aller nommer l'un après l'autre cinquante mille héros, bien qu'ayant tous droit à une stance ou à une élégie, cela formerait un lexique de gloire un peu long ; et, ce qu'il y a de pis, cela allongerait beaucoup notre histoire.

XVIII.

Force nous est donc d'abandonner le plus grand nombre à la gazette, — qui, sans nul doute, a rendu justice à tous ces morts, dormant d'un fameux somme dans les fossés, dans la plaine, partout où ils sentirent pour la dernière fois leur argile appesantir leurs âmes. — Trois fois heureux celui dont le nom a été correctement orthographié dans la dépêche ! J'ai connu un homme dont la mort a été annoncée sous le nom de *Grove*, quoiqu'il s'appelât *Grose*.

XIX.

Juan et Johnson joignirent un certain corps, et combattirent de leur mieux, ne sachant où ils étaient, et encore moins où ils allaient ; n'importe ! ils continuèrent à s'avancer, marchant sur les cadavres, tirant, frappant d'estoc et de taille, suant et s'échauffant, mais, au total, faisant assez bon marché de leur vie pour mériter à eux deux *un* brillant bulletin tout entier.

XX.

C'est ainsi qu'ils se vautrèrent dans la fange sanglante de ces milliers de morts et de mourants, — gagnant parfois un pied ou deux de terrain qui les rapprochaient de je ne sais quel angle que tout le monde s'efforçait d'atteindre ; d'autres fois, repoussés par un feu bien nourri qui tombait sur eux comme une pluie, non du ciel, mais de l'enfer, ils trébuchaient sur un camarade blessé, baigné dans son sang.

XXI.

Bien que ce fût la première affaire où se trouvât don Juan, et bien que la nuit passée sous les armes, et la marche silencieuse dans les froides ténèbres, où le courage n'est pas aussi bouillant que sous un arc-de-triomphe, l'eussent peut-être fait grelotter, bâiller, et appeler le jour, en jetant un coup d'œil sur les nuages épais et monotones qui empesaient le ciel; — cependant, malgré tout cela, il ne prit pas la fuite.

XXII.

Le fait est qu'il ne le pouvait pas; et quand il l'eût fait! on a vu et l'on voit encore des héros qui n'ont guère mieux commencé : Frédéric le Grand daigna fuir à Molwitz, pour la première et la dernière fois; car, comme un cheval, un faucon ou une fiancée, la plupart des mortels, après une chaude épreuve, se rompent à leur nouvelle allure, et combattent en vrais diables pour leur solde et leur opinion.

XXIII.

Juan était ce qu'Érin appelle, dans son langage sublime, le vieux Erse, ou l'Irlandais, ou peut-être bien le *Punique*; — les antiquaires, qui savent régler le temps comme le temps règle toutes choses, romaines, grecques, runiques, prétendent que la langue irlandaise est concitoyenne d'Annibal, et porte la tunique tyrienne de l'alphabet de Didon; c'est une opinion aussi rationnelle qu'une autre, et pas du tout nationale;

XXIV.

Mais Juan était une essence de jeunesse[3], un être d'impulsion, un enfant de poésie, tantôt nageant dans le sentiment (ou, si vous l'aimez mieux), dans la sensation de la volupté; puis, s'il s'agissait de détruire en aussi bonne compagnie que celle qui ne manque jamais d'accourir aux batailles, aux siéges et autres plaisirs de ce genre, il saisissait avec joie cette occasion nouvelle d'occuper ses loisirs;

XXV.

Mais toujours sans malice : s'il faisait la guerre ou l'amour, c'était toujours avec ce que nous appelons « les meilleures intentions, » cette carte d'atout que nous produisons tous pour nous tirer d'affaire. Hommes d'État, héros, catins, gens de loi, quand on les interroge sur les motifs de leurs actes, ne manquent jamais de parer l'attaque en protestant

XXVI.

Je me suis dit quelquefois que le pavé de l'enfer, — s'il est vrai qu'il soit pavé de cette manière, — doit être aujourd'hui singulièrement usé, non par le nombre de ceux que leurs bonnes intentions ont sauvés, mais par la masse de ceux qui vont là-bas sans être munis de ces bonnes intentions qui nivelaient et aplanissaient autrefois cette rue sulfureuse de l'enfer, dont la ressemblance avec Pall-Mall[5] est si grande.

XXVII.

Juan, par l'un de ces hasards étranges qui séparent souvent le guerrier du guerrier dans leur carrière sanglante, comme la plus chaste épouse de son mari constant, tout juste au bout d'une année d'hymen; Juan, par un de ces singuliers caprices de la fortune, fut fort étonné lorsque, après un feu très vif de mousqueterie, il se trouva seul, loin de ses ennemis, qui battaient en retraite.

XXVIII.

Je ne sais comment se fit la chose;—il se peut que le plus grand nombre eût été tué ou blessé, et que le reste eût fait demi-tour; circonstance qui embarrassa César lui-même, alors qu'à la vue de toute son armée, où abondait le courage, il saisit un bouclier et ramena ses Romains au combat.

XXIX.

Juan, qui n'avait point de bouclier à saisir, et qui n'était pas un César, mais un beau jeune homme qui se battait sans trop savoir pourquoi; Juan, voyant dans quelle passe il se trouvait, s'arrêta une minute, et peut-être eût-il dû s'arrêter plus longtemps; puis, pareil à un âne—(ne vous scandalisez pas, bénin lecteur : puisque le grand Homère a trouvé cette comparaison suffisante pour Ajax, Juan pourrait bien la préférer à une nouvelle);

XXX.

Donc, pareil à un âne, il marcha en avant, et chose plus étrange, ne regarda pas en arrière; mais, voyant briller devant lui, comme le jour sur la montagne, un feu suffisant pour aveugler ceux qui n'aiment pas la vue d'un combat, il chercha s'il ne pourrait pas réunir son bras et ses faibles efforts à des bataillons dont la plus grande partie n'étaient déjà plus que cadavres.

XXXI.

N'apercevant plus le commandant de son corps, ni le corps lui-même, qui avait entièrement disparu, — Dieu sait comment! (je ne me charge pas d'expliquer tout ce qui, dans l'histoire, a une couleur suspecte; mais on m'accordera, cependant, qu'il n'était pas étonnant qu'un jeune homme, cherchant la gloire, marchât droit devant lui, sans plus se soucier de son corps que d'une prise de tabac); —

XXXII.

N'apercevant ni commandant ni commandés, laissé à lui-même comme un jeune héritier, libre d'aller—il ne savait où; —comme le voyageur suit un feu follet à travers buissons et fondrières, ou comme des marins naufragés se réfugient dans la cabane la plus voisine; de même Juan, dirigé par l'honneur et par l'odorat, s'élança vers l'endroit où le feu le plus violent annonçait que l'ennemi y était en nombre.

XXXIII.

Il ne savait où il était, et ne se souciait pas beaucoup de le savoir : car il était en proie à une sorte de vertige; la foudre circulait dans ses veines; — il était sous l'influence du moment, comme il arrive aux imaginations ardentes; et là où le feu le plus vif se voyait et s'entendait, là où le canon faisait retentir ses détonations les plus bruyantes, ce fut là qu'il courut, pendant que l'air et la terre étaient ébranlés par ton humaine découverte, moine Bacon!

XXXIV.

Comme il se précipitait ainsi, il rencontra ce qui était naguère la seconde colonne sous les ordres du général Lascy; cette colonne, beaucoup moins compacte maintenant, avait été réduite, comme plus d'un gros livre, à un élégant extrait d'héroïsme[6]; Juan prit gravement place parmi les survivants, qui, faisant bonne contenance, continuaient à tirer sur les glacis.

XXXV.

Dans ce moment critique arriva aussi Johnson, qui « avait battu en retraite, » comme on dit quand les gens se sauvent, plutôt que de se jeter à la gueule de la destruction, pour, de là, passer dans la tanière du diable; mais Johnson était un habile homme qui savait quand et comment revenir à la charge, et ne s'enfuyait que lorsque la fuite n'était autre chose qu'un stratagème courageux.

XXXVI.

C'est pourquoi, voyant tous les hommes de son corps ou morts ou mourants, à l'exception de don Juan, vrai novice dont la valeur plus vierge ne songeait point à fuir, grâce à cette ignorance du danger qui, comme l'innocence, comptant sur ses propres forces, inspire à ses élus une insouciante sécurité, Johnson avait un peu rebroussé chemin, seulement pour rallier ceux qui s'enrhument à « l'ombre de la vallée de la Mort; »

XXXVII.

Et là, un peu à l'abri des balles que faisaient pleuvoir bastions, batteries, parapets, remparts, murs, fenêtres, maisons; — car dans cette immense ville, serrée de près par la soldatesque chrétienne, il n'y avait pas jusque-là un seul pouce de terrain où l'on ne combattît comme le diable, — il trouva un certain nombre de chasseurs dispersés par la résistance du gibier qu'ils avaient relancé.

XXXVIII.

Il les appela, et, chose étrange, ils vinrent à sa voix, différents en cela « des esprits du vaste abîme, » qu'on peut appeler longtemps, dit Hotspur, avant qu'ils quittent leurs retraites. Les motifs qui les animaient étaient l'incertitude, la honte de paraître avoir peur d'un boulet ou d'une bombe, et ce singulier instinct qui fait qu'à la guerre, de même qu'en religion, les hommes suivent, comme des troupeaux, le chef qui les guide.

XXXIX.

Par Jupiter, c'était un noble garçon que ce Johnson; et quoique son nom soit moins harmonieux que celui d'Ajax ou d'Achille, nous ne verrons pas de sitôt son égal sous le soleil : il tuait son homme aussi tranquillement que souffle la mousson (qui pendant des mois entiers reste invariable); il était rare qu'on remarquât la moindre altération dans ses traits, ses couleurs ou ses muscles, et il savait faire beaucoup de besogne sans bruit.

XL.

Il ne s'était donc sauvé que par réflexion, sachant que sur les derrières il en trouverait d'autres non moins désireux que lui de se débarrasser de ces appréhensions importunes, qui, comme des vents, viennent troubler parfois les estomacs héroïques. Bien que souvent leurs paupières soient prématurément fermées, tous les héros ne sont pas aveugles; mais lorsqu'une mort infaillible se présente à eux, ils reculent de quelques pas, seulement pour reprendre haleine.

XLI.

Or, comme nous l'avons dit, Johnson n'avait fui que pour revenir, avec beaucoup d'autres guerriers, à ce sombre rivage qu'Hamlet nous peint comme un passage redoutable. Mais cela ne donnait pas grand souci à Jack[7]. Son âme, faisant sur les vivants l'effet du galvanisme sur les morts, agit sur eux comme sur un fil métallique, et les ramena au milieu du feu le plus violent.

XLII.

Vive Dieu! ils trouvèrent la seconde fois ce qui la première leur avait paru assez terrible pour s'y dérober par la fuite, malgré tout ce qu'on dit de la gloire, et tous ces immortels lieux communs qui électrisent un régiment (outre la solde, le shilling quotidien, qui donne du cœur au soldat); — ils trouvèrent, à leur retour, le même accueil qui fit pressentir aux uns et connaître aux autres l'approche de l'enfer.

XLIII.

Ils tombèrent comme les moissons sous la grêle, l'herbe sous la faux, ou le blé sous la faucille, prouvant cette vérité rebattue, que la vie est aussi frêle qu'aucun autre objet des désirs de l'homme. Les batteries turques les écrasèrent comme eût pu faire un fléau ou un habile boxeur, et il s'ensuivit une triste déconfiture des plus braves, qui eurent la tête cassée avant d'avoir pu armer leur fusil.

XLIV.

Les Turcs, de derrière les travers et les flancs des bastions voisins, tiraient comme de beaux diables, et enlevaient des rangs tout entiers, comme le vent balaie l'écume des flots; toutefois, Dieu sait pourquoi, le destin qui nivelle sous ses changeants caprices les cités, les nations et les mondes, voulut qu'au milieu de ces sulfureux ébats Johnson et le petit nombre de ceux qui n'avaient pas décampé atteignissent le talus intérieur du rempart.

XLV.

D'abord un, deux, puis cinq, six, et une douzaine, escaladèrent promptement, car il y allait de la vie; la flamme arrivant par torrents, comme de la poix ou de la résine, était dardée d'en haut et d'en bas, si bien qu'il était difficile de décider lesquels avaient fait le meilleur choix, de ceux qui avaient été les premiers à montrer sur le parapet leur face guerrière, ou de ceux qui avaient fait consister leur courage à attendre encore.

XLVI.

Mais ceux qui escaladèrent virent favoriser leur audace par un hasard ou une bévue; dans son ignorance, le Cohorn grec, ou turc, avait palissadé d'une manière qui surprendrait dans les forteresses des Pays-Bas ou de la France — (qui elles-même doivent baisser pavillon devant notre Gibraltar); — au beau milieu du parapet susdit, ces palissades avaient été judicieusement placées.

XLVII.

En sorte qu'il y avait de chaque côté neuf à dix pieds sur lesquels on pouvait marcher; commodité très grande pour nos gens, pour ceux-là du moins qui étaient restés vivants, et qui avaient ainsi la facilité de se mettre en ligne et de recommencer le combat. Ce qui leur fut aussi fort utile, c'est qu'ils purent d'un coup de pied jeter bas les palissades, lesquelles ne s'élevaient guère plus haut que l'herbe d'un pré.

XLVIII.

Parmi les premiers, — je ne dirai pas le *premier*, car ces questions de priorité dans de telles occasions peuvent soulever parfois de funestes querelles entre amis aussi bien qu'entre nations alliées : bien hardi serait le Breton qui mettrait la patience partiale de John Bull à une aussi rude épreuve que d'oser lui dire que Wellington a été battu à Waterloo, quoique les Prussiens le prétendent,

XLIX.

Et que si Blücher, Bulow, Gneisenau, et je ne sais combien de noms encore en *au* et en *ow*, n'étaient pas venus à temps jeter la terreur [8] dans l'âme de ceux qui continuaient à combattre comme des tigres qui ont l'estomac vide, le duc de Wellington aurait cessé d'étaler ses ordres, comme aussi de recevoir ses pensions, les plus lourdes dont notre histoire fasse mention.

L.

Mais n'importe, — « Dieu sauve le roi ! » et les rois ! car s'il ne veille sur eux, je doute que les hommes les conservent longtemps encore ; — il me semble entendre un petit oiseau qui chante que le temps n'est pas loin où le peuple sera le plus fort ; il n'est pas de rosse qui ne lâche des ruades quand le harnais lui entre dans les chairs de manière à la faire souffrir au-delà des bornes, — et le populaire finit par se lasser d'imiter Job.

LI.

D'abord il murmure, puis il jure ; puis, comme David, il lance au géant des cailloux polis ; enfin, il a recours aux armes que saisissent les hommes quand le désespoir a rendu leurs cœurs moins dociles. Alors vient la corvée de la guerre ; je soupçonne qu'elle reviendra, et je dirais volontiers « tant pis, » si je n'avais reconnu qu'une révolution seule peut sauver la terre des souillures de l'enfer.

LII.

Mais continuons : — Je disais donc que, non pas le *premier*, mais l'un des premiers, notre petit ami don Juan escalada les murs d'Ismaël, comme s'il eût été élevé au milieu de telles scènes, — quoique celle-ci fût tout à fait nouvelle pour lui, et, je présume, pour beaucoup d'autres. La soif de la gloire, cette soif qui pénètre de part en part, le dévorait, tout généreux qu'il était, et quoique aussi chaleureux par le cœur qu'efféminé par les traits.

LIII.

Et il était là, lui, cet enfant qui, dès l'âge le plus tendre, avait appuyé sa tête sur le sein d'une femme ; homme dans tout le reste, cette place était pour lui l'Élysée ; et il eût même pu résister à cette épreuve difficile que Rousseau indique à la beauté inquiète : « Observez votre amant quand il sort de vos bras ; » mais Juan n'en sortait jamais tant que la beauté conservait des charmes,

LIV.

A moins qu'il n'y fût forcé par le destin, ou les flots, ou les vents, ou de proches parents, ce qui revient à peu près au même. Mais maintenant il était là — où tous les liens de l'humanité doivent céder au fer et à la flamme ; et lui, dont le corps même était tout âme, jeté là par le sort ou les événements, qui courbent les têtes les plus hautes, pressé par le temps, le lieu, le voilà parti comme un coursier de race lancé dans la carrière.

LV.

Son sang bouillonnait devant la résistance, comme celui du chasseur devant une barrière à cinq barres ou une grille élevée, alors que l'existence de nos jeunes Anglais dépend de leur poids, le plus léger courant le moins de risques ; de loin il abhorrait la cruauté comme tous les hommes abhorrent le sang jusqu'à ce qu'ils soient échauffés ; et même alors Juan sentait le sien se figer en entendant un gémissement douloureux.

LVI.

Le général Lascy, serré de près, voyant arriver si à propos à son aide une centaine de jeunes hommes qui semblaient tomber de la lune, remercia Juan, qui était le plus près de lui, et lui exprima l'espoir qu'il avait de prendre bientôt la ville, croyant s'adresser, non à quelque pauvre « besogneux [9], » comme dit Pistol, mais à un jeune Livonien.

LVII.

Comme il lui parlait en allemand, Juan, qui savait l'allemand comme le sanscrit, s'inclina devant le général, son supérieur : car voyant un homme qui portait des rubans noirs et bleus, des crachats, des médailles, qui tenait à la main une épée sanglante, et lui adressait la parole d'un ton de remerciement, il reconnut qu'il avait affaire à un officier de haut rang.

LVIII.

L'entretien est court entre gens qui ne parlent pas la même langue ; et puis, en temps de guerre, à la prise d'une ville, quand maint cri de douleur vient couper le dialogue, que mainte énormité est commise dans l'intervalle d'une parole à l'autre, et que, pareil au tocsin des cloches, arrive à l'oreille un effroyable concert de soupirs, de clameurs, de hurlements, de gémissements, de prières, il ne saurait y avoir beaucoup de conversation.

LIX.

Aussi, ce que nous avons rapporté en deux longues octaves prit à peine une minute ; mais cette courte minute embrassa tous les forfaits imaginables. L'artillerie elle-même, dominée par le fracas, devint muette ; vous n'auriez pas plus entendu le tonnerre que le chant d'une linotte, dans ce bruit universel, cri déchirant de la nature humaine à l'agonie.

LX.

La ville était forcée. O éternité ! —

    Dieu fit les champs, l'homme les villes,

a dit Cowper. — Je ne suis pas loin d'être de son avis quand je vois dans la poussière Rome, Babylone, Tyr, Carthage, Ninive, ces villes dont le souvenir est venu jusqu'à nous, et tant d'autres dont nous n'avons jamais entendu parler ; et, méditant sur le présent et le passé, je commence à croire que les forêts seront notre dernière demeure.

LXI.

De tous les hommes, si l'on en excepte Sylla, ce tueur d'hommes, qui, dans sa vie comme dans sa mort, fut, dit-on, le mortel heureux par excellence, entre tous les grands noms qui s'imposent à notre mémoire [10], le plus heureux fut, sans contredit, le général Boom, ce forestier du Kentucky : car, sans avoir versé d'autre sang que celui des ours et des daims, les jours solitaires et innocents de sa verte vieillesse s'écoulèrent dans les profondeurs du désert [11].

LXII.

Le crime n'approcha point de lui ; — il n'est pas fils de la Solitude ; la santé ne l'abandonna pas, — car elle se plaît au désert rarement foulé ; si les hommes ne vont pas l'y chercher, s'ils choisissent la mort de préférence à la vie, il faut le leur pardonner, emprisonnés qu'ils sont dans les villes, et enchaînés par l'habitude à ce qu'au fond de leurs cœurs ils abhorrent. Je cite l'exemple du général Boom, qui, en chassant, vécut nonagénaire ;

LXIII.

Et, ce qui est plus remarquable, il a laissé après lui un nom que d'autres s'efforcent vainement d'obtenir en décimant les hommes, et non seulement un nom fameux, mais cette renommée vertueuse sans laquelle la gloire n'est qu'un refrain de taverne ; une renommée simple, pure, l'antipode de la honte, inattaquable à la haine et à l'envie : actif anachorète, il fut, jusque dans son vieil âge, l'enfant de la nature, ou l'homme de Ross devenu sauvage [12].

LXIV.

Il est vrai qu'il évitait le contact même de ses concitoyens ; alors qu'ils vinrent bâtir sous ses arbres chéris, il alla à quelques centaines de milles plus loin chercher des lieux où il y eût moins de maisons et plus de repos : la civilisation a un inconvénient, c'est la difficulté de plaire aux autres et de se plaire avec eux : — mais quant à l'homme individuel, il ne le rencontrait jamais sans lui témoigner toute la bienveillance dont un mortel est capable.

LXV.

Il n'était pas seul : autour de lui croissait une tribu d'enfants de la forêt et de la chasse, qui avait devant elle un monde jeune, vierge et toujours nouveau ; l'épée ni le chagrin n'avaient laissé de trace sur ces fronts exempts de rides, et nul vestige de douleur n'était empreint sur la face de la nature ou de l'homme ; — la libre forêt les conservait tels qu'elle les avait reçus, libres et frais comme ses arbres et ses torrents.

LXVI.

Ils étaient grands, forts et agiles, comme ne le seront jamais les chétifs et pâles avortons des villes ; car jamais les soucis ni le gain n'avaient attristé leurs pensées : les bois verdoyants étaient leur partage ; nul affaissement dans leurs facultés ne leur parlait de la vieillesse ; la mode ne leur faisait pas singer ses difformes caprices ; ils étaient simples, non sauvages, et leurs carabines, dont les coups étaient sûrs, n'étaient pas employées à des bagatelles.

LXVII.

L'exercice remplissait leurs jours, et le repos leurs nuits ; la gaieté était la compagne de leurs travaux ; ils n'étaient ni trop nombreux ni trop clairsemés ; la corruption n'avait point d'asile dans leurs cœurs ; la débauche et son aiguillon, le luxe et ses embarras, ne pouvaient rien sur l'âme des libres forestiers : sereines, mais point tristes, étaient les solitudes de ces heureux habitants des bois.

LXVIII.

En voilà assez sur la nature. — Maintenant, pour changer, nous allons retourner à tes immenses délices, ô civilisation ! et aux fortunées conséquences des grandes sociétés : la guerre, la peste, les ravages du despotisme, le fléau de la royauté, la soif de la célébrité, les millions d'hommes que tuent les soldats pour gagner leurs rations, les scènes du boudoir de Catherine sexagénaire, avec la prise d'Ismaël pour intermède.

LXIX.

La ville était forcée ; la première colonne se fraya d'abord une voie sanglante ; — une seconde la suivit ; le cimeterre heurta les glaives et les baïonnettes, et dans le lointain s'élevèrent vers le ciel les cris accusateurs de l'enfant et de la mère ; et cependant des nuages sulfureux chargeaient de plus en plus le souffle du matin et celui de l'homme, là où le Turc, poussé au désespoir, disputait pied à pied le terrain de sa ville.

LXX.

Koutouzoff, le même qui, plus tard (tant soit peu secondé par la gelée et la neige), refoula Napoléon dans sa voie hardie et sanglante, se vit en ce moment refoulé lui-même. C'était un joyeux compagnon : en présence de ses amis comme de ses ennemis, il avait toujours le mot pour rire, alors même qu'il y allait de la vie et de la victoire ; mais ici, il paraît que ses bons mots n'eurent aucun succès ;

LXXI.

Car s'étant jeté dans un fossé, où le suivirent aussitôt plusieurs grenadiers qui teignirent la fange de leur sang, il parvint en grimpant jusqu'au parapet ; mais son projet n'alla pas plus loin, car les musulmans les rejetèrent tous dans le fossé. Parmi ceux qui périrent en cette occasion, on regretta beaucoup le général Ribeaupierre.

LXXII.

Quelques troupes russes, emportées par le courant, avaient débarqué elles ne savaient où ; ne pouvant retrouver leur route, elles avaient erré çà et là comme dans un rêve, lorsqu'à la pointe du jour elles arrivèrent dans ce lieu qui leur parut présenter une issue. Sans cette circonstance, le grand et joyeux Koutouzoff serait resté sans doute où sont encore les trois quarts de sa colonne.

LXXIII.

En longeant le rempart, après avoir pris le « cavalier[13] » au moment même où les soldats découragés de Koutouzoff commençaient à prendre, comme les caméléons, une légère teinte de peur, ces mêmes troupes ouvrirent la porte appelée « Kilia » à ces groupes de héros désappointés qui restaient coi, plongés jusqu'aux genoux dans une boue auparavant glacée, mais alors transformée en un marais de sang humain.

LXXIV.

Les Kozacks, ou, si vous l'aimez mieux, les Cosaques — je ne me pique pas beaucoup d'exactitude sur l'orthographe ; il me suffit de ne pas commettre de trop fortes bévues en statistique, en tactique, en politique et en géographie ; — les Cosaques, dis-je, habitués à servir à cheval, et dilettanti fort médiocres dans la topographie des forteresses, mais combattant partout où leurs chefs l'ordonnent, — furent taillés en pièces.

LXXV.

Leur colonne, foudroyée par les batteries turques, était néanmoins parvenue sur le rempart, et croyait déjà pouvoir piller la ville, sans plus être inquiétée ; mais, comme cela arrive aux plus braves, ils s'abusaient : — les Turcs, feignant de lâcher pied, les laissèrent s'aventurer entre les angles de deux bastions, puis assaillirent ces chrétiens présomptueux.

LXXVI.

Ainsi pris en queue, position fatale aux évêques comme aux soldats, ces Cosaques furent tous écharpés aux premiers rayons du jour ; résiliant avant terme le bail de leur vie, ils périrent sans frissonner, sans trembler, et, sur leurs cadavres amoncelés, le lieutenant-colonel Yesouskoi s'avança avec le brave bataillon de Polouzki.

LXXVII.

Ce vaillant homme tua tous les Turcs qu'il rencontra ; mais il ne les mangea pas, car il fut immolé à son tour par quelques musulmans qui persistaient encore à ne pas laisser brûler leur ville sans résistance. Les remparts étaient emportés ; mais il était encore impossible de prévoir à laquelle des deux armées resterait la victoire : les coups répondaient aux coups; on disputait le terrain pied à pied; les uns ne voulaient pas reculer, ni les autres céder.

LXXVIII.

Il y eut encore une autre colonne qui éprouva de grandes pertes; — et ici nous remarquerons, avec l'historien, qu'on ne devrait donner que le moins de cartouches possible aux soldats destinés à marcher aux exploits les plus glorieux; en effet, lorsqu'il faut décider la question par le contact de la brillante baïonnette, et emporter un poste de vive force, il arrive souvent que, par un reste de sollicitude pour leur existence, ils se bornent à échanger des coups de feu à une folle distance.

LXXIX.

La colonne du général Meknop (sans le général, qui, étant mal secondé, avait été tué quelque temps auparavant) opéra enfin sa jonction avec ceux qui avaient osé escalader de nouveau ce rempart qui vomissait la mort; et, malgré la résistance sublime des Turcs, le bastion que le séraskier défendait fut emporté au prix d'énormes sacrifices.

LXXX.

Juan et Johnson, et quelques volontaires des plus avancés, lui offrirent quartier, mot qui sonne mal aux oreilles d'un séraskier, ou qui, du moins, ne sembla pas du goût de ce vaillant Tartare. Il mourut digne des larmes de sa patrie, sorte de martyr sauvage de l'héroïsme guerrier. Un officier de marine, Anglais, qui voulait le faire prisonnier, fut lui-même expédié;

LXXXI.

Car l'unique réponse à sa proposition fut un coup de pistolet qui l'étendit roide mort; sur quoi les autres, sans plus de retard, commencèrent à faire usage de l'acier et du plomb, — les métaux précieux les plus utiles en pareille occasion; pas une tête ne fut épargnée; — il périt là trois mille musulmans, et le séraskier tomba percé de seize coups de baïonnette.

LXXXII.

La ville est prise, — mais seulement par portions successives; — la Mort est ivre de sang : pas une rue où ne combatte jusqu'au dernier moment quelque cœur généreux, afin de défendre ceux pour lesquels il cessera bientôt de battre. La Guerre elle-même a oublié son art destructeur pour ne se souvenir que de sa nature plus destructive encore; et l'échauffement du carnage, comme le limon du Nil fécondé par le soleil, fait naître de monstrueux spécimens de tous les crimes.

LXXXIII.

Un officier russe, marchant d'un pas martial sur un monceau de morts, se sentit saisir au talon, comme par la gueule du serpent dont Ève légua les morsures à sa postérité; vainement il secoua la jambe, jura, se démena, saigna, et appela à son secours en hurlant comme un loup affamé : — les dents conservèrent leur agréable étreinte, comme les serpents subtils que nous ont décrits les anciens.

LXXXIV.

Un musulman mourant, ayant senti sur lui le pied d'un ennemi, l'avait saisi et mordu ce tendon délicat que la Muse antique, ou quelque bel esprit moderne, a baptisé de ton nom, ô Achille! Les dents traversèrent le morceau de part en part, et ne l'abandonnèrent plus, même avec la vie; — car (mais c'est un mensonge) on dit que la tête coupée adhérait encore à la jambe vivante.

LXXXV.

Quoi qu'il en soit, il est certain que l'officier russe resta boiteux pour la vie : car les dents du Turc, le serrant plus fortement qu'une brochette, le laissèrent invalide et estropié; le chirurgien du régiment ne put guérir son malade, et fut peut-être plus à blâmer que cette tête d'ennemi invétéré, qui fut coupée, et alors même ne lâcha prise qu'à regret.

LXXXVI.

Mais enfin le fait est vrai, — et le devoir d'un poëte est d'échapper à la fiction toutes les fois qu'il le peut; car il n'y a pas grand art à laisser la poésie plus libre que la prose du joug de la vérité, à moins qu'on n'ait en vue que ce qu'on nomme parfois diction poétique, ou cet insatiable appétit de mensonge qui sert d'amorce à Satan pour pêcher aux âmes.

LXXXVII.

La ville est prise, mais non rendue! — Non! pas un musulman n'a mis bas les armes : le sang peut couler comme les flots du Danube au pied des murs de la ville; mais rien encore, dans les actes ni les paroles, n'annonce la crainte de la mort ou de l'ennemi. En vain le Moscovite qui s'avance pousse des hurlements de victoire : le dernier soupir du vainqueur répond à celui du vaincu.

LXXXVIII.

La baïonnette perce et le sabre tranche, et partout des vies sans nombre sont détruites, comme l'année expirante disperse les feuilles pourprées, alors que la forêt, dépouillée sous le souffle des vents glacés, s'incline et gémit : ainsi gémit la cité dépeuplée, restée nue, et veuve de ses enfants les meilleurs et les plus courageux; elle tombe, mais en éclats vastes et imposants, comme tombe le chêne avec les mille hivers accumulés sur sa tête.

LXXXIX.

C'est un sujet terrible; mais la terreur ne rentre pas dans ma mission; car la nature humaine étant un mélange de bien, de mal et de pire encore, source également féconde d'une mélancolique gaieté, en touchant trop longtemps la même corde, on court risque d'endormir les gens; — que cela contente ou non, amis ou ennemis, je peins le monde exactement comme il est.

XC.

Une bonne action au milieu de tant de crimes est « tout à fait rafraîchissante, » pour me servir de l'expression affectée de notre époque pharisienne au ton doucereux; elle pourra donc servir à tempérer ces vers un peu échauffés par le feu des conquêtes et ses conséquences, qui font de la poésie épique quelque chose de si rare et de si précieux.

XCI.

Sur un bastion pris, où gisaient des milliers de morts, un groupe encore chaud de femmes massacrées, qui avaient inutilement cherché là un refuge, offrait un spectacle qu'on ne pouvait voir sans frissonner ; et cependant, belle comme le plus beau mois du printemps, une jeune fille de dix ans se baissait et cherchait à cacher son petit sein palpitant au milieu de ces corps plongés dans un sanglant repos.

XCII.

Deux horribles Cosaques, l'œil en feu et le glaive à la main, poursuivaient cette enfant : comparé à ces hommes, l'animal le plus sauvage des déserts de Sibérie a des sentiments purs et polis comme un diamant, l'ours est civilisé, le loup plein de douceur ; et ici qui devons-nous accuser ? leur nature, ou leurs souverains, qui mettent tout en usage pour enseigner à leurs sujets l'art de détruire ?

XCIII.

Leurs sabres étincelaient au-dessus de sa petite tête, dont les blonds cheveux se hérissaient d'épouvante ; son visage était caché par les cadavres. Quand Juan aperçut ce douloureux spectacle, je ne dirai pas positivement ce qu'il *dit*, de peur de blesser « les oreilles délicates ; » mais ce qu'il fit fut de tomber sur le dos des mécréants : ce qui est le meilleur moyen de raisonner avec des Cosaques.

XCIV.

Il taillada la hanche de l'un, fendit l'épaule de l'autre, et les envoya hurlant exhaler leur douleur et leur rage impuissante, et chercher des chirurgiens qui pussent cicatriser des blessures qu'ils n'avaient que trop méritées, pendant que, devenu plus calme, promenant ses regards sur tous ces visages pâles et sanglants, don Juan relevait sa petite captive du monceau de cadavres, qui, un moment plus tard, fût devenu sa tombe.

XCV.

Et elle était aussi froide qu'eux ; et, sur son visage, un léger sillon de sang annonçait combien il s'en était peu fallu qu'elle ne partageât la destinée de toute sa famille, car le même coup qui venait d'immoler sa mère avait effleuré son front et y avait laissé une trace pourprée, comme un dernier lien avec ceux qu'elle avait aimés ; mais elle n'avait point d'autre mal, et, ouvrant ses grands yeux, elle regarda Juan avec une surprise effarée.

XCVI.

Leurs regards se rencontrèrent et se dilatèrent ; dans celui de Juan brillaient la douleur, le plaisir, l'espérance, la crainte ; à la joie d'avoir sauvé la jeune fille se mêlait la crainte que quelque péril n'atteignît sa protégée ; ses yeux, à elle, peignaient ses terreurs enfantines et sa pénible angoisse, et son visage clair, transparent, pâle, et pourtant radieux, ressemblait à un vase d'albâtre éclairé intérieurement.

XCVII.

En cet instant même arriva John Johnson (je ne dirai pas *Jack*, car cela serait vulgaire, froid et commun, dans une occasion aussi importante que la prise d'une ville) ; Johnson arriva donc, suivi de plusieurs centaines de soldats, en s'écriant : — « Juan ! Juan ! mon enfant ! préparez-vous à bien faire ; je gage Moscou contre un dollar que vous et moi nous gagnerons le collier de Saint-George [14] !

XCVIII.

« Le séraskier est assommé ; mais le bastion de pierre tient encore : c'est là qu'est assis le vieux pacha, au milieu de plusieurs centaines de cadavres, fumant tranquillement sa pipe au bruit de notre artillerie et de la sienne. On dit que nos morts sont entassés en piles autour de la batterie ; mais elle n'en continue pas moins à faire feu, et éparpille la mitraille comme une vigne les grains de raisin.

XCIX.

« Venez donc avec moi ! » Mais Juan répondit : « Regardez cette enfant, — je l'ai sauvée, je ne dois pas laisser sa vie exposée à de nouveaux périls ; mais indiquez-moi quelque lieu sûr où elle puisse calmer ses douleurs et son effroi, et je vous suis. » — Sur quoi Johnson jeta un coup d'œil autour de lui, — haussa les épaules, — froissa sa manche et sa cravate de soie noire, — et répondit : « Vous avez raison, pauvre créature ! Comment faire ? je n'en sais vraiment rien. »

C.

Juan dit : « Quelque chose qu'il y ait à faire, je ne la quitterai pas que sa vie ne soit assurée beaucoup plus que la nôtre. » — « Je ne répondrais ni de l'une ni de l'autre, » reprit Johnson ; « mais du moins vous pourrez mourir glorieusement. » — Juan répondit : « Je supporterai tout ce qu'il faudra ; mais je n'abandonnerai pas cette enfant, qui est orpheline, et à qui je dois servir de père. »

CI.

Johnson dit : « Juan, nous n'avons pas de temps à perdre ; c'est une jolie enfant, extrêmement jolie ; — je ne vis jamais de pareils yeux ! — Mais écoutez ! choisissez entre votre réputation et votre sensibilité, votre gloire et votre compassion ! — Écoutez comme le fracas augmente ! — Aucune excuse n'est valable quand une ville est au pillage ; — je serais fâché de marcher sans vous ; mais, vive Dieu ! nous arriverons trop tard pour donner les premiers coups. »

CII.

Mais Juan restait inébranlable ; enfin Johnson, qui l'aimait réellement à sa manière, choisit avec discernement parmi son monde ceux qu'il jugea le moins portés au pillage. Il leur jura que si le moindre mal arrivait à l'enfant, ils seraient tous fusillés le lendemain ; mais que s'ils la rendaient saine et sauve, ils recevraient une somme ronde d'au moins cinquante roubles,

CIII.

Outre leur part de butin, qui serait la même que celle de leurs camarades. — Alors Juan consentit à marcher sous le feu tonnant du canon, qui, à chaque pas, éclaircissait les rangs des soldats ; ce qui n'empêchait pas le reste de s'avancer avec ardeur. — Pourquoi s'en étonner ? Ils étaient échauffés par l'espoir du gain, et c'est ce qui se voit tous les jours : il n'y a pas de héros qui s'en tienne entièrement à sa demi-solde.

CIV.

Et telle est la victoire, et tels sont les hommes ! du moins les neuf dixièmes de ceux que nous qualifions ainsi ; — ou les voies de Dieu sont bien étranges, ou il faut qu'il y ait un autre nom pour la moitié de ceux que nous rangeons parmi les êtres humains. Mais revenons à notre sujet : Un brave khan tartare, — ou « sultan, » comme l'appelle l'auteur, à la prose duquel je subordonne mon humble vers, — refusait absolument de se rendre;

CV.

Entouré de cinq fils vaillants (tel est le résultat de la polygamie, elle vous produit des guerriers par centaines partout où la loi ne poursuit pas le prétendu crime de bigamie), il ne voulait pas croire à la prise de la ville tant qu'il restait encore au courage l'appui d'un brin d'herbe. — Est-ce le fils de Priam, ou de Pélée ou de Jupiter, que je décris? nullement, — mais un bon, simple et calme vieillard, combattant au premier rang avec ses cinq enfants.

CVI.

Il s'agissait de le prendre. Les vrais braves, quand ils voient le brave accablé par la fortune, se sentent émus du désir de le protéger et de le sauver; ces gens-là sont un mélange de bête féroce et de demi-dieu; — tantôt furieux comme la vague mugissante, tantôt attendris par la pitié : comme le chêne robuste et noueux se balance parfois au souffle de la brise, la voix de la compassion soupire dans les âmes les plus farouches.

CVII.

Mais il ne voulait *pas être pris*; et, à toutes les propositions qu'on lui faisait de se rendre, il répondait en moissonnant des chrétiens à droite et à gauche, aussi opiniâtre que Charles de Suède à Bender. Ses cinq fils courageux défiaient pareillement l'ennemi; sur quoi la pitié russe devint moins tendre : car cette vertu, de même que la patience terrestre, est sujette à s'oublier devant la moindre provocation.

CVIII.

En dépit de Johnson et de Juan, qui prodiguaient toute leur phraséologie orientale, le suppliant au nom du ciel de mettre un peu moins d'énergie dans sa résistance, afin de leur fournir une excuse pour épargner un ennemi aussi acharné, — il continuait à s'escrimer d'estoc et de taille, comme un docteur en théologie en discussion avec des sceptiques, et frappait, en jurant, ses amis comme les petits enfants battent leur nourrice.

CIX.

Il blessa même, bien que légèrement, Juan et Johnson; sur quoi le premier en soupirant, le second en jurant, tombèrent sur le furibond sultan; tous leur compagnons, irrités contre un infidèle aussi têtu, se précipitèrent pêle-mêle sur lui et ses fils comme une averse, à laquelle ils résistèrent comme une plaine de sable,

CX.

Qui boit et qui est encore altérée. Enfin, ils succombèrent; — le second de ses fils tomba percé d'une balle; le troisième fut sabré; le quatrième, le plus chéri des cinq, périt sous les baïonnettes; le cinquième, qui, élevé par une mère chrétienne, avait été négligé et maltraité de toutes les manières, à cause de sa laideur, n'en mourut pas moins avec empressement pour sauver un père qui rougissait de lui avoir donné le jour.

CXI.

L'aîné était un indomptable et vrai Tartare; contempteur des nazaréens comme ne le fut jamais martyr élu par Mahomet; il n'avait devant les yeux que les vierges aux yeux noirs et aux voiles verts, qui, dans le paradis, préparent la couche des guerriers, qui, sur la terre, ont refusé de se rendre; et lorsqu'une fois on les a vues, ces houris, comme d'autres jolies créatures, font de vous ce qu'elles veulent, grâce à leurs charmants minois.

CXII.

Ce qu'il leur plut de faire du jeune khan dans le ciel, je ne le sais, ni ne prétends le deviner; mais, sans contredit, elles préfèrent un beau jeune homme à des héros vieux et rébarbatifs; et cela se conçoit. C'est pour cela sans doute que lorsque nous promenons nos regards sur l'effrayante solitude d'un champ de bataille, pour un vétéran aux traits vieillis et farouches, nous trouvons dix mille jeunes et beaux petits-maîtres expirants.

CXIII.

Et puis, ces houris prennent naturellement plaisir à escamoter les nouveaux mariés avant que les heures d'hyménée n'aient achevé leur ronde, avant que n'ait lui la clarté triste et assombrie de la seconde lune, avant qu'ils n'aient eu le temps de se repentir et de regretter parfois le célibat. Ces houris se hâtent donc de s'approprier, pour ainsi dire, les fruits de ces fleurs éphémères.

CXIV.

C'est ainsi que le jeune khan, l'œil fixé sur les houris, ne pensa point aux attraits de quatre épouses charmantes, mais s'élança bravement à la conquête de sa première nuit céleste. Bref, notre foi plus éclairée a beau se moquer, ces vierges aux yeux noirs font combattre les musulmans comme s'il n'y avait qu'un ciel unique; tandis que, si nous devons croire tout ce qu'on nous dit du ciel et de l'enfer, il doit y en avoir au moins six ou sept.

CXV.

La céleste vision frappait si vivement ses regards, qu'au moment même où la lance pénétra dans son cœur, il s'écria « Allah ! » vit les mystères du paradis se dévoiler à ses regards, et la brillante éternité se lever sans nuage sur son âme, comme une immortelle aurore : — les prophètes, les houris, les anges et les saints lui apparurent dans une radieuse et voluptueuse auréole, — et alors il mourut,

CXVI.

Portant sur son visage l'expression d'un céleste ravissement. Le bon vieux khan avait depuis longtemps cessé de voir les houris, et n'avait plus guère d'yeux que pour sa florissante postérité, croissant avec gloire autour de lui, comme une forêt de cèdres. Quand il vit son dernier héros tomber comme un arbre abattu par la hache, et couvrir la terre de son poids glorieux, — il cessa un moment de combattre, et jeta les yeux sur ce brave immolé, le premier, hélas! et le dernier de ses fils.

CXVII.

Les soldats, le voyant abaisser la pointe de son cimeterre, s'arrêtèrent comme disposés à lui donner quartier, au cas où leur offre ne serait pas repoussée comme auparavant. Il ne remarqua ni leurs signes ni cette suspension d'hostilité : son cœur était comme déraciné, et pour la première fois tremblait comme un roseau, et, promenant ses regards sur ses enfants expirés, bien qu'il eût pris congé de la vie, il sentit sa solitude.

CXVIII.

Mais ce ne fut qu'une émotion passagère : — d'un bond, il se précipita la poitrine en avant sur le fer des Russes, avec l'insouciance du papillon de nuit allant heurter ses ailes contre la lumière qui lui sert de tombeau. Pour obtenir un trépas plus sûr, il appuya de tout son poids sur les baïonnettes qui avaient percé ses fils, et, jetant sur eux un regard presque éteint, il exhala son âme d'un seul coup, par une large blessure.

CXIX.

Chose étrange! ces soldats endurcis et farouches qui n'épargnaient ni le sexe ni l'âge dans leur carrière de carnage, quand ils virent ce vieillard percé de part en part, gisant à leurs pieds auprès de ses enfants, touchés de l'héroïsme de celui qu'ils venaient d'immoler, ces hommes ressentirent un moment d'émotion; bien qu'aucune larme ne mouillât leurs yeux enflammés et sanglants, ils ne purent s'empêcher d'honorer ce courageux mépris de la vie.

CXX.

Le bastion de pierre continuait encore son feu; le principal pacha y gardait tranquillement son poste; vingt fois il obligea les Russes à se retirer, et repoussa les attaques de toute leur armée; à la fin, il daigna s'enquérir si le reste de la ville était en leur pouvoir ou tenait encore. Quand il apprit que l'ennemi en était maître, il envoya un bey porter sa réponse à la sommation de Ribas.

CXXI.

Pendant ce temps, il était assis, les jambes croisées, sur

un petit tapis, et fumait sa pipe avec le plus grand sang-froid, au milieu des ruines embrasées ; — Troie ne vit rien d'égal au spectacle qui se déployait autour de lui, et cependant, plein d'un belliqueux stoïcisme, rien ne paraissait émouvoir son impassible philosophie ; promenant doucement sa main sur sa barbe, il exhalait les parfums ambrosiens de sa pipe, comme s'il eût eu trois vies aussi bien que trois queues.

CXXII.

La ville était prise ; — peu importait qu'il se rendît, lui et son bastion ; son opiniâtre valeur est désormais inutile : Ismaël n'est plus ! Déjà l'arc argenté du croissant est abattu ; il est remplacé par la croix rouge de sang, mais non d'un sang *rédempteur* : la flamme des rues embrasées, comme la lune reflétée dans l'eau, se réfléchit dans le sang, dans une mer de carnage.

CXXIII.

Tous les excès devant lesquels la pensée recule épouvantée ; tout ce que les sens peuvent commettre de coupable ; tout ce que nous avons vu, ouï-dire, ou rêvé des misères de l'homme ; tout ce que ferait le diable s'il tombait complétement en démence ; tout ce que la plume est impuissante à exprimer ; tout ce que peuvent les hôtes de l'enfer, ou, non moins affreux que l'enfer, — ceux qui abusent de leur pouvoir ; tous ces fléaux (comme cela s'est vu et se verra) furent déchaînés à la fois.

CXXIV.

Si l'on vit çà et là briller quelque fugitive lueur de pitié ; si quelque cœur plus noble que les autres, brisant son joug sanguinaire, put sauver un joli enfant, ou bien un vieillard ou deux ; — qu'est-ce que cela, dans une ville anéantie avec ses milliers d'affections, de liens et de devoirs ? Citadins de Londres ! muscadins de Paris ! voyez quel pieux passe-temps c'est que la guerre !

CXXV.

Songez au prix de combien d'infortunes et de crimes on achète le plaisir de lire une gazette ; si vous en prenez peu de soucis, songez qu'un jour les mêmes maux peuvent vous atteindre! En attendant, les impôts, Castlereagh et la dette sont des enseignements qui valent bien des sermons ou des vers. Interrogez votre propre cœur et l'histoire actuelle de l'Irlande, puis tâchez de nourrir sa famine avec la gloire de Wellesley.

CXXVI.

Néanmoins, pour une nation patriote qui aime tant son pays et son roi, il est un sujet d'exaltation sublime.—Portez-le, Muses, sur vos brillantes ailes! En vain la dévastation, sauterelle redoutable, dépouillera vos plaines verdoyantes et dévorera vos moissons, jamais la famine n'approchera du trône;—l'Irlande peut mourir de faim, le grand George pèse deux quintaux.

CXXVII.

Mais terminons ce sujet : c'en était fait d'Ismaël; — malheureuse ville! l'incendie de ses tours se reflétait au loin dans le Danube qui roulait des flots de sang. On entendait encore l'affreux hurlement de guerre et les cris aigus des victimes; mais le bruit des détonations allait s'affaiblissant; de quarante mille guerriers qui avaient défendu ces remparts, quelques centaines vivaient encore; — tout le reste était silencieux.

CXXVIII.

Néanmoins il est un point sur lequel nous devons rendre justice à l'armée russe en cette occasion : je veux parler d'une vertu fort à la mode par le temps qui court, et conséquemment digne de commémoration; le sujet est délicat, aussi le sera ma phrase; — peut-être que la rigueur de la saison, les longs campements au cœur de l'hiver, le manque de repos et de vivres, les avaient rendus chastes; — mais enfin il se commit peu de viols.

CXXIX.

On tua beaucoup, on pilla plus encore; il y eut bien peut-être aussi, par-ci, par-là, quelque violence d'une autre espèce; — mais rien qu'on puisse comparer aux excès qui ont lieu quand les Français, cette nation dissipée, prennent une ville d'assaut. Je ne devine à cela d'autre cause que le froid et la commisération; mais ce qu'il y a de certain, c'est que toutes les dames, quelques centaines exceptées, restèrent presque aussi vierges qu'auparavant.

CXXX.

Il faut dire qu'il se fit dans les ténèbres quelques étranges méprises qui prouvaient l'absence de lanternes ou de goût : — et, en effet, la fumée était si épaisse, qu'on avait peine à distinguer un ami d'un ennemi; d'ailleurs, la précipitation fait naître, quoique rarement, ces quiproquo, alors même qu'une faible clarté semble devoir garantir les chastetés vénérables; quoi qu'il en soit, six vieilles filles, ayant chacune soixante-dix ans, furent déflorées par divers grenadiers.

CXXXI.

Mais, somme toute, la continence des vainqueurs fut grande; tellement qu'il y eut plus d'un désappointement parmi certaines prudes sur le déclin, qui, sentant les inconvénients du bienheureux célibat, s'étaient d'avance résignées, vu surtout que ce n'était pas leur faute, mais celle du destin, à supporter cette croix et à contracter une sorte d'hyménée à la Sabine, exempt de frais et de délais matrimoniaux.

CXXXII.

Dans le tumulte s'éleva la voix de quelques commères d'un âge mûr (ces oiseaux, las de leur cage, n'étaient autres que des veuves de quarante ans), et on les entendit demander « si le viol n'allait pas bientôt commencer. » Mais dans cette soif dominante de meurtre et de pillage, il n'y avait guère place pour des péchés superflus; quant à la question de savoir si ces dames échappèrent ou non, c'est un mystère non encore éclairci; — seulement, je fais des vœux pour l'affirmative.

CXXXIII.

Souwaroff était donc vainqueur, — digne émule, dans son métier, de Tamerlan ou de Gengis. Tandis que sous ses yeux les mosquées et les rues se consumaient comme du chanvre, et que le canon continuait à mugir, il traça d'une main sanglante sa première dépêche; voici ses paroles textuelles : — « Gloire à *Dieu* et à l'impératrice! » Puissances éternelles! accoler de tels noms!) « Ismaël est à nous [13]. »

CXXXIV.

Il me semble que depuis « Menè, Menè, Tekel, » et « Upharsin, » ce sont là les mots les plus terribles qu'une main ou une plume de guerrier ait jamais tracés. Dieu me pardonne! je ne suis pas très fort théologien. Ce que lut Daniel était la sténographie sévère et sublime du Seigneur; le prophète n'écrivit pas de plaisanterie sur le destin des nations; — mais ce Russe bel esprit sut, comme Néron, rimer en présence d'une ville en flammes [16].

CXXXV.

Il écrivit cette mélodie polaire, et la mit en musique avec accompagnement de cris de douleur et de gémissements; cette mélodie que personne n'oubliera, mais que bien peu chanteront, j'espère : — car, si je le puis, j'apprendrai aux pierres à se lever contre les tyrans de la terre. Qu'il ne soit pas dit que nous rampions encore devant les trônes; — mais vous, — enfants de nos enfants! rappelez-vous que nous avons fait voir ce qu'*étaient les choses* avant que le monde fût libre!

CXXXVI.

Cette heure, nous ne la verrons pas, mais vous la verrez; et comme, dans l'immense joie de votre millennium, vous pourrez à peine ajouter foi aux faits dont nous sommes témoins, j'ai cru devoir vous les décrire; mais puisse avec eux périr aussi leur mémoire! — Toutefois, si leur souvenir arrive jusqu'à vous, méprisez-les plus encore que vous ne méprisez les Sauvages d'autrefois, qui *peignaient* leurs membres *nus*, mais *non* avec du sang.

CXXXVII.

Et lorsque vous entendrez les historiens parler de trônes et de ceux qui les occupaient, que ce soit avec le sentiment que nous éprouvons quand nous contemplons les ossements du mammouth, et que nous nous demandons quel est le monde antique qui a vu de tels êtres ; ou quand nous lisons sur des pierres égyptiennes des hiéroglyphes, agréables énigmes léguées à l'avenir, et nous tourmentons pour connaître ce qu'heureusement peut-être nous ne connaîtrons jamais, la destination véritable d'une pyramide.

CXXXVIII.

Lecteur ! j'ai tenu parole, — du moins tout ce que le premier chant avait promis. Vous avez eu maintenant des esquisses d'amour, de tempêtes, de voyages, de guerre, toutes fort ressemblantes, vous en conviendrez, et on ne peut plus *épiques*, si la vérité simple n'y met point obstacle ; car j'ai usé de beaucoup moins de circonlocutions que mes prédécesseurs. Je chante sans art, mais Phébus me prête de temps à autre une corde,

CXXXIX.

Dont je sais tirer tour à tour des sons graves, mordants ou joyeux. Quant à ce qui advint ou adviendra peut-être du héros de cette grande énigme poétique, je pourrais vous le dire si je voulais ; mais, fatigué de battre en brèche les remparts obstinés d'Ismaël, il me convient de m'arrêter au beau milieu, pendant que Juan est en route pour porter la dépêche que tout Pétersbourg attend avec impatience.

CXL.

Cet honneur spécial lui fut conféré parce qu'il avait fait preuve de courage et d'humanité ; — cette dernière vertu plaît aux hommes quand ils respirent un instant des barbaries que la vanité leur impose. On applaudit Juan d'avoir sauvé sa petite captive au milieu de la sauvage démence du carnage, — et j'ai la certitude qu'il fut plus satisfait de cette action que de son nouvel ordre de Saint-Vladimir.

CXLI.

L'orpheline musulmane partit avec son protecteur, car elle était sans foyer, sans parents, sans appui ; tous les siens, comme la malheureuse famille d'Hector, avaient péri sur le champ de bataille ou sur les remparts ; le lieu même de sa naissance n'était plus que le spectre de ce qu'il avait été ;

la voix du muezzin n'y annonçait plus l'heure de la prière!
— Et Juan pleura, fit vœu de la protéger, et tint sa promesse.

NOTES DU CHANT HUITIÈME.

¹ Espèce de grillon, aussi nommé perce-bois. *N. du Trad.*

² Littéralement, *de balles, de bombes ou d'enfers : with all sort of shot, and schells or hells ;* l'auteur joue sur l'analogie de consonnance entre *shell* et *hell*. *N. du Trad.*

³ *A broth of a boy,* littéralement, un consommé de jeunesse. *N. du Trad.*

⁴ Le proverbe portugais dit que l'enfer est pavé de bonnes intentions.

⁵ Rue fashionable de Londres, dans le quartier de l'Ouest. *N. du Trad.*

⁶ C'est sous le titre d'*Elegant Extracts*, extraits élégants, que se publient, en Angleterre, la plupart des recueils contenant des morceaux choisis des poëtes et des prosateurs. *N. du Trad.*

⁷ Diminutif de John. *N. du Trad.*

⁸ On sait que l'arrivée du corps prussien de Blücher décida la bataille de Waterloo. Voir le *Mémoire du général Gourgaud*.

⁹ Le *Bezonian* de Pistol est une corruption de *bisognoso* dans Shakspeare.

¹⁰ *Which in our faces stare,* qui nous regardent en face. *N. du Trad.*

¹¹ Il y a des gens qui aiment les solitudes les plus sauvages. Le général Boom, un des premiers colons du Kentucky, était un homme de ce caractère. A l'âge de 70 ans, il s'est retiré au-delà du Missouri, dans un lieu qui porte son nom, et qui est éloigné de deux cents milles de la dernière ferme civilisée, espérant à cette distance être à l'abri de tout visiteur ; mais les hommes blancs l'ont rattrapé, et il a reculé sa demeure de deux cents milles.

¹² L'homme de Ross est, dans Pope, le type de la vieillesse heureuse, comme, dans Virgile, le vieillard du Galèse. Voir les *Géorgiques*. *N. du Trad.*

¹³ Un *cavalier* est une élévation de terrain bordée d'un parapet et ordinairement située à la gorge d'un bastion.

¹⁴ Ordre militaire de Russie.

¹⁵ Dans l'original russe :

> Slava bogu ! slava vam !
> Krepost Vzali y ia tam.

Sorte de refrain, car il était poëte.

¹⁶ M. Tweddell, qui vit Souwaroff dans l'Ukraine, dit : « C'est un caractère des plus singuliers ; il dînait chaque matin à neuf heures. — Il dormait presque nu ; — il affectait une parfaite insouciance du froid et du chaud, et quittait sa chambre, où l'on suffoquait, pour passer ses troupes en revue, à peine vêtu d'une chemise de toile, lorsque le thermomètre de Réaumur marquait dix degrés au-dessous de la glace. — Ses manières of-

fraient le même cachet d'originalité. Un jour que je dînais avec lui, il me cria de l'autre bout de la table : « Tweddell, les Français ont pris Portsmouth ; je viens de recevoir un courrier d'Angleterre ; le roi est dans la Tour, et Shéridan est protecteur. » Ces manières bizarres sont un calcul chez lui ; il prétend que cela est nécessaire pour agir sur l'esprit de ses soldats. — Je lui demandai s'il était bien satisfait de la conduite de ses troupes après le massacre d'Ismaël ; il me répondit : « qu'il se retira dans sa tente et pleura. »

DON JUAN.

CHANT NEUVIÈME[1].

I.

O Wellington ! (ou « Vilainton »[2]: — car la renommée a deux manières de prononcer ces syllabes héroïques ; la France, qui n'a pas même pu conquérir votre grand nom, en a fait un calembour ; — victorieuse ou vaincue, elle rira toujours) vous avez obtenu de grosses pensions et beaucoup de louanges ; si quelqu'un s'avisait de vous contester votre gloire, l'humanité se lèverait, et d'une voix tonnante, ferait retentir le nom de « Ney[3] ! »

II.

Je pense que vous n'avez pas très bien agi avec Kinnaird dans l'affaire de Marinet[4] ; — il faut avouer que le tour n'est pas beau, et, comme beaucoup d'autres anecdotes, figurerait assez mal dans l'épitaphe qu'on mettra sur votre tombe dans la vieille abbaye de Westminster. Quant au reste, il n'est pas nécessaire d'en parler ; ce sont des histoires bonnes à conter à table à l'heure du thé ; mais bien que vos années s'approchent rapidement de zéro, par le fait Votre Grâce n'est encore qu'un jeune héros.

III.

Quoique l'Angleterre vous doive (et vous paie) tant, cependant, sans contredit, l'Europe vous doit bien plus encore : vous avez raffermi la béquille de la légitimité, appui qui, de notre temps, n'est plus aussi sûr qu'autrefois. Les Espagnols, les Français et les Hollandais ont vu et senti avec quelle vigueur vous restaurez ; et Waterloo a rendu le monde votre débiteur (seulement vos bardes auraient pu le chanter un peu mieux).

IV.

Vous êtes le « meilleur des coupe-jarrets ; » — pourquoi tressaillir ? l'expression est de Shakspeare, et j'en fais une application juste. La guerre n'est autre chose que l'art de brûler la cervelle aux gens, ou de leur couper la gorge, quand sa cause n'est pas sanctionnée par le bon droit. Si vous avez, une fois en votre vie, agi avec générosité, c'est ce que décidera le monde, et non les maîtres du monde ; et, pour mon compte, je serais charmé d'apprendre à qui Waterloo a profité, si ce n'est à vous et aux vôtres.

V.

Je ne suis point flatteur ; — vous avez été rassasié de flatterie : on prétend que vous l'aimez ; — il n'y a là rien d'étonnant. Celui qui a passé sa vie au milieu des assauts et des batailles peut bien, à la fin, être un peu fatigué du tonnerre ; et avalant l'éloge plus volontiers que la satire, il est naturel qu'il aime à s'entendre louer de toutes ses bévues heureuses, appeler « sauveur des nations, » — non encore sauvées, et « libérateur de l'Europe, » — encore esclave[5].

VI.

J'ai fini ; allez maintenant dîner avec la vaisselle, présent du prince du Brésil, et envoyez à la sentinelle qui veille à votre porte une tranche ou deux de vos morceaux délicats. Le pauvre diable a combattu ; mais il y a longtemps qu'il ne lui est arrivé si bonne aubaine. Ne dit-on pas aussi que le peuple a faim ? Nul doute que vous ne méritiez votre ration ; mais veuillez, je vous prie, en donner quelques miettes à la nation.

VII.

Mon intention n'est pas de censurer ; — un aussi grand homme que vous, mylord duc, est bien au-dessus de la censure. Et puis, les mœurs romaines de Cincinnatus sont fort peu en rapport avec l'histoire moderne ; bien que, en votre qualité d'Irlandais, vous aimiez les pommes de terre, il n'est pas nécessaire que vous en dirigiez la culture; et un demi-million sterling pour votre ferme sabine, c'est un peu cher! — soit dit sans vouloir vous offenser.

VIII.

Les grands hommes ont toujours dédaigné les grandes récompenses : Épaminondas sauva Thèbes, et mourut sans laisser même de quoi payer ses funérailles; Georges Washington eut des remerciements, et rien de plus, hormis la gloire pure (que peu d'hommes ont eue) d'avoir affranchi sa patrie; Pitt avait aussi son orgueil, et ce ministre d'état à l'âme fière est célèbre pour avoir ruiné gratis la Grande-Bretagne.

IX.

Excepté Napoléon, nul mortel n'eut en son pouvoir une occasion aussi belle, et n'en fit un plus mauvais usage. Vous pouviez affranchir l'Europe de l'unité des tyrans, et faire bénir votre nom de rivage en rivage; et, *maintenant*, — de quelle sorte est votre gloire? Faut-il que la Muse vous la chante? *Maintenant* que les vaines acclamations de la populace ont cessé, allez l'entendre dans les cris de votre patrie affamée! regardez le monde, et maudissez vos victoires!

X.

Comme dans ces nouveaux chants il est question d'exploits guerriers, à vous la Muse sincère adresse des vérités que vous ne lirez pas dans les gazettes, mais qui doivent être proclamées sans salaire; il est temps de l'apprendre à la tribu mercenaire qui s'engraisse du sang et des dettes de son pays. Vous avez fait de *grandes* choses; mais, n'ayant pas l'âme *grande*, vous avez laissé à faire les plus grandes, — et perdu le genre humain.

XI.

La Mort rit; — allez méditer sur le squelette avec lequel les hommes figurent la chose inconnue qui cache le monde passé, semblable à un soleil qui s'est couché pour briller peut-être ailleurs d'un éclat plus radieux; — la Mort rit de tout ce qui vous fait pleurer : — regardez cet incessant épouvantail de tous, dont l'aiguillon, bien que dans son fourreau, nous menaçant toujours, change la vie en terreur! Remarquez comme sa bouche sans lèvres exhale, sans souffle, un affreux grincement!

XII.

Remarquez comme le spectre rit et insulte à tout ce que vous êtes! et pourtant il *fut* lui-même ce que maintenant vous êtes : il ne *rit pas de l'une à l'autre oreille,* car il n'en a pas; il a depuis longtemps cessé d'entendre, et pourtant il *sourit* encore; et lorsque, auprès de lui ou au loin, il arrache à l'homme ce manteau bien plus précieux que celui du tailleur, sa peau incarnée, blanche, noire, ou cuivrée, — les os morts font la grimace.

XIII.

Elle rit donc, la Mort! — triste gaieté! mais c'est comme cela; et avec un pareil exemple, pourquoi la vie ne ferait-elle pas comme sa supérieure? pourquoi ne foulerait-elle pas à ses pieds, en souriant, tous ces riens éphémères qui se succèdent comme des bulles d'eau sur un océan beaucoup moins vaste que l'éternel déluge qui dévore les soleils comme les rayons, — les mondes comme les atomes, — les années comme les heures?

XIV.

« Être ou n'être pas, voilà la question, » dit Shakspeare, qui est maintenant tout à fait à la mode. Je ne suis ni Alexandre ni Éphestion, et je n'ai jamais été très passionné pour la gloire *abstraite*, mais je préfère de beaucoup une bonne digestion au cancer de Bonaparte. — Quand je pourrais, à travers cinquante victoires, m'élancer à l'infamie ou à la gloire, sans un estomac, — à quoi me servirait un grand nom?

XV.

« *O dura ilia messorum*[6]*!* » — « O robustes boyaux des moissonneurs! » Je traduis dans l'intérêt incontestable de ceux qui savent ce que c'est qu'une indigestion, — ce supplice interne qui fait couler tout le Styx dans un seul petit foie. Les sueurs du paysan valent les domaines de son seigneur ; que l'*un* travaille pour gagner son pain, — que l'*autre* pressure pour toucher ses fermages ; le plus heureux des deux sera celui qui dormira du meilleur somme.

XVI.

« Être ou n'être pas ! » — Avant de décider, je serais bien aise de savoir ce que c'est que d'être. Il est bien vrai que nous raisonnons à perte de vue, et pensons, par ce que nous *voyons,* que *rien n'échappe à nos regards ;* pour ma part, je ne me rangerai d'aucun parti tant que je ne les verrai pas une bonne fois d'accord. Pour moi, je suis quelquefois tenté de croire que la vie est la mort, au lieu de n'être qu'une simple affaire de respiration.

XVII.

« Que sais-je ! » était la devise de Montaigne, ainsi que des premiers académiciens ; l'un de leurs axiomes favoris était que toute la science de l'homme ne peut aboutir qu'au doute. La certitude n'existe pas ; cela est aussi évident qu'aucune des conditions de notre nature ; nous savons si peu ce que nous faisons en ce monde, que je doute même si le doute est vraiment l'action de douter.

XVIII.

Il est doux de flotter comme Pyrrhon[7] sur une mer de conjectures ; mais quoi ! si le déploiement de la voile fait chavirer le bateau ? vos sages ne connaissent pas grand'chose à la navigation ; nager longtemps dans l'abîme de la pensée est un exercice fatigant : une station calme et peu profonde auprès du rivage, où l'on puisse, en se baissant, ramasser quelques jolis coquillages, est préférable pour les baigneurs modérés.

XIX.

« Mais le ciel, » dit Cassio, « est au-dessus de tout ; — ne parlons donc plus de cela, et faisons notre prière ! » Nous avons nos âmes à sauver depuis le faux pas d'Ève et la chute d'Adam, qui entraîna dans la tombe tout le genre humain, ainsi que les poissons, les quadrupèdes et les oiseaux. « La Providence préside même à la chute du passereau. » Quel crime a pu commettre le passereau? Nous n'en savons rien; peut-être s'est-il perché sur l'arbre objet de la convoitise d'Ève.

XX.

O vous, dieux immortels! qu'est-ce que la théogonie? Et toi aussi, homme mortel! qu'est-ce que la philanthropie? O monde, qui fus et qui es, qu'est-ce que la cosmogonie? Certaines gens m'ont accusé de misanthropie; et pourtant je ne sais pas plus ce qu'ils veulent dire par là que l'acajou de ce pupitre; je comprends la lycanthropie [8] : car, sans transformation, les hommes, pour la cause la plus légère, deviennent de vrais loups.

XXI.

Mais moi, le plus doux des hommes, comme Moïse ou Mélanchton; moi qui n'ai jamais rien fait d'excessivement malveillant, — et qui (bien que je n'aie pu de temps à autre m'empêcher de suivre les penchants du corps et de l'esprit) ai toujours eu une tendance à l'indulgence, — pourquoi m'appellent-ils misanthrope? Non parce que *je les hais*, mais parce qu'*ils me haïssent*. Restons-en là.

XXII.

Il est temps de continuer notre excellent poëme : — car je soutiens qu'il est excellent, tant le corps de l'ouvrage que le « proême, » bien que l'un et l'autre ne soient jusqu'ici qu'imparfaitement compris; — mais patience! plus tard la vérité, apparaissant dans son plus sublime appareil, se chargera de ce soin; jusque-là, je dois me contenter de partager ses charmes et son exil.

XXIII.

Nous avons laissé notre héros (et je pense aussi le vôtre, ami lecteur) sur le chemin de la capitale des rustres policés par l'immortel Pierre, et qui, jusqu'à présent, se sont montrés plus braves que spirituels. Je sais que leur puissant empire a recueilli et recueille encore bien des flatteries, même celles de Voltaire, et c'est dommage. Pour moi, un autocrate absolu n'est pas seulement un Barbare, c'est quelque chose de bien pire encore;

XXIV.

Et je ferai la guerre, en paroles du moins (et, — le cas échéant, — en actions), à tous ceux qui font la guerre à la pensée ; — et de tous les ennemis de la pensée, les plus impitoyables de beaucoup ce sont et ce furent toujours les tyrans et les sycophantes. Je ne sais à qui restera la victoire ; quand j'aurais cette prescience, ce ne serait pas un obstacle à ma haine franche, complète, invétérée, pour tout despotisme, chez toutes les nations.

XXV.

Ce n'est pas que j'adule le peuple : il y a, sans moi, assez de démagogues et d'infidèles pour abattre tous les clochers, et mettre en leur place quelque sottise de leur façon. Savoir s'ils sèment le scepticisme pour recueillir l'enfer, comme le prétend le dogme un peu dur des chrétiens, je l'ignore ; — je désire que les hommes soient libres du joug de la populace comme de celui des rois, — du vôtre comme du mien.

XXVI.

Comme je ne suis d'aucun parti, je vais nécessairement offenser tous les partis ; — n'importe ! du moins mes paroles sont plus sincères et plus franches que si je cherchais à voguer avec le vent. Celui qui n'a rien à gagner n'a pas besoin d'artifice ; celui qui ne veut être ni oppresseur ni esclave peut parler librement ; ainsi ferai-je, et je ne joindrai pas ma voix au cri de jackal de l'esclavage.

XXVII.

Elle est juste cette comparaison du *jackal* : — je les ai entendus la nuit, au milieu des ruines d'Éphèse[9], hurler comme la meute mercenaire de ces lâches pourvoyeurs du pouvoir qui suivent la chasse pour profiter des restes, et flairent la proie que leurs maîtres réclament. Toutefois, les pauvres jackals, pourvoyeurs intelligents du brave lion, sont moins ignobles que les insectes humains qui chassent pour des araignées.

XXVIII.

Levez le bras seulement, et balayez-moi leur toile, vous aurez rendu impuissants leur venin et leurs bras. Peuple (ou plutôt peuples), écoutez-moi ! — poursuivez votre œuvre sans relâche. La toile de ces tarentules s'étendra chaque jour jusqu'au moment où vous ferez cause commune; il n'y a encore que la mouche espagnole et l'abeille attique qui aient piqué de leur aiguillon pour s'affranchir.

XXIX.

Nous avons laissé don Juan, qui s'était distingué dans la dernière tuerie; nous l'avons, dis-je, laissé en route porteur de la dépêche où il était parlé de sang comme nous parlerions d'eau; les cadavres, amoncelés comme le chaume dans les cités silencieuses, ne servaient qu'à amuser les loisirs de la belle Catherine; elle regardait cette joute de nations comme un combat de coqs; seulement elle tenait à ce que les siens restassent fermes comme des rocs.

XXX.

Il voyageait dans un *kibitka* (c'est une maudite voiture sans ressorts, qui, sur les routes raboteuses, vous laisse à peine un de vos os intact); là, il réfléchissait à loisir à la gloire, à la chevalerie, aux rois, aux ordres royaux et à tout ce qu'il avait fait, et il souhaitait que les chevaux de poste eussent les ailes de Pégase, ou du moins que les chaises de poste fussent rembourrées de plumes quand on voyage sur de mauvais chemins.

XXXI.

A chaque cahot, — et ils étaient fréquents, — il regardait sa petite protégée comme s'il eût désiré qu'elle souffrît moins que lui dans ces grands chemins abandonnés aux ornières, aux cailloux et au savoir-faire de la charmante nature, qui est un fort mauvais voyer, et n'admet pas de barques sur ses canaux dans les pays où Dieu prend sous sa direction personnelle la terre et l'eau, la culture et la pêche.

XXXII.

Du moins, lui, il ne paie pas de fermages, et il est, sans contredit, le premier de ceux que nous avions coutume d'appeler « gentlemen fermiers », — race tout à fait usée depuis qu'il n'y a plus de fermages, que les « gentlemen » sont dans une pitoyable condition, et que « les fermiers » ne peuvent relever Cérès de sa chute; elle est tombée avec Bonaparte. — Quelles étranges réflexions à faire quand on voit les empereurs et les avoines baisser de compagnie!

XXXIII.

Juan reportait donc ses regards sur l'aimable enfant qu'il avait arrachée à la mort; — quel trophée! O vous qui élevez des monuments souillés de sang humain, comme Nadir Shah, ce sophi constipé qui, après avoir fait de l'Indostan un désert, et laissé à peine au Mogol une tasse de café pour consoler ses douleurs, fut tué, le pécheur! parce qu'il ne pouvait plus digérer son dîner [10];

XXXIV.

O vous! ou nous! ou lui! ou elle! songez qu'une vie sauvée, surtout si elle est jeune ou jolie, laisse de plus doux souvenirs que les lauriers les plus verts nés sur un sol fumé d'humaine argile, quand ils seraient accompagnés de tous les éloges qui aient jamais été dits ou chantés; quand elle serait célébrée sur toutes les harpes, si votre propre cœur ne fait chorus, la gloire n'est qu'un vain bruit.

XXXV.

O vous, grands auteurs lumineux, volumineux; et vous, millions de scribes quotidiens, dont les pamphlets, les volumes, les journaux nous illuminent! soit que le gouvernement vous salarie pour prouver que nous ne sommes pas dévorés par la dette publique; — soit que, d'un talon mal appris, marchant, sans égard, sur les « cors des courtisans, » vos feuilles populaires vous fassent vivre en proclamant la famine de la moitié du royaume; —

XXXVI.

O vous, grands auteurs!—Mais, « à propos de bottes », j'ai oublié ce que je voulais dire, comme cela est arrivé parfois à de plus sages; c'était quelque chose ayant pour but de calmer toute irritation dans les casernes, les palais ou les chaumières; certes, mes avis eussent été en pure perte, et c'est ce qui me console de ne plus m'en souvenir, quoiqu'ils fussent assurément impayables.

XXXVII.

Mais laissons-les; — quelque jour on les retrouvera avec d'autres reliques d'un « monde antérieur », quand ce monde-ci sera devenu *antérieur* lui-même, enfoui sous terre, sens dessus dessous, tordu, crispé, bouilli, rôti, frit ou brûlé, retourné ou noyé, comme tous les mondes précédents, sortis du chaos, et rentrés dans le chaos, couche définitive qui doit tous nous recouvrir.

XXXVIII.

Cuvier le dit; — et alors, dans la nouvelle création élevée sur notre antique ruine, apparaîtront quelques anciens et mystérieux débris des choses détruites; puis viendront les conjectures en l'air, comme nous en faisons sur les Titans ou les Géants, dont la taille avait quelques centaines de pieds, pour *ne pas* dire de milles, sur les mammouths et les crocodiles ailés.

XXXIX

Jugez donc, si alors on venait à déterrer Georges IV! Les nouveaux habitants de ce nouvel Orient se demanderont avec étonnement où pouvaient souper de tels animaux (car eux, ils n'auront que des proportions minimes; les mondes eux-mêmes avortent quand ils enfantent trop fréquemment, et à force de remettre en œuvre les mêmes matériaux, toute création nouvelle a été s'amoindrissant; — les hommes ne sont que les vers du sépulcre de quelque monde colossal).

XL.

Cette jeune humanité, fraîchement chassée de quelque autre paradis, condamnée à labourer, bêcher, suer, se démener, planter, recueillir, filer, moudre, semer, jusqu'à ce que tous les arts soient découverts, surtout l'art de la guerre et de l'impôt; — quand elle contemplera ces grandes reliques, n'y verra-t-elle pas les monstres d'un nouveau muséum?

XLI.

Mais j'ai le défaut de trop donner dans la métaphysique; « le temps est hors de ses gonds », — et moi aussi; j'oublie tout à fait que ce poëme est essentiellement badin, et m'égare dans des matières un peu arides. Je n'arrête jamais à l'avance ce que je dirai, et cela, vraiment, est par trop poétique : on doit savoir pourquoi et dans quel but on écrit; mais, note ou texte, je ne sais jamais, quand j'écris un mot, celui qui va suivre.

XLII.

Si bien que j'erre à l'aventure, tantôt faisant un bout de récit, tantôt méditant; — mais il est temps de narrer. J'ai laissé don Juan voyageant au pas de ses chevaux; — maintenant nous allons faire du chemin en peu de temps. Je ne m'arrêterai pas aux détails de son voyage; nous avons eu depuis peu tant de relations de *touristes!* supposez donc que Juan est à Pétersbourg; figurez-vous cette agréable capitale de neige peinte;

XLIII.

Figurez-vous Juan dans un salon plein de monde; supposez-le vêtu d'un bel uniforme : habit écarlate, revers noirs, chapeau à trois cornes, avec un long panache flottant comme des voiles déchirées par l'orage; culotte brillante comme le Cairn Gorme[11], de casimir jaune, je présume; bas blanc-de-lait, tirés à ravir sur une jambe dont la symétrie faisait ressortir leur soie;

XLIV.

Supposez-le l'épée au côté, le chapeau à la main, beau des avantages qu'il tenait de la jeunesse, de la gloire et du tailleur du régiment, — ce grand enchanteur qui, d'un coup de sa baguette, fait naître la beauté et pâlir la nature, étonnée qu'elle est de voir combien l'art relève son ouvrage (quand toutefois il n'emprisonne pas nos membres comme dans une geôle). — Voyez Juan comme placé sur un piédestal ! on le prendrait pour l'Amour devenu lieutenant d'artillerie!

XLV.

Son bandeau, s'abaissant, a formé une cravate; ses ailes se sont repliées à la dimension d'épaulettes; son carquois, diminuant de volume, est devenu un fourreau; ses flèches, transformées en une petite épée, ont gardé leur pointe acérée!

son arc s'est changé en un chapeau à trois cornes ; et pourtant, entre Juan et l'Amour, si grande est la ressemblance que, pour ne pas le prendre pour Cupidon, Psyché devrait être plus habile que bien des épouses qui tombent dans des méprises tout aussi sottes.

XLVI.

Les courtisans ouvrirent de grands yeux, les dames chuchotèrent, et l'impératrice sourit ; le favori régnant fronça le sourcil. — J'ai tout à fait oublié de qui c'était alors le tour : car le nombre était grand de ceux qui avaient, à tour de rôle, occupé ce poste difficile depuis que Sa Majesté régnait seule ; mais, en général, c'était, pour la plupart, de robustes gaillards de six pieds de haut, tous faits pour rendre jaloux un Patagon.

XLVII.

Juan ne leur ressemblait pas ; il était svelte et fluet, pudibond et imberbe ; pourtant il y avait quelque chose dans sa tournure, et plus encore dans ses yeux, qui semblait dire que, bien qu'il eût l'air d'un séraphin, sous l'enveloppe de l'ange il y avait un homme. D'ailleurs, un adolescent plaisait parfois à l'impératrice, et elle venait tout récemment d'enterrer le beau Lanskoï [12].

XLVIII.

Il n'est donc pas étonnant qu'Ymerloff, ou Momonoff, ou Scherbatoff, ou tout autre *off* ou *on*, redoutassent que Sa Majesté, dans son cœur (qui n'était pas des plus sauvages), ne trouvât place pour une flamme nouvelle : pensée suffisante pour rembrunir l'aspect rude ou tendre de celui qui, dans le langage employé pour désigner son rang, occupait alors ce *haut poste officiel*.

XLIX.

Aimables dames, si vous voulez savoir le sens de cette diplomatique expression, allez entendre [13] l'Irlandais marquis de Londonderry [14] ; et dans cet étrange flux de paroles enfilées les unes aux autres, que personne ne comprend et auxquelles tout le monde obéit, peut-être réussirez-vous à recueillir quelque plaisant non-sens; car c'est là tout ce qu'offre à glaner cette moisson pâle et verbeuse.

L.

Je pense pouvoir m'expliquer sans l'aide de cette inexplicable bête de proie, — ce sphinx dont les paroles seraient toujours une énigme si ses actes ne se chargeaient chaque jour de les commenter; — cet hiéroglyphe monstrueux, — ce jet d'eau et de sang, — ce Castlereagh de plomb! A ce propos, je vais vous dire une anecdote qui, heureusement, est fort courte et n'a pas grand poids.

LI.

Une dame anglaise demandait à une Italienne quelles étaient les fonctions positives et officielles de cet étrange personnage dont certaines femmes font cas, qu'on voit rôder autour de quelques beautés mariées, et qu'on nomme « cavalier servente »; sorte de Pygmalion réchauffant des statues (je crains que ce ne soit trop vrai) sous le feu de son génie. L'Italienne, pressée de faire connaître lesdites fonctions, répondit : « Madame, je vous les laisse à deviner. »

LII.

C'est ainsi que je réclame de vous une supposition et l'interprétation la plus charitable et la plus chaste au sujet des attributions du favori impérial. C'était une place élevée, la plus élevée dans l'état par le fait, sinon par le rang; et il était impossible que la perspective de voir un autre lui succéder n'inquiétât pas le titulaire actuel, alors que la possession d'une paire de larges épaules suffisait pour faire hausser les actions du porteur.

LIII.

Juan, comme je l'ai dit, était un fort bel adolescent; il avait conservé cette première fleur de beauté par delà la saison virile, qui, avec sa barbe, ses favoris, et cætera, fait disparaître ce charme *parisien* [15] qui renversa Ilion et fonda *Doctors Commons* [16]; — j'ai compulsé l'*Histoire des Divorces*, et me suis assuré, après des recherches attentives, que Troie est la première action en dommages et intérêts dont il soit fait mention.

LIV.

Et Catherine, qui aimait tout le monde (sauf son époux, parti pour sa dernière demeure), et qui passait pour admirer beaucoup ces gigantesques cavaliers abhorrés des dames au goût délicat, avait néanmoins une touche de sentiment; celui qu'elle avait adoré le plus était le regretté Lanskoï; cet amant lui avait coûté bien des larmes, et n'eût fait néanmoins qu'un fort médiocre grenadier.

LV.

O toi! « *teterrima causa belli* [17] ! » — porte de la vie et de la mort! — mystérieux problème! toi d'où nous sortons et où nous entrons, — comment expliquer que toutes les âmes soient baptisées à ta source perpétuelle?—Comment l'homme a succombé, je l'ignore, puisque l'arbre de la science a vu dépouiller ses rameaux de leurs premiers fruits; mais comment, depuis lors, l'homme tombe et s'élève, c'est incontestablement toi qui en décides.

LVI.

Il en est qui t'appellent « la pire de toutes les causes de guerre; » moi, je soutiens que tu es la meilleure, car, après tout, de toi nous venons, à toi nous allons, et tu vaux bien que pour t'obtenir on renverse un rempart, on ravage un monde; car nul ne peut nier que tu ne repeuples les mondes, petits et grands. Avec toi ou sans toi, tout reste ou resterait stationnaire sur cette aride terre, dont tu es l'océan.

LVII.

Catherine, qui était le grand épitomé de cette grande cause de guerre, de paix, de tout ce qu'il vous plaira (comme c'est la cause de tout ce qui est, vous pouvez choisir ou ceci ou cela); — Catherine, dis-je, fut bien aise de voir le beau messager, sur le panache duquel planait la victoire; et lorsque, fléchissant le genou devant elle, il lui présenta la dépêche, occupée à le regarder, elle oublia d'en rompre le sceau.

LVIII.

Puis, se rappelant l'impératrice, sans pourtant oublier

entièrement la femme (qui composait au moins les trois quarts de ce grand tout), elle ouvrit la lettre d'un air qui intrigua la cour; tous les regards épiaient avec inquiétude les mouvements de son visage; enfin, un royal sourire annonça le beau temps pour le reste du jour. Bien qu'un peu large, sa figure était noble, ses yeux beaux, sa bouche gracieuse.

LIX.

Grande fut sa joie, ou plutôt ses joies : d'abord une ville prise, trente mille hommes tués. La gloire et le triomphe resplendirent dans ses traits, comme un lever du soleil sur une mer orientale. Ceci étancha un moment la soif de son ambition : ainsi les déserts de l'Arabie boivent une pluie d'été, en vain ! — comme la rosée humecte à peine les sables arides, le sang ne sert qu'à laver les mains de l'ambition.

LX.

Sa seconde joie amusa son imagination : elle sourit aux folles rimes de Souwaroff, renfermant dans un distique russe assez fade tout le bulletin des milliers d'hommes qu'il avait tués [18]. Sa troisième joie fut assez féminine pour faire taire l'horreur qui court naturellement dans nos veines quand des êtres qu'on nomme souverains jugent à propos de tuer, et que des généraux n'y voient qu'une plaisanterie.

LXI.

Les deux premiers sentiments se manifestèrent complétement, et animèrent d'abord ses yeux, puis sa bouche; toute la cour prit aussitôt un air riant, comme des fleurs arrosées après une longue sécheresse; — mais lorsque, sur le jeune lieutenant à genoux devant elle, Sa Majesté, qui aimait presque autant la vue d'un beau jeune homme que celle d'une dépêche nouvelle, laissa tomber un regard bienveillant, le monde entier fut dans l'attente.

LXII.

Bien qu'un peu corpulente, exubérante et cruelle quand elle était *en colère*, — en revanche, lorsqu'elle était contente, elle était aussi belle à voir que peuvent le désirer ceux qui, ayant encore toute leur vigueur, aiment une beauté fraîche, mûre et appétissante ; elle savait rendre avec usure un amoureux regard, et, à son tour, elle exigeait le payement à vue et intégral des créances de Cupidon, sans permettre la plus légère déduction.

LXIII.

Ce dernier point, bien que parfois il ne soit pas à dédaigner, n'était pas très nécessaire avec elle ; car on assure qu'elle avait de la beauté, et qu'elle était douce malgré son *air* farouche ; elle traitait on ne peut mieux ses favoris. Une fois que vous aviez franchi l'enceinte de son boudoir, votre fortune était en assez bon train pour « enfler le cœur d'un homme » (comme dit sir Giles) : car, quoiqu'elle plongeât toutes les nations dans le veuvage, elle aimait l'homme individuellement.

LXIV.

Quelle chose étrange que l'homme ! Quelle plus étrange encore que la femme ! Quel tourbillon que sa tête ! Quel abîme profond et dangereux que tout le reste en elle ! Épouse ou veuve, vierge ou mère, sa volonté est aussi variable que le vent : ce qu'elle a dit ou fait n'est point un garant de ce qu'elle dira ou fera : — tout cela est bien vieux, et pourtant c'est toujours nouveau !

LXV.

O Catherine ! — car, entre toutes les interjections, les *ô !* et les *ah !* t'appartiennent de droit, en amour comme en guerre — quels singuliers rapports unissent entre elles ces pensées humaines qui se heurtent dans leur cours ! Les *tiennes*, en ce moment, se divisèrent en catégories distinctes : ce qui absorba *d'abord* ton esprit, ce fut la prise d'Ismaël ; *puis* la glorieuse fournée des nouveaux chevaliers ; et, *troisièmement*, celui qui t'apportait la dépêche !

LXVI.

Shakspeare nous parle du « messager Mercure abattant son vol sur une montagne qui baise le ciel ; » il faut croire que quelque pensée semblable passa dans l'esprit de Sa Majesté pendant que son jeune messager était agenouillé devant elle. Il est vrai que la montagne était bien haute pour qu'un lieutenant s'aventurât à la gravir; mais l'art a su aplanir jusqu'au sommet du Simplon, et, Dieu aidant, avec la jeunesse et la santé, tous les baisers sont des « baisers du ciel. »

LXVII.

Sa Majesté baissa les yeux; le jeune homme leva les siens; — si bien qu'ils s'éprirent d'amour : — elle, pour sa figure, sa grâce, et Dieu sait quoi encore, car la coupe de Cupidon enivre à la première gorgée : quintessence de laudanum, « *médecine noire* » qui porte sur-le-champ à la tête, sans le vil expédient des rasades à plein verre; car, en amour, l'œil boit et tarit toutes les sources de la vie (les larmes exceptées);

LXVIII.

Lui, de son côté, s'il n'éprouva pas de l'amour, tomba dans une passion non moins impérieuse, l'amour-propre, qui fait que lorsque quelqu'un au-dessus de nous, par exemple une cantatrice ou une danseuse à la mode, ou bien une duchesse, une princesse, une impératrice, daigne nous distinguer dans la foule et nous manifester (comme dit Pope) une prédilection vive, bien qu'inconsidérée, nous avons de nous-même la meilleure opinion.

LXIX.

D'ailleurs, il était à cet âge heureux où toutes les femmes ont pour nous le même âge, — alors que nous nous engageons sans y regarder de si près, intrépides comme Daniel dans la fosse aux lions, pourvu que nous puissions amortir les feux de notre soleil dans le premier océan venu, et y créer un crépuscule, comme les rayons de Phébus s'éteignent dans l'onde salée, ou plutôt dans le sein de Thétis.

LXX.

Et Catherine (nous devons le dire en sa faveur), bien que sanguinaire et hautaine, offrait dans sa passion passagère quelque chose d'extrêmement flatteur; en effet, chacun de ses amants était une sorte de roi, taillé sur un patron d'amour; un royal époux en tout, sauf l'anneau de mariage; et comme ce dernier point est ce qu'il y a de plus diabolique dans l'hymen, il semblait qu'on avait le miel de l'abeille, et point son aiguillon.

LXXI.

Ajoutez à cela sa beauté à son midi, ses yeux bleus ou gris, — ces derniers, quand ils ont de l'âme, sont tout aussi bons et même meilleurs, comme le prouvent les meilleurs exemples : ceux de Napoléon et de Marie, reine d'Écosse, assurent à cette couleur une supériorité décidée, consacrée encore par l'autorité de Pallas, qui était trop sage pour avoir des yeux noirs ou bleus ; —

LXXII.

Son doux sourire, sa taille alors majestueuse, son embonpoint, son impériale condescendance, sa préférence accordée à un adolescent sur des hommes d'une tout autre taille (gaillards qu'eût pensionnés Messaline), ses charmes venus à point et dans toute leur vigueur juteuse, avec d'autres extras dont il est inutile que nous parlions ; tous ces avantages, ou même un seul, suffisaient pour flatter la vanité d'un jeune homme.

LXXIII.

Et cela suffit, car l'amour n'est que vanité ; il est égoïste depuis le commencement jusqu'à la fin, excepté lorsqu'il n'est qu'une démence, qu'un esprit de vertige, cherchant à s'identifier avec le néant fragile de la beauté, auquel la passion rattache tout son espoir ; c'est pourquoi certains philosophes païens ont fait de l'amour le principe de l'univers.

LXXIV.

Outre l'amour platonique, outre l'amour de Dieu, l'amour sentimental, l'amour d'un couple fidèle — (il faut que je rime à tourterelle ; la rime, ce bon vieux bateau à vapeur destiné à remorquer les vers contre la raison ; — la raison n'a jamais été camarade avec la rime, et s'est toujours beaucoup moins occupée de perfectionner les sons que le sens) ; — outre tous ces prétendus amours, il y a ce qu'on nomme les sens,

LXXV.

Ces mouvements qui nous agitent, ce désir du mieux, qui

fait que nous aspirons à quitter notre sablonnière pour nous identifier avec une déesse : car telles, sans contredit, sont toutes les femmes au premier abord. Quel admirable moment! combien singulière est la fièvre qui précède le langoureux désordre de nos sensations! quel curieux procédé pour donner aux âmes leurs vêtements d'argile!

LXXVI.

La plus noble espèce d'amour, c'est l'amour platonique, soit pour commencer, soit pour finir; puis vient celui qu'on peut appeler l'amour canonique, parce que le clergé l'a pris dans ses attributions; la troisième espèce à noter dans notre chronique, et qu'on voit fleurir dans tous les pays de la chrétienté, c'est lorsque de chastes matrones, à leurs autres liens ajoutent ce qu'on peut nommer un *mariage déguisé*.

LXXVII.

Fort bien, nous ne poursuivrons pas cette analyse;—il faut que notre histoire s'explique par elle-même. La souveraine se sentit éprise, et Juan on ne peut plus flatté de se voir l'objet de son amour ou de sa luxure; — les mots une fois écrits, je ne puis m'arrêter à les biffer; — or, ces deux choses sont tellement mêlées à la poussière humaine, qu'en nommant l'une on risque de les désigner toutes deux; mais, dans ces matières, la puissante impératrice de Russie en agissait comme une simple grisette.

LXXVIII.

Il se fit dans la cour un chuchotement général; chacun parla à l'oreille de son voisin; les rides des vieilles douairières se crispèrent à cette vue; les jeunes femmes se lancèrent mutuellement des œillades, et, en communiquant leurs observations, on vit sourire maintes lèvres charmantes; mais des larmes de jalousie parurent dans les yeux attristés de toute l'armée en permanence qui était là rangée.

LXXIX.

Les ambassadeurs de toutes les puissances demandèrent qui était ce tout nouveau jeune homme qui promettait d'être grand dans quelques heures, ce qui est bien prompt (quoique la vie soit si courte). Déjà ils voyaient dans son cabinet tomber les roubles en pluie argentine et pressée, sans compter les décorations et le cadeau de quelques milliers de paysans.

LXXX.

Catherine était généreuse; — toutes ces femmes-là le sont : l'amour, ce grand ouvreur du cœur et de toutes les voies qui y conduisent de près ou de loin, par en haut ou par en bas, par les barrières à péage petites ou grandes; — l'amour (bien qu'elle eût une maudite passion pour la guerre et ne fût pas la meilleure des épouses, à moins que nous ne donnions ce titre à Clytemnestre, et pourtant peut-être vaut-il mieux que l'un des époux meure que si tous deux traînaient leur chaîne);

LXXXI.

L'amour avait porté Catherine à faire la fortune de chacun de ses amants; en cela elle différait de notre demi-chaste Élisabeth, dont l'avarice répugnait à toutes espèces de débours, si l'histoire, cette menteuse fieffée, a dit vrai; et quand il serait avéré que la douleur d'avoir mis à mort un favori eût abrégé sa vieillesse, sa coquetterie vile et ambiguë, ainsi que sa ladrerie, font honte à son sexe et à son rang.

LXXXII.

Mais, quand le lever impérial fut terminé, et que le cercle fut dissous, tous les ambassadeurs se pressèrent autour du jeune homme, et lui offrirent leurs félicitations; il se vit aussi effleuré par les robes de soie de ces gentes dames qui se font une récréation de spéculer sur les jolies figures, surtout quand elles peuvent conduire à de hauts emplois.

LXXXIII.

Juan, qui, sans trop savoir pourquoi, se voyait l'objet de l'attention générale, répondit en s'inclinant avec grâce, comme s'il fût né pour le métier ministériel; quoique modeste, sur son front ouvert la nature avait écrit : « Homme comme il faut. » Il parlait peu, mais toujours à propos, et les grâces de ses manières flottaient autour de lui comme les plis d'une bannière.

LXXXIV.

Un ordre de Sa Majesté confia notre jeune lieutenant aux soins attentifs des premiers dignitaires de l'État; le monde se montrait pour lui plein de bienveillance (c'est ainsi qu'il en agit quelquefois au premier abord ; la jeunesse ferait bien de se le rappeler); telle aussi se montra miss Protasoff, que ses mystiques fonctions avaient fait surnommer « l'éprouveuse, » terme que la muse ne se chargera pas d'expliquer.

LXXXV.

Avec *elle* donc, ainsi que son devoir l'exigeait, Juan se retira. — Je vais en faire autant, jusqu'à ce que mon Pégase soit las de toucher la terre. Nous venons maintenant d'arriver à une « montagne baisant le ciel; » elle est si haute, que je sens la tête qui me tourne et mes idées tourbillonner comme les ailes d'un moulin; c'est pour mes nerfs et mon cerveau un avertissement d'aller, avec ma monture, me promener au petit pas dans quelque vert sentier.

NOTES DU CHANT NEUVIÈME.

¹ Les chants IX, X et XI furent écrits à Pise et publiés à Londres, par M. John Hunt, en août 1823.

²   Faut qu' lord Vilainton ait tout pris,
      Gna plus d'argent dans c' gueux d' Paris.   BÉRANGER.

³ Il y a dans le texte : *L'humanité, d'une voix tonnante, répondrait* « NAY » (c'est-à-dire *non*); et au bas de la page se trouve en note : « Ne faut-il pas lire *Ney?* » On voit que l'auteur a joué sur le mot. On sait que Ney fut fusillé en violation de la capitulation signée par Wellington et Davoust. *N. du Trad.*

⁴ Le feu lord Kinnaird fut reçu à Paris, en 1814, par le duc de Wellington et la famille royale ; il se fit présenter à Bonaparte pendant les cent-jours, et la seconde restauration l'expulsa du territoire français en 1817; il se lia, à Bruxelles, avec un nommé Marinet, impliqué dans une prétendue conspiration ayant pour but d'assassiner le duc dans les rues de Paris. Cet homme promit d'abord de faire à ce sujet d'importantes révélations; mais, en arrivant à Paris, il fut arrêté, mis en jugement avec un prétendu complice, et acquitté par le jury.

⁵ Voyez les discussions du parlement après la bataille de Waterloo.

⁶   O dura messorum ilia !   HORACE.

⁷ Pyrrhon, le philosophe d'Élis, était en suspens sur toute chose; il

ne se décidait jamais, et lorsqu'il avait examiné soigneusement une question sous toutes ses faces, il concluait en doutant de sa réalité. AUL. GEL.

8 Sorte de démence qui rapproche les hommes des animaux. TODD.

9 Je n'ai jamais vu ni entendu de ces animaux en Grèce ; mais à Éphèse on en rencontrait par centaines.

10 Il périt dans une conspiration. Sa constipation l'avait rendu presque fou.

11 Un cristal de couleur jaune, ainsi nommé d'une colline dans Inverness, où il a été découvert. On le connaît généralement sous le nom de *topaze écossaise*; mais il a été éclipsé par un autre beaucoup plus beau qu'on a découvert près d'Invercauld. JAMIESON.

12 Ce fut la *grande* passion de la *grande* Catherine. *N. du Trad.*

13 *Show his parts of speech*. Nous avons ici donné le sens du texte, sans chercher à reproduire l'expression littérale, qui, dans notre langue, n'aurait aucun sel. On voit, au soin que nous prenons de nous justifier, que c'est un privilége dont nous n'abusons pas. *N. du Trad.*

14 Ceci était écrit longtemps avant le suicide de ce personnage.

15 C'est-à-dire efféminé. C'est une épithète que l'auteur emprunte au nom du berger Pâris. *N. du Trad.*

16 Cour de justice où se plaident en première instance les procès en séparation et en divorce. *N. du Trad.*

17 HOR. *Sat.*, liv. I, sat. III.

18 Souwaroff est aussi remarquable pour la brièveté de son style que par la rapidité de ses conquêtes. Après la prise de Tourtourkaya, en Bulgarie, il n'écrivit à l'impératrice que ces deux vers :

Slawo Bogon, Slawa bowam.
Tourtourkaya aviala, ia tam !

« Gloire à Dieu ! gloire à toi ! Tourtourkaya est pris ! Me voici. »

DON JUAN.

CHANT DIXIÈME.

I.

Newton, voyant tomber une pomme, distrait tout à coup de ses méditations par ce léger incident, y trouva, *dit-on* (car je ne réponds, ici-bas, des opinions ou des calculs d'aucun sage), y trouva le moyen de prouver que la terre tournait par un mouvement des plus naturels appelé « gravitation ; » et, depuis Adam, c'est le seul mortel qui ait su tirer parti d'une chute ou d'une pomme.

II.

L'homme est tombé par la pomme, et par la pomme il s'est élevé, si l'anecdote est vraie : car nous devons considérer la route frayée par Isaac Newton à travers la région inaccessible alors des étoiles, comme une compensation des malheurs de l'humanité. Depuis, l'homme immortel a brillé par l'invention de toutes sortes de mécaniques, et le temps n'est pas loin où les machines à vapeur le conduiront à la lune.

III.

Et pourquoi cet exorde ? — Ma foi, à l'instant même, et comme je prenais cette chétive feuille de papier, un noble enthousiasme s'est emparé de moi, et mon âme a fait une cabriole ; et quoique inférieur, je l'avoue, à ceux qui, par le moyen des lunettes et de la vapeur, découvrent des étoiles et voguent contre le vent, je veux essayer d'en faire autant à l'aide de la poésie.

IV.

J'ai vogué et je vogue encore contre le vent ; quant aux étoiles, j'avoue que mon télescope est un peu terne ; mais du moins j'ai quitté le rivage vulgaire, et, perdant la terre de vue, je voudrais sillonner l'océan de l'éternité ; le mugissement des vagues n'a point effrayé ma nacelle frêle et légère, mais qui est *encore* à l'épreuve de la mer ; et, comme maint bateau, elle pourra naviguer là où des vaisseaux ont coulé bas.

V.

Nous avons laissé notre héros Juan au sein du favoritisme, dont il avait l'éclat et pas encore la honte[1]. Et à Dieu ne plaise que mes muses (car j'en ai plus d'une sous ma main) s'aventurent à le suivre au delà du salon ! il suffit que la fortune le trouvât rayonnant de jeunesse, de vigueur, de beauté, et de tout ce qui, pour un moment, fixe la jouissance et lui ravit ses ailes.

VI.

Mais bientôt elles repoussent, et l'oiseau quitte son nid. « Oh ! dit le Psalmiste, que n'ai-je les ailes de la colombe pour m'envoler et trouver le repos ! » Quel est l'homme qui, se rappelant ses jeunes années et ses jeunes amours, — bien que n'ayant plus maintenant qu'une tête blanchie, un cœur flétri, une imagination paralytique et limitée à la sphère de ses yeux presque éteints, — n'aimerait pas mieux soupirer comme son fils que de tousser comme son grand-père?

VII.

Mais les soupirs s'apaisent, et les pleurs (même ceux d'une veuve) se tarissent comme l'Arno, dont le filet d'eau, pendant l'été, fait honte à la masse des ondes jaunâtres et profondes qui menacent, l'hiver, d'inonder ses rives. Telle est la différence qu'apportent quelques mois. On pourrait croire que la douleur est un champ fécond qui n'est jamais en jachère, et c'est vrai ; seulement les charrues passent en d'autres mains qui labourent de nouveau le sol pour y semer le plaisir.

VIII.

Mais la toux arrive quand les soupirs s'en vont, — et quelquefois même avant que les soupirs aient cessé ; car souvent l'un amène l'autre avant que le front, uni comme la surface d'un lac, ait été sillonné d'une seule ride, avant que le soleil de la vie soit arrivé à dix heures ; et tandis qu'une rougeur étique et passagère colore, comme celle d'un crépuscule d'été, la joue qui semble trop pure pour n'être que de l'argile, il en est des milliers qui brillent, aiment, espèrent, meurent : — qu'ils sont heureux ceux-là !

IX.

Mais Juan n'était pas destiné à mourir si tôt. Nous l'avons laissé dans le foyer de ces prospérités qu'on doit à la faveur de la lune ou au caprice des dames, — gloire éphémère peut-être ; mais qui dédaignerait le mois de juin parce que décembre doit venir avec son souffle glacé? Mieux vaut encore accueillir le doux rayon, et faire provision de chaleur contre les frimas de l'hiver.

X.

D'ailleurs, il avait des qualités capables de fixer les dames d'un certain âge, plus encore que les jeunes : les premières savent ce que c'est; tandis que vos poulettes[2], à peine sorties de leur coque, ne connaissent de l'amour que ce qu'elles en ont lu dans les poëtes, rêvé (car l'imagination nous joue de ces tours) dans des visions du ciel, cette patrie de l'amour. Il en est qui comptent l'âge des femmes par le nombre de leurs soleils ou de leurs années; je serais plutôt d'avis que c'est la lune qui doit servir à marquer les dates de ces chères créatures.

XI.

Et pourquoi? parce qu'elle est inconstante et chaste. Je ne sais pas d'autre raison, quelles que soient celles que des gens soupçonneux, toujours prêts à blâmer, seraient tentés de mettre sur mon compte; ce qui n'est pas juste et ne fait pas l'éloge « de leur caractère ou de leur goût, » comme l'écrit avec un air si singulier mon ami Jeffrey; toutefois je le lui pardonne, et j'espère qu'il se le pardonnera; — sinon, raison de plus pour le lui pardonner.

XII.

D'anciens ennemis devenus amis devraient continuer à l'être : c'est un point d'honneur, et je ne sache rien qui puisse justifier le retour à la haine : dût-elle étendre ses cent bras et ses cent jambes, je la fuirais comme l'aigle, et elle ne m'atteindrait pas. Les anciennes flammes, les nouvelles épouses, deviennent nos plus cruelles ennemies; des ennemis réconciliés doivent dédaigner de faire cause commune avec elles.

XIII.

Ce serait la pire des désertions. — Un rénégat, l'arlequin Southey lui-même, ce mensonge incarné, rougirait de retourner dans le camp des « réformateurs, » qu'il a abandonné pour l'étable à porcs du poëte lauréat. De l'Islande aux Barbades, de la Calédonie à l'Italie, les honnêtes gens ne doivent pas tourner au moindre souffle, ni saisir, pour affliger un homme, le moment où il cesse de plaire.

XIV.

L'homme de loi et le critique ne voient de la littérature et de la vie que le côté honteux, et rien ne demeure inaperçu, mais beaucoup de choses sont passées sous silence par ceux qui explorent ces deux vallées de dispute. Tandis que le commun des hommes vieillit dans l'ignorance, le mémoire du légiste est comme le scalpel du chirurgien, disséquant les entrailles d'une question et tous les organes de la digestion.

XV.

Un homme de loi[3] est un ramoneur moral, et voilà pourquoi il est si sale; l'éternelle suie[4] lui communique une couleur dont il ne saurait se défaire en changeant de linge; toujours, dans ses habitudes, il conserve la noire teinture du noir grimpeur[5], du moins on peut le dire de vingt-neuf sur trente; il n'en est point ainsi de *vous*, je le confesse; comme César portait sa toge, vous portez la vôtre.

XVI.

Cher Jeffrey, naguère mon ennemi le plus redouté (autant que les vers et la critique peuvent diviser ici-bas de chétives marionnettes comme nous), tous nos petits dissentiments, du moins les *miens*, sont terminés; je bois « aux jours d'autrefois! » — *auld lang syne*[6]! — Je ne vous ai jamais vu, peut-être ne vous verrai-je jamais; — mais au total, vous avez agi on ne peut plus noblement, j'en fais sincèrement l'aveu.

XVII.

Et quand j'emploie l'expression écossaise d'*auld lang syne*, ce n'est pas à vous que je l'adresse, — et j'en suis fâché pour moi; car, de tous les habitants de votre fière cité, vous êtes, à l'exception de Scott, celui à la table duquel j'aimerais le mieux m'asseoir; mais je ne sais comment cela se fait, — peut-être est-ce un caprice d'écolier, et pourtant je ne cherche à faire ni de l'étalage ni de l'esprit; mais enfin je suis Écossais à demi par ma naissance, tout à fait par mon éducation, et tout mon cœur reflue à mon cerveau;

XVIII.

Car *auld lang syne* me rappelle l'Écosse, et avec elle reviennent à ma mémoire ses *plaids*[7], ses *snoods*[8], ses collines bleuâtres, ses eaux limpides, la Dée, le Don, le *mur noir* du pont de Balgounie, tous les sentiments de mon jeune âge, tous les rêves si doux que je *rêvais alors*, chacun sous son vêtement spécial, comme la postérité de Banquo ; — dans mon enfantine illusion, il me semble voir flotter devant moi l'image de mon enfance ; n'importe, — c'est un regard en arrière vers les « jours d'autrefois », — *auld lang syne.* —

XIX.

Vous vous en souvenez ; il fut un temps où, jeune et irritable, dans un accès de verve et de colère, je raillai les Écossais pour leur donner un échantillon de mon ressentiment et de mon esprit, et j'avoue qu'il y avait dans mon fait beaucoup de susceptibilité et d'aigreur ; mais c'est en vain qu'on se permet ces sortes de saillies ; elles ne peuvent étouffer nos premiers sentiments, pleins de jeunesse et de fraîcheur ; j'ébréchai en moi [9] l'Écossais, je ne le tuai pas ; et j'aime toujours le pays des « montagnes et des torrents. »

XX.

Don Juan, qui était positif ou idéal, — ce qui est à peu près la même chose, puisque ce que pense l'homme existe quand le penseur lui-même est moins réel que ce qu'il a pensé ; car l'âme ne saurait périr, et fait contre le corps un énergique appel ; ce qui n'empêche pas qu'on ne sente un certain embarras alors qu'au bord de cet abîme qu'on nomme l'éternité on ouvre de grands yeux, et qu'on ne sait pas plus ce qu'il y a ici que là ; —

XXI.

Don Juan devint un Russe très policé ; — *comment?* nous ne le dirons pas ; *pourquoi?* il est inutile de le dire : peu de jeunes âmes peuvent résister au choc violent de la tentation la plus légère offerte sur leur voie ; mais la *sienne* était alors, comme sur un coussin moelleux, digne de servir de siège d'honneur à un monarque : de joyeuses demoiselles, des danses, des festins et de l'argent comptant changeaient pour lui la glace en paradis, et l'hiver en été.

XXII.

La faveur de l'impératrice était agréable, et bien que la tâche fût un peu rude, les jeunes gens, à l'âge de Juan, doivent s'en tirer avec honneur. Il croissait comme un arbre verdoyant, également propre à l'amour, à la guerre ou à l'ambition, qui récompensent les plus heureux d'entre leurs adorateurs, jusqu'au moment où les ennuis du vieil âge font préférer à quelques-uns le signe monétaire.

XXIII.

A cette époque, comme on a pu le prévoir, entraîné par sa jeunesse et de dangereux exemples, don Juan devint, je le crains, un peu dissipé; cette disposition est fâcheuse, car non seulement elle ravit à nos sentiments leur fraîcheur, — mais, comme elle se lie à toutes sortes d'incorrigibles vices de la fragilité humaine, — elle nous rend égoïstes, et fait que nos âmes s'isolent comme des huîtres dans leur écaille.

XXIV.

Passons cela. Nous passerons aussi les progrès ordinaires d'une intrigue entre gens de conditions aussi inégales qu'un jeune lieutenant et une reine qui, *sans être trop vieille*, n'est pourtant plus aussi jeune qu'elle l'était dans sa douce royauté de dix-sept ans. Les rois peuvent commander aux matériaux, mais non à la matière; et les rides, damnés démocrates, ne savent point flatter.

XXV.

Et le trépas, ce souverain des souverains, est en même temps le Gracchus du genre humain; sous le niveau de ses lois *agraires*, l'homme opulent qui s'éjouit, combat, mugit et s'enivre, est l'égal du pauvre diable qui n'a jamais possédé un pouce de terrain, et tous deux sont réduits à quelques pieds de terre où le gazon, pour verdir, doit attendre la corruption; — le trépas, tout le monde en conviendra, est un réformateur.

XXVI.

Il vivait (non le trépas, mais Juan) dans un tourbillon de prodigalités, de tumulte, de splendeur, de pompe chatoyante, en ce gai climat des peaux d'ours, noires et fourrées, — qui (je le dis malgré ma répugnance à dire des choses désagréables), au moment où on y pense le moins, se montrent quelquefois, « sous la pourpre et le lin, » plus appropriés à la royale prostituée de Babylone qu'à celle des Russies, — et neutralisent tout l'effet de ce luxe d'écarlate.

XXVII.

Cet état, nous ne le décrirons pas ; nous pourrions peut-être en parler par ouï-dire ou par réminiscence ; mais parvenu aux approches de cette obscure forêt du Dante, de cet horrible équinoxe, de cette odieuse portion des années humaines, de cette auberge à mi-chemin, de cette hutte grossière, au sortir de laquelle les voyageurs prudents conduisent avec circonspection les chevaux de poste de la vie, en leur faisant franchir l'aride frontière de la vieillesse, et se retournent pour donner à leur jeunesse un dernier regard et une dernière larme ;

XXVIII.

Je ne décrirai pas, — c'est-à-dire si je puis m'en empêcher ; je ne réfléchirai pas, — c'est-à-dire si je puis chasser la pensée qui, — comme le petit chien collé à la mamelle maternelle, — me poursuit à travers l'abîme de ce singulier labyrinthe ; telle encore l'algue marine adhère au rocher ; telle, aux lèvres d'une amante, la bouche amoureuse aspire son premier baiser ; — mais, comme je l'ai dit, je ne *veux pas* philosopher, et *je veux* être lu.

XXIX.

Juan, au lieu de courtiser la cour, était lui-même courtisé, — chose qui arrive rarement ; il en fut redevable en partie à sa jeunesse, et en partie à sa réputation de bravoure, et aussi à cette sève de vie qui éclatait en lui comme dans un cheval de race ; il devait beaucoup aussi à sa mise, qui faisait ressortir sa beauté, comme des nuages de pourpre parent le soleil ; mais il le devait surtout à une vieille femme et au poste qu'il occupait.

XXX.

Il écrivit en Espagne, — et tous ses proches parents, voyant qu'il était en voie de succès et en position de placer ses cousins, lui répondirent le même jour. Plusieurs se préparèrent à émigrer, et, tout en prenant des glaces, on les entendit déclarer qu'avec l'addition d'une légère pelisse, le climat de Madrid et celui de Moscou étaient absolument les mêmes.

XXXI.

Sa mère aussi, dona Inez, voyant qu'au lieu de tirer sur son banquier, où les sommes au compte de son fils devenaient de plus en plus légères, il avait mis à ses dépenses un terme salutaire, — lui répondit « qu'elle était charmée de voir sa conduite au milieu des plaisirs que recherche la jeunesse insensée, vu que l'unique preuve que l'homme puisse donner de son bon sens, c'est d'apprendre à réduire ses dépenses.

XXXII.

« Elle le recommandait aussi à Dieu, ainsi qu'au fils de Dieu et à sa mère, l'avertissait de se tenir en garde contre le culte grec, qui devait paraître singulier à des yeux catholiques; mais, en même temps, elle lui disait d'étouffer toute manifestation *extérieure* de répugnance, cela pouvant être vu de mauvais œil à l'étranger; du reste, elle l'informait qu'il avait un petit frère, né d'un second lit; et surtout elle louait l'amour *maternel* de l'impératrice à peu d'exception près

XXXIII.

« Elle ne pouvait trop approuver une impératrice qui donnait de l'avancement aux jeunes gens, d'autant mieux que son âge, et, mieux encore, la nation et le climat, prévenaient tout scandale : — en Espagne, elle eût pu en être quelque peu contrariée; mais, dans un pays où le thermomètre descendait à dix degrés, ou à cinq, ou à un, ou à zéro, elle ne pouvait croire que la vertu dégelât avant la rivière. »

XXXIV.

O hypocrisie ! que n'ai-je une *force de quarante ministres anglicans*[10] pour chanter tes louanges ! Que ne puis-je faire entendre, et en ton honneur, un hymne aussi bruyant que les vertus que tu vantes tout haut et que tu ne pratiques pas ! Que n'ai-je la trompette des chérubins, ou le cornet de ma vieille tante, qui y trouva un paisible sujet de consolation lorsqu'il ne lui fut plus possible de voir à travers ses lunettes, ni de lire dans son livre de piété!

XXXV.

Elle n'était pas hypocrite, du moins, la pauvre chère âme; elle alla au ciel aussi loyalement qu'aucun des élus inscrits sur ce registre où sont répartis, pour le jour du jugement, les fiefs du ciel, dans une sorte de *Dooms-Day-Scroll* [11], semblable à celui avec lequel Guillaume le Conquérant récompensa ses compagnons d'armes, alors qu'il distribua les propriétés d'autrui à une soixantaine de mille de ses nouveaux chevaliers.

XXXVI.

Je ne puis m'en plaindre, moi dont les ancêtres Erneis, Radulphus, furent compris dans cette répartition; — quarante-huit manoirs (si ma mémoire n'est pas trop en défaut) furent leur récompense, pour avoir suivi les bannières de Guillaume [12]; je dois convenir qu'il n'était pas juste de dépouiller les Saxons de leurs peaux [13] comme auraient fait des tanneurs; toutefois, comme ils en employèrent le produit à fonder des églises, vous jugerez sans doute qu'ils en firent un légitime usage.

XXXVII.

L'aimable Juan fleurissait; cependant il éprouvait parfois ce qu'éprouvent d'autres plantes appelées sensitives, qui fuient le toucher, comme les monarques fuient les vers, à l'exception de ceux que Southey peut leur offrir. Peut-être que, sous un ciel rigoureux, il sentait le besoin d'un climat où la Néva n'attendît pas le premier mai pour dissoudre sa glace; peut-être aussi que ses devoirs lui pesaient, et que, dans les vastes bras de la royauté, il soupirait après la beauté.

XXXVIII.

Peut-être, — mais sans peut-être il est inutile de rechercher des causes jeunes ou vieilles; le ver rongeur s'attache aux joues les plus fraîches et les plus belles, comme il achève de dévorer les formes déjà flétries; le souci, comme un hôte, apporte chaque semaine son mémoire; nous avons beau tempêter, il faut finir par le solder : six jours s'écoulent paisiblement, mais le septième amènera le spleen ou un créancier.

XXXIX.

Je ne sais comment cela se fit, mais il tomba malade; l'impératrice prit l'alarme; et son médecin (le même qui avait traité Pierre) trouva que son pouls ardent battait d'une manière trop *vive* pour n'être pas un augure de mort, et annonçait une disposition fébrile; sur quoi la cour fut on ne peut plus troublée, la souveraine effrayée, et toutes les médecines doublées.

XL.

Mystérieux furent les chuchotements, et nombreuses les conjectures : les uns dirent que Juan avait été empoisonné par Potemkim; d'autres parlèrent savamment de certaines tumeurs, d'épuisement, ou d'indispositions analogues; d'autres prétendirent que c'était un échauffement des humeurs, dont les affections se lient étroitement à celles du sang; enfin il s'en trouva qui affirmèrent que « ce n'était que le résultat des fatigues de la dernière campagne. »

XLI.

Mais voici une ordonnance entre beaucoup d'autres :

« Sodæ sulphat. 3 vj.

Manæ optim. 3 ß.

Aq. fervent. f. ℥ i ß.

Tinct. sennæ haustus. 3 ij. »

(Ici le docteur lui appliqua les ventouses.)

« R. pulv. com. gr. iij. ipecacuanhæ. »

(Suivies de beaucoup d'autres que Juan déclina.)

« Bolus potassæ sulphuret. sumendus, et haustus ter in die capiendus [14]. »

XLII.

C'est ainsi que les médecins nous guérissent ou nous tuent, *secundum artem*; nous en plaisantons quand nous nous portons bien, mais sommes-nous malades, nous les envoyons chercher, sans avoir la moindre envie de rire; quand nous nous voyons tout près de ce vaste « *hiatus maxime deflendus,* » qui ne peut se combler qu'avec de la terre et une bêche, au lieu de nous abandonner de bonne grâce au courant du Léthé, nous importunons le doux Baillie, ou le bénin Abernethy [15].

XLIII.

Juan refusa d'obéir à ce congé qui lui était signifié ; et, bien que la mort le menaçât d'un déménagement forcé, sa jeunesse et sa constitution triomphèrent et envoyèrent les docteurs dans une autre direction. Cependant son état était encore débile ; les couleurs de la santé ne jetaient sur ses joues maigries que de rares et vacillants reflets ; tout cela inquiéta la faculté, qui déclara qu'il était nécessaire que Juan voyageât.

XLIV.

Le climat, dirent-ils, était trop froid pour qu'un enfant du Midi pût y fleurir. Cette opinion rembrunit légèrement la chaste Catherine, qui, d'abord, goûta peu l'idée de perdre son mignon ; mais lorsqu'elle vit l'éclat de ses yeux se ternir, et lui-même abattu comme un aigle dont les ailes sont coupées, elle résolut de l'envoyer en mission, mais avec une pompe digne de son rang.

XLV.

Il y avait justement alors je ne sais quel point en discussion : il s'agissait d'une sorte de traité ou de négociation entre le cabinet anglais et le cabinet russe, soutenue, de part et d'autre, avec toutes les prévarications que les grandes puissances ont coutume de se permettre dans ces sortes d'affaires ; c'était à propos de la navigation de la Baltique, des fourrures, des huiles de baleine, du suif et des droits de Thétis, que les Anglais regardent comme leur *uti possidetis* [16].

XLVI.

En sorte que Catherine, qui s'entendait à pourvoir ses favoris, confia cette mission confidentielle à Juan, dans le double but de déployer sa royale munificence et de récompenser les services de notre héros. Le lendemain, il prit congé, reçut ses instructions pour remplir son rôle, et fut comblé de présents et d'honneurs, qui montraient tout le discernement de la dispensatrice.

XLVII.

Mais elle avait du bonheur, et le bonheur est tout. En général, les reines ont un règne prospère; c'est une fantaisie de la fortune qu'il serait difficile d'expliquer. Mais continuons. Quoique Catherine fût déjà sur le retour, son année climatérique la tourmentait autant que l'avait fait son âge nubile; et, bien que sa dignité lui fît un devoir d'étouffer toute plainte, le départ de Juan l'affecta au point que, dans le premier moment, elle ne put lui trouver un successeur convenable.

XLVIII.

Mais le temps, le consolateur, arrive à la fin, et vingt-quatre heures, et deux fois ce nombre de candidats sollicitant la place vacante, procurèrent à Catherine, pour la nuit suivante, un paisible sommeil; — non qu'elle se proposât de faire à la hâte un nouveau choix, non que la quantité l'embarrassât; mais, mettant à se décider toute la maturité nécessaire, elle laissa la lice ouverte à leur émulation.

XLIX.

Pendant que ce poste d'honneur est vacant, pendant un jour ou deux, ayez la bonté, lecteur, de monter avec notre jeune héros dans la voiture qui l'entraîne loin de Pétersbourg : une excellente calèche, qui avait eu autrefois la gloire d'étaler les autocratiques armoiries de la belle czarine, alors que, nouvelle Iphigénie, elle se rendit en Tauride, fut donnée à son favori [17], et portait maintenant les siennes — :

L.

Un boule-dogue, un bouvreuil et une hermine, tous favoris de don Juan : car (que de plus sages que moi en déterminent la raison) il avait une sorte d'inclination ou de faiblesse pour ce qui n'est aux yeux de bien des gens qu'une incommode engeance, les animaux vivants. Jamais vierge de soixante ans ne montra un penchant plus décidé pour les chats et les oiseaux, et cependant il n'était ni vieux ni vierge.

LI.

Ces divers animaux, dis-je, occupaient chacun leur place respective; dans d'autres voitures étaient les valets et les secrétaires; mais à côté de Juan était assise la petite Leila, qu'il avait arrachée aux sabres des Cosaques dans l'immense carnage d'Ismaël. Quoique ma muse vagabonde aime à prendre tous les tons, elle n'oublie pas la jeune fille, perle vivante et pure, sauvée par notre héros.

LII.

Pauvre petite! elle était aussi belle que docile; elle avait le caractère doux et sérieux, qualité aussi rare parmi les êtres humains qu'un homme fossile au milieu de tes antiques mammouths, ô Cuvier! Peu propre était son ignorance à se heurter contre ce monde écrasant, où tous sont condamnés à faillir; mais elle n'avait encore que dix ans : elle était donc tranquille, bien qu'elle ne sût pas pourquoi.

LIII.

Don Juan l'aimait et en était aimé comme n'aima jamais frère, père, sœur ou fille. Je ne puis dire positivement ce que c'était; il n'était pas tout à fait assez vieux pour éprouver le sentiment paternel; et cette autre classe d'affections qu'on nomme tendresse fraternelle ne pouvait non plus émouvoir son cœur, — car il n'avait jamais eu de sœur. Ah! s'il en avait eu une, combien il eût souffert d'en être séparé!

LIV.

Encore moins était-ce un amour sensuel; car il n'était pas de ces vieux débauchés qui recherchent le fruit vert pour fouetter dans leurs veines leur sang engourdi, comme les acides réveillent l'alcali dormant; et bien que (ces choses-là sont l'œuvre de notre planète) sa jeunesse n'eût pas été des plus chastes, il y avait au fond de tous ses sentiments le platonisme le plus pur; — seulement, il lui arrivait de les oublier.

LV.

Ici, il n'y avait pas de tentation à redouter; il aimait l'orpheline qu'il avait sauvée, comme les patriotes (parfois) aiment une nation; et puis il se disait avec orgueil que c'était à lui qu'elle devait de n'être pas esclave; — sans compter qu'avec le secours de l'Église, il pourrait devenir l'instrument de son salut. Mais ici nous noterons une circonstance assez singulière, c'est que la petite Turque refusait absolument de se convertir.

LVI.

Il était étrange que ses impressions religieuses eussent survécu au changement survenu dans sa destinée et aux scènes de terreur et de carnage dont elle avait été témoin; mais, bien qu'entreprise par trois évêques, elle montra pour l'eau sainte une répugnance décidée; elle témoigna aussi fort peu de goût pour la confession; peut-être n'avait-elle rien à confesser; n'importe par quel motif, l'église perdit auprès d'elle son latin, — et elle persista à croire que Mahomet était prophète.

LVII.

Dans le fait, le seul chrétien qu'elle pût supporter était Juan; il semblait lui tenir lieu de la famille et des amis qu'elle avait perdus. Pour lui, il était *naturel* qu'il aimât ce qu'il protégeait; c'était donc un couple singulier qu'un tuteur si jeune et une pupille que rien ne rattachait à son protecteur, ni la patrie, ni l'âge, ni la parenté; et, toutefois, cette absence de liens rendait les leurs plus tendres encore.

LVIII.

Ils traversèrent la Pologne, et Varsovie, célèbre par ses mines de sel et ses jougs de fer; puis la Courlande, témoin de cette farce fameuse qui donna à ses ducs le nom disgracieux de « Biron [18]. » C'est le même paysage que vit le Mars moderne, alors que, guidé par la gloire, cette sirène décevante, il alla à Moscou perdre, en un mois de frimas, vingt années de conquêtes et les grenadiers de sa garde.

LIX.

Qu'on ne prenne pas cela pour une anti-gradation : — « O ma garde ! ma vieille garde ! » s'écriait ce dieu d'argile. Quel spectacle ! Le Jupiter tonnant succombant sous le coupe-artère-carotide Castlereagh ! La neige glaçant la gloire ! Mais si nous voulons nous réchauffer en Pologne, nous avons là le nom de Kosciusko ; ce nom peut, comme la flamme de l'Hécla, faire jaillir des feux du milieu des glaces.

LX.

Après la Pologne, ils traversèrent la vieille Prusse, et sa capitale Kœnigsberg, qui, outre ses mines de fer, de plomb et de cuivre, se glorifie depuis peu du célèbre professeur Kant [19]. Juan, qui se souciait de la philosophie comme d'une prise de tabac, poursuivit sa route à travers l'Allemagne, ce pays aux populations lentes, où les princes éperonnent plus leurs sujets que les *postillons* leurs chevaux.

LXI.

Ils parcoururent successivement Berlin, Dresde et autres lieux, et atteignirent enfin le Rhin, couronné de ses castels. — Sites gothiques et glorieux ! combien vous frappez toutes les imaginations, sans même en excepter la mienne ! Un mur grisâtre, une verte ruine, une pique rouillée, font franchir à mon âme la ligne équinoxiale qui sépare le monde présent du passé, et peu s'en faut qu'elle ne plane sur la fantastique limite.

LXII.

Mais Juan continua sa route à travers Manheim et Bonn, que domine le Drackenfels, pareil à un spectre des temps féodaux pour jamais disparus, toutes choses auxquelles, pour le moment, je n'ai pas le temps de m'arrêter. De là il se dirigea vers Cologne, ville qui présente à l'observateur les ossements de onze mille vierges, le plus grand nombre que la chair ait jamais connu.

LXIII.

Puis, en Hollande, il visita La Haye et Helvoetsluys, cette terre que les canaux sillonnent, cette humide patrie des Bataves, où le genièvre exprime cette liqueur pétillante qui tient lieu de richesse au pauvre. Les sénats et les philosophes en ont condamné l'usage; — mais refuser au peuple un cordial qui souvent est à lui seul tout le vêtement, le vivre et le chauffage qu'un gouvernement charitable lui ait laissés, c'est, en vérité, se montrer cruel.

LXIV.

Là il s'embarqua, et, déployant sa voile, le bondissant navire vogua vers l'île des hommes libres, où un bon vent le poussait d'un souffle impatient; l'écume jaillit au loin, la proue fendit l'onde salée, et le mal de mer fit pâlir plus d'un passager; mais Juan, amariné comme il devait l'être par ses précédents voyages, resta debout, regardant passer les navires, et cherchant à découvrir les rochers d'Albion.

LXV.

Enfin, ils s'élevèrent comme une blanche muraille à l'horizon de la mer bleuâtre, et don Juan sentit ce que sentent assez vivement les jeunes étrangers eux-mêmes au premier aspect de la ceinture calcaire d'Albion, — une sorte d'orgueil de se trouver au milieu de ces hautains boutiquiers qui expédiaient fièrement leurs décrets et leurs marchandises de l'un à l'autre pôle, et obligeaient même les flots à leur payer tribut.

LXVI.

Je n'ai pas grand motif d'aimer ce coin de terre, qui renferme ce qui *aurait pu* être la plus noble des nations; mais bien que je ne lui doive guère plus que ma naissance, j'éprouve un mélange de regret et de vénération pour sa gloire mourante et ses vertus d'autrefois. Sept années d'absence (c'est la durée ordinaire de la déportation) suffisent pour éteindre les vieux ressentiments quand on voit sa patrie s'en aller au diable.

LXVII.

Ah! si elle pouvait savoir pleinement, et sans restriction, combien maintenant son grand nom est partout abhorré, de quels vœux ardents la terre appelle le coup qui livrera, sans défense, son sein nu à la fureur du glaive, combien toutes les nations regardent comme leur plus cruelle ennemie, pire encore que le pire des ennemis, l'amie perfide qui appelait naguère le genre humain à la liberté, et voudrait aujourd'hui enchaîner jusqu'à sa pensée ! —

LXVIII.

S'enorgueillira-t-elle ou se vantera-t-elle d'être libre, elle qui n'est que la première entre les esclaves? Les nations sont captives ; — mais le geôlier, qu'est-il ! victime lui-même des verrous et des barreaux ; le privilége de tourner la clef sur le prisonnier, est-ce la liberté? Ils sont également privés de la jouissance de la terre et de l'air, celui qui veille sur la chaîne, et ceux qui la portent.

LXIX.

Don Juan eut un avant-goût des beautés d'Albion dans les rochers, *cher* Douvres[20]; ton port et ton hôtel, ta douane, avec toutes ses attributions délicates; tes garçons d'auberge courant hors d'haleine à chaque coup de sonnette; les paquebots dont tous les passagers servent de proie aux gens de terre et de mer ; et enfin, ce qui n'est pas peu de chose pour les étrangers inexpérimentés, tes longs, longs mémoires, qui n'admettent aucune réduction.

LXX.

Juan, bien qu'insouciant, jeune, magnifique, riche en roubles, diamants, écus et crédit, et ne restreignant guère ses dépenses hebdomadaires, ne laissa pas que de s'étonner un peu, et paya (toutefois après que son majordome, Grec subtil et matois, eut lu et additionné le formidable grimoire); mais, comme on respire un air libre, quoique rarement réchauffé par le soleil, c'est un avantage qu'on ne saurait trop payer.

LXXI.

Qu'on attelle les chevaux ! En route pour Canterbury ! que notre roue sillonne le chemin caillouté et fasse voler la boue ! En avant ! avec quelle célérité va la poste ! ce n'est pas comme en Allemagne, où les chevaux, barbotant dans la fange, ont l'air de vous mener à l'enterrement; sans compter les haltes que font les postillons pour s'enivrer de « schnapps; » maudits vauriens, sur lesquels les « Hundsfot » et les « Verflucter » ne

LXXII.

Or, il n'y a rien qui dilate la poitrine, qui fasse sur le sang l'effet du cayenne sur les sauces, comme d'aller ventre à terre, — n'importe où, pourvu qu'on aille vite, et seulement pour le plaisir d'aller; car moins on a de motifs de se presser, et plus grande est la satisfaction d'arriver au grand but de tout voyage — qui est de voyager.

LXXIII.

A Canterbury, ils virent la cathédrale; le heaume du prince Noir [21] et la dalle rougie du sang de Becket [22] leur furent montrés, selon l'usage, par le bedeau, avec son air habituel d'affectation et d'indifférence.—Voilà, cher lecteur, un nouvel exemple de ce qu'est la gloire! Tout vient aboutir à un casque rouillé, à un douteux ossement à moitié dissous dans la soude et la magnésie, si bien qu'il ne reste plus de l'humaine espèce qu'une potion amère.

LXXIV.

Naturellement cela produisit sur Juan un effet sublime; mille Crécy lui apparurent quand il contempla ce casque qui n'avait jamais fléchi que sous les coups du Temps. Il ne put voir non plus sans un religieux respect le tombeau du prêtre hardi qui périt en essayant de mettre un frein aux rois, ces rois qui, *aujourd'hui* du moins, *sont tenus de parler* de loi avant d'égorger. La petite Leila regarda, et demanda pourquoi on avait élevé un pareil édifice.

LXXV.

Quand on lui apprit que c'était « la maison de Dieu, » elle dit qu'il était fort bien logé, mais témoigna son étonnement qu'il souffrît dans sa maison des infidèles, ces cruels nazaréens qui avaient abattu ses saints temples au pays des vrais croyants;—et, voyant son front enfantin d'un nuage de douleur, elle se demanda comment Mahomet avait pu renoncer à une mosquée si noble, jetée comme une perle aux pourceaux.

LXXVI.

En avant! en avant! traversons ces prairies cultivées comme un jardin, ce paradis de houblon et de produits fertiles : car, après des années de voyage dans des contrées plus chaudes, mais moins fécondes, un champ de verdure est pour le poëte un spectacle qui lui fait pardonner l'absence de ces sites plus sublimes réunissant à la fois vignes, oliviers, précipices, glaciers, volcans, orangers et glaces.

LXXVII.

Et quand je pense à un pot de bière! — Mais je ne veux pas m'attendrir! — Ainsi donc, fouette, postillon! Pendant que les chevaux éperonnés dévoraient la carrière, Juan admirait ces routes d'une population nombreuse et libre, ce pays le plus cher, sous tous les rapports, à l'étranger comme à l'indigène, si on en excepte quelques sots qui, en ce moment, regimbent contre l'aiguillon, et n'attrapent pour leur peine que de nouvelles piqûres.

LXXVIII.

Quelle chose délicieuse qu'une route à barrières! comme elle est douce et unie! On rase la terre, comme l'aigle, étendant ses vastes ailes, rase les champs de l'air. S'il y avait eu de pareils chemins du temps de Phaéton, le dieu de la lumière eût dit à son fils de satisfaire sa fantaisie avec la malle d'Yorck;—mais pendant que nous avançons, « *surgit amari aliquid*[23], — le péage !

LXXIX.

Hélas! combien tout payement est douloureux! Prenez la vie des hommes, prenez leurs femmes, prenez tout, excepté leur bourse : comme Machiavel le démontre aux gens vêtus de la pourpre, c'est le moyen le plus prompt de soulever des malédictions unanimes. On hait un meurtrier beaucoup moins qu'un convoiteur de ce doux métal que chacun aime tant à choyer. — Égorgez la famille d'un homme, et il pourra le pardonner; mais gardez-vous bien de porter la main à sa poche.

LXXX.

Ainsi disait le Florentin : « Monarques, écoutez votre précepteur. » Au moment où le jour était sur son déclin, Juan arriva au sommet de cette haute colline qui plane avec orgueil ou mépris sur la grande cité. Vous qui avez dans les veines une étincelle de l'esprit cockney [24], souriez ou pleurez, selon que vous prenez bien ou mal les choses ; — fiers Bretons, nous voici maintenant à *Shooter's Hill* [25].

LXXXI.

Le soleil se coucha, la fumée se leva comme du sein d'un volcan à demi éteint, couvrant un espace qui justifie le nom de « salon du diable, » donné par quelques-uns à cet endroit merveilleux. Bien que ce ne fût point là sa ville natale et qu'il n'appartînt pas à cette race d'hommes qu'il avait sous les yeux, Juan éprouva un sentiment de vénération pour cette terre, mère de ces mortels qui ont égorgé une moitié du monde, et tenté d'effrayer l'autre par leurs bravades.

LXXXII.

Un énorme amas de briques, de fumée, de navires, masse hideuse et sombre, s'étendant à perte de vue ; çà et là une voile se montrant un instant au regard, pour disparaître ensuite au milieu d'une forêt de mâts ; d'innombrables clochers levant la tête au-dessus de leur atmosphère de houille ; une gigantesque et brunâtre coupole, semblable à la coiffure d'un fou : — voilà la ville de Londres !

LXXXIII.

Mais Juan ne la vit point ainsi : dans chaque flocon de fumée il crut voir la magique vapeur échappée du fourneau d'un alchimiste, d'où sortait la richesse du monde (richesse d'impôts et de papier). Les sombres nuages qui, pesant sur la ville comme un joug, éteignaient la clarté du soleil comme celle d'une lanterne, n'étaient à ses yeux qu'une atmosphère naturelle, extrêmement saine, bien que rarement pure.

LXXXIV.

Il s'arrêta, — et j'en ferai autant, comme fait l'équipage d'un vaisseau de guerre avant de lâcher sa bordée. Avant peu, mes chers concitoyens, nous renouvellerons connaissance ; j'essaierai alors de *vous* dire quelques vérités qui, justement parce que ce sont des vérités, ne vous paraîtront pas telles. Je serai pour vous une mistriss Fry mâle [26]; armé d'un moelleux balai, je balaierai vos salons, et ôterai de vos murs quelques toiles d'araignée.

LXXXV.

O mistriss Fry! pourquoi aller à Newgate? pourquoi sermonner de pauvres mécréants? pourquoi ne pas commencer par Carlton-House [27] et autres hôtels? Essayez votre savoir-faire sur le pécheur impérial et endurci [28]? Réformer le peuple est une absurdité, un pur bavardage de philanthrope, si vous ne réformez pas ses supérieurs. — Fi donc! je vous croyais plus de religion que cela, mistriss Fry!

LXXXVI.

Apprenez la décence à ces sexagénaires; guérissez-les de la manie des tournées [29], ainsi que des costumes à la hussarde et à l'écossaise; dites-leur que la jeunesse une fois partie ne revient plus, que les vivat payés ne réparent point les malheurs d'un pays, que Sir William Curtis [30] est un sot fieffé, trop stupide même pour les plus stupides excès, Falstaff sans esprit d'un Hal en cheveux blancs [31]; fou dont les grelots ne rendent plus aucun son.

LXXXVII.

Dites-leur, quoique ce soit peut-être trop tard, que sur le déclin d'une vie usée, avec un corps ruiné, bouffi et blasé, viser à paraître grand, ce n'est pas être bon; ajoutez que les meilleurs rois ont toujours vécu avec le plus de simplicité; et dites-leur... — mais vous n'en ferez rien, et j'ai assez babillé pour le moment; dans peu je babillerai comme le cor de Roland à la bataille de Roncevaux.

NOTES DU CHANT DIXIÈME.

1 . . . . in the *bloom*
Of favouritism, but not yet in the *blush*.

2 *New fledged chicks*, poulettes nouvellement emplumées. N. du Trad.

3 Il y a dans le texte : « un balai légal, *a legal* broom. » On sait que lord Byron soupçonnait M. Brougham, aujourd'hui lord Brougham, d'être l'auteur du fameux article inséré dans la *Revue d'Édimbourg* contre ses *Heures*

de Paresse. Or, Brougham se prononce comme *broom* (balai). Il est probable que c'est sur ce nom que l'auteur a voulu jouer. Ne pouvant reproduire le jeu de mots dans notre traduction, nous avons cru devoir élaguer le mot *balai*, et lui substituer le mot véritable. *N. du Trad.*

⁴ Nouveau jeu de mots dans le texte. *Soot* (suie) se prononce comme *suit* (procès). Aussi, au bas de cette page, on lit en note : « Faut-il lire *suit ?* *N. du Trad.*

⁵ *Dark creeper.* C'est plutôt *rampeur* qu'il faudrait ici, pour traduire avec exactitude, car *creep* signifie plus souvent ramper que grimper.
N. du Trad.

⁶ « *Auld lang syne.* » Mots écossais qui signifient *depuis bien longtemps*. Ils répondent à notre expression *le bon vieux temps, le temps jadis.* *N. du Trad.*

⁷ *Plaid*, manteau de tartan. *N. du Trad.*

⁸ *Snood*, ruban, ceinture. *N. du Trad.*

⁹   *I scotche'd not kill'd the scotchman in my blood.*

To scotch (ébrécher) se prononce et s'écrit comme *Scotch* (Écossais). Ces jeux de mots sont fort ingénieux dans l'original : ils rappellent au lecteur la nature *sério*-comique du poëme ; mais on conçoit quelles difficultés ils présentent au traducteur consciencieux qui ne veut rien enlever à son auteur, et tient à le reproduire tel qu'il est. *N. du Trad.*

¹⁰ Métaphore prise des machines à vapeur, qui ont *la force de quarante chevaux.* Cet espiègle de révérend Sydney-Smith, se trouvant à dîner près d'un de ses confrères en théologie, observa que la conversation de son ennuyeux voisin était *du poids de douze curés.*

¹¹ Le *Doms-Day-Scrool* (*Livre du Jugement*), espèce de statistique féodale qui contient les titres les plus précieux de la noblesse normande d'Angleterre.

¹² Voyez le *Peerage* de Collins, t. VII, p. 71.

¹³ Je crois qu'une hyde de terre est l'expression véritable, et, comme telle, doit être soumise à la taxe du calembour.

Hyde, qui signifie aussi *peau*, est une mesure de terre d'environ quarante arpents. *N. du Trad.*

¹⁴ On voit que l'auteur semble se jouer de son art et de lui-même. C'était la première fois qu'on avait mis en vers une ordonnance d'apothicaire. *N. du Trad.*

¹⁵ Docteurs renommés pour l'extrême vulgarité de leur parole.

¹⁶ C'est-à-dire *leur domaine.* *N. du Trad.*

¹⁷ L'impératrice alla en Crimée, accompagnée de l'empereur Joseph, je ne sais plus en quelle année. Le prince de Ligne, qui suivit l'impératrice dans le voyage qu'elle fit dans les provinces méridionales de la Russie en 1787, donne les détails suivants :

« Nous trouvâmes, pendant plusieurs jours, une immense suite de déserts, primitivement habités par des hordes tartares. A chaque relais s'élevaient des tentes aux armes de Sa Majesté, où l'on trouvait dîner, déjeuner, collation et souper. Ces campements étaient décorés avec toute la magnificence asiatique. L'impératrice fit, dans chaque ville, des présents qui se montèrent à plus de cent mille roubles. Des lieues entières de pays étaient illuminées. Chaque jour, c'étaient des bals, des feux d'artifice. Pendant les deux derniers mois, j'avais pour office, tous les jours, de jeter de l'argent par les fenêtres de notre voiture. J'ai distribué de la sorte plusieurs millions. »

[18] Du temps de l'impératrice Anne, Biren, son favori, prit le nom et les armes des Biron de France. Il existe encore des filles de Courlande qui portent ce nom. Je me rappelle avoir vu l'une d'elles en Angleterre, dans la bienheureuse année des alliés 1814, la duchesse de S..., à laquelle la duchesse de Sommerset me présenta comme portant le même nom.

[19] Emmanuel Kant, fondateur d'un nouveau système de philosophie, était né à Kœnigsberg. Il mourut en 1804.

[20] *Cher* doit s'entendre ici dans le sens de ce contribuable qui, en acquittant ses impositions, répétait ce vers de *Tancrède* :

A tous les cœurs bien nés que la patrie est chère !

N. du Trad.

[21] Sur le tombeau du prince est étendue une statue de bronze vêtue d'une cotte de mailles, et un casque enrichi d'une couronne qui était autrefois ornée de diamants.

[22] Becket fut assassiné dans la cathédrale en 1174.

[23] « Voici venir quelque chose d'amer. »

[24] Le cockney de Londres est l'équivalent du badaud de Paris.

N. du Trad.

[25] C'est le nom d'une colline d'où l'on découvre Londres. *N. du Trad.*

[26] La quakeresse dont les soins généreux ont amené tant d'améliorations dans le sort des jeunes détenus à Newgate.

[27] Le palais du roi.

[28] L'auteur désigne ici Georges IV. *N. du Trad.*

[29] Pour l'intelligence de cette stance, voir le dernier paragraphe de *l'Age de Bronze*, ainsi que la note qui s'y rapporte. *N. du Trad*

[30] Ce gros alderman est mort en 1829.

[31] Voir, dans Shakspeare, la trilogie de *Henri IV*. Falstaff y figure comme le compagnon de débauche du prince de Galles, depuis Henri V.

N. du Trad.

DON JUAN.

CHANT ONZIÈME.

I.

Quand l'évêque Berkeley disait que « la matière n'existait pas, » et le prouvait [1], peu importait ce qu'il disait. On prétend qu'on chercherait inutilement à combattre son système, qu'il est trop subtil pour le cerveau humain le plus aérien ; et, cependant, qui peut y ajouter foi? Je briserais volontiers tout ce qui est matière, même la pierre, le plomb et le diamant, pour trouver que le monde est esprit, et porter une tête en niant que j'en porte une.

II.

Quelle sublime découverte que de faire de l'univers un moi universel, et de soutenir que tout est idéal, — que *tout est nous!* Je gage le monde (quoi qu'il puisse être) que ce n'est pas *là* un schisme. O doute! si tu es le doute, pour lequel certaines gens te prennent, ce dont je doute fort; ô seul prisme des rayons de la vérité, ne gâte pas ma gorgée de spiritualisme, cette eau-de-vie du ciel, que toutefois notre tête a de la peine à supporter!

III.

De temps à autre arrive l'indigestion (qui n'est pas « l'Ariel le plus mignon ») ; elle vient mettre à notre ambitieux essor une autre sorte de difficulté ; et ce qui, après tout, contrarie mon spiritualisme, c'est que je vois que le regard de l'homme ne peut tomber nulle part sans y apercevoir la confusion des races, des sexes, des êtres, des astres et de cette merveille inexpliquée, le monde, qui, au pis-aller, est une magnifique méprise.

IV.

S'il est l'œuvre du hasard, et, mieux encore, s'il fut créé ainsi qu'il est dit dans l'ancien texte, — dans la crainte d'en venir à cette conclusion, nous ne dirons rien contre ce qui est écrit : bien des gens regardent cela comme dangereux. Ils ont raison, notre vie est trop courte pour que nous ayons le temps d'agiter ces questions ; *nul* ne pourra jamais les résoudre ; un jour viendra que chacun les verra éclaircies, ou du moins dormira paisible.

V.

Je ferai donc trêve à toute discussion métaphysique portant sur des objets qui ne sont ni ici ni là ; si je conviens que ce qui est est, j'appelle cela être clair et franc au suprême degré ; la vérité est que depuis que je suis devenu un peu phthisique, — je ne sais ce qui en est cause : l'air peut-être ; — mais quand je souffre des accès de la maladie, je me sens beaucoup plus orthodoxe.

VI.

La première attaque me prouva sur-le-champ la divinité (dont je n'ai jamais douté, non plus que du diable); la seconde, la mystique virginité de la Vierge; la troisième, la commune origine du mal; la quatrième établit de prime abord toute la Trinité sur une base si incontestable, que je souhaitai dévotement que les trois fussent quatre, à l'effet d'en croire davantage.

VII.

A notre sujet. — L'homme qui, du haut de l'Acropolis, a contemplé l'Attique, ou celui qui a côtoyé le rivage où s'élève la pittoresque Constantinople, ou vu Tombouctou, ou pris du thé dans la métropole de porcelaine de la Chine aux petits yeux, ou qui s'est assis sur les briques de Ninive, celui-là pourra bien ne pas avoir, au premier abord, une haute idée de Londres ; — mais, à un an de là, demandez-lui ce qu'il en pense.

VIII.

Don Juan était arrivé au sommet de Shooter's Hill ; heure du jour, le coucher du soleil; lieu de la scène, cette hauteur d'où l'on découvre cette vallée de bien et de mal où les rues de Londres fermentent en pleine activité ; autour tout était calme et silencieux; on n'entendait que le craquement des roues tournant sur leur axe, ou ce bourdonnement pareil à celui des abeilles, ce murmure confus qui s'exhale, avec l'écume, de l'ébullition des villes;

IX.

Don Juan, dis-je, absorbé dans sa contemplation, suivait à pied sa voiture, descendait la colline, et, plein d'admiration pour un peuple aussi grand, donnait libre carrière à un sentiment qu'il ne pouvait comprimer. « Ici, » s'écriait-il, « la liberté a choisi son séjour; ici retentit la voix du peuple; les tortures, les cachots, les inquisitions ne la font point expirer; elle ressuscite à chaque nouveau *meeting*, à chaque élection nouvelle.

X.

« Ici sont des épouses chastes, des vies pures; ici on ne paye que ce qu'on veut; et si tout y est cher, c'est qu'on aime à gaspiller l'argent pour montrer ce qu'on a de revenu. Ici toutes les lois sont inviolables; nul ne tend des embûches au voyageur; toutes les routes sont sûres; ici... » — Il fut interrompu par la vue d'un couteau, accompagnée d'un « *damn your eyes* [2]*!* la bourse ou la vie! »

XI.

Ces accents d'homme libre provenaient de quatre bandits en embuscade; ils l'avaient aperçu marchant à pas lents à quelque distance de sa voiture, et, en garçons avisés, ils avaient, pour aller en reconnaissance, profité de l'heure opportune où l'imprudent voyageur attardé sur la route, à moins qu'il ne sache manier une arme, s'expose, dans cette île opulente, à perdre la vie ainsi que ses culottes.

XII.

Juan ne connaissait de la langue des Anglais que leur mot sacramentel « God damn! » encore l'avait-il entendu si rarement, qu'il le prenait quelquefois pour leur « salam, » ou « Dieu soit avec vous! » — Et cette idée n'avait rien d'absurde; car moi, qui suis à moitié Anglais (pour mon malheur), je puis dire n'avoir jamais entendu un Anglais souhaiter à son prochain que Dieu soit avec lui, si ce n'est dans ce sens.

XIII.

Juan, néanmoins, comprit sur-le-champ le geste de ces gens, et comme il était tant soit peu vif et emporté, il tira un pistolet de dessous sa veste, et le déchargea dans le ventre d'un des assaillants, qui tomba comme un bœuf se roule dans son pâturage, et, se débattant dans sa fange natale, beugla à son camarade ou subordonné le plus proche : « O Jack! ce gredin de Français m'a fait mon affaire! »

XIV.

Sur quoi, Jack et son monde décampèrent au plus vite; les gens de la suite de Juan, qui étaient éparpillés à quelque distance, accoururent, tout surpris de ce qui venait de se passer, et offrant, comme c'est l'usage, leur tardif secours. Juan, voyant le ci-devant mignon de la lune [3] saigner si abondamment qu'on eût dit que tout ce qu'il avait de vie s'échappait par ses veines, demanda des bandages et de la charpie, et regretta d'avoir été si prompt à lâcher la détente.

XV.

« Peut-être, » pensa-t-il, « est-ce la coutume du pays d'accueillir les étrangers de cette manière; je me souviens même d'avoir vu des aubergistes qui en agissent de même; seulement, au lieu de vous voler avec une épée nue et un front farouche, c'est avec un salut respectueux qu'ils vous dévalisent. Mais que faire? je ne puis laisser cet homme expirant sur la route : relevez-le donc, je vous aiderai à le porter. »

XVI.

Mais avant qu'on pût remplir ce pieux devoir, le mourant s'écria : « Arrêtez! j'ai mon affaire. Oh! un verre de *max* [4]! Nous avons manqué notre coup; qu'on me laisse mourir où je suis! » Cependant le principe vital diminuait dans son cœur; de sa blessure le sang ne tombait plus que par gouttes épaisses et noires; sa respiration était pénible et rare; de son cou gonflé il détacha un mouchoir, et s'écriant : « Donnez cela à Sara! » — il mourut.

XVII.

La cravate teinte de sang tomba aux pieds de don Juan; il ne pouvait dire positivement pourquoi elle lui avait été ainsi jetée, ni ce que signifiait l'adieu de cet homme. Le pauvre Tom avait été, en ville, un filou du bon ton, un roué fieffé, un vrai fendant, un éclabousseur, un incroyable, jusqu'à ce que, les cartes ayant tourné contre lui, il s'était vu cribler d'abord les poches, puis le corps.

XVIII.

Don Juan ayant fait de son mieux dans cette occurrence, aussitôt que l'enquête du coroner le lui permit, poursuivit sa route vers la capitale, trouvant fort dur qu'en douze heures de temps, et dans un espace fort court, il lui eût fallu tuer un homme libre pour sa défense personnelle; ce qui ne laissa pas de lui donner à réfléchir.

XIX.

Il avait envoyé dans l'autre monde un grand homme qui avait fait du bruit en son temps. Qui, dans une échauffourée, savait mieux que Tom attacher le grelot? qui figurait mieux que lui à la chambrée ou au théâtre? qui savait mieux empaumer un sot, ou, à la barbe de la police, voler à cheval sur la grande route? qui, dans une partie avec Sara aux yeux noirs, sa connaissance, était plus avenant, plus comme il faut, plus empressé, plus spirituel?

XX.

Mais Tom n'est plus, — ne parlons plus de Tom. Il faut que les héros meurent; et, Dieu soit loué, le plus grand nombre d'entre eux ne tardent pas à se rendre à leur dernier gîte. Salut! Tamise; salut! Sur tes bords, le char de Juan roule avec le fracas du tonnerre, en suivant une route sur laquelle il n'est guère possible de se méprendre, à travers Kennington, et tous les autres *tons* qui nous font désirer d'arriver enfin à la ville [5];

XXI.

A travers des *groves* [6], ainsi nommés de ce qu'ils sont dépourvus d'arbres (comme *lucus* de l'absence de la lumière); des sites appelés *Mount Pleasant* [7], par la raison qu'ils n'offrent rien qui puisse plaire, et fort peu à gravir; de petites boîtes en briques qui semblent destinées à recevoir la poussière, avec les mots « A louer » inscrits sur chaque porte; des rows[8], modestement nommés « *paradis,* » et qu'Ève eût quittés sans beaucoup de regrets;

XXII.

Des fiacres, des charrettes de brasseurs, des barrières encombrées, un tourbillon de roues, un mugissement de voix, une confusion étrange; ici, des tavernes vous invitant à prendre une pinte de « *purl*[9]; » là, des malles-postes fuyant avec une vitesse magique; des barbiers étalant à leurs fenêtres des têtes de bois coiffées de perruques; l'allumeur de réverbères versant lentement son huile dans le récipient de la lampe vacillante (car, dans ce temps-là, nous n'étions pas encore arrivés jusqu'au gaz [10]);

XXIII.

C'est à travers tout cela et bien d'autres choses encore que le voyageur s'approche de la puissante Babylone. Soit qu'il vienne à cheval, en cabriolet ou en carrosse, à peu d'exceptions près, toutes les routes se ressemblent ; j'en pourrais dire davantage, mais je ne veux pas empiéter sur les priviléges du guide des voyageurs. Le soleil s'était couché depuis quelque temps, et on était arrivé à la limite qui sépare le crépuscule de la nuit, quand notre société traversa le pont.

XXIV.

Il y a quelque chose d'agréable dans le bruit de la Tamise, — qui revendique un instant l'honneur dû à son onde, — bien que sa voix soit à peine entendue au milieu des juremenls multipliés. L'éclairage plus régulier de Westminster, la largeur des trottoirs, et cette basilique où réside le spectre de la Gloire, la Gloire, qui, sous l'image de la lune, verse sur l'édifice ses pâles rayons ; — tout cela fait, de cette partie de l'île d'Albion, une sorte de lieu consacré.

XXV.

Les forêts des druides ont disparu ; tant mieux : nous avons la pierre druidique de Henge, — mais qu'importe ? Bedlam existe encore avec ses chaînes prudentes, afin que les fous ne mordent pas ceux qui les visitent ; le banc du roi siége et juge plus d'un débiteur : le Mansion-House [11] aussi (bien que certaines gens en plaisantent) me semble, à moi, une construction roide, mais grandiose; mais l'abbaye [12] vaut à elle seule toute la collection.

XXVI.

La file de lumières qui s'étend jusqu'à Charing-Cross, Pall-Mall [13], et le reste, jette un éclat éblouissant ; autant vaudrait mettre la boue en parallèle avec l'or que de comparer à cet éclairage celui du continent, dont la nuit dédaigne d'illuminer les villes. Les Français n'étaient pas encore une nation éclairée, et quand ils le devinrent, — à la corde de leur lanterne, au lieu de réverbère, ils attachèrent un aristocrate [14].

XXVII.

Une file de gentilshommes, ainsi suspendus le long des rues, peut illuminer le genre humain, comme aussi les châteaux convertis en feux de joie; mais les gens qui ont la vue basse préfèrent l'ancienne façon; l'autre ressemble à du phosphore sur un linceul, véritable feu follet qui peut bien inquiéter et effrayer, mais a besoin, pour éclairer, de brûler plus paisiblement.

XXVIII.

Mais Londres est si bien éclairé, que si Diogène recommençait à chercher son *honnête homme*, et ne le trouvait pas dans les diverses classes de la population de cette cité colossale, ce ne serait pas faute de lanternes pour aider ses investigations. J'ai fait ce que j'ai pu, dans la route de la vie, pour trouver ce trésor inconnu : je ne vois, dans le monde, qu'un attorney personnifié [15].

XXXI.

Sur le pavé retentissant, remontant Pall-Mall à travers la foule des piétons et des voitures, qui commençaient cependant à s'éclaircir à cette heure où le marteau tonnant [16] rompait le long silence des portes fermées aux créanciers, et où la table servie de bonne heure recevait, à la tombée de la nuit, une société choisie; — don Juan, notre jeune pêcheur diplomate, poursuivit sa route et passa devant quelques hôtels, le palais de Saint-James et les « enfers [17] » de Saint-James.

XXX.

On arriva à l'hôtel; de la porte d'entrée déboucha une nuée de valets bien mis; autour se rangea la foule, et, selon l'usage, une centaine de ces pédestres nymphes de Paphos qui abondent dans les rues de la pudique Londres dès que le jour a fait place à la nuit; commodes, mais immorales, elles servent, comme Malthus, à propager le goût du mariage. — Mais voici don Juan qui descend de voiture,

XXXI.

Et entre dans l'un des hôtels les plus charmants, surtout pour les étrangers, — et spécialement pour ces enfants de la faveur ou de la fortune, qui ne trouvent jamais exagérés les petits items d'un mémoire. Là (dans cet antre où vient chercher asile maint mensonge diplomatique éventé) habita ou habite plus d'un envoyé, jusqu'à ce qu'ils aillent fixer leur résidence dans quelque *square*[18] opulent, et fassent blasonner leurs noms en bronze sur leur porte.

XXXII.

Juan, dont la commission était délicate et d'une nature privée, bien que d'intérêt public, ne portait aucun titre qui annonçât d'une manière précise l'affaire pour laquelle il était envoyé. On savait seulement que, chargé d'une mission secrète, venait de débarquer sur nos rivages un étranger de distinction, jeune, beau, accompli, et qui passait (ajoutait-on tout bas) pour avoir tourné la tête à sa souveraine.

XXXIII.

Puis, le bruit de je ne sais quelles aventures étranges, de ses combats et de ses amours, avait aussi précédé son arrivée, et comme les têtes romanesques sont des peintres qui vont vite en besogne, surtout celles des Anglaises, qui ne se font pas faute de se donner carrière et de franchir sans façon les limites de la sobre raison, il se trouva on ne peut plus à la mode : ce qui, à nos esprits penseurs, tient lieu de passion.

XXXIV.

Je ne veux pas dire que ces dames soient sans passion ; tout au contraire ; seulement, elle est dans la tête ; mais, comme les résultats sont tout aussi brillants que si le cœur agissait, qu'importe, après tout, le siége des élucubrations de ces dames ? Pourvu qu'on arrive au but, qu'importe que ce soit par le chemin de la tête ou par celui du cœur ?

XXXV.

Juan présenta, en main propre et à qui de droit, ses lettres de créance russes, et fut reçu avec toutes les grimaces obligées par ceux qui gouvernent au mode impératif, lesquels, voyant un beau jeune homme au doux visage, pensèrent (ce qui est l'essentiel dans les affaires d'État) qu'ils *feraient* cet adolescent, comme sur le chantre des bocages on voit fondre un faucon.

XXXVI.

En cela ils se trompaient, chose ordinaire aux vieillards; mais plus tard nous reparlerons de cela, ou, si nous n'en parlons pas, ce sera parce que nous n'avons pas une très haute idée des hommes d'État et de leur double visage; gens qui vivent du mensonge, et pourtant n'osent mentir hardiment; — or, ce que j'aime dans les femmes, c'est qu'elles ne veulent ou ne peuvent faire autrement que de mentir; mais elles s'en acquittent si bien, qu'auprès de leurs mensonges la vérité elle-même a l'air de l'imposture.

XXXVII.

Et, après tout, qu'est-ce qu'un mensonge? ce n'est que la vérité en masque; et je défie historiens, héros, légistes, prêtres, d'articuler un fait pur de tout mensonge; l'ombre seule de la vraie vérité anéantirait annales, révélations, poésies et prophéties, — à moins, pour ces dernières, que leur date ne précédât de quelques années les événements racontés.

XXXVIII.

Loués soient tous les menteurs et tous les mensonges! Qui pourrait maintenant taxer de misanthropie ma muse bénévole? elle sonne le « *Te Deum* » du monde, et son front rougit pour ceux qui ne rougissent plus; — mais il est inutile de gémir; faisons des courbettes comme les autres; baisons les mains, les pieds ou toute autre partie des majestés, d'après le bon exemple de la « verte Erin [19], » dont le trèfle semble maintenant un peu usé.

XXXIX.

Don Juan fut présenté; son costume et sa bonne mine excitèrent l'admiration générale; — je ne sais lequel des deux fut plus ou moins admiré; ce qu'on remarqua beaucoup aussi, ce fut un diamant monstrueux, dont Catherine, dans un moment d'ivresse (fermentation ardente d'amour ou d'eau-de-vie), lui avait fait cadeau, comme l'apprit le public; et, à dire vrai, il l'avait bien gagné.

XL.

Outre les ministres et leurs subalternes, tenus d'être polis envers les diplomates accrédités par les souverains qui branlent dans le manche jusqu'à ce que leur royale énigme soit pleinement expliquée, les commis eux-mêmes, — ces sales ruisseaux du ministère, dont l'infecte corruption fait des rivières, n'eurent pas l'impolitesse de gagner leurs appointements ;

XLI.

Car nul doute qu'ils ne soient payés pour être insolents, vu que c'est leur occupation journalière dans les coûteux départements de la paix ou de la guerre; si vous en doutez, demandez à votre voisin si, lorsqu'il s'est présenté (corvée affligeante et ennuyeuse), soit pour un passe-port, soit pour toute autre entrave à la liberté, il n'a pas trouvé, dans cette race de mangeurs du budget, des roquets fort incivils.

XLII.

Mais Juan fut accueilli avec beaucoup d'*empressement*; il faut que j'emprunte ces expressions raffinées à nos proches voisins, chez qui, comme dans un casier d'échecs, il existe une marche toute tracée pour la joie ou la douleur, non seulement en parlant, mais encore en écrivant. Il paraît que l'insulaire est plus franc et plus ouvert que l'homme du continent, — comme si la mer (Billingsgate [20] en est un exemple) rendait même la langue plus libre.

XLIII.

Et pourtant il y a dans le *Damn* des Anglais quelque chose d'attique; les jurons continentaux sont tous incontinents, et portent sur des choses qu'aucun aristocrate ne voudrait nommer; aussi moi-même je me tairai sur cette matière, vu que je ne veux ni commettre un schisme en politesse, ni articuler des sons incongrus; — mais *Damn*, bien qu'un peu hardi, a je ne sais quoi d'éthéré ; c'est le platonisme du blasphème, la quintessence du jugement.

XLIV.

Pour la grossièreté franche, vous pouvez rester dans le pays ; pour la politesse véritable ou fausse (et elle commence à se faire rare), vous pouvez franchir l'onde azurée et la blanche écume ; la première, emblème (peu commun, il est vrai) de ce que vous quittez ; la seconde, de ce que vous allez rencontrer. Toutefois, ce n'est pas le moment de deviser sur des généralités : les poëmes doivent se renfermer dans leur unité, comme celui-ci, par exemple.

XLV.

Dans le grand monde, — on entend, par ce mot, le pire et le plus occidental des quartiers de la ville [21], et environ quatre mille individus que leur éducation est loin d'avoir prédisposés à la sagesse et à l'esprit, mais qui sont debout quand tout le monde est couché, et regardent en pitié le genre humain, — dans ce monde-là, Juan, en sa qualité de patricien de vieille souche, fut bien accueilli par les personnes de distinction.

XLVI.

Il était garçon, ce qui est une circonstance importante aux yeux des demoiselles et des dames ; les espérances matrimoniales des premières s'en trouvent flattées ; et pour les dernières (à moins que l'amour ou la fierté ne les retienne), ce n'est pas non plus chose indifférente : une intrigue est une épine au côté d'un galant marié ; elle exige un certain décorum ; elle double l'horreur du péché, — et, qui pis est, les embarras.

XLVII.

Mais Juan était bachelier [22] — ès-arts, ès-cœurs, ès-dons de plaire ; il dansait, chantait, avec un air aussi sentimental que la plus suave des mélodies de Mozart ; il savait être triste ou gai à propos, et sans « boutade ni caprice [23] ; » et, quoique jeune, il avait vu le monde, — spectacle curieux, bien différent de ce qu'on en écrit.

XLVIII.

En le voyant, les vierges rougirent, les joues des dames mariées se couvrirent aussi d'un incarnat moins fugitif; car le fard et les visages fardés sont deux marchandises qu'on trouve sur les bords de la Tamise; la jeunesse et la céruse revendiquèrent sur son cœur leurs droits accoutumés, ces droits qu'aucun homme comme il faut ne peut méconnaître entièrement; les filles admirèrent sa mise; les pieuses mères demandèrent quel était son revenu, et s'il avait des frères.

XLIX.

Les marchandes de modes qui fournissent à la toilette des « miss à draperies [24] » pendant toute la saison, à la condition d'être payées avant que les derniers baisers de la lune de miel ne se soient évanouis dans l'éclat d'un croissant, regardèrent cette initiation d'un riche étranger comme une occasion qui ne devait pas être négligée, — et donnèrent une telle latitude à leur crédit, qu'en acquittant les mémoires les époux futurs ne purent s'empêcher de jurer et de gémir.

L.

Les bleues, cette tribu d'âmes tendres qui soupirent sur des sonnets, et garnissent des pages de la dernière Revue l'intérieur de leurs têtes ou de leurs chapeaux, s'avancèrent dans tout l'éclat de leur azur; elles estropièrent le français ou l'espagnol, firent à Juan une ou deux questions sur les nouveautés littéraires de son pays, voulurent savoir laquelle, du russe ou du castillan, était la langue la plus douce, et si, dans ses voyages, il avait vu Ilion.

LI.

Juan, qui était un peu superficiel, et n'était pas en littérature un très grand Drawcansir [25], se voyant interrogé par ce jury savant et spécial de matrones, ne savait trop que répondre; ses travaux guerriers, amoureux ou officiels, l'application toute particulière qu'il avait apportée à la danse, l'avaient tenu éloigné des rives de l'Hippocrène, qui maintenant lui paraissaient *bleues*, de vertes qu'il les avait crues.

LII.

Toutefois il répondit au hasard, avec une confiance modeste et une calme assurance qui donnèrent du poids à ses élucubrations savantes, et passèrent pour arguments de bon aloi. Miss Araminte Smith, vrai prodige, (qui, à seize ans, avait traduit « l'Hercule furieux, » d'un furieux style), lui faisant le meilleur visage possible, nota ses dires dans son album.

LIII.

Juan, — comme cela devait être, — savait plusieurs langues, — et s'en servait adroitement pour se tirer d'affaires, en causant avec ces beautés accomplies, qui néanmoins regrettaient qu'il ne fît pas de vers. Il ne lui manquait (auprès d'elles) que ce talent pour élever ses qualités jusqu'au sublime; lady Fitz-Frisky et miss Mævia Mannish témoignèrent toutes deux un vif désir de l'entendre chanter en espagnol.

LIV.

Cependant il réussit assez bien, et fut admis comme aspirant dans toutes les coteries, dans les grandes assemblées, ainsi que dans les petites réunions; là, comme dans le miroir de Banquo, il vit passer devant lui dix mille auteurs vivants, car c'est à peu près là leur nombre; comme aussi les quatre-vingts « plus grands poëtes vivants, » attendu qu'il n'est pas de chétif « Magazine » qui ne puisse montrer *le sien*.

LV.

Tous les dix ans, le plus grand poëte vivant, comme le champion du pugilat, est obligé de prouver son titre et de le soutenir, bien que ce soit chose imaginaire. Moi-même, — quoique certes à mon insu, et sans avoir jamais ambitionné d'être le roi des fous, — j'ai longtemps passé pour le grand Napoléon de l'empire des vers.

LVI.

Mais *Juan* a été mon Moscou, *Faliero* mon Leipsick, et *Caïn* semble devoir être mon Waterloo. La « belle alliance » des fats, descendue à zéro, peut se relever, maintenant que le lion est abattu; mais je tomberai du moins comme est tombé mon héros; je veux ne pas régner du tout, ou régner en *monarque*; ou bien je mourrai captif dans quelque île solitaire. Southey sera mon sir Hudson Lowe, un tourne-casaque mon tourne-clef.

LVII.

Sir Walter régna avant moi; Moore et Campbell avant et après; mais, transformées aujourd'hui en vraies saintes, les Muses sont tenues d'errer sur la montagne de Sion avec des poëtes ecclésiastiques, ou peu s'en faut; le pas de Pégase est devenu un amble psalmodique, sous le très révérend Rowley Powley; et ce vieux Pistolet [26] moderne, — du moins par la crosse, — a donné des échasses au glorieux animal!

LVIII [27].

Il y a encore mon aimable Euphues, qui, dit-on, s'annonce comme une espèce de *moi moral* [28]; il est possible qu'il trouve un jour quelque difficulté à soutenir l'un ou l'autre de ces caractères, ou tous deux à la fois. Il en est qui décernent le premier rang à Coleridge; Wordsworth a des partisans au nombre de deux ou trois, et « Savage Landor », ce béotien braillard, n'a-t-il pas pris pour un cygne cet oison de Southey!

LIX.

John Keats, tué par la critique au moment où il promettait quelque chose de grand, sinon d'intelligible, avait, sans grec, réussi depuis peu à parler des dieux comme on peut supposer qu'ils auraient pu parler eux-mêmes [29]. Pauvre garçon! il fut malheureux, son destin. Chose étrange que l'intelligence! cette particule de feu [30] se laisse éteindre par un article de Revue!

LX.

Elle est longue la liste des aspirants vivants ou morts à ce but qu'aucun d'eux n'atteindra! — Nul du moins ne connaîtra enfin le vainqueur; car avant que le temps ait rendu son dernier arrêt, l'herbe croîtra au-dessus de son cerveau consumé et de sa cendre insensible. Autant que j'en puis juger, leurs chances ne sont pas grandes; — ils sont trop nombreux, comme ces trente tyrans postiches, quand Rome dégénérée vit salir ses annales.

LXI.

Nous sommes au *bas*-empire littéraire; ce sont les bandes prétoriennes qui gouvernent. — « Terrible métier, » pareil à celui de l'homme qui « cueille le fenouil marin[31] », que d'être obligé de caresser et de flatter une soldatesque insolente comme on câlinerait un vampire! Pour moi, si j'étais en Angleterre, et en verve de satire, j'essaierais de me mesurer avec ces janissaires, et de leur montrer *ce que c'est* qu'une guerre intellectuelle.

LXII.

Je pense connaître un tour ou deux qui les forceraient à démasquer leur flanc; — mais je ne veux pas perdre mon temps à m'occuper d'aussi menu fretin: par le fait, je n'ai pas assez de bile; mon caractère est véritablement très loin d'être rigoureux; le témoignage le plus fort du mécontentement de ma muse est un sourire; puis elle fait une courte et moderne révérence, et s'éloigne, bien certaine de ne vous avoir fait aucun mal.

LXIII.

Mon Juan, que j'ai laissé en grand péril au milieu des poëtes vivants et des bas-bleus, traversa, non sans quelque léger profit, ce champ stérile; fatigué à temps, il s'éloigna, avant d'avoir été trop maltraité, d'un théâtre où il n'était ni le moindre ni le dernier; alors il s'éleva dans une sphère plus gaie, et prit place au milieu des hautes intelligences de l'époque, en vrai fils du soleil, non vapeur, mais rayon.

LXIV.

Il consacrait sa matinée aux affaires, — qui, disséquées, étaient, comme toutes les affaires, des riens laborieux amenant la lassitude; ce vêtement mortel qui pèse sur nous comme la tunique empoisonnée du centaure Nessus, nous étend épuisés sur un canapé, et nous fait parler avec une tendre horreur de notre dégoût pour toute espèce de travail, à moins qu'il ne soit commandé par le bien du pays, qui n'en va pas mieux, quoiqu'il en soit bien temps.

LXV.

Ses après-midi se passaient en visites, en collations, à flâner, à boxer ; et à l'heure du crépuscule, à faire, à cheval, le tour de ces taupinières végétales qu'on appelle « parcs », et qui ne contiennent pas assez de fruits ou de fleurs pour le repas d'une abeille ; mais, après tout, ces bocages, pour nous servir de l'expression de Moore, sont le seul endroit où les beautés fashionables puissent faire un peu connaissance avec le grand air.

LXVI.

Puis vient la toilette, puis le dîner, puis le monde s'éveille ! Alors brillent les réverbères, les roues tourbillonnent ; alors, à travers rues et squares, volent et résonnent les chars, vrais météores attelés ; alors sur le parquet, la craie imite la peinture ; les guirlandes se déploient ; alors les tonnerres de bronze ébranlent les portes qui s'ouvrent, et le petit nombre des élus pénètre par milliers dans un paradis terrestre d'or moulu.

LXVII.

C'est là que se tient la noble hôtesse, encore debout après sa millième révérence ; c'est là que la valse, la seule danse qui apprenne aux jeunes filles à penser, fait adorer jusqu'à ses défauts. Salon, chambre, salle, tout est plein, tout déborde, et les derniers venus sont condamnés à faire queue sur l'escalier parmi les royales altesses et les dames, et à gagner à peine un pouce de terrain à la fois.

LXVIII.

Trois fois heureux celui qui, après avoir jeté un coup d'œil sur cette société d'élite, peut s'emparer d'un coin, d'une porte d'entrée ou d'un boudoir écarté ; là, il peut s'installer comme un petit « Jack Horner, » et, laissant tourbillonner la Babel qui l'entoure, il peut tout contempler d'un air triste ou frondeur, ou approbateur, ou comme simple spectateur, bâillant un peu à mesure que la nuit s'avance.

LXIX.

Mais ce n'est pas encore le moment; et celui qui, comme don Juan, joue un rôle actif, doit s'avancer avec précaution au milieu de cette mer étincelante de pierreries, de panaches, de perles et de soie, jusqu'à l'endroit où sa place est marquée; tantôt allanguissant son âme à la suave harmonie d'une valse; tantôt, d'un pas plus fier et d'un jarret agile, se signalant là où la science a elle-même formé son quadrille;

LXX.

Ou, s'il ne danse pas, et qu'il ait des vues plus hautes sur une héritière, ou sur la femme de son voisin, qu'il prenne garde de ne pas laisser percer ses intentions d'une manière trop palpable. Plus d'un galant trop pressé s'est repenti de sa précipitation : l'impatience est un mauvais guide parmi des gens éminemment réfléchis et qui aiment à mettre de la circonspection jusque dans leurs folies.

LXXI.

Mais tâchez, si vous le pouvez, de vous placer à côté d'elle à souper; ou, si vous avez été prévenu, mettez-vous vis-à-vis et jouez de la prunelle. — O célestes moments! dont le souvenir domine tous les autres; sorte de farfadet [32] sentimental que la mémoire porte éternellement en croupe; ombre des plaisirs autrefois en vogue, maintenant évanouis! Il est difficile aux âmes tendres de dire quel flux et reflux d'espérances et de craintes peut soulever un seul bal.

LXXII.

Mais ces avis prudents ne s'adressent qu'au commun des mortels, tenus de mettre dans leurs poursuites circonspection et vigilance, dont un mot de moins ou de trop peut renverser les plans, et non au petit ou grand nombre (car le nombre varie) de ceux à qui leur bonne mine, surtout si elle est nouvelle, leur célébrité, leur réputation d'esprit, de courage guerrier, de sens ou de non-sens, donnent carte blanche pour faire ce qu'il leur plaît; du moins il en était ainsi tout récemment.

LXXIII.

Notre héros, en sa qualité de héros, jeune, beau, noble, riche, célèbre, et de plus étranger, dut, comme tout autre esclave, payer sa rançon avant d'échapper à tous les dangers qui entourent un homme marquant. En fait de tracas et de calamités, il en est qui citent la poésie, une maison en désarroi, la laideur, la maladie; je voudrais que ces gens-là connussent la vie des jeunes nobles.

LXXIV.

Ils sont jeunes, mais ne connaissent point la jeunesse, — qu'ils ont prématurément gaspillée; beaux, mais usés; riches sans un sou; ils dissipent leur vigueur dans des milliers de bras. Un juif leur avance des fonds, et c'est à lui que va leur fortune; l'un et l'autre sénat voient leurs votes partagés entre les suppôts d'un tyran et la bande d'un tribun; et, après qu'ils ont voté, dîné, bu, joué et paillardé, le caveau de la famille s'ouvre pour recevoir un lord de plus.

LXXV.

« Où est le monde? » s'écriait Young à quatre-vingts ans [33]; — « où est le monde au milieu duquel un homme est né? » Hélas! où est le monde? il y a huit ans, *il était là.* — Je le cherche, il a disparu comme un globule de verre brisé, réduit en poudre, évanoui, à peine aperçu, jusqu'à ce qu'une transformation silencieuse ait dissous la matière brillante. Hommes d'État, généraux, orateurs, reines, patriotes, rois et dandys, tous sont partis sur les ailes des vents.

LXXVI.

Où est Napoléon le Grand? Dieu le sait. Où est le petit Castlereagh? c'est au diable à le dire. Où sont Grattan, Curran, Shéridan, tous ceux qui enchaînaient le barreau ou le sénat à la magie de leur parole? où est la malheureuse reine, avec tous ses chagrins? où est la fille des rois, objet de l'amour de ces îles? où sont ces saints martyrs, les cinq pour cent, et où... — oh! où diable sont les fermages?

LXXVII.

Où est Brummel? à bas. Où est Long-Pole Wellesley? dégringolé. Où sont Whitbread, Romilly? où est George III? où est son testament[34] (qui ne sera pas de sitôt déchiffré)? et où est George IV, notre royal oiseau[35]? Il paraît qu'il est allé en Écosse se faire jouer du violon : « gratte-moi, je te gratterai », dit-on ; voilà six mois que dure cette scène de royale démangeaison et de royaliste grattement.

LXXVIII.

Où est milord un tel? où est milady une telle? et les honorables mistriss et miss? quelques-unes mises à la réforme, comme un vieux chapeau d'opéra, mariées, démariées, remariées (c'est une évolution qu'on a vu fréquemment exécuter depuis peu). Où sont les acclamations de Dublin et les sifflets de Londres? où sont les Grenville? ils ont tourné casaque, comme de coutume. Où sont mes amis les whigs? au point précis où ils étaient.

LXXIX.

Où sont les lady Caroline et les lady Frances? divorcées, ou en train de l'être. Annales brillantes où l'on trouve la liste des *raouts* et des bals ; Morning-Post, seul moniteur des panneaux brisés de nos équipages et de toutes les fantaisies de la mode, — dites-nous quelles ondes coulent aujourd'hui dans ces canaux ! Les uns meurent, d'autres fuient, d'autres languissent sur le continent, parce que la rigueur des temps leur a laissé à peine *un seul* tenancier.

LXXX.

Quelques-uns, qui baissaient pavillon devant certains ducs prudents, ont fini par prendre parti pour leurs frères cadets[36] ; quelques héritières ont mordu à l'hameçon d'un roué ; quelques demoiselles sont devenues épouses ; d'autres se sont contentées de devenir mères, et plusieurs ont perdu leurs regards jeunes et séduisants ; enfin, la liste des mutations est à n'en point finir. Il n'y a dans tout cela rien d'étrange ; mais ce qui ne laisse pas que de l'être, c'est l'extraordinaire rapidité de ces changements fort ordinaires.

LXXXI.

Ne me parlez pas de vivre soixante-dix ans ; en sept ans, j'ai vu, depuis le monarque jusqu'au plus humble individu sous le ciel, plus de changements qu'il n'en faudrait pour remplir honnêtement l'espace d'un siècle. Je savais qu'il n'y avait rien de durable; mais le changement est devenu trop changeant, sans en être plus nouveau ; il y a rien de permanent dans la race humaine, si ce n'est l'exclusion des whigs du pouvoir.

LXXXII.

J'ai vu Napoléon, qui semblait un vrai Jupiter, réduit aux proportions d'un Saturne; j'ai vu un duc (peu importe lequel) [37] devenu homme d'État plus stupide encore, s'il est possible, que sa physionomie roide et mate [38]. Mais il est temps que je hisse un autre pavillon et que j'aborde un autre sujet : — j'ai vu, — non sans frémir, le roi sifflé, puis caressé; je ne prétends pas décider lequel de ces deux traitements était le plus juste;

LXXXIII.

J'ai vu les propriétaires du sol sans un sou vaillant; — j'ai vu Joanna Southcote; j'ai vu la chambre des communes transformée en piége à impôts; — j'ai vu cette déplorable affaire de la feue reine; — j'ai vu des couronnes sur la tête des fous; — j'ai vu un congrès [39] faisant tout ce qu'il y a de plus vil au monde; — j'ai vu des peuples, comme des ânes surchargés, jeter bas leur fardeau, — c'est-à-dire les hautes classes;

LXXXIV.

J'ai vu de petits poëtes, et de grands prosateurs, et d'interminables, — *non éternels,* — orateurs; j'ai vu les rentes en guerre contre les maisons et les terres; — j'ai vu les propriétaires fonciers jeter les hauts cris; j'ai vu le peuple foulé comme du sable par des esclaves à cheval; j'ai vu les liqueurs fermentées échangées par John Bull contre des « boissons légères [40]; » j'ai vu John Bull s'avouer lui-même un imbécile.

LXXXV.

Mais, « *carpe diem,* » Juan, « *carpe, carpe!* [41] » demain verra une autre race aussi gaie, aussi éphémère, et dévorée par la même harpie. « La vie est un pauvre comédien; » —

en ce cas, jouez votre pièce [42], manants! et surtout veillez beaucoup moins à ce que vous faites qu'à ce que vous dites; soyez hypocrites, soyez circonspects; soyez toujours, non ce que vous *paraissez*, mais ce que vous *voyez*.

LXXXVI.

Mais comment raconter, dans d'autres chants, ce qui advint à notre héros dans ce pays faussement exalté comme une terre éminemment morale? Mais je m'arrête, — car il ne me convient pas d'écrire une Atlantide [43]; mais il n'est pas hors de propos, cependant, de convenir, une fois pour toutes, que vous n'êtes *pas* une nation morale; et vous le savez sans qu'un poëte trop sincère ait besoin de vous le dire.

LXXXVII.

Je dirai ce que vit Juan et ce qui lui arriva : bien entendu que je ne sortirai pas des limites posées par la courtoisie; et puis, n'oubliez pas que cet ouvrage n'est qu'une fiction, et qu'il n'y est question ni de moi ni des miens, ce qui n'empêchera pas maint scribe de découvrir, dans toute expression tant soit peu hasardée, des allusions tout à fait *involontaires*. N'en doutez pas, — quand je parle, c'est *catégoriquement*, jamais par voie d'*allusion*.

LXXXVIII.

Si Juan se maria avec la troisième ou quatrième fille de quelque sage comtesse en quête de maris; ou si, avec quelque vierge mieux partagée (je veux dire sous le rapport des matrimoniales faveurs de la fortune), il se mit à travailler régulièrement à la population du globe, dont notre légitime et redoutable mariage est la source; — ou s'il se vit actionné en dommages et intérêts pour avoir trop disséminé ses hommages,

LXXXIX.

C'est ce qui nous reste encore à savoir. Tel que tu es, pars, ô mon poëme! Et, néanmoins, je gage ton contenu contre la même quantité donnée de vers, que tu seras attaqué autant qu'ouvrage sublime le fut jamais, par ceux qui se plaisent à dire que le blanc est noir. Tant mieux! quand je devrais être seul contre tous, je n'échangerais pas mes libres pensées contre un trône.

NOTES DU CHANT ONZIÈME.

¹ Le célèbre et ingénieux évêque de Cloyne, dans ses *Éléments des Connaissances de l'Homme*, nie, sans plus de cérémonie, l'existence de toute espèce de matière, et il ne pense pas que cette étrange conclusion puisse rencontrer un seul incrédule. « Il y a des vérités tellement incontestables, dit-il, qu'il n'est besoin que d'ouvrir les yeux pour les voir ; tel est, selon moi, cet axiome : que tous les objets que l'on rencontre sur la terre n'ont de réalité que dans notre pensée.

² « Vos yeux soient damnés! » Jurement anglais de la plus énergique espèce. *N. du Trad.*

³ C'est ainsi que, dans la tragédie de *Henri IV*, Falstaff désigne les brigands nocturnes, les voleurs de nuit.

⁴ Genièvre de Hollande.

⁵ *Ton*, dérivé de *town*, ville. *Kennington, Southampton*, etc... comme nous disons Abbeville, Charleville. *N. du Trad.*

⁶ *Groves*, bosquets ; beaucoup de rues de Londres portent ce nom.
N. du Trad.

⁷ Mont agréable, mont plaisant. *N. du Trad.*

⁸ *Row*, file, rangée ; originairement on désignait ainsi les rues qui n'étaient bâties que d'un seul côté ; on emploie aussi le mot *terrace* dans ce cas spécial. Il y a à Londres plusieurs rues appelées *Paradise raw, Paradise street, Paradise terrace*, etc.

⁹ Sorte de bière où l'on fait infuser de l'absinthe et autres liqueurs aromatiques.

¹⁰ Les rues de Londres furent éclairées au gaz, pour la première fois, en 1812.

¹¹ Maison commune de la Cité de Londres, résidence du lord-maire.
N. du Trad.

¹² L'abbaye de Westminster. *N. du Trad.*

¹³ Charing-Cross et Pall-Mall sont deux quartiers de Londres des plus opulents. *N. du Trad.*

¹⁴ Camille Desmoulins prenait en plaisantant le nom de procureur-général de la lanterne.

¹⁵ C'est-à-dire un fripon. La loi anglaise étant on ne peut plus compliquée et diffuse, on conçoit que les gens de loi profitent de ces obscurités pour éterniser les procès et souvent les faire naître. L'attorney réunit les fonctions qui sont réparties chez nous entre les avoués et les avocats.
N. du Trad.

¹⁶ En Angleterre, les portes ont toutes des marteaux. Le nombre des coups de marteau annonce la qualité du visiteur. Ainsi, les domestiques

ou les marchands ambulants ne frappent qu'un coup ; le facteur en frappe deux, un égal trois, un supérieur quatre, cinq ou six, ou même plus, selon le degré de supériorité ; le carillon des gens à équipage ne finit pas. Tout cela est passé en usage ; aristocrates ou démocrates, tories ou radicaux, s'y conforment également. *N. du Trad.*

17 Les enfers, les maisons de jeu ; quel est leur nombre ? Je l'ignore. Lorsque j'étais enfant, je les connaissais sous le nom d'or et d'argent. Je faillis une fois me fâcher avec un de mes amis qui me demandait où son âme irait après être sortie de ce monde, parce que je lui répondis : — « Dans l'enfer d'argent. »

18 Le square est une place carrée, entourée d'édifices, avec un jardin au milieu. *N. du Trad.*

19 Voyez l'*Avatar irlandais*, t. II.

20 Marché au poisson à Londres. *N. du Trad.*

21 Le quartier de l'Ouest est la partie fashionable de Londres. *N. du Trad.*

22 But Juan was a bachelor, — of arts
 And parts, and hearts.

Bachelor signifie à la fois bachelier et garçon. *N. du Trad.*

23 Mot de Shakspeare dans *Macbeth*.

24 *Drapery misses*. Ce mot n'est probablement plus un mystère pour personne Il en était un pour moi, cependant, lorsque je revins de l'Orient, en 1811 ; il désignait une femme jeune, jolie, de bonne famille, fashionable, bien instruite par ses amies, et obtenant de sa marchande de modes une garde-robe à crédit, qui devait être payée par le *mari* après le mariage. Cette énigme me fut alors expliquée par une jeune et jolie héritière, devant laquelle je louais la mise des jolies virginités (comme disait M. Page) d'*alors*. Elle m'assura que la chose arrivait fréquemment à Londres ; et, comme sa fortune considérable, sa rougeur et la simplicité de sa mise, éloignaient d'elle tout soupçon à cet égard, j'avoue que j'accordai quelque crédit à cette consultation. S'il fallait citer des témoignages, je pourrais désigner et les costumes et celles qui les portaient. J'espère que cette habitude a cessé aujourd'hui.

25 Personnage de comédie, sorte de *fier-à-bras*. *N. du Trad.*

26 Voir, dans le *Henri IV* de Shakspeare, le rôle de Pistol, dont nous avons fait Pistolet, pour conserver le jeu de mots de l'auteur. En anglais, *pistol* signifie *pistolet*. *N. du Trad.*

27 Ici une stance est omise dans toutes les éditions. M. Murray ne possède pas de manuscrit de ce chant.

28 Un *reviewer* a donné le nom de *Byron moral* à M. Brian Proctor, auteur d'esquisses dramatiques publiées sous le nom de *Barry Cornwall*.

29 On lit dans le *Dictionnaire biographique* : « Étant d'une santé délicate, on l'engagea à aller en Italie. Arrivé en novembre 1820, il mourut le mois suivant. On a attribué sa mort à une critique de ses ouvrages faite par Gifford ; mais il a, en réalité, succombé à une maladie de poitrine. »

30 *Divinæ particulam auræ*.

31 —— Half way down
Hangs one that gathers samphire! Dreadful trade!

« Voyez suspendu au rocher, entre le ciel et la terre, l'homme qui cueille le fenouil marin! métier terrible! »

SHAKSPEARE, *le Roi Léar.*

32 Écossais, pour *lutin.*

33 Young avait plus de quatre-vingt-un ans lorsqu'il publia son poëme *la Résignation.*

34 La vieille histoire du système de George Ier, renversé par George II. Jamais on ne pourra calomnier sur ce point George III.

35 Voyez *Fum and Hum, les deux oiseaux de la royauté,* ajoutés par Moore à sa *Famille Fudge.*

36 Peut-être l'auteur veut-il ici faire allusion à la rivalité politique du duc de Wellington, chef des tories, et de son frère, lord Wellesley, l'un des whigs les plus estimés et les plus consciencieux. *N. du Trad.*

37 C'est évidemment au duc de Wellington que ceci se rapporte.
N. du Trad.

38 Il y a dans le texte *visage de bois.* On sait que la physionomie de Sa Grâce ne brille pas par l'expression. *N. du Trad.*

39 Le congrès de Vérone, en 1822.

40 Expression de Shakspeare (*Henri IV*).

41 Horace.

42 Shakspeare (*Henri IV*).

43 Voyez *la Nouvelle-Atlantide, ou Mémoires et Mœurs de plusieurs personnes de qualité.*

DON JUAN.

CHANT DOUZIÈME.

I.

Il n'est pas de moyen âge plus barbare que le moyen âge de l'homme; c'est — je ne saurais vraiment dire quoi; alors que nous flottons entre la folie et la sagesse, sans trop savoir ce que nous voulons; époque de la vie assez semblable à une page imprimée, lettres gothiques sur papier satiné, alors que nos cheveux grisonnent, et que nous ne sommes plus ce que nous étions;

II.

Trop vieux pour la jeunesse, — trop jeunes, à trente-cinq ans, pour jouer avec les enfants, ou pour thésauriser avec les sexagénaires, je m'étonne qu'à cet âge nous vi-

vions encore; mais cela étant, c'est un vrai fléau que cette époque; l'amour subsiste encore, quoiqu'il soit bien tard pour prendre femme; quant à tout autre amour, l'illusion a disparu; et l'argent, la plus pure de nos imaginations, ne brille qu'à travers un prisme que lui-même a créé.

III.

O or! pourquoi appelons-nous les avares misérables? A eux les voluptés toujours nouvelles; à eux la seule ancre et le seul câble qui retiennent fortement tous les autres plaisirs, petits et grands! Vous qui ne voyez l'homme économe qu'à table, qui méprisez son sobre repas, comme n'en étant pas un, et vous étonnez que le riche puisse être parcimonieux, vous ne savez pas quelles ineffables joies peuvent naître de chaque rognure de fromage épargnée!

IV.

L'amour ou la luxure affadit le cœur de l'homme; le vin beaucoup plus encore; l'ambition épuise; le jeu ne procure que des pertes; mais amasser de l'argent, d'abord lentement, puis plus vite, ajouter toujours quelque chose à son trésor, à travers toutes les tribulations (inséparables des choses de ce monde), voilà ce qui vaut mieux que l'amour ou le vin, le jeton du joueur et le clinquant de l'homme d'État. O or! je te préfère encore au papier, qui fait du crédit d'une banque une sorte de barque de vapeur.

V

Qui tient la balance du monde? Qui règne sur les congrès royalistes ou libéraux? Qui soulève les patriotes sans chemise de l'Espagne[2] (lesquels font tant jaser et tant crier tous les journaux de la vieille Europe)? Qui tient l'ancien et le nouveau monde en douleur ou en joie? Qui rend coulantes toutes les politiques? Qui semble enfin l'ombre de Bonaparte et de sa noble audace? le juif Rothschild, et son confrère chrétien, Baring.

VI.

Voilà, avec le vrai libéral Laffitte, les véritables souverains de l'Europe. Un emprunt n'est pas seulement une spéculation: il affermit un peuple, ou renverse un trône. Les républiques elles-mêmes commencent à s'endetter ; les coupons de Colombie ont des porteurs connus à la Bourse ; il n'est pas jusqu'à ton sol d'argent, ô Pérou! qui ne se fasse escompter par un juif.

VII.

Pourquoi appeler l'avare misérable? disais-je tout à l'heure : sa vie est frugale, chose qu'on a toujours louée dans un saint ou dans un cynique ; ce motif ne mettrait pas obstacle à la canonisation d'un ermite ; pourquoi donc blâmerait-on les austérités de la maigreur opulente? parce que, dites-vous, rien n'exige une pareille épreuve. Son abnégation n'en a que plus de mérite.

VIII.

Lui seul est poëte ; — promenant ses regards d'un monceau d'or à l'autre, sa passion pure se délecte dans la *possession* de ses trésors, dont la seule espérance fait traverser aux nations l'abîme des mers ; pour lui les lingots d'or étincellent au sein de la mine obscure ; sur lui le diamant réfléchit ses feux éblouissants, tandis qu'à ses regards charmés l'émeraude fait luire ses rayons plus doux, qui tempèrent l'éclat des autres pierreries.

IX.

Les terres des deux hémisphères sont à lui ; le navire parti de Ceylan, de l'Inde ou du Cathay[3] lointain, décharge pour lui seul les produits embaumés de ses voyages ; les routes gémissent sous le poids de ses chars remplis des présents de Cérès, et la vigne rougit comme les lèvres de l'Aurore ; ses celliers mêmes pourraient servir de demeure à des rois ; tandis que lui, méprisant les appétits des sens, il commande en maître, souverain intellectuel de toute chose.

X.

Peut-être il a conçu de vastes projets ; peut-être se propose-t-il de fonder un collége, une course de chevaux[4], un hôpital, une église, — et de laisser après lui quelque monument surmonté de sa maigre figure ; peut-être a-t-il projeté d'affranchir le genre humain avec ces mêmes métaux qui servent à l'avilir; peut-être ambitionne-t-il d'être le plus opulent de sa nation, et de se délecter dans les voluptés du calcul.

XI.

Mais que ce soit l'un de ces motifs ou tout autre qui constitue le principe d'action du thésauriseur, les insensés appelleront sa manie une maladie; et la leur, qu'est-elle? Examinez chacun de leurs actes, guerres, festins, amours; — tout cela procure-t-il aux hommes plus de bonheur que ne ferait le calcul minutieux des moindres sommes? en résulte-t-il plus d'utilité pour le genre humain? Maigre avare! que les héritiers du dissipateur s'enquièrent auprès des tiens lequel des deux est le plus sage!

XII.

Quelle beauté dans les rouleaux! que de charmes dans un coffre-fort contenant des lingots, des sacs de dollars, des pièces de monnaie (non de vieux conquérants dont les têtes et les armoiries pèsent moins encore que le mince métal sur lequel brille leur effigie), mais d'or de bon aloi, qui conservent, entourées d'une reluisante exergue, quelque face régnante moderne, bien réelle, bien stupide. — Oui! l'argent comptant est la lampe d'Aladin!

XIII.

L'amour commande aux camps, au bocage, à la cour;
Car l'amour est le ciel, et le ciel est l'amour [5].

Ainsi chante le poëte, et il lui serait assez difficile de prouver son dire (en poésie, ce n'est pas chose facile, généralement parlant); peut-être l'auteur a-t-il raison en ce qui concerne le « bocage, » du moins « grove, » *bocage*, rime avec « love, » *amour*; mais je suis fort enclin à douter (autant que les propriétaires doutent de leurs fermages) que les « cours » et les « camps » soient d'une nature tout à fait aussi sentimentale.

XIV.

Mais à défaut de l'amour, c'est l'argent, et l'argent seul qui y commande; l'argent règne au bocage, et l'abat, qui plus est; sans argent, les camps seraient faiblement peuplés, et il n'y aurait pas de cour; sans argent, Malthus nous dit de ne pas prendre femme. Ainsi l'amour, le dominateur, est dominé par l'argent, sur son propre terrain, comme la vierge Cynthie gouverne les marées : pour ce qui est de dire que « le ciel est l'amour, » pourquoi ne dirait-on pas aussi que le miel est de la cire ? Le ciel n'est pas l'amour, mais bien le mariage.

XV.

Tout amour n'est-il pas interdit, à l'exception du mariage, qui est bien une sorte d'amour, effectivement ? et pourtant les deux mots n'ont jamais désigné la même idée; l'amour peut et devrait toujours co-exister avec le mariage, et le mariage peut aussi exister sans l'amour; mais l'amour sans bans est tout à la fois criminel et honteux, et devrait prendre un tout autre nom.

XVI.

Or, à moins que « la cour », « les camps », et « le bocage », ne contiennent absolument que des maris fidèles, n'ayant jamais convoité le bien d'autrui, je dis que le vers en question est un *lapsus pennœ*; — ce qui ne laisse pas que d'être singulier dans mon « *buon camerado* » Scott, si célèbre pour sa moralité, que mon Jeffrey me l'offrait en exemple; — on vient de voir un échantillon de sa morale.

XVII.

Fort bien; si je ne réussis pas, du moins j'ai réussi, et cela me suffit; réussi dans ma jeunesse, seule époque de la vie où les succès soient nécessaires ; et les miens m'ont valu ce qui m'importait le plus; je n'ai pas besoin de dire quoi : ce prix, quel qu'il fût, je l'ai obtenu; il est vrai que, depuis peu, j'ai porté la peine de ces succès; mais je ne les ai pas pour cela regrettés.

XVIII.

Ce procès en chancellerie, — cet appel à des êtres qui ne sont pas nés encore, et que, sur la foi de leur conviction procréative, certaines gens baptisent du nom de postérité, ou de future argile, — me semble, pour s'appuyer, un roseau bien douteux; car il est probable que la postérité ne les connaîtra pas plus qu'ils ne la connaîtront.

XIX.

Mais, moi-même, je suis la postérité, — et vous aussi; et qui sont ceux dont nous nous souvenons? Ils ne se montent pas à une centaine. Si chacun écrivait les noms qu'il se rappelle, le dixième ou le vingtième serait fautif; les vies même de Plutarque n'en ont recueilli qu'un petit nombre, et encore nos annalistes ont-ils tonné contre eux; et au dix-neuvième siècle, Mitford, avec une franchise toute grecque, donne au bon vieux Grec un démenti.

XX.

Bonnes gens de tout étage, bénévoles lecteurs, auteurs impitoyables, sachez que, dans ce douzième chant, je me propose d'être aussi sérieux que si j'avais pour éditeurs Malthus et Wilberforce; — ce dernier a affranchi les noirs, et vaut à lui seul un million de batailleurs; tandis que Wellington n'a fait qu'enchaîner les blancs, et Malthus fait la chose contre laquelle il écrit.

XXI.

Je suis sérieux; — tous les hommes le sont sur le papier; et pourquoi ne pourrais-je pas aussi forger mon système, et présenter au soleil ma petite lanterne[6]? Le genre humain semble maintenant absorbé dans ses méditations sur les constitutions et les bateaux à vapeur, tant soit peu vaporeux, pendant que des sages écrivent contre toute procréation, à moins que l'homme ne calcule ses moyens de nourrir des marmots du moment que sa femme les aura sevrés.

XXII.

Que cela est noble! que cela est romantique! Pour ma part, je pense que la « philo-génération » (voilà un mot tout à fait selon mon cœur, bien qu'il en existe un beaucoup plus court, si la politesse ne défendait de s'en servir; mais je suis résolu de ne rien dire de répréhensible); il me semble, dis-je, que la « philo-génération » devrait rencontrer chez les hommes plus d'indulgence.

XXIII.

A nos affaires maintenant. — O mon gentil Juan! te voilà donc à Londres, dans ce lieu charmant où s'élaborent chaque jour tous les dangers qui peuvent atteindre la chaleureuse jeunesse dans sa folle carrière. Il est vrai que ta carrière, à toi, n'est pas nouvelle; tu n'es point novice dans la course fougueuse du jeune âge; mais tu te trouves dans un pays nouveau, que les étrangers ne peuvent jamais bien comprendre.

XXIV.

Ayant tant soit peu égard à la diversité des climats, à la nature ardente ou froide, vive ou calme, des tempéraments, je pourrais, comme un primat, lancer mes mandements sur l'état social du reste de l'Europe; mais, ô Grande-Bretagne! de tous les pays où la muse peut pénétrer, tu es celui sur lequel il est le plus difficile de rimer. Tous les pays ont leurs « lions [7]; » mais toi, tu n'es tout entière qu'une magnifique ménagerie.

XXV.

Mais je suis dégoûté de politique. Commençons, *paulo majora* [8] : Juan, dans sa route, peu curieux d'être pris au trébuchet, avait, comme un patineur habile, effleuré la glace sans la rompre; quand il s'ennuyait de ce jeu, il folâtrait sans crime avec quelqu'une de ces belles créatures qui se font gloire d'une innocente *tantalisation*, et haïssent tout dans le vice, sauf sa réputation.

XXVI.

Mais elles sont en petit nombre, et finissent toujours par faire quelque escapade ou conversion diabolique qui prouve que les consciences les plus pures peuvent se tromper de route dans les sentiers neigeux de la candide vertu; et alors, on s'étonne comme si un nouvel âne avait parlé à Balaam, et les chuchotements vont leur train, subtils comme le vif-argent, et (remarquez-le bien) tout se termine par cette conclusion charitable : — « Qui l'eût pensé? »

XXVII.

La petite Leila, avec ses yeux orientaux, son caractère asiatique et taciturne (qui voyait toutes les choses d'Occident avec peu de surprise, à la grande surprise des gens de condition qui s'imaginent que les nouveautés sont des papillons que le désœuvrement doit poursuivre pour s'en repaître); Leila, avec sa figure charmante et son histoire romanesque, devint une sorte de mystère fashionable.

XXVIII.

Il y eut parmi les dames une grande divergence d'opinions, — ainsi que cela est habituel chez le beau sexe, dans les grandes comme dans les petites choses. N'allez pas croire, belles créatures, que mon dessein soit de vous calomnier en masse; — je vous ai toujours aimées plus que je ne le dis; mais comme je suis devenu moral, je ne puis faire autrement que de vous accuser toutes d'une grande intempérance de langue; il y eut donc alors parmi vous une générale sensation à propos de l'éducation de Leila.

XXIX.

Sur un seul point vous étiez d'accord, — et vous aviez raison : c'est qu'une jeune enfant si remplie de grâce, belle comme son pays natal, transplantée sur de lointains rivages, dernier bouton de sa race, dût notre don Juan se dominer pendant cinq, quatre, trois ou deux ans, serait beaucoup plus convenablement élevée sous les yeux de pairesses ayant passé le temps des folies.

XXX.

Il y eut donc une généreuse émulation, une sorte de concurrence générale : c'était à qui entreprendrait l'éducation de l'orpheline. Comme Juan était une personne de condition, en cette occasion, c'eût été un affront que de parler de souscription ou de pétition; mais seize douairières, dix sages femelles célibataires, dont l'histoire appartient au « moyen âge d'Hallam [9]; »

XXXI.

Et deux ou trois épouses dolentes, séparées de leurs maris sans qu'un seul fruit parût leur rameau desséché, — demandèrent à *former* la jeune personne et à la produire; — car c'est là le mot consacré pour exprimer la première rougeur d'une vierge à un raout où elle vient étaler ses perfections; et je vous assure que leur première *saison* [10] a toute la douceur du miel vierge (surtout si elles ont de la fortune).

XXXII.

Voyez tous les indigents et honorables misters [11], les pairs percés au coude, les dandys sans ressources, les mères vigilantes, les sœurs prévoyantes (qui, pour le dire en passant, lorsqu'elles sont habiles, réussissent mieux que les hommes de la famille « à cimenter des unions où c'est l'or qui reluit); » voyez tous ces gens-là, semblables à des mouches qui s'abattent sur du sucre candi, s'empresser de dresser leurs batteries autour de la « fortune, » et de lui tourner la tête à force de valses et de flatteries!

XXXIII.

Chaque tante, chaque cousine a sa spéculation; que dis-je? les dames mariées mettent parfois dans la passion un tel désintéressement, que j'en ai vu courtiser une héritière pour le compte de leur amant. *Tantœne* [12]! tant il y a de vertu dans le grand monde, en cette île bienheureuse à laquelle « Douvres » sert d'issue! Et cependant la pauvre riche, l'infortunée, objet de tant de sollicitude, a des motifs de regretter que son père n'ait pas laissé des héritiers mâles.

XXXIV.

Les unes sont bientôt dans le sac; d'autres rejettent trois douzaines d'aspirants. Il est beau de les voir éparpillant les refus et désappointant maintes cousines irritées (amies de la jeune héritière), qui commencent bientôt leurs accusations, telles que : « Si miss (une telle) n'avait pas l'intention de choisir le pauvre Frédéric, *pourquoi* a-t-elle consenti à lire ses billets? *pourquoi* valser avec lui? *pourquoi*, je vous prie, paraître consentir hier soir, et dire *non* aujourd'hui?

XXXV.

« Pourquoi? — pourquoi? — D'ailleurs Frédéric lui était véritablement attaché; ce n'était pas pour sa fortune, il en a assez sans cela; il viendra un temps qu'elle regrettera sans doute de n'avoir pas saisi une si bonne occasion; mais la vieille marquise avait machiné quelque plan; demain, au raout, j'en veux dire deux mots à Auréa; après tout, le pauvre Frédéric pourra trouver mieux ; — dites-moi, avez-vous vu la réponse qu'elle a faite à sa lettre ? »

XXXVI.

Des uniformes pimpants et de brillantes armoiries sont tour à tour dédaignés par elle, jusqu'à ce que son tour arrive, après une funeste perte de temps, de cœurs et de paris, en faveur du fortuné rafleur de femmes opulentes; et lorsqu'enfin la gentille créature obtient pour époux un militaire, un écrivain ou un cocher, l'escouade des pauvres diables repoussés par elle se console en voyant le triste choix qu'elle a fait.

XXXVII.

Car parfois, cédant, de guerre lasse, aux importunités, ces dames acceptent un poursuivant de longue date, ou bien (ce qui peut-être est plus rare) tombent en partage à celui qui ne les recherchait nullement. Un veuf maussade ayant passé la quarantaine est sûr (s'il est permis de citer des exemples) de gagner le gros lot : or, de quelque manière qu'il l'ait obtenu, je ne vois rien là de plus étrange que dans l'autre loterie.

XXXVIII.

Moi-même — (c'est un « exemple moderne » de plus; « il est vrai que c'est dommage,— et dommage que ce soit vrai »), on m'a choisi entre vingt adorateurs, quoique je ne fusse guère plus avancé en sagesse qu'en âge; mais, bien que je me fusse réformé avant que devinssent *un* ceux qui bientôt devaient redevenir deux, je ne démentirai pas le public généreux qui déclara monstrueux le choix qu'avait fait la jeune dame.

XXXIX.

Oh! pardonnez-moi mes digressions, — ou, du moins, continuez à me lire! Je ne disserte jamais que dans un but moral ; c'est le *Benedicite* avant le repas; car, comme une vieille tante, un ami ennuyeux, un tuteur rigide ou un prêtre zélé, ma muse se propose, dans ses exhortations, de réformer tout le monde, en tout temps et en tout lieu ; c'est ce qui donne à mon Pégase cette grave allure.

XL.

Mais maintenant je vais être immoral ; je me propose de montrer les choses tout à fait telles qu'elles sont, non telles qu'elles devraient être ; car j'avoue qu'à moins de voir clairement ce qui en est, nous n'avons pas grande amélioration à attendre de cette vertueuse charrue qui glisse sur la surface, effleurant à peine le noir terreau fumé par le vice, dans l'unique intention de maintenir le prix de son blé.

XLI.

Mais commençons d'abord par disposer de la petite Leila ; car elle était jeune et pure comme l'aube d'un beau jour, ou, comme ce vieux terme de comparaison, la neige, qui est en réalité plus pure qu'agréable. Comme bien des gens que tout le monde connaît, don Juan fut charmé de trouver une vertueuse tutrice pour sa jeune protégée, à qui une liberté trop grande eût pu être peu profitable.

XLII.

En outre, il s'était aperçu que le rôle de tuteur ne lui allait pas (il serait à désirer que d'autres fissent la même découverte) ; il n'était pas fâché de rester neutre en semblable matière, car la sottise des pupilles rejaillit sur les tuteurs : lors donc qu'il vit tant de vénérables dames solliciter l'honneur d'apprivoiser sa petite Sauvage d'Asie, après avoir consulté la société pour la suppression du vice, il fit choix de lady Pinchbeck.

XLIII.

Elle était vieille, — mais avait été fort jeune : elle était vertueuse, — et l'avait été, je pense, quoique le monde ait la langue si médisante que.... — Mais j'ai l'oreille trop chaste pour accueillir une seule syllabe répréhensible ; dans le fait, il n'y a rien qui m'afflige tant que cet abominable caquetage, cette pâture ruminée par le troupeau des humains.

XLIV.

D'ailleurs j'ai remarqué (notez qu'en matière raisonnable et décente, j'étais autrefois un observateur fort superficiel) ; j'ai remarqué, dis-je, et, à moins d'être un sot, chacun a pu en faire autant, que les dames qui se sont un peu émancipées dans leur jeunesse, outre leur connaissance du monde et la conscience qu'elles ont des conséquences funestes d'une erreur, mettent plus de sagesse que les autres à prémunir contre les dangers que ne connaîtront jamais les âmes sans passion.

XLV.

Pendant que la prude rigide dédommage sa vertu en raillant les passions qu'elle ignore et envie, cherchant beaucoup moins à vous sauver qu'à vous nuire, ou, qui pis est, à vous ridiculiser, — la femme expérimentée est indulgente; elle gagne votre confiance par de douces paroles, vous conjure de réfléchir avant de vous lancer, et vous explique en détail le commencement, le milieu et la fin de cette grande énigme, l'épopée de l'amour.

XLVI.

Soit par cette raison, soit qu'elles aient plus de vigilance, attendu qu'elles en sentent plus le besoin, je crois qu'on peut affirmer, par l'exemple de bien des familles, que les filles dont les mères ont connu le monde par expérience plus que dans les livres, sont infiniment plus propres à figurer au marché des vestales, au *Smithfield* [13] de l'hymen, que celles qui ont été élevées par des prudes sans âme.

XLVII.

J'ai dit que lady Pinchbeck avait fait parler d'elle : de quelle femme jeune et jolie n'en peut-on pas dire autant? Mais maintenant le fantôme de la médisance avait cessé de rôder autour d'elle; elle n'était plus citée que pour son amabilité et son esprit, et l'on colportait plusieurs de ses bons mots; et puis, elle était charitable et humaine, et passait (du moins dans les dernières années de sa vie) pour une épouse exemplaire.

XLVIII.

Altière dans les hauts cercles, affable dans le sien, elle réprimandait doucement la jeunesse toutes les fois, — ce qui veut dire chaque jour, — qu'elle manifestait une funeste disposition à mal faire. On ne saurait dire la quantité de bien qu'elle faisait; du moins, cela allongerait beaucoup trop mon récit; bref, la petite orpheline d'Orient lui avait inspiré un intérêt qui allait toujours croissant.

XLIX.

Ajoutez que Juan était dans ses bonnes grâces, parce qu'au fond elle lui croyait un bon cœur, un peu gâté, mais pas entièrement; ce qui, certes, devait étonner, si l'on considère de qui il était né, ainsi que les vicissitudes qu'il avait subies, et dont il pouvait à peine se rendre compte. Ce qui aurait suffi pour en perdre tant d'autres n'avait pas produit sur lui cet effet, du moins d'une manière complète,—car il avait passé dans sa jeunesse par un trop grand nombre d'épreuves pour qu'aucune pût le surprendre.

L.

Et ces vicissitudes vont bien à la jeunesse; car, lorsqu'elles surviennent dans un âge plus mûr, on s'en prend à la destinée, et l'on s'étonne que la Providence ne soit pas plus sage. L'adversité est la route qui conduit le plus sûrement à la vérité; celui qui a connu la guerre, les orages, et la fureur de la femme, qu'il compte dix-huit ou quatre-vingts hivers, a conquis l'inestimable avantage de l'expérience.

LI.

Jusqu'à quel point elle est profitable, c'est une autre question. — Notre héros vit avec joie sa petite protégée confiée en toute sécurité à une dame dont la fille cadette était depuis longtemps mariée, et par conséquent hors du toit maternel, ce qui lui permettait de transférer à une autre les perfections dont elle l'avait ornée, héritage transmissible au prochain titulaire, comme le yacht du lord-maire, ou, pour me servir d'une comparaison plus appropriée à la muse, comme la conque de Cythérée.

LII.

J'appelle cela transmission, car il est une balance flottante de perfections dont chaque miss hérite à son tour, selon le pli de son esprit ou la courbe de son échine; celles-ci valsent, celles-là dessinent; les unes sondent l'abîme de la métaphysique, les autres se bornent à la musique; les plus modérées brillent par l'esprit, pendant que d'autres ont le génie des attaques nerveuses.

LIII.

Mais que ce soient les nerfs, l'esprit, le piano, la théologie, les beaux-arts, ou les corsets perfectionnés, qui constituent, de nos jours, l'hameçon présenté aux *gentlemen* ou aux lords de naissance légitime, l'année qui finit transfère son bagage à celle qui la suit; de nouvelles fournées de vestales réclament les regards des hommes et les éloges décernés à leur « élégance » *et cœtera*, — toutes créatures sans pareilles demandant à s'appareiller.

LIV.

Mais maintenant je vais commencer mon poëme; on trouvera peut-être singulier, sinon très neuf, que depuis le premier chant jusqu'ici je ne sois pas encore entré en matière. Ces douze premiers chants ne sont que des accords sans but, des préludes, pour essayer une ou deux cordes de ma lyre, ou pour en raffermir les chevilles; cela fait, vous allez avoir l'ouverture.

LV.

Mes muses se soucient comme d'une pincée de colophane de ce qu'on nomme succès ou non succès; ces pensées-là ne sont pas à la hauteur du sujet qu'elles ont choisi; leur but est d'inculquer une « grande leçon morale [14] ». Je croyais en commençant qu'environ deux douzaines de chants suffiraient; mais à la requête d'Apollon, si mon Pégase n'est pas éreinté, je pense que je pourrai bien sans effort aller jusqu'à la centaine.

LVI.

Don Juan vit ce *microcosme* sur des échasses qu'on nomme le grand monde; car c'est le plus petit, bien que le plus haut juché; mais de même que l'épée a une poignée qui ajoute à sa puissance homicide quand l'homme ferraille à la guerre ou dans un duel, de même le monde inférieur, au nord, au midi, à l'ouest, à l'est, est tenu d'obéir au monde supérieur [15], — qui est en quelque sorte sa poignée, sa lune, son soleil, son gaz, son lumignon.

LVII.

Il avait beaucoup d'amis ayant femme, et était bien vu des maris et des dames, jusqu'à ce degré d'amitié qui peut s'accepter ou non sans qu'il en résulte ni bien ni mal, n'étant destiné qu'à tenir en mouvement les carrosses des gens du monde et à les réunir en soirée par un billet d'invitation; grâce aux mascarades, aux fêtes et aux bals, le premier hiver, cette vie conserve son charme.

LVIII.

Un jeune célibataire ayant un nom et de la fortune a un rôle embarrassant à jouer ; car la bonne société n'est qu'un jeu qu'on pourrait comparer au jeu royal de l'oie, où chacun a un but distinct, un objet en vue ou un plan à suivre : — les demoiselles cherchent à se doubler, les femmes mariées à sauver des difficultés aux vierges.

LIX.

Je ne dis pas que cela soit général ; mais il s'en voit des exemples ; il en est néanmoins qui se tiennent droites comme des peupliers, avec de bons principes pour racines; mais beaucoup ont une méthode plus *réticulaire*, — et « pêchent aux hommes » comme des sirènes à la lyre harmonieuse : car parlez six fois à la même demoiselle, et vous pouvez commander les habits de noce.

LX.

Peut-être recevrez-vous une lettre de la mère pour vous dire que les sentiments de sa fille ont été surpris ; peut-être recevrez-vous une visite du frère à l'air fendant, au corps lacé, aux larges favoris, pour vous demander « quelles sont vos intentions. » Il semble que, de manière ou d'autre, le cœur de la vierge attende votre main, et, ballotté entre votre compassion pour elle et celle que vous éprouvez pour vous-même, vous ajouterez un nom de plus à la liste des cures matrimoniales.

LXI.

J'ai vu bâcler ainsi une douzaine de mariages, dont quelques-uns de la plus haute volée. J'ai aussi vu des jeunes gens — qui, dédaignant de discuter des prétentions qu'ils n'avaient jamais songé à manifester, sans se laisser effrayer par des caquets de femme, ni intimider par des moustaches, sont restés fort tranquilles, et ont vécu, ainsi que la belle inconsolable, beaucoup plus heureux que si l'hymen eût joint leurs destinées.

LXII.

Il existe aussi chaque soir, pour les novices, un péril, — moins grand, il est vrai, que l'amour et le mariage, mais qu'il ne faut pas pour cela dédaigner : c'est... — mon intention n'est point et n'a jamais été de déprécier l'apparence de la vertu, même dans les gens vicieux : — elle donne à leur aspect une grâce extérieure ; je veux seulement signaler cette espèce amphibie de courtisanes couleur de rose, qui ne sont ni blanches ni écarlates. —

LXIII.

Telle est la froide coquette, qui ne peut dire « non », et ne veut pas dire « oui » : elle vous laisse bord au large et sous le vent, jusqu'à ce que la brise commence à fraîchir, puis rit sous cape de voir votre cœur faire naufrage : c'est là la source de je ne sais combien de douleurs sentimentales ; voilà ce qui, chaque année, envoie prématurément au cercueil de nouveaux Werther ; mais tout cela n'est qu'un innocent badinage ; ce n'est pas tout à fait de l'adultère, c'est seulement de l'adultération.

LXIV.

« Grands dieux ! que je deviens bavard ! » Jasons donc. Le péril qui vient après celui-là, quoique le plus cruel à mon avis, c'est lorsque, sans égard pour « l'Église ou l'État [16] », une femme mariée fait ou se laisse faire sérieusement l'amour. A l'étranger, ces choses-là décident rarement du destin d'une femme (c'est là, ô voyageur ! une vérité que tu ne tardes pas à apprendre) ; — mais, dans la vieille Angleterre, qu'une jeune épouse vienne à faillir, pauvre créature ! la faute d'Ève n'était rien, comparée à la sienne !

LXV.

Car c'est un pays de stupidité et de bassesse, un pays de journaux et de procès, où un jeune couple du même âge ne peut se lier d'amitié sans que le monde n'y mette obstacle. Et puis vient le vulgaire expédient de ces maudits dommages et intérêts ! Un arrêt douloureux pour ceux qui le provoquent — forme un triste complément aux romanesques hommages ; sans compter ces agréables harangues des avocats, et ces dépositions qui divertissent les lecteurs.

LXVI.

Mais c'est un piége où ne tombent que des débutantes inexpérimentées ; un léger vernis d'hypocrisie a sauvé la réputation d'innombrables pécheresses de haut parage, les plus charmantes oligarques de notre gynocratie ; on peut les voir à tous les bals et à tous les dîners, parmi les plus fiers de notre aristocratie, tant elles sont aimables, gracieuses, charitables et chastes, et tout cela, parce qu'elles ont du *tact* en même temps que du goût.

LXVII.

Juan, qui n'était pas dans la classe des novices, avait encore une autre sauvegarde : il était dégoûté, — ce n'est pas *dégoûté* que je veux dire ; mais enfin il avait déjà pris une telle dose d'amour bien conditionné, que son cœur était devenu moins facile à émouvoir : — voilà tout ce que j'ai voulu dire, sans avoir le moins du monde l'intention de déprécier l'île aux blancs rochers, aux blanches épaules, aux yeux bleus, aux bas plus bleus encore ; la terre des dîmes, des impôts, des créanciers, et des portes à deux coups de marteau.

LXVIII.

Mais jeunes, après avoir vécu au milieu de spectacles et de contrées romanesques, où c'est la mort et non un procès que la passion doit affronter, et où la passion elle-même tient du délire, don Juan, transporté dans un pays où l'amour n'est guère qu'une affaire de mode, lui trouvait un caractère moitié pédantesque, moitié mercantile, quelque estime qu'il pût avoir d'ailleurs pour cette morale nation : en outre (hélas ! excusez et plaignez son manque de goût !), il ne trouva pas d'abord les femmes jolies.

LXIX.

Je dis *d'abord*, — car il reconnut à la fin, mais par degrés, qu'elles l'emportent de beaucoup sur les beautés plus brillantes nées sous l'influence de l'étoile d'Orient : nouvelle preuve que nous ne devons pas juger à la légère ; et pourtant ce n'était pas faute d'expérience qu'il manquait de goût ; — la vérité est, si les hommes voulaient en convenir, que les nouveautés *plaisent* moins qu'elles ne *frappent*.

LXX.

Bien que j'aie voyagé, je n'ai jamais eu le bonheur de remonter ces fleuves insaisissables de l'Afrique, le Nil ou le Niger, jusqu'à l'inabordable Tombouctou, lieux où la géographie ne trouve personne qui veuille lui offrir une carte exacte et fidèle : — car l'Europe trace en Afrique son sillon, comme un bœuf paresseux ; mais si j'avais été à Tombouctou, on m'y aurait sans doute affirmé que le noir est la couleur de la beauté.

LXXI.

Cela est en effet. Je ne jurerai pas que le noir est blanc ; mais je soupçonne fort qu'effectivement le blanc est noir, et que ce n'est qu'une question d'optique. Interrogez un aveugle, qui est le meilleur juge en cette matière. Vous attaquerez peut-être cette nouvelle proposition ; — mais j'ai raison ; ou, si j'ai tort, je ne me rendrai qu'à bon escient. Il n'est pour l'aveugle ni nuit ni aurore ; mais pour lui tout est noir ; et vous, que voyez-vous ? une douteuse étincelle.

LXXII.

Mais voilà que je retombe dans la métaphysique, ce labyrinthe dont la clef est de la même nature que tous ces remèdes pour la guérison de la phthisie hectique, ces papillons de nuit voltigeant autour d'une flamme expirante. Cette réflexion me ramène au physique pur et simple, et aux charmes d'une beauté étrangère, comparée à ces perles transparentes et précieuses, véritables étés polaires, tout *soleil*, et quelques-unes de glace.

LXXIII.

Ou plutôt, disons que ce sont de vertueuses sirènes, femmes jusqu'à la ceinture, poissons pour tout le reste; — non qu'il ne s'en trouve un certain nombre qui aient pour leur volonté un respect fort honnête; pareilles aux Russes, qui, au sortir d'un bain chaud, se précipitent dans la neige, elles sont vertueuses au fond, alors même qu'elles sont vicieuses; elles s'échauffent dans d'imprudents écarts, mais ont toujours soin de tenir en réserve le remords, pour s'y plonger au besoin.

LXXIV.

Mais cela n'a rien de commun avec leur extérieur. Je disais donc qu'au premier abord, Juan ne les avait pas trouvées jolies; car une belle Anglaise cache la moitié de ses attraits, — sans doute par pitié; — elle aime mieux se glisser paisiblement dans votre cœur que de le prendre d'assaut comme on s'empare d'une ville; mais une fois qu'elle est dans la place (si vous en doutez, essayez-en, je vous prie), elle la garde pour vous en fidèle alliée.

LXXV.

Elle n'a point la démarche du coursier arabe, ou de la jeune Andalouse qui revient de la messe; elle n'a point dans sa mise la grâce des Françaises, et la flamme de l'Ausonie ne brûle point dans son regard; sa voix, bien que douce, n'est point propre à gazouiller ces airs de *bravuras* (que j'apprends encore à aimer, quoique j'aie passé sept ans en Italie, et que j'aie une oreille qui me serve assez bien); —

LXXVI.

Elle ne saurait faire ces choses, non plus qu'une ou deux autres, avec cette aisance et ce piquant qui plaisent tant, pour donner au diable son dû; elle est un peu plus avare de ses sourires, et ne termine pas tout dans une entrevue (chose très louable, et qui économise le temps et les tracas); — mais, quoique le terrain exige du temps et des soins, bien cultivé, il vous paiera avec usure.

LXXVII.

Et, en effet, s'il lui arrive de s'éprendre d'une grande passion, je vous assure que c'est une chose fort sérieuse;

neuf fois sur dix ce sera caprice, mode, coquetterie, envie de primer, orgueil d'un enfant tout fier de sa ceinture neuve, ou désir de faire saigner le cœur d'une rivale; mais la dixième fois sera un ouragan, car dans ce cas il n'est rien dont ces dames ne soient capables.

LXXVIII.

La raison en est évidente : s'il survient un éclat, elles ont le sort des parias, et sont immédiatement déshéritées de leur caste; et lorsque la loi, dans sa susceptibilité, a rempli les journaux de mille commentaires, la société, cette porcelaine sans défaut (l'hypocrite!), les bannit comme Marius, et les envoie s'asseoir sur les ruines de leur faute; car la réputation est une Carthage qu'on ne rebâtit pas de sitôt.

LXXIX.

Peut-être doit-il en être ainsi; — c'est le commentaire de ce passage de l'Évangile : « Ne péchez plus, et que vos péchés vous soient pardonnés; » — mais, à cet égard, je laisse les saints solder entre eux leurs comptes. A l'étranger, quoique assurément on ait grand tort, une femme qui a failli trouve une porte plus large pour revenir à la Vertu, — comme on appelle cette dame, qui devrait être toujours au logis pour tout le monde.

LXXX.

Pour moi, je laisse la question où je la trouve, sachant qu'une vertu si susceptible n'aboutit qu'à donner aux gens mille fois plus d'indifférence pour elle, et qu'à les rendre beaucoup moins effrayés du péché en lui-même que de sa publicité. Quant à la chasteté, toutes les lois commentées par les plus rigoureux légistes ne l'enchaîneront jamais; elles ne font qu'aggraver le crime qu'elles n'ont pu empêcher, en poussant dans le désespoir celles qui, peut-être, se seraient repenties.

LXXXI.

Mais Juan n'était pas casuiste, et n'avait point médité les leçons morales du genre humain; d'ailleurs, sur plusieurs centaines qu'il avait vues, il n'avait pas rencontré une seule dame complétement à son goût. Il était un peu blasé;

— il ne faut pas s'étonner que son cœur fût maintenant plus difficile à entamer; ses succès passés ne l'avaient pas rendu plus vain, mais sa sensibilité avait indubitablement diminué.

LXXXII.

Ajoutez à cela que divers objets, nouveaux pour lui, avaient distrait son attention : il avait visité le parlement et maint autre lieu; il avait assisté, sous la galerie[17], aux débats de cette chambre des communes, où fulminaient (elles ne *fulminent* plus) des voix éloquentes, alors que le monde étonné fixait ses regards sur ces lumières du Nord, dont l'éclat s'étendait jusqu'aux lieux où broute le taureau porte-musc[18]; il avait aussi, de temps à autre, pris place derrière le trône[19]; mais Grey[20] n'était pas encore, et Chatam n'était plus[21].

LXXXIII.

Toutefois, il vit à la clôture de la session ce spectacle majestueux, quand la nation est vraiment libre, le spectacle d'un roi assis sur un trône constitutionnel, le plus glorieux de tous, vérité ignorée des despotes, — jusqu'au jour où les progrès de la liberté auront complété leur éducation. Ce qui, dans ce spectacle, frappe de respect les yeux et le cœur, ce n'est pas la splendeur toute seule, — c'est la confiance du peuple.

LXXXIV.

Il vit aussi (quel qu'il puisse être aujourd'hui) un prince, alors le prince des princes[22], riche d'espérance, à la fleur de l'âge; il y avait jusque dans son salut une fascination magique; bien que le signe de la royauté fût écrit sur son front, il avait *alors* le mérite, rare dans tout pays, d'être, de la tête aux pieds, et sans mélange de fatuité, un gentleman accompli.

LXXXV.

Et Juan fut reçu, comme je l'ai dit, dans la meilleure société; alors il lui advint ce qui, je le crains, n'arrive que trop souvent, quelque posé et débonnaire qu'on soit : — ses talents, son humeur agréable, son air si parfaitement distingué, l'exposèrent naturellement à des tentations, bien qu'il en évitât lui-même l'occasion.

LXXXVI.

Mais quoi, où, avec qui, quand et pourquoi, ce n'est pas chose qui puisse se dire à la hâte; et comme j'ai un but moral (quoi qu'on en dise), il est probable que les yeux de pas un de mes lecteurs ne resteront à sec; j'attaquerai leur sensibilité jusque dans ses derniers retranchements, et j'élèverai, dans le pathétique, un monument colossal comparable à celui que le fils de Philippe se proposait d'ériger avec le mont Athos[23].

LXXXVII.

Ici finit le douzième chant de notre introduction. Quand le corps du poëme sera commencé, vous lui trouverez une forme toute différente de ce qu'on prétend qu'il sera quand je l'aurai terminé; le plan se mûrit encore; je ne puis, lecteur, vous obliger à lire; c'est votre affaire, non la mienne : un homme qui se respecte ne doit ni rechercher le dédain, ni le craindre.

LXXXVIII.

Et si mon tonnerre fait long feu, rappelez-vous, lecteur, que je vous ai déjà donné la plus terrible des tempêtes et la bataille la mieux conditionnée qu'on ait jamais brassée à l'aide des éléments et du sang, sans compter le plus sublime des... — Dieu sait quoi encore; un usurier n'en saurait exiger davantage. — Mais mon meilleur chant, après celui qui traitera de l'astronomie, sera consacré à « l'économie politique. »

LXXXIX.

C'est par là maintenant qu'on monte à la popularité; aujourd'hui qu'il reste à peine un échalas à la haie publique, enseigner au peuple le meilleur moyen de la franchir est devenu un acte de charité patriotique; *mon plan* (mais je le tiens secret, ne fût-ce que pour me singulariser) sera très certainement goûté. En attendant, lisez tous les écrits des amortisseurs de la dette nationale, et dites-moi ce que vous pensez de nos grands penseurs.

NOTES DU CHANT DOUZIÈME.

[1] Les chants XII, XIII et XIV parurent à Londres en novembre 1825.
[2] Les Descamisados.
[3] La Chine.
[4] Die and endow a college, or a cat. POPE.
[5] Vers de Walter Scott dans *Le Lai du Ménestrel*.
[6] Mot de Young.
[7] Merveilleux, incroyables, dandys par excellence. *N. du Trad.*
[8] Paulo majora canamus. — VIRG., *Eg.* *N. du Trad.*
[9] Allusion à l'*Histoire du moyen âge*, par Hallam. *N. du Trad.*
[10] La saison des soirées et des bals. *N. du Trad.*
[11] *Mister*, monsieur. Le titre d'*honorable* se donne aux cadets des familles nobles. *N. du Trad.*
[12] Tantæne animis cœlestibus iræ! VIRG.
[13] Smithfield est, à Londres, le marché aux bestiaux ; on y voit aussi quelquefois des hommes du peuple mettre leur femme en vente. C'est une sorte de divorce économique, contre lequel la loi sévit, et non un usage consacré, comme quelques étrangers affectent de le croire. *N. du Trad.*
[14] Le même sentiment qui fait désirer au peuple français de conserver les tableaux et les statues des autres nations, fait naturellement désirer aux autres nations de rentrer en possession de leurs biens, aujourd'hui que la victoire s'est déclarée pour elles. Dans mon opinion, non seulement il serait injuste que les souverains alliés gratifiassent la France de ce qui ne lui appartient pas, mais la mesure serait impolitique, en ce qu'elle ferait perdre l'occasion de donner à la France *une grande leçon morale*. WELLINGTON, *Paris*, 1815.
[15] Enfin, partout la bonne société règle tout. VOLTAIRE.
[16] Formule sacramentelle des tories. On sait que le roi d'Angleterre est, tout à la fois, chef spirituel et politique, aux termes de la constitution. *N. du Trad.*
[17] A la Chambre des Communes, le public est admis dans une galerie supérieure. C'est sous cette galerie, et conséquemment dans l'enceinte législative même, que sont admis les étrangers de distinction. *N. du Trad.*
[18] Voyez le *Voyage de Parry* à la recherche d'un passage par la mer du Nord.
[19] C'est à la Chambre des Lords que les sessions s'ouvrent et se closent par le roi en personne. Le trône y reste en permanence. C'est derrière ce trône que prennent place quelques spectateurs privilégiés.
N. du Trad.
[20] Charles, second comte Grey, entra à la Chambre des Pairs en 1807.
[21] William Pitt, premier comte de Chatam, mourut en mai 1778, après avoir été transporté, mourant, hors de la Chambre des Lords, où il venait de prononcer un remarquable discours sur la guerre d'Amérique.
[22] La nature lui avait prodigué tous ses dons : affable jusqu'à la familiarité, gai, bienveillant, instruit, il était probablement le seul héritier royal,

en Europe, capable de lire dans leur propre langue les historiens grecs et romains ; sa bourse était ouverte à toutes les infortunes et ne fut jamais fermée pour le talent.

23 Un sculpteur offrit à Alexandre de tailler le mont Athos en une statue qui tiendrait dans une de ses mains une ville, et une rivière dans l'autre. Mais Alexandre est mort, et le mont Athos ne tardera pas, je l'espère, à voir à ses pieds un peuple libre.

DON JUAN.

CHANT TREIZIÈME.

I.

Maintenant j'entends être grave ; — il le faut bien, puisque de nos jours on trouve le rire trop sérieux. Une plaisanterie de la vertu contre le vice est réputée crime, et considérée comme dangereuse par la critique; d'ailleurs, le triste est une source de sublime, bien qu'un peu fatigant quand il se prolonge : mon poëme va donc prendre un essor imposant et solennel, comme un vieux temple réduit à une seule colonne.

II.

Lady Adeline Amundeville (c'est un nom normand que peuvent retrouver dans les généalogies ceux qui explorent les derniers champs de ce terrain gothique) était de haut lignage, riche par le testament de son père, et belle même en cette île où les beautés abondent, dans cette Angleterre, — regardée avec raison, par les patriotes, comme le sol qui produit ce qu'il y a mieux en corps et en âmes.

III.

Je n'irai pas à l'encontre ; ce n'est pas mon affaire ; je laisse à ces gens leur goût, sans nul doute excellent ; des yeux sont des yeux ; peu importe qu'ils soient noirs ou bleus, pourvu qu'ils fonctionnent ; c'est sottise que de disputer sur la couleur ; — les plus tendres sont les meilleurs. Le beau sexe doit toujours être beau ; et nul homme, avant la trentaine, ne doit supposer qu'il y ait au monde une seule femme laide.

IV.

Et après cette époque tranquille et tant soit peu insipide, cet ennuyeux passage à des jours plus calmes où notre lune n'est plus dans son plein, nous pouvons nous aventurer à critiquer ou à louer ; car l'indifférence commence à endormir nos passions, et nous marchons dans les voies de la sagesse ; et puis, notre tournure et notre visage nous avertissent qu'il est temps de céder la place aux jeunes.

V.

Il en est, je le sais, qui voudraient reculer cette époque, résignant à regret leur poste, comme tous les gens en place : mais c'est pure chimère de leur part, car ils ont passé l'équateur de la vie ; il leur reste encore le bordeaux et le madère pour arroser la sécheresse du déclin ; ils ont aussi pour se consoler les meetings de comté, et le parlement, et les dettes, et que sais-je encore ?

VI.

N'ont-ils pas la religion, la réforme, la paix, la guerre, les impôts, et ce qu'on appelle la « nation, » la lutte, à qui dirigera dans l'orage le vaisseau de l'État, les spéculations agricoles et financières ? N'ont-ils pas, pour se tenir en haleine, les joies d'une mutuelle haine, substitut de l'amour, qui n'est qu'une hallucination ? Or, la haine est de beaucoup le plus durable des plaisirs : on se presse d'aimer, on se déteste à loisir.

VII.

Ce bourru de Johnson, ce grand moraliste, déclarait ouvertement « qu'il aimait un franc haïsseur[1] ; » — c'est la seule vérité dont on ait fait l'aveu depuis mille ans et plus. Peut-être n'était-ce qu'une plaisanterie de ce vieillard accompli ; — pour moi, je ne suis qu'un simple spectateur et je porte mes regards partout où il y a des palais et des chaumières, à peu près à la manière du Méphistophélès de Gœthe[2].

VIII.

Mais je ne mets d'excès ni dans l'amour ni dans la haine, quoiqu'il n'en ait pas toujours été ainsi. Si je raille parfois, c'est parce que je ne puis guère m'en empêcher, et que de temps à autre mon vers s'en accommode. Je ne demanderais pas mieux que de redresser les torts des hommes, et au lieu de punir les crimes, je préférerais les réprimer, si Cervantes, dans sa trop véridique histoire de *Don Quichotte*, n'avait démontré l'inutilité de tels efforts.

IX.

De toutes les histoires c'est la plus triste, — d'autant plus triste qu'elle vous fait sourire; son héros est dans le vrai, et suit le droit chemin : — dompter les méchants, voilà son but unique ; combattre à forces inégales, voilà sa récompense ; c'est sa vertu qui constitue sa folie. Mais c'est un douloureux spectacle que celui de ses aventures : — et plus douloureuse encore est la moralité enseignée à tout ce qui pense, par cette épopée si vraie.

X.

Redresser les torts, venger les opprimés, secourir la beauté, exterminer la félonie, lutter seul contre la force coalisée, affranchir du joug étranger les peuples sans défense, — hélas ! faut-il donc que de nobles vues soient, comme de vieilles ballades, destinées seulement à fournir matière aux plaisirs de l'imagination, une plaisanterie, une énigme, un moyen comme un autre d'arriver à la gloire? Socrate lui-même ne serait-il donc que le don Quichotte de la sagesse ?

XI.

Cervantes tua par le ridicule la chevalerie espagnole [3]; il suffit de son rire pour abattre le bras droit de sa patrie ; — à compter de ce jour, les héros en Espagne ont été rares. Placé sous le charme de l'enthousiasme chevaleresque, le monde faisait place à sa brillante phalange ; l'œuvre de Cervantes a donc été funeste, et la ruine de la patrie a chèrement payé la gloire de l'écrivain [4].

XII.

Me voilà encore dans mes vieilles lunes [5], — les digressions, et j'oublie lady Adeline Amundeville, la plus fatale beauté que Juan eût jamais rencontrée, bien qu'il n'y eût en elle ni méchanceté ni mauvaise intention; mais la Destinée et la Passion tendirent le piége (notre volonté trouve dans la destinée une excellente excuse), et ils y furent pris; que ne prennent-elles pas? mais je ne suis pas un Œdipe, et c'est un Sphinx que la vie.

XIII.

Je raconte la chose comme elle m'a été racontée, et je ne me permets pas de hasarder une solution; « *Davus sum*[6]! » Revenons maintenant au couple en question. La charmante Adeline, au milieu du gai bourdonnement du monde, était la reine abeille, le miroir de tout ce qu'il y a de beau; ses charmes faisaient parler tous les hommes, et rendaient muettes toutes les femmes. Cette dernière circonstance est un miracle, et était estimée telle; il ne s'est pas renouvelé depuis.

XIV.

Elle était chaste jusqu'à désespérer l'envie, et mariée à un homme qu'elle aimait fort; — homme connu dans les conseils de la nation, froid et tout à fait Anglais, imperturbable, bien qu'il sût agir avec vigueur dans l'occasion, fier de lui-même et de sa femme; le monde ne pouvait rien articuler contre eux, et tous deux paraissaient tranquilles, — elle dans sa vertu, lui dans sa hauteur.

XV.

Il advint que des matières diplomatiques, des relations d'affaires le mirent fréquemment en rapport avec don Juan, dans l'exercice de leurs fonctions respectives. Bien que réservé, et peu sujet à se laisser prendre à des dehors spécieux, la jeunesse de Juan, sa patience, ses talents, firent impression sur cet esprit altier, et jetèrent la base de cette estime qui finit par rendre les hommes amis, comme on dit en style courtois.

XVI.

Lord Henry, aussi circonspect qu'on pouvait l'attendre de sa réserve et de son orgueil, était lent à juger les hommes; —mais son jugement une fois porté sur un ami ou un ennemi, qu'il fût juste ou injuste, avait toute l'opiniâtreté de l'orgueil,

dont le flot impérieux ne connaît point de reflux, et ne suit
dans sa haine, comme dans son amour, d'autre guide que
la loi de son bon plaisir.

XVII.

Aussi ses amitiés et ses aversions, bien que souvent fondées,
ce qui le confirmait encore davantage dans ses préoccupa-
tions, étaient irrévocables comme les lois des Persans et des
Mèdes. Il n'avait pas dans ses sentiments ces étranges accès
des affections communes qui font qu'on déplore ce dont on
devrait rire, ces intermittences de froid et de chaud, véritable
fièvre tierce qui constitue la maladie de l'estime publique.

XVIII.

« Il n'est pas donné aux mortels de commander le succès [7]; *Fais plus*, Sempronius, — *ne* le *mérite pas*, » et,
crois-moi, tu n'en seras pas pour cela plus mal partagé. Sois
circonspect, épie le moment propice, et mets-le toujours à
profit; cède doucement, quand la pression est trop forte; pour
ce qui est de ta conscience, apprends seulement à l'aguerrir;
car, comme un cheval de course ou un boxeur qui s'exerce,
convenablement préparée, elle arrivera à faire de grands efforts sans fatigue.

XIX.

Lord Henry aimait aussi à primer; il en est de même de
tous les hommes, les petits comme les grands; les plus
chétifs trouvent encore un inférieur, ils le pensent du moins,
sur lequel ils exercent leur domination; car rien n'est plus
lourd à porter que l'orgueil solitaire; c'est un poids acca-
blant dont on aime généreusement à se décharger sur les
autres, tout en continuant soi-même à faire route à cheval.

XX.

L'égal de Juan par la naissance, le rang et la fortune,
il ne pouvait réclamer aucune prééminence; il avait sur lui
la supériorité de l'âge, et aussi de la patrie, comme il le
croyait, parce que les fiers Bretons ont la liberté de la
langue et de la plume, liberté à laquelle visent toutes les
nations modernes; et lord Henry était un grand orateur, et

peu de membres de la chambre prolongeaient plus tard les débats.

XXI.

C'étaient là des avantages; et puis il pensait, — c'était son faible, et il n'y avait pas grand mal à cela, — il pensait être mieux que personne au fait des mystères de cour, attendu qu'il avait été ministre; il aimait à enseigner ce qu'il avait appris; il brillait surtout quand la politique venait à s'échauffer; en un mot, il réunissait toutes les qualités qui parent l'homme, patriote toujours, homme en place quelquefois.

XXII.

Il aimait pour sa gravité le gentil Espagnol; peu s'en fallait qu'il ne l'honorât pour sa docilité, parce que, quoique jeune, il acquiesçait avec douceur, ou contredisait avec une noble humilité. Il connaissait le monde, et ne voyait aucune dépravation dans des fautes qui ne sont le plus souvent que l'indice de la fertilité du sol, pourvu toutefois que les mauvaises herbes ne dépassent pas la première récolte, — car alors elles sont bien difficiles à extirper.

XXIII.

Et puis ils parlaient ensemble de Madrid, de Constantinople, et autres lieux lointains où les gens font ce qu'on leur ordonne, ou font ce qu'ils ne devraient pas, avec une grâce étrangère. Ils parlaient aussi de chevaux; Henry, comme la plupart des Anglais, était bon cavalier et grand amateur des courses de chevaux; Juan, en vrai Andalou qu'il était, savait conduire un cheval comme les despotes un Russe.

XXIV.

Ainsi s'accrut leur intimité dans les raouts de la noblesse, aux dîners diplomatiques, ou à d'autres encore; — car Juan, comme un frère de haut grade dans la franc-maçonnerie, était bien avec les ministériels *entrants et sortants*[8]. Sur ses talents, Henry n'avait aucun doute; ses manières révélaient en lui le fils d'une noble mère, et on aime à faire preuve d'hospitalité envers celui dont l'éducation marche de pair avec sa condition.

XXV.

Au square trois étoiles... — car ce serait violer les règles que de nommer les rues : les hommes sont si médisants, si portés à semer de l'ivraie dans le bon grain d'un auteur, si empressés de trouver des allusions particulières et peu honorables auxquelles on ne pensait pas, dans des affaires d'amour qui ont été, sont, ou doivent être un jour notoires ! c'est ce qui fait que je prends la précaution de déclarer que l'hôtel de lord Henry était situé dans le square trois étoiles.

XXVI.

Il est encore une autre raison pieuse qui me fait garder l'anonyme au sujet des squares et des rues : il ne se passe guère d'hiver qui ne voie une trahison domestique frapper au cœur quelque grande maison ; — sorte de sujets que la médisance se plaît à mettre sur le tapis : or, à moins de connaître d'avance les squares les plus chastes, il pourrait m'arriver, par mégarde, de tomber sur l'une de ces résidences funestes.

XXVII.

Il est vrai que je puis choisir Piccadilly, endroit où les peccadilles sont inconnues ; mais, sages ou sottes, j'ai mes raisons pour laisser là ce sanctuaire de pureté. Je ne veux donc désigner nominativement square, rue ni place, jusqu'à ce que j'aie trouvé un lieu où il ne se soit rien passé de déshonnête, un vrai temple virginal de l'innocence du cœur ; tels sont... — mais j'ai perdu la carte de Londres.

XXVIII.

Or donc, à l'hôtel de lord Henry, au square trois étoiles, Juan était le bienvenu, et très recherché, comme l'étaient aussi maints rejetons de nobles souches, et d'autres qui n'avaient pour titre de noblesse que le talent, ou la richesse, qui est partout un excellent passe-port, ou seulement la mode, qui est effectivement la meilleure des recommandations : notez qu'une mise recherchée l'emporte fort souvent sur tout le reste.

XXIX.

Et puisque « il y a sûreté dans une multitude de conseillers, » comme dit gravement Salomon, ou comme on le lui fait dire;—en effet, nous en voyons journellement la preuve dans les sénats, au barreau, dans les luttes de la parole, partout où peut se déployer la sagesse collective; et c'est aussi la seule cause qu'on puisse donner de l'opulence et de la félicité actuelle de la Grande-Bretagne;—

XXX.

Si donc, « pour les hommes, il y a salut dans le nombre des conseillers, » — de même, pour le beau sexe, une société nombreuse empêche la vertu de s'endormir; ou si elle vient à chanceler, elle se trouvera embarrassée par la difficulté de faire un choix; — la variété même deviendra un obstacle. Au milieu d'un grand nombre d'écueils, nous redoublons de précautions contre le naufrage; il en est ainsi des femmes : dût l'amour-propre de quelques-unes s'en offenser, il y a sûreté dans une foule de fats.

XXXI.

Mais Adeline n'avait pas le moins du monde besoin d'un tel bouclier, qui ne laisse que bien peu de mérite à la vertu proprement dite, ou à la bonne éducation. Sa principale ressource était dans sa noble fierté, qui appréciait le genre humain à sa valeur; quant à la coquetterie, elle dédaignait d'en faire usage. Sûre de l'admiration qui l'entourait, elle n'en était que faiblement émue; c'était pour elle une possession de tous les jours.

XXXII

Envers tous elle était polie sans affectation; à quelques-uns elle témoignait cette attention qui flatte, de cette flatterie qui ne peut laisser après elle de traces dont une épouse ou une vierge ait à rougir; douce et généreuse courtoisie envers le mérite réel ou supposé, ne fût-ce que pour consoler l'homme illustre des ennuis de l'illustration,

XXXIII.

Qui est sous tous les rapports, et à peu d'exceptions près, un triste et ennuyeux apanage. Contemplez les ombres de ces hommes distingués qui furent ou sont encore les marionnettes de la gloire, la gloire de la persécution; contemplez ensuite les plus favorisés : à travers l'auréole dont le soleil couchant entoure ces fronts couronnés de lauriers, que reconnaissez-vous ? — un nuage doré.

XXXIV.

Comme de raison, il y avait aussi, dans les manières d'Adeline, cette politesse calme et toute patricienne, qui, dans l'expression des sentiments de la nature, ne dépasse jamais la ligne équinoxiale. C'est ainsi qu'un mandarin ne trouve rien de beau; — du moins, son air ne laisse pas deviner que rien de ce qu'il voit puisse beaucoup lui plaire. Peut-être avons-nous emprunté cela aux Chinois, —

XXXV.

Ou peut-être à Horace; son « *Nil admirari* » était ce qu'il appelait « l'art d'être heureux; » art sur lequel les artistes ne sont pas d'accord, et qui n'a pas fait, entre leurs mains, de très grands progrès. Cependant, il est bon d'être prudent : certes, l'indifférence ne saurait rendre malheureux, et, dans la bonne société, un fol enthousiasme n'est qu'une ivresse morale.

XXXVI.

Mais Adeline n'était pas indifférente; car (un lieu commun *maintenant*), de même que sous la neige le volcan couve dans son sein une lave brûlante, — *et cœtera!* Continuerai-je? — non! je déteste de courir après une métaphore usée; laissons donc là le volcan si souvent mis en réquisition. Pauvre volcan! combien de fois, moi et d'autres, nous l'avons attisé jusqu'à ce que sa fumée nous étouffât!

XXXVII.

J'ai une autre comparaison à votre service : — que vous semble d'une bouteille de champagne? Le froid l'a congelée en une glace vineuse qui n'a laissé intactes que quelques gouttes de la rosée immortelle; cependant, au centre même, il reste encore un verre d'un liquide inestimable, le plus énergique qu'ait jamais exprimé, dans sa maturité la plus luxuriante, la grappe la plus généreuse.

XXXVIII.

C'est tout l'esprit de la liqueur, réduit à sa quintessence; c'est ainsi que les physionomies les plus froides peuvent, sous un aspect glacial, recéler un secret nectar. Le nombre de ces personnes est grand; — mais je n'ai en vue que celle à propos de laquelle je déduis maintenant ces leçons morales, qui ont toujours été dans le domaine de la Muse. Les personnes froides sont inappréciables une fois qu'on a brisé leur glace maudite.

XXXIX.

C'est une sorte de passage du nord-ouest pour pénétrer dans l'Inde brûlante de l'âme; et, de même que les habiles navigateurs chargés de cette mission n'ont point encore exploré le pôle d'une manière exacte (bien que les efforts de Parry soient d'un heureux augure), de même on court risque d'échouer; car si le pôle est fermé, ou gelé (et la chose n'est pas impossible), c'est un voyage ou un vaisseau de perdu.

XL.

Les jeunes novices feront bien de commencer par croiser paisiblement sur l'océan de la femme; quant à ceux qui n'en sont pas à leur début, ils doivent avoir le bon sens de gagner le port avant que le Temps, avec son gris pavillon, ne leur fasse le signal d'amener, avant que nous ne déclinions le prétérit, le lugubre « *fuimus,* » de toutes les choses de ce monde, pendant que nous dévidons le fil fragile de la vie, entre notre héritier qui bâille et la goutte qui nous ronge.

XLI.

Mais il faut que le ciel s'amuse; ses amusements sont parfois, il est vrai, un peu cruels; — mais n'importe : le monde, au total, mérite qu'on dise de lui (ne fût-ce que par manière de consolation) que tout y est pour le mieux. La maudite doctrine des Persans, celle des deux principes, laisse après elle plus de doutes qu'aucune autre doctrine qui ait jamais embarrassé ou tyrannisé la foi.

XLII.

L'hiver anglais,— se terminant en juillet pour recommencer en août, — venait de finir. A cette époque, paradis des postillons, les roues tourbillonnent, les routes sont sillonnées dans toutes les directions, à l'est, au sud, au nord, à l'ouest. Mais qui plaint les chevaux de poste? L'homme s'apitoie sur lui-même, ou sur son fils, pourvu, toutefois, qu'au collége le susdit fils n'ait pas fait plus provision de dettes que de science.

XLIII.

L'hiver de Londres finit en juillet,—quelquefois un peu plus tard. En ceci je ne me trompe pas ; quelques autres méprises que l'on mette sur mon compte, je dois ici donner à ma muse un brevet de météorologie; car le parlement est notre baromètre. Que les radicaux s'attaquent tant qu'ils voudront à ses autres actes, il n'en est pas moins vrai que ses sessions forment notre unique almanach.

XLIV.

Quand son vif-argent descend à zéro, — voyez partout en mouvement carrosses, chariots, bagages, équipages! Les roues volent du palais de Carlton-Soho [9]; heureux ceux qui peuvent obtenir des chevaux! Les barrières sont obscurcies par des torrents de poussière; Rotten Row [10] est veuf de la brillante chevalerie de notre âge; et les fournisseurs, avec de longs mémoires et des figures plus allongées encore, soupirent en voyant des postillons se succéder comme l'éclair.

XLV.

Eux et leurs mémoires, arcadiens au même titre [11], sont renvoyés aux calendes grecques d'une autre session. Hélas! privés de l'argent comptant qu'ils attendaient, quel espoir leur reste? La possession complète de l'espoir, ou un billet généreux accordé par grâce à longue échéance, — jusqu'à ce qu'ils le fassent renouveler, — puis escompté avec une perte plus ou moins grande; ajoutez-y la consolation d'avoir surfait.

XLVI.

Mais ce sont bagatelles. Assis dans son carrosse auprès de milady, milord salue d'un signe de tête et part au grand galop. Fouette, cocher! « Des relais! » s'écrie-t-on de toutes parts; et les chevaux sont changés aussi promptement que les cœurs après le mariage; l'obséquieux aubergiste a rendu la monnaie; les postillons ont reçu un bon pour-boire; mais avant que les roues arrosées recommencent à rouler en sifflant, le garçon d'écurie demande à son tour qu'on ne l'oublie pas.

XLVII.

Accordé; le valet, ce gentleman des lords et des gentlemen, monte sur le siége de derrière, avec la femme de chambre de madame, pateline, attifée, mais plus modeste que ne saurait l'exprimer la plume d'un poëte, — « *Cosi viaggi ano i ricchi!* [12] » Excusez s'il m'échappe, par-ci, par-là, quelques mots étrangers, quand ce ne serait que pour montrer que j'ai voyagé. (Et à quoi servirait de voyager, je vous prie, si cela ne nous mettait à même de citer et d'ergoter?)

XLVIII.

L'hiver de Londres et l'été de la campagne touchaient à leur fin. Quand la nature porte la robe qui lui sied le mieux, peut-être est-il dommage de perdre les meilleurs mois de l'année à suer dans une ville, et d'attendre que le rossignol ait cessé de chanter pour écouter des débats qui ne sont ni très sages ni très spirituels, jusqu'au moment où il sera loisible aux patriotes de se rappeler leur patrie véritable:
— mais (sauf les grouses) il n'y a rien à chasser jusqu'en septembre.

XLIX.

J'ai fini ma tirade. Le monde était parti; les quatre mille individus pour qui la terre est faite avaient disparu pour chercher ce qu'ils appellent la solitude, c'est-à-dire avec trente domestiques pour parade, et autant et même plus encore de visiteurs qui trouvent chaque jour leur couvert mis. Que nul n'accuse l'hospitalité de la vieille Angleterre ; — la quantité s'est condensée dans la qualité.

L.

Lord Henry et lady Adeline, imitant l'exemple de leurs pairs, les membres de la pairie, partirent pour se rendre à une magnifique résidence, une Babel gothique, vieille de mille ans ; nul ne pouvait se vanter d'une généalogie plus ancienne que la leur ; aucune n'avait brillé d'un plus grand nombre de héros et d'illustres beautés. Des chênes aussi vieux que leur race rendaient témoignage de leurs aïeux ; chaque arbre signalait une tombe.

LI.

Dans tous les journaux, un paragraphe annonça leur départ ; telle est la gloire moderne ; c'est dommage qu'elle ne s'appuie que sur une annonce ou autres moyens semblables ; avant que l'encre ait séché dans la plume, le nom est oublié ; le *Morning-Post* fut le premier à proclamer la nouvelle en ces termes : « Aujourd'hui sont partis pour leur campagne lord Henry Amundeville et lady Adeline.

LII.

« On assure que ce lord opulent se propose de recevoir, cet automne, une société choisie et nombreuse de ses nobles amis ; nous tenons de source certaine que le duc de D — doit y passer la saison de la chasse avec beaucoup d'autres personnages illustres et fashionables, ainsi qu'un étranger de haute distinction, l'envoyé chargé par la Russie d'une mission secrète. »

LIII.

Nous voyons par là, — qui peut mettre en doute les dires du *Morning-Post ?* (ses articles ressemblent aux « trente-neuf articles [13] », que s'empressent le plus de jurer ceux qui y croient le plus fermement) ; — nous voyons, dis-je, que notre joyeux Russo-Espagnol était appelé à briller du reflet de l'éclat de son hôte avec ceux qui, comme dit Pope, « osant beaucoup, dînent ; » — c'est un fait bizarre, mais vrai, — que, pendant la dernière guerre, la liste de ces dîners tenait plus de place dans les journaux que celle des tués ou des blessés. —

LIV.

En voici un échantillon : « Jeudi dernier, il y a eu un grand dîner, auquel assistaient lords A. B. C. » — Ici le nom des comtes et des ducs était annoncé avec non moins de pompe que celui d'un général vainqueur. Puis, immédiatement après, et dans la même colonne, on lisait, sous la rubrique de Falmouth : « Nous avons eu ici le Royal Tout-à-Bas [14], cet illustre régiment qui a fait des pertes douloureuses dans la dernière action ; les postes vacants sont remplis ; — voir la gazette. »

LV.

Le noble couple est parti pour *Norman Abbey* [15], jadis vieux monastère, et maintenant résidence plus vieille encore ; — son architecture offrait un riche et rare mélange de gothique, auquel, de l'aveu des artistes, peu de monuments pouvaient être comparés [16] ; peut-être le château est-il situé un peu trop bas, car les moines l'avaient adossé à une colline, pour abriter du vent leur dévotion.

LVI.

Il était encadré dans un heureux vallon couronné de grands bois, parmi lesquels, semblable à Caractacus ralliant son armée, le chêne druidique dressait contre les éclats de la foudre ses grands bras étendus ; de dessous son feuillage on voyait, au lever du jour, sortir les habitants des forêts ; et le cerf aux rameaux altiers, suivi de son troupeau, venait se désaltérer dans l'onde d'un ruisseau dont le murmure imitait le gazouillement d'un oiseau [17].

LVII.

Devant le château était un lac limpide [18], large, transparent, profond ; l'onde en était renouvelée par une rivière dont les flots calmes traversaient sa nappe paisible ; dans les buissons et les joncs de la rive, l'oiseau sauvage faisait sa couvée et suspendait son nid liquide ; la forêt descendait en pente jusque sur ses bords, et mirait dans son cristal sa face verdoyante.

LVIII.

La rivière, au sortir du lac, s'élançait en cascade écumeuse et bruyante; puis ce fracas faisait place à des bruits plus aigus, — et enfin, comme un enfant qui s'apaise, l'onde transformée en ruisseau coulait avec plus de douceur, tantôt brillante comme une glace, tantôt cachant son cours sinueux dans les bois, tantôt claire, tantôt azurée, suivant la manière dont le firmament jetait ses ombres.

LIX.

Un débris glorieux du gothique édifice (alors que c'était une église consacrée au culte de Rome) s'élevait un peu à l'écart; c'était une voûte grandiose qui avait autrefois couvert les ailes de la nef. Ces ailes avaient disparu, — malheureusement pour l'art; la voûte se déployait encore avec fierté au-dessus du sol, et, en contemplant cette arche vénérable, on se sentait ému, et on se prenait à gémir sur la puissance du Temps et les ravages des tempêtes.

LX.

Dans une niche, auprès de son pinacle, on voyait autrefois douze saints de pierre; mais ils avaient été abattus, non lors de la chute des moines, mais dans la guerre qui détrôna Charles, quand chaque maison était une forteresse, — comme nous l'apprennent les annales de plus d'une race illustre, alors détruite, — vaillants cavaliers qui combattirent en vain pour ceux qui ne surent ni abdiquer ni régner.

LXI.

Dans une niche plus élevée encore, seule, mais couronnée, la mère virginale de l'Enfant-Dieu, tenant son fils dans ses bras bienheureux, promenait autour d'elles ses regards; au milieu du ravage universel, le hasard l'avait épargnée; on eût dit qu'elle sanctifiait le sol environnant; c'est là peut-être une faiblesse superstitieuse et insensée; mais la plus chétive relique d'un culte quelconque éveille de célestes pensées.

LXII.

Au centre, dans un enfoncement, on voyait une large

fenêtre dépouillée de ses verres aux mille couleurs, que traversaient jadis de glorieux rayons émanés du soleil et brillants comme des ailes de séraphin. Cette fenêtre est maintenant béante et solitaire ; la brise mugit ou soupire à travers ses ciselures, et souvent le hibou y fait entendre son antienne, pendant que dans le chœur muet les *alleluia* ont expiré, comme un feu qu'on éteint.

LXIII.

Mais à l'heure de minuit, quand le vent souffle de l'un des points du ciel, on entend gémir je ne sais quel son étrange et surnaturel, et pourtant harmonieux, — un accent mourant qui traverse l'arceau colossal, s'élevant, s'abaissant tour à tour. Selon les uns, c'est l'écho lointain de la cataracte, apporté par la brise nocturne et harmonisé par les vieux murs du chœur.

LXIV.

D'autres pensent que quelque être inconnu, peut-être un enfant de la tombe et des ruines, a imprimé à ces débris sa puissance, et leur a donné une voix magique. Échauffée par les rayons du soleil d'Égypte, ainsi la statue de Memnon faisait, à une heure fixée, entendre un son mélodieux. Cette voix triste, mais calme, vibre et se prolonge au-dessus des arbres et de la tour ; la cause, je l'ignore, et ne saurais la dire ; mais le fait est constant. — Je l'ai entendue, cette voix ; — trop entendue peut-être [19].

LXV.

Au milieu de la cour murmurait une fontaine gothique d'une forme symétrique, mais ornée de fantasques sculptures ; on y voyait des figures étranges, comme celles d'hommes masqués : ici un monstre, plus loin un saint ; l'eau sortait par de grimaçantes bouches de granit, et retombait en gerbes dans les bassins, où son petit torrent se dissipait en une multitude de bouillons écumeux, images de la vaine gloire de l'homme et de ses soucis plus vains encore.

LXVI.

Le manoir lui-même était vaste et vénérable, et avait conservé, plus qu'aucun autre édifice, son caractère monastique; les cloîtres étaient encore debout, ainsi que les cellules, et, je pense, aussi le réfectoire; une petite chapelle d'un goût exquis s'était conservée intacte, et décorait le tableau [20]; le reste avait été refait, remplacé ou détruit, et tenait plus du baron que du moine.

LXVII.

De vastes salles, de longues galeries, des chambres spacieuses dont la réunion était le fruit d'un mariage peu légitime des arts, pouvaient choquer un connaisseur; mais leur combinaison formait un tout qui, bien qu'irrégulier dans ses parties, n'en laissait pas moins dans l'esprit une impression grandiose, pour ceux-là du moins qui ont les yeux dans le cœur. Nous admirons un géant à cause de sa stature, et nous ne nous demandons pas, au premier abord, s'il a toutes les proportions voulues par la nature.

LXVIII.

Des barons bardés de fer, remplacés dans les générations suivantes par une longue et galante suite de comtes parés de soie et portant l'ordre de la Jarretière, brillaient sur les murs dans des tableaux assez bien conservés; on y remarquait aussi maintes ladies Maries, dans toute leur fraîcheur de jeune fille, et avec leurs longues chevelures blondes; des comtesses d'un âge plus mûr, en robes de cour et brillantes de perles, et quelques-unes des beautés de sir Peter Lely [21], drapées de manière à nous permettre de les admirer plus librement.

LXIX.

On y voyait aussi, revêtus de leur formidable hermine, des juges dont le visage n'était guère propre à faire espérer aux accusés que, dans le jugement de leurs seigneuries, la puissance céderait le pas à l'équité; des évêques qui n'avaient pas laissé un seul sermon; des procureurs-généraux dont l'aspect effrayant rappelait (ou nous nous trompons fort) beaucoup plus la « chambre étoilée » que « l'*habeas corpus*; »

LXX.

Des généraux, les uns couverts de leurs armures, contemporains de ces siècles de fer, du temps que le plomb n'exerçait pas encore un suprême ascendant; d'autres en perruques dans le goût martial de Marlborough, douze fois plus vastes que celles de notre race dégénérée; des gentillâtres avec leur bâton blanc ou leurs clefs d'or; des Nemrods dont la toile pouvait à peine contenir le coursier, et çà et là quelques patriotes bien farouches n'ayant pu obtenir l'emploi qu'ils avaient humblement sollicité.

LXXI.

Mais de distance en distance, pour délasser le regard fatigué de contempler toutes ces gloires héréditaires, apparaissait un Carlo-Dolce, ou un Titien, ou un groupe sauvage du sauvage Salvator; là dansaient les enfants de l'Albane; ici brillait la mer dans les clartés océaniques de Vernet; plus loin, des histoires de martyrs inspiraient un religieux effroi dans ces tableaux pour lesquels l'Espagnolet a trempé ses pinceaux dans tout le sang des saints.

LXXII.

Ici l'œil errait avec délice sur un paysage de Claude Lorrain; là les ombres de Rembrandt rivalisaient avec la lumière, ou les sombres teintes du sombre Caravache brunissaient la maigre et stoïque figure de quelque anachorète. — Mais quoi! voici Téniers qui attire nos regards sur des objets plus gais : à la vue de ces gobelets en forme de cloche renversée, je me sens altéré comme un Danois ou comme un Hollandais. — Vite, qu'on m'apporte une bouteille de vin du Rhin!

LXXIII.

O lecteur! si tu sais lire, — et sache que l'action d'épeler ou même de lire ne suffit pas pour constituer un lecteur; il faut encore des qualités dont vous et moi avons besoin. D'abord, il faut commencer par le commencement—(quoique cette clause soit dure); secondement, continuer; troisièmement, ne pas commencer par la fin, — ou si l'on a commis cette faute-là, finir du moins par le commencement.

LXXIV.

Mais, lecteur, tu as, depuis quelque temps, fait preuve de patience, tandis que moi, sans crainte ni remords poétiques, je me suis mis à décrire tant de bâtiments et de terres que Phébus a dû me prendre pour un huissier aux enchères. Tels furent les poëtes dès les temps les plus reculés ; nous le voyons par Homère et son « catalogue de vaisseaux ; » mais un moderne doit être plus modéré : — je vous ferai donc grâce du mobilier et de la vaisselle.

LXXV.

Le mûrissant automne arriva ; avec lui, et pour jouir de ses douceurs, arrivèrent les hôtes attendus. Les blés sont coupés ; le gibier abonde dans les terres du manoir ; le chien d'arrêt bat les taillis ; le chasseur l'accompagne en veste brune ; — il vise avec un coup d'œil de lynx ; sa carnassière se remplit, et il fait merveille. Ah ! perdrix couleur noisette ! ah ! brillants faisans ! et vous, braconniers ! prenez garde ! la chasse n'est pas un plaisir à l'usage des paysans.

LXXVI.

Bien qu'un automne anglais n'ait pas de vignes, et que le long des sentiers le pampre de Bacchus ne s'enlace point en festons à la grappe vermeille, comme dans ces climats qui rayonnent de poésie et de soleil, il a pourtant un choix des meilleurs vins : le bordeaux léger, par exemple, et l'énergique madère. Si l'Angleterre déplore sa stérilité, nous pouvons lui dire que le meilleur vignoble est un cellier.

LXXVII.

S'il lui manque cette sérénité des déclins de l'année, qui fait que l'automne méridional semble résigner le sceptre des saisons à un second printemps plutôt qu'à l'hiver triste et sombre, — elle a une mine abondante de conforts domestiques, — le feu de charbon de terre, *le premier de l'année* [22] ; ses campagnes peuvent rivaliser en fécondité, et le vert qui leur manque est compensé par le jaune.

LXXVIII.

Et pour ce qui est de l'efféminée *villeggiatura*, — non moins riche en gibier à cornes qu'en limiers, — elle a la chasse si pleine d'animation, qu'un saint serait tenté de laisser là le rosaire pour se joindre à la troupe joyeuse.

Nemrod lui-même quitterait les plaines de Dura [23], et n'hésiterait pas à endosser pour quelque temps la jaquette de Melton [24]. Si elle n'a pas de sangliers, elle a, par compensation, une réserve d'ennuyeux apprivoisés qui devraient servir de gibier.

LXXIX.

Les nobles hôtes réunis à l'abbaye étaient, — nous donnons le pas au beau sexe, — la duchesse de Fitz-Fulke [25], la comtesse de La Moue [26], lady Sotte [27], lady Affairée [28], — miss Éclat, miss Bombasin, miss Ducorset [29], miss La Soie [30], ainsi que mistriss Rabbi, la femme du riche banquier de ce nom, et l'honorable mistriss Dusommeil [31], vraie brebis noire qu'on eût prise pour un blanc agneau;

LXXX.

Avec d'autres comtesses de haut parage, qu'il est inutile de nommer, à la fois la lie et l'élite des sociétés, qui nous arrivent pieuses et purifiées de leur nuage natal, comme l'eau passée au filtre, ou comme le papier converti en or par la banque; n'importe pourquoi ou comment, le passeport couvre *la passée* et le passé; car la bonne société ne se distingue pas moins par la tolérance que par la piété, —

LXXXI.

C'est-à-dire jusqu'à un certain point, lequel point est le plus difficile de toute la ponctuation. Les apparences semblent former le pivot sur lequel on tourne dans la haute société; et pourvu qu'il n'y ait pas d'explosion, qu'on n'entende pas le cri : Arrête, sorcière [32]! chaque Médée a son Jason, ou (pour citer, sur ce point, Horace et Pulci), *omne tulit punctum* qui *miscuit utile dulci* [33].

LXXXII.

Je ne puis déterminer exactement leur règle de justice, laquelle se rapproche un peu de la loterie. J'ai vu une femme vertueuse tout à fait écrasée par la coalition d'une coterie; j'ai vu aussi une matrone fort équivoque reconquérir bravement, à force de machinations, sa position dans le monde, y briller en véritable *Siria* [34] du zodiaque, et en être quitte pour quelques lardons inoffensifs.

LXXXIII.

J'en ai vu plus que je n'en dirai; — mais voyons ce que devient notre *villeggiatura*. La société pouvait se composer de trente-trois individus de la caste supérieure, — les bramins du haut ton. J'en ai nommé quelques-uns, non les plus élevés en rang; j'ai choisi au hasard, selon les besoins de la rime. Pour assaisonner la partie, il s'y trouvait mêlé un certain nombre d'absentistes [35] irlandais.

LXXXIV.

On y voyait aussi Desparoles, ce spadassin légal qui n'accepte pour champ de bataille que le barreau et le sénat : quand on l'invite à se rendre sur un autre terrain, il se montre plus friand de discussions que de guerre. Il y avait le jeune poëte Écorche-Oreille [36], qui venait de faire son apparition, étoile de six semaines qui commençait à poindre. Il y avait en outre lord Pyrrho, ce libre penseur si fameux, et sir Jean Boirude [37], ce puissant buveur.

LXXXV.

Il y avait le duc des Grands-Airs [38], qui était — duc, mais duc de la tête aux pieds; il y avait douze pairs, comme ceux de Charlemagne, — tellement pairs par la mine et l'intelligence, qu'il n'y avait pas moyen de les prendre pour des membres des communes; il y avait les six miss Dufront [39], — charmantes personnes, tout gosier et sentiment, dont le cœur visait moins à un couvent qu'à une couronne de comte.

LXXXVI.

Il y avait quatre honorables misters, dont l'honneur était plus devant leur nom qu'après; il y avait le preux chevalier de La Ruse, que la France et la Fortune avaient récemment daigné expédier sur nos rivages, et dont le talent inoffensif consistait principalement à amuser; mais les clubs trouvaient la plaisanterie un peu sérieuse, car telle était la magie de son amabilité, que les dés eux-mêmes semblaient sous le charme de ses reparties.

LXXXVII.

Il y avait Richard-le-Doute [40], le métaphysicien, qui aimait la philosophie et un bon dîner ; Angle, le soi-disant mathématicien ; sir Henry Lacoupe [41], tant de fois vainqueur aux courses de chevaux. Il y avait le révérend Rodomont Précisien, qui haïssait le pécheur beaucoup plus que le péché ; et lord Augustus Fitz Plantagenet, bon à tout, mais principalement aux gageures.

LXXXVIII.

Il y avait Jack Jargon, le colossal officier aux gardes, et le général Rougeaud, fameux à la chasse, non moins bon sabreur que grand tacticien, qui, dans la dernière guerre, avait mangé plus d'*Yankees* [42] qu'il n'en avait tué ; il y avait ce plaisant juge du pays de Galles, Jefferies Ledur [43], si habile à remplir ses austères devoirs, que, lorsqu'un coupable entendait prononcer sa condamnation, il avait pour consolation un quolibet de son juge.

LXXXIX.

C'est un échiquier que la bonne compagnie ; — on y trouve des rois, des reines, des évêques, des chevaliers, des fripons, des pions [44] ; le monde est un jeu ; je lui trouve quelque rapport avec le joyeux polichinelle, n'était que les marionnettes y tirent elles-mêmes les fils qui les font mouvoir. Ma muse est un vrai papillon ; elle a des ailes, mais point d'aiguillon ; elle voltige sans but dans l'espace et ne se pose que rarement ; — si elle était seulement un frelon, il y aurait des vices qui s'en trouveraient mal.

XC.

J'avais oublié, — et j'ai eu tort, — un orateur, le dernier de la session, qui avait prononcé un discours fort propre, prémices de son éloquence, sa première transgression dans les débats parlementaires ; les journaux retentissaient encore de son début, qui avait fait une forte impression, et passait, comme tout ce qui se voit journellement, — pour « le meilleur discours de début qu'on eût jamais prononcé. »

XCI.

Fier de ses « écoutez [45] ! » fier aussi de son vote et de la perte de sa virginité oratoire, fier de son érudition (qui suffisait tout juste à lui fournir des citations), il se prélassait dans sa gloire cicéronienne : avec une mémoire excellente pour apprendre par cœur, l'esprit de faire un quolibet ou de conter une histoire, ayant quelque mérite et plus d'effronterie encore, orgueil de son pays, il était venu à la campagne.

XCII.

Il y avait aussi deux beaux-esprits, unanimement reconnus pour tels : Longarc [46] d'Irlande, et Arcfort [47] de la Tweed [48], tous deux avocats et hommes bien élevés [49]. Mais l'esprit d'Arcfort avait plus de poli ; Longarc était doué d'une imagination riche, superbe et bondissante comme un coursier ; par malheur, il suffisait souvent d'une pomme de terre pour la faire broncher, — tandis que les bonnes choses d'Arcfort n'auraient pas été indignes de Caton.

XCIII.

Arcfort était comme un clavecin fraîchement accordé ; mais Longarc avait la sauvage harmonie d'une harpe éolienne que les vents du ciel font vibrer, et dont ils tirent des accords voilés ou perçants. Dans la conversation d'Arcfort, il n'y avait pas un mot à changer ; celle de Longarc laissait parfois quelque chose à reprendre ; tous deux hommes d'esprit, l'un par sa nature, l'autre par l'éducation ; celui-ci par le cœur, — son rival par la tête.

XCIV.

Si cet assemblage vous semble hétérogène pour une réunion à la campagne, n'oubliez pas qu'un échantillon de chaque classe est préférable à un insipide tête-à-tête. Hélas ! ils sont passés les beaux jours de la comédie, alors que les sots de Congrève rivalisaient avec les bêtes de Molière ! un tel niveau a passé sur la société, que les mœurs ne diffèrent guère plus que les costumes.

XCV.

Nos ridicules sont rejetés sur le dernier plan ; — suffisamment ridicules, sans doute, mais ennuyeux aussi ; et puis les professions n'ont plus rien qui les caractérise ; l'arbre de la sottise n'offre plus de fruits à cueillir ; ce n'est pas que les sots n'abondent, mais ils sont stériles et ne valent pas la peine qu'on les ramasse. La société est maintenant une horde civilisée, formée de deux grandes tribus, les *ennuyeux* et les *ennuyés*.

XCVI.

De fermiers devenus glaneurs, nous glanons les épis rares, mais bien battus, de la vérité. Ah! cher lecteur, dans la récolte des choses sensées, soyez Booz; moi je serai — la modeste Ruth. Je continuerais ces citations, mais l'Écriture-Sainte, qui survient là, me le défend. Ma jeunesse a gardé une impression profonde des paroles de mistriss Adams, alors qu'elle s'écrie que « les Écritures, hors de l'église, sont des blasphèmes [50]. »

XCVII.

Glanons toujours ce que nous pourrons dans ce siècle de paille, dussions-nous ne point recueillir de farine. Je ne dois pas oublier dans ma liste Kit-Cat, le fameux causeur, qui, tous les matins, inscrivait dans son carnet les propos qu'il tiendrait le soir. « Écoute, oh! écoute! » « Hélas! pauvre ombre [51]! » — Quelles calamités subites attendent ceux qui ont étudié leurs bons mots!

XCVIII.

D'abord il leur faut, par toutes sortes de détours, amener la conversation à portée de leur ingénieuse étreinte; secondement, ils doivent ne laisser échapper aucune occasion, ne pas céder à leurs auditeurs un seul pouce de terrain, mais en prendre une aune, — et faire une grande sensation, s'il est possible; troisièmement, ils sont tenus de ne pas se dérouter quand un causeur habile les met à l'épreuve, mais de saisir le dernier mot, qui, à coup sûr, est le meilleur.

XCIX.

Les hôtes étaient lord Henry et sa dame; les personnes que nous avons légèrement esquissées étaient venues les visiter dans leur résidence. Leur table eût pu tenter même des ombres, et leur faire passer le Styx pour trouver un banquet plus substantiel. Je ne m'arrêterai pas à parler de ragoûts et de rôtis, quoique toute l'histoire de l'humanité atteste que depuis la pomme mangée par Ève, le bonheur de l'homme, — ce pécheur glouton, — dépend beaucoup de son dîner.

C.

Témoin la terre où « coulaient le lait et le miel, » offerte en perspective aux Israélites affamés ; à cela nous avons ajouté depuis l'amour de l'argent, le seul plaisir qui vaille la peine qu'on le recherche. La jeunesse se fane, et nous laisse après elle des jours sans soleil ; nous nous lassons des maîtresses et des parasites ; mais, ô céleste métal ! ah ! qui consentirait à te perdre ? A la bonne heure quand nous ne pourrons plus user ni même abuser de toi !

CI.

Les messieurs se levaient le matin pour aller chasser à l'affût ou à cheval : les jeunes gens, parce qu'ils aimaient ce plaisir-là, la première chose qu'aime un adolescent, après le jeu et les fruits ; les hommes mûrs, pour abréger la longueur du jour ; car l'ennui est un produit du sol anglais, bien qu'il n'ait pas de nom dans notre langue : — à défaut du mot, nous avons la chose, et laissons aux Français le soin d'exprimer ce formidable bâillement, contre lequel le sommeil est impuissant.

CII.

Les vieillards parcouraient la bibliothèque, jetaient par terre les livres, ou critiquaient les tableaux, ou arpentaient piteusement les jardins, laissant dans la serre chaude des traces de leur passage ; ou bien ils montaient un bidet au trot pacifique, ou lisaient les journaux du matin, ou, fixant sur la pendule le regard du désir, à l'âge de soixante ans, attendaient impatiemment qu'il fût six heures.

CIII.

Mais nul n'était gêné ; le signal de la réunion générale était donné par la cloche du dîner ; jusque-là tous étaient maîtres de leur temps, — et libres d'abréger, soit en société, soit dans la solitude, le cours de ces heures dont si peu de gens savent faire l'emploi. Chacun se levait à son heure, donnait à sa toilette tout le temps qu'il lui plaisait, et déjeunait quand, où, et comme il lui convenait.

CIV.

Les dames, — les unes fardées, les autres un peu pâles, — affrontaient comme elles le pouvaient le regard du jour : jolies, elles faisaient une promenade à pied ou à cheval ; laides, elles lisaient ou contaient des histoires, ou chantaient, ou répétaient la dernière contredanse venue de l'étranger, discutaient la mode prochaine, ou réglaient la forme des chapeaux d'après le code le plus récent, ou entassaient douze feuilles dans une petite lettre, pour imposer une nouvelle dette à chacun de leurs correspondants.

CV.

Car quelques-unes avaient des amants absents ; toutes avaient des amis. La terre, et peut-être aussi le ciel, n'ont rien de comparable à une lettre de femme, — car elle ne finit jamais. J'aime le mystère d'une missive féminine qui, comme un article de foi, ne dit jamais tout ce qu'elle veut dire, mais a tout l'artifice du sifflet d'Ulysse, alors qu'il allécha le pauvre Dolon ; — je vous conseille de faire attention à ce que vous répondrez à une lettre de ce genre.

CVI.

Et puis, il y avait des billards, des cartes, mais point de dés ; — excepté dans les clubs, un homme d'honneur ne joue jamais ; des bateaux, quand il y avait de l'eau ; des patins, quand il y avait de la glace, et que les jours embaumés avaient fait place à la rigoureuse froidure ; enfin, la pêche à la ligne, ce vice solitaire, quoiqu'Isaac Walton puisse chanter ou dire ; ce vieux, cruel et ridicule fat mériterait bien d'avoir dans le gosier un hameçon tiré par une petite truite.

CVII.

Le soir ramenait le banquet et le vin, la conversation, le duo chanté par des voix plus ou moins divines (leur seul souvenir me donne des palpitations à la tête ou au cœur). Les quatre miss Dufront brillaient surtout dans un allégro ; mais les deux sœurs cadettes préféraient la harpe, — parce que, aux charmes de la musique, elles joignaient de gracieuses épaules, des bras blancs et des mains blanches.

CVIII.

Parfois la danse offrait l'occasion d'admirer des tailles de sylphides ; mais il était rare que cela eût lieu les jours de chasse ; car, ces jours-là, les messieurs étaient un peu fatigués ; puis on avait la causerie, la galanterie, mais avec décorum, en se bornant à louer des charmes qui méritaient ou ne méritaient pas d'être admirés. Les chasseurs recommençaient, dans leurs récits, leurs chasses au renard, puis se retiraient sagement — à dix heures.

CIX.

Les politiques, dans un coin écarté, discutaient l'univers, et réglaient toutes les sphères ; les beaux diseurs épiaient le moindre interstice, pour y introduire, de pied en cap, un bon mot ; point de repos pour ces gens qui visent à l'esprit ; un mot heureux peut exiger des années avant que l'occasion se présente de le faire passer, et *alors* même il suffit d'un fâcheux pour le leur faire perdre.

CX.

Mais, dans la réunion dont nous parlons, tout était bienveillant et aristocratique ; tout était lisse, poli et froid, comme une statue de Phidias taillée dans le marbre attique. Nous n'avons plus d'écuyer Western comme autrefois [52] ; nos Sophies sont moins emphatiques, quoique tout aussi belles et même plus belles à voir. Nous n'avons point de vauriens accomplis comme Tom Jones, mais des gentlemen en corset, roides comme des pierres.

CXI.

On se séparait de bonne heure, c'est-à-dire avant minuit, — qui est le midi de Londres ; mais à la campagne, les dames se retirent un peu avant le coucher de la lune. Paix au sommeil de ces fleurs qui ont fermé leur calice ! — Puisse la rose retrouver bientôt ses couleurs naturelles ! Le repos est le meilleur coloriste d'une belle joue, et fait baisser le prix du fard, — du moins pour quelques hivers.

NOTES DU CHANT TREIZIÈME.

1 Monsieur, j'aime un homme qui hait bien. JOHNSON.
2 Méphistophélès est le nom du diable dans le FAUST DE GOETHE.
3   Cervantes smiled Spain's chivalry away.
Essaie qui voudra de traduire ce vers. *N. du Trad.*
4 M. Spence, l'auteur d'un ingénieux voyage en Espagne, paraît croire que Cervantes écrivit son livre pour ridiculiser la chevalerie errante, et que, malheureusement pour l'Espagne, sa satire devint à la mode et étouffa non seulement l'esprit chevaleresque, mais encore l'esprit religieux. D'abord nous ferons observer que la chevalerie errante avait cessé d'exister longtemps avant l'époque où parut *Don Quichotte*; ensuite nous remarquerons que, loin de chercher à ridiculiser l'héroïsme, Cervantes a eu soin, au contraire, d'établir toujours une distinction entre les folies du chevalier errant et les généreux élans du chevalier : à tel point que don Quichotte lui-même, malgré toutes ses folies, nous inspire cependant du respect et de la compassion. LOCKART.
5 Mot des *Joyeuses Commères de Windsor*, par Shakspeare.
6 *Davus sum, non OEdipus.* TER.
7 Citation du *Caton* d'Addison.
8 *Ins ands outs*, expression consacrée pour dire le ministère et l'opposition. *N. du Trad.*
9 Soho-Square, l'une des résidences de l'aristocratie. *N. du Trad.*
10 Promenade d'Hyde-Park, où figurent les équipages. *N. du Trad.*
11 *Arcades ambo.* VIRGILE.
12 Ainsi voyagent les riches.
13 Les *trente-neuf articles* sont le *Credo* de l'Église anglicane. Autrefois, nul ne pouvait occuper une fonction civile et politique sans jurer ces articles. On en a dispensé depuis, d'abord les catholiques, puis les dissidents. *N. du Trad.*
14 Slap-Dash.
15 Sous ce nom, l'auteur va décrire l'abbaye de Newstead.
16 La façade de Newstead est pleine de majesté ; elle est bâtie dans la forme de la partie occidentale d'une cathédrale, et ornée de riches sulptures.
17 Le beau parc de Newstead, qui contenait deux mille sept cents daims et un nombre infini de superbes chênes, est maintenant partagé en fermes. *Description du comté de Nottingham.*
18 Voir l'*Épitre à Augusta.*
19 Cette chambre est appelée la chambre d'Édouard III, qui y passa, dit-on, une nuit. Elle possède un écho très remarquable.
20 Le cloître ressemble exactement à celui de l'abbaye de Westminster.
21 Nom d'un peintre du dix-septième siècle, dont on voit plusieurs tableaux au château de Windsor. *N. du Trad.*
22 Imitation grotesque d'un vers de Gray.

²³ En Assyrie.

²⁴ Voir le *Quarterly Review*, t. XLVII, p. 216.

²⁵ Tous les noms qui suivent servent à caractériser ceux qui les portent. Nous avons cru devoir les traduire par des équivalents, afin de leur conserver le sens que l'auteur leur a donné. *N. du Trad.*

²⁶ Countess Crabby.

²⁷ Lady *Scilly* pour *Silly*.

²⁸ Lady *Busey* pour *Busy*.

²⁹ Miss Macstay, de *Mac*, désinence placée en tête de beaucoup de noms irlandais, et de *stay* (corset).

³⁰ Miss O'Tabby.

³¹ Mistriss Sleep.

³² *Macbeth*, de Shakspeare.

³³ *Celle-là* réussit de tout point qui joint l'agréable à l'utile. *N. du Trad.*

³⁴ Féminin de *Sirius*, ou la constellation du Chien. *N. du Trad.*

³⁵ *Absentees*, c'est le nom sous lequel on désigne les propriétaires irlandais qui vivent hors de l'Irlande. *N. du Trad.*

³⁶ Rackrhyme.

³⁷ Sir John Bottledeep.

³⁸ *The duke of Dash*.

³⁹ Miss Rawbold.

⁴⁰ Dick Dubious.

⁴¹ Sir Henri Silvercup.

⁴² Américains. *Yankee* est la corruption américaine du mot *English*. *N. du Trad.*

⁴³ George Hardinge, M. P., un des juges welches, mourut en 1816. Ses œuvres ont été réunies en 1818.

⁴⁴ Au jeu d'échec, les Anglais nomment *évêques* ce que nous appelons les *fous* ; leurs *fripons* sont nos *tours*. *N. du Trad.*

⁴⁵ Au parlement anglais, au lieu d'applaudir l'orateur, on répète : « Écoutez ! » (*Hear !*) *N. du Trad.*

⁴⁶ Longbow.

⁴⁷ Strongbow.

⁴⁸ C'est-à-dire d'Écosse. La Tweed est une rivière qui sépare l'Écosse de l'Angleterre. *N. du Trad.*

⁴⁹ Curran et Erskine.

⁵⁰ Mistriss Adams répondit à M. Adams que c'était un blasphème de parler de l'Évangile hors de l'église. JOSEPH ANDREWS.

⁵¹ Ces mots sont tirés d'une scène admirable d'*Hamlet* entre le prince de Danemarck et l'ombre de son père. *N. du Trad.*

⁵² Voir le roman de *Tom Jones*.

DON JUAN.

CHANT QUATORZIÈME.

I.

Si, dans l'abîme de la grande nature ou dans celui de notre propre pensée, nous pouvions seulement attraper une certitude, peut-être le genre humain trouverait-il la route qu'il cherche vainement; — mais alors, que d'excellentes philosophies cela gâterait! Un système dévore l'autre, à peu près comme le vieux Saturne dévorait ses enfants; car lorsque sa pieuse compagne lui donnait des pierres à la place de ses fils, il les avalait sans en laisser vestige.

II.

Mais tout système imite en sens inverse le déjeuner du Titan, et mange ses parents, quoique la digestion en soit difficile. Dites-moi, je vous prie, si, après toutes les recherches nécessaires vous pouvez fixer votre croyance sur une question quelconque? Jetez sur les siècles un coup d'œil rétrospectif, avant de vous enchaîner et de proclamer une théorie la meilleure de toutes. On ne doit pas se fier au témoignage des sens : rien de plus vrai; et pourtant quels sont nos autres moyens de certitude?

III.

Pour moi, je ne sais rien; je ne nie, n'admets, ne rejette et ne dédaigne rien; et que savez-vous, si ce n'est peut-être que vous êtes nés pour mourir? Et, après tout, il peut se faire que l'un et l'autre soient faux. Il peut venir une époque, source de l'éternité, où rien ne sera ni vieux ni jeune. Ce qu'on nomme la mort est une chose qui fait pleurer les hommes, et pourtant un tiers de la vie se passe à dormir.

IV.

Un sommeil sans rêves, après une rude journée de travail, est ce que nous convoitons le plus; comment alors expliquer cette horreur qu'éprouve notre argile pour cette autre argile qui dort d'un somme plus profond? Le suicide lui-même, qui paye sa dette en une seule fois et sans ajournement (vieille manière de payer sa dette, fort regrettée des créanciers), s'empresse d'exhaler son souffle impatient, moins par dégoût de la vie que par crainte de la mort.

V.

Elle est autour de lui, près de lui, ici, là, partout; et il est un courage qui naît de la crainte, de tous le plus résolu, peut-être, et capable de braver la pire des chances, uniquement pour *la* connaître. — Quand sous vos pieds les montagnes hérissent leurs sommets, que vos regards plongent sur les précipices, et que les rocs déploient à vos yeux leurs gouffres béants, — vous ne pouvez regarder une minute sans éprouver un violent désir de vous précipiter.

VI.

Vous n'en faites rien, il est vrai; mais, pâle et saisi de terreur, vous vous éloignez; mais revenez sur vos impressions passées, et, tout en tressaillant devant le miroir de vos propres pensées fidèlement réproduites, vous retrouverez, soit vérité, soit erreur, une tendance cachée vers l'*inconnu*, un secret penchant à vous plonger, avec toutes vos craintes, — où? vous l'ignorez, et c'est justement pour cela que vous le faites, — ou ne le faites pas.

VII.

Mais qu'a cela de commun avec le sujet qui nous occupe? me direz-vous; rien, ami lecteur; c'est une pure spéculation que je ne saurais excuser qu'en disant — que c'est ma manière; quelquefois à propos, et quelquefois hors de propos, j'écris sans hésiter ce qui me passe par la tête. Ce récit ne doit pas être une narration, mais une base aérienne et fantastique où je bâtis des choses communes avec des lieux communs.

VIII.

Vous savez ou ne savez pas que le grand Bacon a dit : « Jetez une paille en l'air pour voir de quel côté le vent souffle : » la poésie, c'est une paille emportée par le souffle humain dans la direction que lui imprime l'esprit; c'est un cerf-volant qui plane entre la vie et la mort; c'est une ombre que projette derrière elle l'âme aventureuse; et ma poésie, à moi, c'est une bulle d'air enflée, non pour la gloire, mais seulement pour jouer, comme joue un enfant.

IX.

Le monde tout entier est devant moi, ou derrière; car j'en ai vu une portion, et tout autant qu'il m'en faut pour en garder mémoire. — J'ai aussi suffisamment éprouvé les passions pour donner prise au blâme, au grand plaisir de mes amis, les hommes, qui aiment à mêler un peu d'alliage à la gloire; car j'ai eu de la célébrité dans mon temps, jusqu'au moment où je l'ai complétement détruite par mes vers.

X.

Je me suis mis ce monde-ci sur les bras, et même l'autre, je veux dire le clergé, qui a fulminé contre moi ses pieux libelles en grand nombre, et pourtant je ne puis m'empêcher de griffonner une fois par semaine, fatiguant la patience de mes anciens lecteurs, sans m'en créer de nouveaux. Dans ma jeunesse, j'écrivais parce que mon âme était pleine, et maintenant parce que je sens que l'ennui la gagne.

XI.

Mais « alors, pourquoi publier[1]? » — Il n'y a ni gloire ni profit à recueillir, quand le monde est las de vous. Je demande à mon tour : — pourquoi jouer aux cartes? pourquoi boire? pourquoi lire? — pour abréger l'ennui d'un certain nombre d'heures. C'est une distraction pour moi que de reporter mes regards sur ce que j'ai vu ou pensé de triste ou de gai ; ce que j'écris je le jette au courant; peu m'importe qu'il surnage ou s'engouffre, — j'ai du moins eu mon rêve.

XII.

Il me semble que si j'avais la certitude du succès, il me serait impossible d'écrire un vers de plus; j'ai si longtemps bataillé plus ou moins, qu'aucun échec ne saurait me faire renoncer aux neuf sœurs. Ce sentiment n'est pas facile à exprimer, et pourtant il n'est point affecté, je le déclare. Au jeu, vous avez le choix de deux plaisirs, l'un est de gagner, et l'autre de perdre.

XIII.

D'ailleurs, ce ne sont pas des fictions que traite ma muse ; elle rassemble un répertoire de faits, avec quelque réserve et de légères restrictions, sans doute ; mais enfin ses chants roulent principalement sur les choses et les actions humaines, — et c'est là un des motifs de la contradiction qu'elle rencontre : car un excès de vérité ne saurait plaire au premier abord ; et si elle n'avait en vue que ce qu'on nomme la gloire, elle conterait avec bien moins de peine une histoire toute différente.

XIV.

Amour, guerre, tempête, — voilà certes de la variété ; ajoutez-y un léger assaisonnement d'élucubration, un coup d'œil à vol d'oiseau sur ce désert qu'on nomme société, un regard rapide jeté sur les hommes de tous étages. A défaut de tout autre mérite, il y a du moins là celui de la satiété en réalité et en perspective ; et quand ces vers ne devraient servir qu'à garnir des porte-manteaux, c'est toujours cela qu'y gagnera le commerce.

XV.

La fraction de ce monde que j'ai actuellement choisie pour texte du sermon suivant est une de celles dont il n'existe aucune description récente. Il est facile d'en assigner la raison : toute proéminente et agréable qu'elle soit, il y a je ne sais quelle uniformité dans ses pierreries et ses hermines ; tous les âges y ont un air de famille : ce qui ne promet pas grand'chose aux pages du poëte.

XVI.

Avec beaucoup de sources d'excitation, on n'y trouve presque rien qui exalte, rien qui parle à tous les hommes et à tous les temps ; une sorte de vernis y recouvre tous les défauts ; une sorte de lieux communs y règne jusque dans le crime ; des passions factices, de l'esprit sans beaucoup de sel, une absence de ce naturel qui relève tout ce qui est vrai ; une monotone uniformité de caractère, chez ceux du moins qui en ont un.

XVII.

Quelquefois en effet, comme des soldats après la parade, ils rompent les rangs et quittent avec joie l'exercice; mais bientôt le roulement du tambour les rappelle effrayés, et ils sont derechef obligés d'être ou de paraître ce qu'ils étaient; néanmoins, à tout prendre, c'est une brillante mascarade; mais quand pour la première fois vos regards se sont repus de ce spectacle, vous en avez assez : — c'est du moins l'effet qu'a produit sur moi ce paradis de plaisir et d'ennui.

XVIII.

Quand nous avons mené à fin notre amour, joué notre jeu, étalé notre toilette, voté, brillé, et peut-être quelque chose de plus; dîné avec les dandys, entendu déclamer les sénateurs, vu par vingtaines des beautés mises à l'enchère, de pitoyables roués chastement transformés en maris plus pitoyables encore, il ne nous reste plus guère que le rôle d'ennuyeux et d'ennuyé. Témoin ces ci-devant jeunes hommes qui veulent remonter le courant, et refusent de quitter le monde qui les quitte.

XIX.

On dit, — et cette plainte est générale, — que personne n'a encore réussi à décrire le monde exactement comme il est. Il en est qui prétendent que les auteurs, pour fournir la matière de leurs sarcasmes moraux, en sont réduits à obtenir du concierge quelques légers scandales bien curieux, bien bizarres, et que leurs livres ont tous le même style, n'étant que l'écho du babil de madame, répété par sa femme de chambre.

XX.

Mais cela ne saurait être vrai, aujourd'hui du moins; car les écrivains sont devenus une portion influente du beau monde; je les ai vu balancer même les militaires, surtout quand ils sont jeunes, car c'est un point essentiel. Comment alors s'expliquer pourquoi ils échouent dans ce qu'ils considèrent eux-mêmes comme un objet de première importance, le portrait réel de la haute société? c'est qu'en effet elle n'offre pas grand'chose à décrire.

XXI.

« *Haud ignara loquor;* » ce sont là des *nugœ quarum pars parva fui*[2], mais pourtant une part réelle. Or, j'esquisserais beaucoup plus facilement un harem, une bataille, un naufrage ou une histoire du cœur, que ces choses-là; aussi bien, je désire m'en dispenser par des raisons que je ne veux pas dire : *vetabo Cereris sacrum qui vulgarit*[3]. — ce qui signifie que le vulgaire n'a que faire de les connaître.

XXII.

Ainsi donc, ce que je jette sur le papier est idéal, affaibli, dénaturé, comme une histoire des francs-maçons, et n'a pas plus de rapport avec la réalité que le voyage du capitaine Parry avec celui de Jason. Le grand secret est de ne pas tout laisser voir; ma musique a de mystiques diapasons, et contient beaucoup de choses que les initiés seuls peuvent apprécier.

XXIII.

Hélas! les mondes se perdent, — et la femme, depuis qu'elle a perdu le monde (tradition si bien établie chez nous, quoique plus vraie que galante), n'a pas tout à fait renoncé à cette habitude; triste esclave des usages! violentée, asservie, victime quand elle a tort, et fréquemment martyre quand elle a raison; condamnée aux douleurs de l'enfantement, comme les hommes ont été, pour leurs péchés, soumis à la nécessité de se raser, —

XXIV.

Fléau de chaque jour, qui, au total, équivaut à l'accouchement. Mais, quant aux femmes, qui peut pénétrer les souffrances réelles de leur condition? L'homme, jusque dans sa sympathie pour elles, fait entrer de l'égoïsme et beaucoup de méfiance. Leur amour, leur vertu, leur beauté, leur éducation, n'aboutissent qu'à faire d'elles des ménagères chargées de procréer une nation.

XXV.

Tout cela serait bien, et ne saurait être mieux; mais cela même est difficile, Dieu le sait, tant sont nombreuses les afflictions qui assiégent la femme depuis sa naissance, tant est faible la distinction qui sépare ses amis de ses ennemis; la dorure de ses chaînes s'use si vite que... — mais demandez à la première femme venue (pourvu toutefois qu'elle ait trente ans), ce qu'elle aimerait mieux être, femme ou homme, écolier ou reine !

XXVI.

« L'influence du cotillon » est un reproche grave que veulent paraître éviter ceux-là même qui lui sont soumis, comme un rouget évite les voraces brochets; mais comme c'est sous lui que nous arrivons dans ce monde, au milieu des cahots du fiacre de la vie, j'avoue que, pour mon compte, je vénère le cotillon, — ce vêtement d'une mystique sublimité, qu'il soit de bure, de soie ou de basin.

XXVII.

Je respecte infiniment, et combien n'ai-je pas adoré dans mon jeune âge, ce voile chaste et sacré qui, pareil au coffre-fort de l'avare, recouvre un trésor qui n'attire que davantage par tout ce qu'il nous cache ! — Fourreau d'or sur un glaive de Damas, lettre d'amour au sceau mystérieux, remède à la douleur : car comment souffrir encore devant un cotillon et la pointe d'un joli pied ?

XXVIII.

Et, par un jour silencieux et triste, quand, par exemple, souffle le siroco, que la mer elle-même paraît sombre avec tous ses flots écumeux, que l'onde du fleuve coule pesamment, et que sur le ciel règne ce ton grisâtre, lugubre et chaste antipode du brillant..... — il est agréable, si quelque chose *alors* le peut être, d'entrevoir même une jolie paysanne.

XXIX.

Nous avons laissé nos héros et nos héroïnes dans ce beau climat qui ne dépend pas de l'état de l'atmosphère, tout à fait indépendant des signes du zodiaque, bien qu'il présente aux poëtes plus de difficultés que tout autre, attendu que le soleil, et les étoiles, et tout ce qui brille, les montagnes et tout ce qui peut donner les inspirations les plus sublimes, ont souvent, dans ce pays-là, le triste et maussade aspect d'un créancier; ciel assombri, fournisseur exigeant, c'est tout un pour moi[4].

XXX.

Une vie intérieure est peu poétique, et si l'on sort on a les averses, les brouillards et le givre, avec lesquels je ne saurais brasser une pastorale. Quoi qu'il en soit, un poëte doit surmonter tous les obstacles, petits ou grands. Il faut que, bien ou mal, il arrive au but, et qu'il travaille comme un Esprit sur la matière, embarrassé quelquefois par le feu et l'eau

XXXI.

Juan, — et sous ce rapport, du moins, il ressemblait aux saints, — Juan était tout à tous sans distinction, et vivait content et sans se plaindre, dans un camp, à bord d'un vaisseau, sous la chaumière, ou à la cour; — doué d'une de ces natures heureuses qui font rarement défaut, il prenait modestement sa part des fatigues ou des plaisirs. Il savait aussi se faire bien venir de toutes les femmes, sans la fatuité de certains hommes femelles.

XXXII.

Une chasse au renard est chose singulière pour un étranger; on y court deux dangers : d'abord de tomber, puis de s'entendre plaisanter sur sa maladresse; mais Juan avait appris de bonne heure à parcourir les déserts, comme un Arabe qui court à la vengeance, et soit qu'il montât un cheval de guerre, de chasse ou de louage, l'animal savait qu'il portait un cavalier.

XXXIII.

Et maintenant, entré dans cette nouvelle carrière, non sans s'y faire applaudir, il franchit haies, fossés, barrières et grilles, n'*hésitant*[5] jamais, ne faisant que peu de faux pas, et ne s'impatientant que lorsqu'on perdait la piste. Il viola, il est vrai, par-ci par-là, quelques-uns des statuts du code de la chasse, — car le jeune homme le plus sage peut faillir; fit de temps à autre passer son cheval sur les chiens, et même une fois sur le corps de plusieurs gentilshommes campagnards;

XXXIV.

Mais, à cela près, son coursier et lui s'en acquittèrent de manière à s'attirer l'admiration générale ; les *squires* s'étonnèrent du mérite d'un étranger ; les paysans s'écrièrent : « Diantre ! qui l'aurait jamais pensé ? » Les vieillards, ces Nestors de la génération chassante, le louèrent en jurant, et sentirent renaître l'enthousiasme de leur jeune âge ; il n'y eut pas jusqu'au veneur lui-même qui ne daignât lui accorder un sourire forcé, et qui ne fût presque tenté de voir en lui un piqueur

XXXV.

Tels étaient ses trophées, — non des boucliers et des lances, mais des fossés franchis, des chevaux crevés, et parfois des queues de renards ; pourtant, je l'avouerai, — et ici, en véritable Anglais, je ne puis me défendre d'une patriotique rougeur, — il fut intérieurement de l'avis du courtisan Chesterfield, qui, après une longue chasse à travers collines, vallées, buissons, et je ne sais quoi encore, tout bon cavalier qu'il était, demanda le lendemain « s'il y avait des hommes qui chassaient deux fois. »

XXXVI.

Il avait aussi une qualité assez rare, après une longue chasse, dans l'homme matinal, dans ces gens qui, l'hiver, s'éveillent avant que le chant du coq ait averti le jour paresseux de décembre de commencer sa triste carrière ; — il avait, dis-je, une qualité agréable aux femmes, qui, dans leur doux et coulant babil, veulent un auditeur, saint ou pécheur, n'importe ; — en un mot, il ne s'endormait pas aussitôt après dîner

XXXVII.

Mais sémillant et léger, toujours sur le qui-vive, il prenait une part brillante à la conversation, en approuvant toujours ce qu'avançaient ces dames, et en prêtant son attention aux sujets d'entretien les plus en vogue ; tantôt grave, tantôt gai, jamais lourd ni impertinent ; se bornant à rire sous cape, — le rusé coquin ! — il ne prenait jamais sur lui de relever une bévue ; — en un mot, nul ne savait mieux écouter.

XXXVIII.

Et puis, il dansait; — tous les étrangers l'emportent sur l'Anglais sérieux dans l'éloquence de la pantomime; — il dansait, dis-je, fort bien, avec expression, et aussi avec bon sens, — point indispensable dans l'art de la danse; il dansait sans prétention théâtrale, non en maître de ballet instruisant ses nymphes, mais en homme comme il faut.

XXXIX.

Ses pas étaient chastes et retenus dans les limites voulues; toute sa personne portait le cachet de l'élégance; comme la légère Camille, c'est à peine s'il effleurait la terre, et il contenait plus qu'il ne déployait sa vigueur; et puis il avait l'oreille juste, de manière à défier toute la sévérité des croquenotes. Des pas aussi classiques, — aussi irréprochables, — mettaient hors de ligne notre héros, si bien qu'on l'eût pris pour un boléro personnifié,

XL.

Ou pour l'une des Heures fuyant devant l'Aurore dans cette fameuse fresque du Guide [6], qui, à elle seule, justifierait un voyage à Rome, quand il n'y resterait plus un seul débris du trône solitaire de l'ancien monde. Tout l'ensemble de ses mouvements portait l'empreinte de cette grâce idéale et suave qu'on rencontre rarement, et qu'on ne saurait décrire; car, malheureusement pour les poëtes et les prosateurs, les mots sont incolores.

XLI.

Rien d'étonnant dès lors qu'il fût recherché, et qu'on l'admirât comme un Cupidon, homme fait, un peu gâté, mais modérément; du moins savait-il dissimuler sa vanité. Il était doué d'un tel tact qu'il savait également charmer les beautés chastes et celles qui sont autrement inspirées. La duchesse de Fitz-Fulke, qui aimait la tracasserie, commença à lui faire quelques agaceries.

XLII.

C'était une belle blonde dans sa maturité, séduisante, distinguée, et qui, pendant plusieurs hivers, avait déjà brillé dans le grand monde. Je crois devoir taire ce qu'on rapportait de ses exploits, car ce serait un sujet chatouilleux ; d'ailleurs il pouvait y avoir du faux dans ce qu'on disait ; sa dernière équipée avait été de jeter résolument le grapin sur lord Augustus Fitz-Plantagenet.

XLIII.

Les traits de ce noble personnage se rembrunirent un peu en voyant ce nouvel acte de coquetterie ; mais les amants doivent tolérer ces petites licences ; ce sont priviléges de la corporation féminine. Malheur à l'homme qui hasarde une réprimande ! il ne réussit qu'à précipiter une situation extrêmement désagréable, mais commune aux calculateurs quand ils comptent sur la femme.

XLIV.

Le cercle sourit, puis chuchota, puis décocha quelques traits malins ; les demoiselles se rengorgèrent, les matrones froncèrent le sourcil ; les unes espéraient que les choses n'iraient pas aussi loin qu'elles le craignaient, les autres ne pouvaient croire qu'il se trouvât de telles femmes ; celles-ci ne pouvaient ajouter foi à la moitié de ce qu'elles entendaient dire, celles-là avaient l'air embarrassé ; d'autres semblaient plongées dans leurs réflexions, et plusieurs plaignirent sincèrement ce pauvre lord Augustus Fitz-Plantagenet.

XLV.

Mais, ce qu'il y a de singulier, personne ne prononça même le nom du duc, qui cependant, on aurait pu le croire, était bien aussi pour quelque chose dans l'affaire. Il est vrai qu'il était absent, et il passait pour s'inquiéter fort peu de ce que faisait sa femme : s'il tolérait ses licences, nul n'avait le droit de s'en scandaliser ; leur union était de cette espèce, la meilleure de toutes assurément, où l'on ne se rapproche jamais, et où par conséquent il n'y a pas lieu de se détacher.

XLVI.

Qui l'eût dit qu'un vers si désolant tomberait de ma plume ! Enflammée d'un amour abstrait de la vertu, ma Diane d'Éphèse, lady Adeline, commença à regarder comme par trop libre la conduite de la duchesse ; regrettant beaucoup qu'elle fût entrée dans une aussi mauvaise voie, elle mit dans ses politesses plus de froideur ; ses traits se rembrunirent, et son front pâlit en voyant dans son amie cette fragilité pour laquelle la plupart des amis réservent leur sensibilité.

XLVII.

Dans ce détestable monde il n'y a rien comme la sympathie : elle sied si bien à l'âme et au visage ! elle donne une harmonie aux soupirs, et revêt la douce amitié d'une délicate dentelle. Sans un ami que deviendrait l'humanité ? Qui relèverait nos fautes avec grâce ? Qui nous consolerait avec un — « Que n'y avez-vous regardé à deux fois ? ah ! si vous aviez suivi mes conseils ! »

XLVIII.

O Job ! tu avais deux amis ; un seul est bien assez, surtout quand nous sommes mal à notre aise ; ce sont de mauvais pilotes quand le temps est à l'orage, des médecins moins importants par leurs cures que par leurs honoraires. Que nul ne se plaigne si son ami se détache de lui, comme les feuilles de l'arbre à la première brise ; quand, de manière ou d'autre, vos affaires seront rétablies, allez au café et prenez-en un autre [7].

XLIX.

Mais telle n'est pas ma maxime, sans quoi j'aurais eu des tourments de cœur de moins ; mais n'importe. Je ne voudrais pas être une tortue abritée dans sa dure écaille, à l'épreuve des flots et des éléments. Mieux vaut, après tout, avoir éprouvé et vu ce que l'humanité peut et ne peut pas supporter : cela sert à enseigner le discernement aux âmes sensibles, et à leur apprendre à ne pas épancher leur océan dans un tamis.

L.

Plus horrible que les plus affreux accents de la douleur, plus sinistre que le chant du hibou et le sifflement de la brise nocturne, est cette phrase lugubre : « Je vous l'avais bien dit, » prononcée par des amis, ces prophètes du passé, qui, au lieu de vous dire ce que vous devriez faire maintenant, avouent qu'ils ont prévu votre chute, et consolent votre légère infraction aux « bonnes mœurs » par un long *memorandum* de vieilles histoires.

LI.

La tranquille sévérité de lady Adeline ne se bornait pas à s'intéresser à son amie, dont la réputation à venir lui semblait plus que douteuse, à moins qu'elle ne réformât sa conduite; mais elle étendait sur Juan lui-même son austérité, mêlée, il est vrai, de la compassion la plus pure; elle se sentait doucement émue de pitié pour son inexpérience, et (comme il était plus jeune qu'elle de six semaines) pour sa jeunesse.

LII.

Cet avantage de quarante jours qu'elle avait sur lui, — car son âge pouvait affronter le calcul, et dans la liste de la pairie et des nobles naissances, elle n'avait point à redouter l'énumération de ses années, — lui donnait le droit d'éprouver une maternelle sollicitude pour l'éducation d'un jeune gentleman, bien qu'elle fût loin encore de cette année bissextile qui, dans l'âge des femmes, en résume plusieurs en une seule.

LIII.

Cette époque peut être fixée un peu avant trente ans, — disons à vingt-sept; car je n'ai jamais vu aller au-delà la femme la plus stricte en chronologie et en vertu, tant qu'elle pouvait encore passer pour jeune. O Temps! pourquoi donc ne pas t'arrêter? Ta faux, salie par la rouille, devrait assurément cesser de couper et de trancher; aiguise-la; fauche plus doucement et lentement, ne fût-ce que pour conserver ta réputation de faucheur!

LIV.

Mais Adeline était loin de cet âge mûr dont la maturité est amère quoi qu'on fasse; c'était plutôt son expérience qui la rendait sage, car elle avait vu le monde et subi ses épreuves, comme je l'ai dit, — j'ai oublié à quelle page; ma muse dédaigne les renvois, comme vous avez déjà dû vous en apercevoir; mais de vingt-sept ôtez six, et vous aurez, et au-delà, la somme de ses années.

LV.

A seize ans elle fut produite dans le monde; présentée, exaltée, elle mit en commotion toutes les couronnes de comte; à dix-sept, elle continua à charmer le monde enchanté de la nouvelle Vénus de son brillant océan; à dix-huit, bien qu'une hécatombe de soupirants palpitât d'amour à ses pieds, elle avait consenti à créer cet autre Adam appelé « le plus heureux des hommes. »

LVI.

Depuis lors, elle avait rayonné durant trois hivers brillants, admirée, adorée, mais en même temps si sage, que, sans avoir besoin du voile de la circonspection, elle avait mis en défaut la médisance la plus subtile : dans ce marbre modèle on ne pouvait découvrir le plus léger défaut. Elle avait aussi, depuis son mariage, trouvé un moment pour faire un héritier et une fausse couche.

LVII.

Autour d'elle voltigeaient les mouches luisantes, ces insectes brillants des nuits de Londres; mais nul d'entre eux n'avait un dard qui pût l'atteindre; elle était hors de la portée du vol d'un fat. Peut-être appelait-elle de ses vœux un plus énergique aspirant; mais quels que fussent ses désirs, sa conduite était régulière; et pourvu qu'une femme soit sage, qu'importe qu'elle en soit redevable à sa froideur, à son orgueil ou à sa vertu ?

LVIII.

Je déteste les motifs, comme une bouteille qui se fait trop longtemps attendre aux mains du maître de la maison, laissant maints gosiers arides appeler en vain le bordeaux, surtout quand la politique est sur le tapis; je les déteste autant que je déteste un troupeau de bœufs qui fait tourbillonner la poussière comme le *simoun* le sable; je les déteste comme je déteste un raisonnement, une ode de lauréat, ou le vote approbatif d'un pair servile.

LIX.

Il est triste de fouiller dans les racines des choses, tant elles sont mêlées à la terre; pourvu que l'arbre déploie une agréable verdure, peu m'importe qu'un gland lui ait donné naissance. Remonter à la source secrète de toutes les actions, ce serait un fort triste plaisir; mais ce n'est pas à présent mon affaire, et je vous renvoie au sage Oxenstiern [8].

LX.

Dans l'intention charitable d'éviter un éclat et à la duchesse et au diplomate, lady Adeline, dès qu'elle vit que, selon toutes les probabilités, Juan ne résisterait pas — (car les étrangers ignorent qu'en Angleterre un faux pas a bien plus d'importance que dans les pays qui n'ont pas le bonheur de posséder des jurys, dont le verdict est contre ces sortes de péchés un remède certain); —

LXI.

Lady Adeline résolut d'adopter les mesures nécessaires pour arrêter les progrès ultérieurs de cette erreur douloureuse. Il y avait sans doute dans un tel projet quelque chose de bien innocent; mais l'innocence est hardie jusque sur le bûcher; elle est simple dans le monde, et n'a pas besoin de s'abriter derrière des retranchements, comme ces dames dont la vertu consiste à ne jamais se laisser voir à découvert.

LXII.

Ce n'est pas qu'elle appréhendât de fâcheuses conséquences. Sa Grâce était un homme endurant, un véritable mari; on ne pouvait craindre qu'il fît du scandale et allât grossir la foule des clients de Doctors Commons; mais elle redoutait d'abord la magie du talisman de la duchesse, puis une querelle avec lord Augustus Fitz-Plantagenet, qui commençait déjà à prendre de l'ombrage.

LXIII.

D'ailleurs, Sa Grâce passait pour intrigante et quelque peu méchante dans sa sphère amoureuse; c'était l'un de ces jolis et précieux fléaux qui poursuivent un amant de leurs tendres et doux caprices; qui, chaque jour de l'année délicieuse, créent un sujet de querelle quand elles n'en ont pas, nous fascinent, nous torturent, selon que leur cœur est de flamme ou de glace, et, — ce qu'il y a de pis, — ne veulent pas nous laisser aller.

LXIV.

En, un mot, c'était une femme à tourner la tête d'un jeune homme, et à faire de lui un Werther en fin de compte. Comment dès lors s'étonner qu'une âme plus pure redoutât pour un ami une chaste liaison de cette sorte? Mieux vaut cent fois être marié ou mort que de vivre avec un cœur qu'une femme se plaît à déchirer. Il est à propos de s'arrêter et de réfléchir avant de prendre son élan, si une bonne fortune est réellement bonne.

LXV.

Et d'abord, dans l'effusion de son cœur, qui était ou croyait être étranger à tout artifice, elle prit de temps à autre son mari à part, et l'engagea à donner des conseils à Juan. Lord Henry se prit à sourire de la simplicité de ses plans pour arracher don Juan aux piéges de la sirène; il lui fit une réponse d'homme d'État ou de prophète, si bien qu'elle n'y put rien comprendre.

LXVI.

Il lui dit, d'abord, « qu'il ne se mêlait jamais des affaires des autres, à l'exception de celles du roi; » ensuite, que « dans ces matières il ne jugeait jamais sur les apparences, à moins de fortes raisons; » troisièmement, que « Juan avait plus de cervelle que de barbe au menton, et ne devait pas être mené par des lisières; » et, quatrièmement, ce qui n'a jamais besoin d'être dit deux fois, « qu'il était rare que d'un bon conseil il résultât quelque chose de bon. »

XLVII.

En conséquence, sans doute pour confirmer la vérité de ce dernier axiome, il conseilla à sa femme de laisser les parties à elles-mêmes, — autant du moins que le permettrait la bienséance; ajoutant que le temps corrigerait les défauts de jeunesse de Juan; que les jeunes gens faisaient rarement des vœux monastiques, que les obstacles ne font que resserrer un attachement. — Mais ici un messager lui apporta des dépêches :

LXVIII.

Et comme il faisait partie de ce qu'on nomme le conseil privé, lord Henry se rendit dans son cabinet, afin de donner à quelque futur Tite-Live l'occasion de raconter comment il avait réussi à réduire la dette nationale, et si je ne vous donne pas tout au long le contenu des dépêches en question, c'est parce que je ne les connais pas encore ; mais je les consignerai dans un court appendice qui prendra place entre mon épopée et son index.

LXIX.

Mais, avant de sortir, il ajouta encore quelques légères observations, un ou deux de ces lieux communs qui ont cours dans la conversation, et qui, sans rien avoir de neuf, passent néanmoins, faute de mieux ; puis il ouvrit sa dépêche pour en connaître le contenu ; après y avoir jeté un coup d'œil rapide, il se retira, et en partant il embrassa tranquillement Adeline, comme on embrasserait, non une jeune épouse, mais une sœur âgée.

LXX.

C'était un homme honorable et froid, un excellent homme, fier de sa naissance, fier de toute chose ; un esprit approprié à un conseil d'État, une de ces figures taillées tout exprès pour marcher devant un roi ; grand, majestueux, fait pour guider le cortége des courtisans, les jours de naissance royale, en étalant ses cordons et ses crachats ; le vrai modèle d'un chambellan ; — et je compte bien aussi lui donner ce poste quand je régnerai.

LXXI.

Mais il lui manquait quelque chose, après tout, — je ne sais quoi, et conséquemment je ne puis le dire : — ce que les jolies femmes, — douces âmes ! — appellent *âme*. Certes, ce n'était pas le corps ; il était bien proportionné, droit comme un peuplier ou un pieu, un bel homme, enfin, cette humaine merveille ; et dans toutes les circonstances, en amour comme en guerre, il avait conservé sa perpendiculaire.

LXXII.

Quoi qu'il en soit, comme je l'ai dit, il lui manquait quelque chose, cet indéfinissable je ne sais quoi qui pourrait bien avoir conduit à l'Iliade d'Homère, puisque ce fut lui qui arracha l'Ève grecque, Hélène, à la couche du Spartiate, et l'amena dans Troie; bien qu'au total le jeune Dardanien fût, sans nul doute, de beaucoup inférieur au roi Ménélas; — mais c'est ainsi que certaines femmes nous trahissent.

LXXIII.

Il est une chose fort embarrassante et bien faite pour nous intriguer, à moins que, comme le sage Tirésias, nous n'ayons tous fait par expérience l'épreuve des différents sexes; aucun des deux ne peut dire clairement comment il veut être aimé. Le sensuel ne nous attache que par un lien passager; le sentimental se vante d'être impassible; mais tous deux réunis forment une sorte de centaure sur le dos duquel il est sage de ne pas s'aventurer.

LXXIV.

Ce que le beau sexe ne cesse de chercher, c'est quelque chose qui tienne au cœur lieu de tout; mais ce vide, comment le combler? Là réside la difficulté, — et c'est là que se montre la faiblesse de ces dames. Frêles navigateurs, à la merci des flots, sans carte ni boussole, elles courent sous le vent dans une mer houleuse, et lorsque après bien des vicissitudes elles touchent au rivage, ce rivage n'est souvent qu'un rocher.

LXXV.

Il est une fleur nommée « l'amour dans l'oisiveté [9], » voir à ce sujet le jardin toujours fleuri de Shakspeare; je ne veux point affaiblir son admirable description, et je demande pardon à sa divinité britannique si, dans ma poétique détresse, je touche à une seule feuille du parterre confié à sa garde; mais quoique la fleur soit différente, je m'écrie avec le Français ou le Suisse Rousseau : « *Voilà la pervenche!* »

LXXVI.

Eureka! Je l'ai trouvé! je veux dire, non que l'amour est l'oisiveté, mais que, autant que j'en puis juger, l'oisiveté est un des accompagnements de l'amour. Le travail forcé est un mauvais entremetteur; il est rare que vos gens affairés témoignent beaucoup de passion depuis que le navire marchand l'Argo a eu Médée pour subrécargue.

LXXVII.

« *Beatus ille procul negotiis* [10], » a dit Horace [11]; en cela le grand petit poëte se trompe : son autre maxime : « *Noscitur a sociis* [12], » vient beaucoup plus à propos dans ses vers, et encore est-elle parfois trop rigoureuse, à moins qu'on ne fréquente trop longtemps la bonne compagnie; mais je dirai à sa barbe: quel que soit leur rang ou leur état, trois fois heureux ceux qui *ont* une occupation!

LXXVIII.

Adam échangea son paradis contre le labourage; Ève travailla dans les modes avec des feuilles de figuier; — c'est, si je ne me trompe, la première connaissance que l'Église ait retirée de l'arbre de la science. Depuis lors, il est facile de démontrer que la plupart des maux qui affligent les hommes, et plus encore les femmes, proviennent de ce qu'on n'emploie pas quelques heures à rendre les autres plus agréables.

LXXIX.

C'est ce qui fait que la vie du grand monde n'est souvent qu'un vide affreux, une torture de plaisirs, tellement que nous sommes réduits à inventer quelque chose qui puisse nous contrarier. Les poëtes peuvent, comme bon leur semble, parler de *contentement* ; le mot *content*, fidèlement traduit, signifie rassasié; de là proviennent les maux du sentiment, les diables bleus [13] et les bas-bleus [14], et les romans mis en action et exécutés comme des contredanses.

LXXX.

Je déclare et je jure que je n'ai jamais lu de romans comparables à ceux que j'ai vus, et si jamais il m'arrive d'en faire confidence au public, bien des gens refuseront d'y ajouter foi; mais je n'ai point cette intention, et je ne l'ai jamais eue. Il est des vérités qu'il est à propos de cacher, surtout lorsqu'elles courent risque de passer pour des mensonges; c'est ce qui fait que je ne m'occupe que de généralités.

LXXXI.

« Une huître peut être malheureuse en amour [15]; » et pourquoi? parce que, oisive, elle se morfond dans sa coquille; et, solitaire, exhale ses soupirs sous-marins à peu près comme ferait un moine dans sa cellule; et, à propos de moines, leur piété n'a pu que difficilement cohabiter avec la paresse; ces végétaux de la foi catholique sont on ne peut plus sujets à se tourner en graines.

LXXXII.

O Wilberfoce! homme au noir renom, dont on ne saurait trop proclamer ou chanter le mérite, tu as jeté bas un immense colosse, ô moral Washington de l'Afrique! Mais je l'avoue, il est une autre tâche que tu devrais bien accomplir quelque jour. Une autre moitié du genre humain réclame ton intervention : tu as affranchi les noirs; — aujourd'hui, je t'en conjure, enferme les blancs.

LXXXIII.

Enferme Alexandre, ce fanfaron au front chauve [16]! Envoie au Sénégal le saint triumvirat [17] : apprends-lui que la sauce de l'oie est bonne pour l'oison [18], et demande-leur si l'esclavage est de leur goût! Enferme toutes ces héroïques salamandres qui mangent du feu gratis (car leur paye est peu de chose); enferme, *non* le roi, certes, mais le Pavillon [19], ou il nous en coûtera à tous un autre million.

LXXXIV.

Enferme le reste du monde; mets Bedlam en liberté, et peut-être seras-tu surpris de voir toutes choses marcher exactement comme elles marchent maintenant avec les gens soi-disant sains d'esprit. C'est ce que je prouverais sans le moindre doute s'il y avait, parmi les hommes, l'ombre du sens commun; mais, hélas! jusqu'à ce que j'aie trouvé ce point d'appui, j'imite Archimède, et laisse la terre comme elle est.

LXXXV.

Notre aimable Adeline avait un défaut : — son cœur était vacant, bien que ce fût une magnifique demeure ; comme elle n'avait trouvé personne qui en réclamât l'expansion, sa conduite avait été parfaitement régulière : une âme molle et incertaine fera plutôt naufrage qu'une âme énergique, par la raison qu'elle est plus fragile ; mais quand cette dernière travaille elle-même à sa ruine, elle s'écroule par une commotion intérieure pareille à celle d'un tremblement de terre.

LXXXVI.

Elle aimait son mari, ou du moins le croyait : mais cet amour lui coûtait un effort ; tâche pénible, véritable rocher de Sisyphe quand nous voulons donner à nos sentiments une direction contraire à la nature du sol. Elle n'avait aucun sujet de plainte ou de reproche, point de querelles de ménage, point de brouille matrimoniale ; leur union était un vrai modèle, tranquille et noble, — conjugale, mais froide.

LXXXVII.

Il n'y avait pas entre les époux une grande disproportion d'âge ; mais leurs caractères différaient beaucoup ; néanmoins, ils ne se heurtaient jamais ; ils fonctionnaient dans leurs sphères comme deux astres unis, ou comme le Rhône à travers les eaux du Léman, alors que le fleuve et le lac sont tout à la fois confondus et distincts, et que le premier lance ses flots bleus à travers l'onde pacifique et limpide qui semble vouloir endormir le fleuve enfant, son jeune nourrisson.

LXXXVIII.

Or, quand une fois elle avait pris quelque chose à cœur, quelque confiance qu'elle eût dans la pureté de ses intentions (des intentions intenses sont chose périlleuse), ses impressions étaient beaucoup plus fortes qu'elle ne l'avait prévu, et, grossissant dans leur cours comme un fleuve qui monte, envahissaient son âme, d'autant plus que son cœur n'était pas, au premier abord, facile à impressionner.

LXXXIX.

Mais une fois qu'il l'était, elle se trouvait possédée de ce démon à double nature, et pour cela doublement nommé : on l'appelle *fermeté* dans les héros, les rois et les marins, c'est-à-dire quand ils réussissent; mais on le blâme sans réserve comme *obstination* dans les hommes et dans les femmes quand leur triomphe vient à pâlir ou leur étoile à s'obscurcir; — et un casuiste en morale serait embarrassé de fixer les vraies limites de cette dangereuse qualité.

XC.

Si Bonaparte eût vaincu à Waterloo, c'eût été fermeté : maintenant c'est obstination : faut-il donc que l'événement en décide? Je laisse aux gens sages à tirer la ligne de démarcation entre le faux et le vrai, si toutefois l'homme en est capable; pour moi, je reviens à lady Adeline, qui était aussi une héroïne dans son genre.

XCI.

Elle ne connaissait pas son propre cœur; comment le connaîtrais-je, moi? Je pense qu'elle n'était pas alors amoureuse de Juan : si cela eût été, elle aurait eu la force de fuir cette délirante sensation, qui, pour elle, était nouvelle encore. Elle n'avait pour lui qu'une sympathie ordinaire (vraie ou fausse, c'est ce que je ne prétends pas déterminer), parce qu'elle le croyait en danger, qu'il était l'ami de son mari, le sien, jeune et étranger.

XCII.

Elle était ou croyait être son amie, — non de cette amitié ridicule, de ce platonisme romanesque qui égare si souvent les dames qui n'ont étudié l'amitié qu'en France ou en Allemagne, où l'on se donne de *purs* baisers. Adeline n'était pas femme à s'avancer jusque-là; mais, quant à cette amitié que l'homme témoigne à l'homme, elle en était aussi capable que femme le saurait être.

XCIII.

Nul doute que là, comme dans les liens du sang, la mystérieuse influence du sexe ne fasse sentir son innocent empire, et ne monte le sentiment à un diapason plus élevé. Quand l'attachement est dégagé de passion, ce fléau de l'amitié, et que la nature de vos sentiments est bien comprise, la terre n'a point d'ami comparable à une femme, pourvu que vous n'ayez jamais été et ne veuillez pas être amants.

XCIV.

L'amour porte dans son sein le germe même du changement; et comment n'en serait-il pas ainsi? toutes les analogies de la nature nous démontrent que les choses violentes ont le moins de durée; comment donc le sentiment le plus violent serait-il le plus durable? Voudriez-vous que la foudre sillonnât perpétuellement le ciel? Il me semble que le nom même de l'amour en dit assez : comment la « passion *tendre* » serait-elle *résistante?*

XCV.

Hélas! l'expérience nous apprend (je ne fais que répéter ce que j'ai entendu dire) combien il est rare que les amants n'aient pas eu à déplorer une passion qui fit de Salomon un niais. J'ai vu des épouses (pour ne pas oublier l'état conjugal, le meilleur ou le pire de tous) qui étaient la perle des épouses, et pourtant faisaient le malheur de deux existences au moins.

XCVI.

J'ai aussi vu des *amies* (c'est singulier, mais c'est vrai, — et, s'il est nécessaire, j'en fournirai la preuve) qui sont restées fidèles au milieu de toutes les épreuves, sur le sol natal comme à l'étranger, beaucoup plus que ne fut jamais l'amour; — qui ne m'ont pas abandonné quand l'oppression me foulait à ses pieds; qu'aucune calomnie n'a pu éloigner de moi; qui, en mon absence, ont combattu et combattent encore pour moi, en dépit du serpent social et de ses sonnettes bruyantes.

XCVII.

Savoir si don Juan et la chaste Adeline devinrent amis dans ce sens ou dans tout autre, c'est ce qui sera discuté plus tard, je présume; à présent, je ne suis pas fâché d'avoir un prétexte pour les laisser en expectative, vu que cela produit un bel effet et tient en *suspens* l'atroce lecteur; ce qui, pour les livres et les femmes, est le meilleur appât à mettre à leur tendre ou tentateur hameçon.

XCVIII.

S'ils se promenèrent à pied ou à cheval, ou étudièrent ensemble l'espagnol pour lire Don Quichotte dans l'original, plaisir qui éclipse tous les autres; si leur conversation était du genre léger ou sérieux, ce sont choses que je dois renvoyer au chant suivant, où je compte parler de tout cela et déployer un talent considérable dans mon genre.

XCIX.

Surtout, je supplie qu'on veuille bien ne pas anticiper sur ce qui doit suivre : on porterait des jugements inexacts sur Adeline et Juan, mais principalement sur ce dernier. Au reste, je prendrai un ton beaucoup plus sérieux que je ne l'ai encore fait dans cette satire épique. Il n'est pas du tout certain qu'Adeline et Juan succomberont; mais s'ils succombent, ce sera leur ruine.

C.

Mais les grandes choses naissent des petites : — croiriez-vous, par exemple, que, dans ma jeunesse, la passion la plus dangereuse qui ait jamais amené un homme et une femme au bord du précipice, prit naissance dans une circonstance si frivole, qu'on n'eût jamais imaginé qu'elle pût former le lien d'une situation aussi sentimentale? Vous ne devineriez jamais, je gage avec vous des millions, des milliards. Eh bien! cette passion naquit d'une innocente partie de billard.

CI.

La chose est étrange, mais vraie; car la vérité est toujours étrange, plus étrange que la fiction; si on pouvait la dire, combien les romans gagneraient au change! comme les hommes verraient le monde sous un tout autre point de vue! que de fois le vice et la vertu changeraient de place! Le Nouveau-Monde ne serait rien en comparaison de l'ancien, si quelque Colomb des mers morales montrait aux hommes les antipodes de leurs âmes.

CII.

Que « d'antres vastes et de déserts stériles [20] » on découvrirait alors dans l'âme humaine! Que de montagnes de glace dans les cœurs des puissants, avec l'égoïsme au centre pour pôle! Quels anthropophages sont les neuf dixièmes de ceux qui gouvernent les empires! Si l'on donnait aux choses leur vrai nom, la gloire ferait honte à César lui-même.

NOTES DU CHANT QUATORZIÈME.

1   But why then publish?—Granville, the polite,
    And knowing Walsh, would tell me I could write. — POPE.

2 « *Je parle de choses à moi connues* : ce sont là des bagatelles auxquelles j'ai pris *une petite part.* »

3 « Je fuirai le divulgateur des mystères de Cérès. » HORACE.

4 Il y a ici, dans le texte, un calembour intraduisible, comme le sont tous les calembours. *N. du Trad.*

5 *Craning*, c'est ou c'était l'expression employée pour désigner un gentleman allongeant le cou avant de franchir une haie, regardant avant de sauter une halte, dans son ambition ascendante; ce qui occasionnait quelque retard parmi ceux qui suivaient immédiatement le sceptique écuyer. — « Monsieur, si vous ne voulez pas sauter, laissez-moi sauter, » était une phrase qui ordinairement poussait le cavalier en avant et à bon escient : car, quoique cheval et cavalier tombassent, ils faisaient une trouée, et le reste de la cavalcade passait par-dessus lui et sa monture.

6 Le chef-d'œuvre de Guide, dans les palais de Rome, est son *Lever de l'Aurore*, dans le palais de Rospigliosi.   BRYANT.

7 On lit dans les lettres de Swift ou d'Horace Walpole, qu'un individu se plaignant de la perte de ses amis, il lui fut répondu par un Pylade universel : « Lorsque je perds un de mes amis, je vais au café de Saint-James et j'en prends un autre. » Je me rappelle avoir entendu raconter une anecdote du même genre. — Sir W. D. était un joueur effréné. Il entra un jour, plus mélancolique que d'habitude, au club dont il était membre. — « Qu'y a-t-il? cria Hare, de facétieuse mémoire. — Ah! répliqua sir W., je viens de *perdre* la pauvre lady D. — Perdue! à quel jeu? *Quinze or hasard*, » fut la réponse du consolant questionneur.

8 Le fameux chancelier Oxenstiern dit à son fils, qui lui témoignait sa surprise de ce que de si petites causes produisaient de si grands effets : « Vous voyez par là, mon fils, combien il faut peu de sagesse pour gouverner les empires. »

Voici la véritable version : Le jeune Oxenstiern ayant été chargé d'une mission diplomatique, exprimait à son père ses craintes de n'être point propre à cette haute fonction ; le vieux chancelier lui répondit en riant : *Nescis, mi fili, quantulâ scientiâ gubernatur mundus.*

⁹ Love in idleness. Voir dans Shakspeare *le Songe d'une nuit d'été*, acte II, scène II. *N. du Trad.*

¹⁰ Heureux qui loin des affaires, etc. *N. du Trad.*

¹¹ Hor. épod., od. II.

¹² Dis-moi qui tu hantes, etc. *N. du Trad.*

¹³ Migraine, vapeurs, spleen. *N. du Trad.*

¹⁴ Femmes beaux-esprits. *N. du Trad.*

¹⁵ Voir *le Critique* de Shéridan.

¹⁶ Il y a dans le texte :

    Shut ut the bald-coot bully Alexander.

Le *bald coot* est un oiseau de marais. L'empereur Alexandre était chauve.

¹⁷ Le roi de Prusse et les empereurs d'Autriche et de Russie, signataires du traité de la Sainte-Alliance. *N. du Trad.*

¹⁸ C'est le quatre mille soixante-dixième proverbe de la collection de Fuller.

¹⁹ Le palais du roi à Brighton.

²⁰ *Othello*, acte I, sc. III.

DON JUAN.

CHANT QUINZIÈME.

I.

Ah ! — ma foi ! j'ai oublié ce qui devait suivre ; n'importe ! ce qui suivra n'en sera pas moins aussi à propos d'espérance ou de souvenirs que si la pensée incertaine eût coulé à pleins bords. Toute la vie présente n'est qu'une interjection, un « oh ! » ou un « ah ! » de joie ou de douleur ; ou un « ah ! ah ! » ou un « bah ! » — ou un bâillement, ou un « fi ! » et peut-être cette dernière exclamation est-elle la plus vraie.

II.

Mais, dans une proportion plus ou moins grande, le tout n'est qu'une syncope ou un sanglot, emblème de l'émotion, cette grande antithèse de l'immense ennui, où viennent se briser nos bouillons écumeux sur l'océan de la vie, l'Océan, liquide image de l'éternité, ou sa miniature du moins, selon moi ; or, l'émotion donne à l'âme des jouissances, en lui faisant voir des choses invisibles à l'œil.

III.

Mais tout est préférable à un soupir étouffé qui se corrode dans la caverne du cœur, donnant au visage un masque de tranquillité, et faisant de la nature humaine un art. Il est bien peu d'hommes qui osent montrer ce qu'ils ont dans la pensée de meilleur ou de pire; toujours la dissimulation se réserve un coin; c'est pourquoi la fiction est ce qui passe avec le moins de contradiction.

IV.

Ah! qui peut dire, ou plutôt qui ne se rappelle, sans le dire, les erreurs des passions? Celui qui boit l'oubli jusqu'à la lie, le sot lui-même, a des vapeurs pour miroir du matin. En vain il semble flotter sur l'onde du Léthé, il ne peut y submerger ses tressaillements ou ses terreurs. Au fond des rubis de ce verre que tient sa main tremblante, le Temps laisse un dépôt de son sable.

V.

Et quant à l'amour, — oh! l'amour!... — Continuons. Lady Adeline Amundeville, — voilà, j'espère, le plus joli nom qu'un lecteur puisse désirer; aussi vient-il mélodieusement se percher sur ma plume harmonieuse. Il y a de la musique dans les soupirs d'un roseau; il y a de la musique dans les murmures d'un ruisseau; il y a de la musique en tout, il ne nous manque que de l'oreille : notre terre n'est qu'un écho des sphères.

VI.

Lady Adeline, la très honorable et honorée, courut risque de le devenir un peu moins; car, — et je suis vraiment désolé de le dire, — il est rare que les personnes du beau sexe soient stables dans leurs résolutions. Elles diffèrent d'elles-mêmes comme le vin dément son étiquette quand il est décanté; — du moins, je le présume, mais ne le jurerais pas; toutefois jusqu'à ce que le vin et la femme aient vieilli, l'un et l'autre article sont, le cas échéant, susceptibles d'adultération.

VII.

Mais Adeline était du meilleur cru, la plus pure essence de

la grappe; elle était brillante comme un napoléon nouvellement frappé, ou comme un diamant richement monté; sur cette page blanche, le Temps eût dû se faire scrupule d'imprimer l'âge, et pour elle la Nature eût pu oublier sa dette; la Nature, le seul créancier qui, dans ses poursuites, ait le bonheur de trouver tous ses débiteurs solvables.

VIII.

O Mort! le pire de tous les créanciers! tu frappes chaque jour aux portes, d'abord un coup modeste, comme un humble marchand, alors que, pâle, il s'approche d'un débiteur opulent qu'il veut prendre par la sape; mais, fréquemment repoussé, la patience à la fin l'abandonne : il s'avance exaspéré, et (s'il met le pied chez vous) il insiste en termes peu courtois, pour qu'on lui donne, ou de l'argent comptant, ou « un billet à vue sur Ransom [2]. »

IX.

O mort! prends ce que tu voudras, mais épargne un peu la beauté inoffensive! elle est si rare, et tu as tant d'autres proies! Qu'importe que de temps à autre le pied lui glisse dans le sentier du devoir? C'est une raison de plus pour suspendre tes coups. Glouton décharné! avec la totalité des nations pour pâture, ne saurais-tu montrer un peu de civilité et de modération? Supprime donc quelques maladies dans le beau sexe, et prends autant de héros qu'il plaira au ciel.

X.

La belle Adeline, qui (ainsi que je l'ai dit) mettait d'autant plus de vivacité dans ses affections qu'elle n'était pas, comme quelques-uns d'entre nous, prompte à s'enflammer, ou avait trop de fierté pour laisser voir ce qu'elle sentait — (ce sont là des points que nous ne discuterons pas présentement); — Adeline abandonnait sans réserve et sa tête et son cœur à ce qu'elle regardait comme un sentiment innocent pour des objets qui en étaient dignes.

XI.

Le bruit public, cette gazette vivante, avait porté jusqu'à elle, en les défigurant, quelques traits de la vie de Juan; mais les femmes traitent ces aberrations avec plus d'indulgence que nous autres, hommes rigides ; d'ailleurs, depuis qu'il était en Angleterre, sa conduite avait été plus régulière, et son esprit avait revêtu une plus mâle vigueur; attendu qu'il avait, comme Alcibiade, l'art de s'accommoder, sans effort, à la manière de vivre de tous les climats.

XII.

Peut-être ses manières n'étaient-elles si séduisantes que parce qu'il ne paraissait jamais désireux de séduire ; en lui rien d'affecté ou d'étudié, rien qui décelât la fatuité ou laissât percer des intentions de conquête; nul abus de ses moyens de plaire ne venait nuire à ses succès, et n'indiquait un Cupidon échappé qui semble dire: «Résistez-moi si vous pouvez ;» —condition qui constitue un dandy, mais qui vous gâte un homme.

XIII.

Ces gens-là ont tort : — ce n'est pas là la vraie manière de s'y prendre, comme ils en conviendraient eux-mêmes s'ils étaient sincères. Mais, à tort ou à raison, don Juan n'avait pas ce défaut ; ses manières étaient à lui ; il était de bonne foi, — du moins on ne pouvait en douter en entendant le son de sa voix. Le diable n'a pas dans son carquois une flèche qui aille droit au cœur comme une douce voix.

XIV.

Naturellement affable, sa parole et son air écartaient toute idée de soupçon; son regard, sans être timide, semblait plutôt se dérober au vôtre que chercher à vous mettre sur la défensive : peut-être n'était-il pas suffisamment assuré ; mais parfois la modestie, comme la vertu, trouve en elle-même sa récompense, et l'absence de prétentions peut mener plus loin qu'il n'est besoin de le dire.

XV.

Tranquille, accompli, gai sans être bruyant, insinuant sans insinuation, observateur des faibles de la foule, mais n'en laissant rien paraître dans sa conversation ; fier avec les fiers, mais d'une fierté polie, de manière à leur faire sentir qu'il connaissait son rang et le leur,—sans jamais chercher à primer, il ne souffrait ni ne revendiquait de supériorité.

XVI.

C'est-à-dire avec les hommes : avec les femmes, il était tout ce qu'elles voulaient qu'il fût ; et, pour cela, on peut s'en reposer sur leur imagination ; pourvu que l'esquisse soit passable, elles achèvent le tableau, — et « *verbum sat ;* » dès que leur fantaisie s'attache à un objet triste ou agréable, elles vous le transfigurent d'une manière plus brillante que Raphaël.

XVII.

Adeline, juge peu profond des caractères, était sujette à leur prêter des couleurs de sa façon : ainsi dans leur bienveillance s'égarent les bons, de même que les sages, comme on l'a vu fréquemment. L'expérience est la première des philosophies ; mais c'est la plus triste de toutes quand sa science est connue de tout point, et les sages persécutés n'enseignent que folie lorsqu'ils oublient qu'il existe des fous.

XVIII.

N'est-il pas vrai, grand Locke ? et toi, Bacon, plus grand que lui ? Grand Socrate ! et toi, plus divin encore[3], dont le sort est d'être méconnu par l'homme, et dont la pure doctrine a été employée à sanctionner toutes les iniquités ? Toi qui rachetas un monde que les bigots ont bouleversé, quelle fut la récompense de tes travaux ? Nous pourrions remplir des volumes de ces exemples affligeants, mais nous les abandonnons à la conscience des nations.

XIX.

Je prends position sur un plus humble promontoire, d'où je contemple la vie avec ses variétés infinies ; sans grand souci de ce qu'à tort on nomme la gloire, je promène mes rêveries et mes regards sur mille objets divers, qu'ils se rapportent ou non à mon sujet ; et, versifiant sans effort, je laisse aller mon vers comme je causerais avec le premier venu, dans une promenade à pied ou à cheval.

XX.

Je sais que ce genre de poésie irrégulière n'exige pas

grand talent; mais c'est une sorte de conversation familière qui peut faire passer une heure par-ci par-là. Ce dont je suis sûr, c'est qu'il n'y a aucune contrainte servile dans cette sonnerie saccadée qui tinte sur le premier sujet venu, ancien ou nouveau, sans suivre d'autre règle que l'inspiration de « l'improvisatore. »

XXI.

Omnia vult *belle* Matho dicere. — Dic aliquando
Et *bene*, dic *neutrum*, dic aliquando *male* [4].

Le premier est peut-être plus qu'un mortel ne peut faire; le second est faisable, d'une manière triste ou gaie ; le troisième est un terme auquel il est plus difficile encore de s'arrêter; quant au quatrième, chaque jour nous l'entendons, le voyons, ou notre bouche le met en pratique ; le tout ensemble est ce que je voudrais vous servir dans ce plat de salmigondis.

XXII.

Espérance modeste, — mais la modestie est mon fort, et l'orgueil mon faible : — continuons à chevaucher de çà et de là. Je me proposais d'abord de faire ce poëme extrêmement court; mais maintenant je ne puis dire où il s'arrêtera. Nul doute que si j'avais voulu faire ma cour à la critique, ou saluer le soleil *couchant* de la tyrannie sous toutes les formes, ma concision n'eût été plus grande ; — mais je suis né pour l'opposition.

XXIII.

Il est vrai que mon opposition prend toujours le parti du faible ; en sorte que si ces hommes qui se prélassent aujourd'hui dans la plénitude de leur orgueil venaient tout à coup à tomber, et que « les chiens eussent leur jour [5], » il pourrait bien m'arriver de rire d'abord de leur chute; mais je crois que je changerais de camp, et me jetterais dans l'ultrà-royalisme, car je hais toute royauté, même démocratique.

XXIV.

Je pense que j'eusse fait un époux passable si je n'avais jamais connu les douceurs de cet état ; je crois que j'aurais fait des vœux monastiques, n'étaient certains préjugés qui me sont particuliers ; jamais je ne me fusse heurté le cerveau contre la poésie ; jamais je n'aurais, à rimer, mis ma tête ou celle de Prescien à la torture [6]; jamais je n'eusse porté le manteau bigarré de poëte, si quelqu'un ne m'eût ordonné de n'en rien faire [7].

XXV.

Mais laissez aller ; — je chante les chevaliers et les dames, tels que l'époque me les fournit. C'est un vol qui, au premier abord, ne semble pas exiger des ailes vigoureuses, emplumées par Longin ou le philosophe de Stagyre : pourvu que les proportions soient observées, toute la difficulté consiste à revêtir d'un coloris naturel des mœurs artificielles, et à généraliser des spécialités.

XXVI.

La différence est qu'autrefois les hommes faisaient les mœurs ; maintenant ce sont les mœurs qui font les hommes, — parqués comme des troupeaux, et tondus dans leur bercail, du moins neuf et neuf dixièmes sur dix. Or, cela doit refroidir la verve des auteurs qui n'ont d'autres ressources que de repeindre des époques déjà beaucoup mieux peintes, ou de se contenter de l'époque actuelle, avec son costume monotone.

XXVII.

Nous ferons de notre mieux pour nous tirer d'affaire. — En avant ! en avant, ma muse ! si vous ne pouvez voler, allez voletant ; quand il ne vous sera pas possible d'être sublime, soyez cinglante ou rigide, comme les édits de nos hommes d'État. Il est impossible que nous ne découvrions pas quelque chose qui nous paie de nos recherches ; Colomb découvrit un nouveau monde dans un cutter, ou brigantin, ou flûte d'un assez faible tonnage, à une époque où l'Amérique ne comptait point encore [8].

XXVIII.

Adeline, qui voyait chaque jour croître en elle le sentiment des mérites de Juan et de sa situation, éprouvait, au total, un intérêt intense, — en partie peut-être parce que c'était une sensation nouvelle, ou parce qu'il avait un air d'innocence, ce qui, pour l'innocence, est une terrible tentation ; — toutefois, comme en définitive les femmes détestent les demi-mesures, elle se mit à réfléchir au moyen de sauver l'âme de Juan.

XXIX.

Elle avait bonne opinion des conseils, comme tous ceux qui en donnent et en reçoivent gratis ; c'est une marchandise dont le prix courant, lors même qu'il est à son taux le plus élevé, consiste, tout au plus, en remerciements bien faibles ; elle y réfléchit une ou deux fois, et décida, on ne peut plus moralement, que, pour la moralité, la meilleure condition est celle du mariage ; et cette question une fois résolue, elle conseilla très sérieusement à Juan de se marier.

XXX.

Juan répondit, avec toute la déférence convenable, qu'il se sentait porté de prédilection vers ce lien ; mais que, pour le moment, eu égard à la position particulière où il se trouvait, il se présentait quelques difficultés relativement à ses préférences ou à celles de la personne à laquelle ses vœux pourraient s'adresser ; qu'en un mot, il épouserait volontiers telle ou telle femme, si toutes n'étaient déjà mariées.

XXXI.

Après le choix d'un parti pour elle-même ou pour ses filles, ses frères, ses sœurs, et toute sa parenté, qu'elle classe comme des livres sur le même rayon, il n'y a rien qui plaise à une femme comme de faire des mariages ; elle y met toute la complaisance d'un agioteur qui calcule ses bénéfices : certes, ce n'est pas un péché, mais plutôt un préservatif, et c'est là, sans doute, la seule raison du pourquoi.

XXXII.

Mais (excepté, naturellement, une miss non mariée, ou une dame qui ne le sera jamais, ou qui l'est déjà, à son grand regret) toute femme chaste a dans la tête quelque drame des unités conjugales observées à table et au lit aussi scrupuleusement que celles d'Aristote, bien que parfois il n'en résulte que des mélodrames ou des comédies bouffonnes.

XXXIII.

En général, elles ont en réserve un fils unique, l'héritier d'une immense fortune, un ami de haut lignage, un joyeux sir John ou un grave lord George, menacés de mourir sans postérité et de voir avec eux s'éteindre leur race, à moins qu'un mariage ne vienne en aide à leur avenir et à leur moralité; en outre, elles ont sous la main un riche assortiment de fraîches fiancées.

XXXIV.

C'est là qu'elles choisissent prudemment à celui-ci une héritière, à celui-là une beauté; à l'un une cantatrice sans défaut, à l'autre une compagne qui promet un grand dévouement à ses devoirs; à cet autre une dame que nul ne saurait refuser, et dont les perfections constituent à elles seules un trésor; une seconde, que recommande l'excellence de ses relations de famille; une troisième, parce que c'est un choix sur lequel il n'y a rien à dire.

XXXV.

Quand l'harmoniste Rapp mit l'embargo sur le mariage [9] dans son harmonieuse colonie — (qui continue à fleurir étrangement, sans encombre, parce qu'elle ne procrée que le nombre de bouches qu'elle peut nourrir, sans recourir à ces douloureux sacrifices qui répriment le besoin le plus doux de la nature), pourquoi a-t-il appelé « harmonie » une société sans mariage? Je tiens maintenant mon prédicateur.

XXXVI.

Il faut qu'il ait voulu se moquer, ou de l'harmonie, ou du mariage, en établissant entre eux ce singulier divorce. Mais que ce soit en Allemagne ou ailleurs que le révérend Rapp ait puisé ses idées, on dit que sa secte est riche, vertueuse, pieuse et pure plus qu'aucune des nôtres, bien que ces dernières procréent sur une plus large échelle. Je blâme son titre, non son rituel, quoique je m'étonne qu'il ait pu passer en usage.

XXXVII.

Mais Rapp est l'opposé des zélées matrones qui, en dépit de Malthus, favorisent la génération; professeurs dans cet art prolifique, elles patronisent toutes les parties modestes de la propagation, qui, après tout, prend un tel développement, que la moitié de ses produits s'écoule par la voie de l'émigration : triste résultat des passions et des pommes de terre, — deux mauvaises herbes qui embarrassent fort nos Catons économistes.

XXXVIII.

Adeline avait-elle lu Malthus? Je ne saurais le dire. Elle eût bien fait de le lire : son livre n'est que le onzième commandement, qui dit : « Tu n'épouseras pas, » si ce n'est *avantageusement;* autant que je puis le comprendre, c'est ce qu'il a voulu dire. Il n'entre pas dans mon dessein de discuter les vues ni d'examiner le sens de ce qu'a tracé une « main si éminente [10]; » mais on ne saurait contester que sa doctrine ne conduise à la vie ascétique, et ne fasse du mariage une arithmétique.

XXXIX.

Mais Adeline, présumant sans doute que Juan avait un revenu suffisant, ou un revenu *séparé* en cas de séparation légale; — car, somme toute, il peut arriver que l'épouseur, après avoir dûment épousé, rétrograde quelque peu dans la danse du mariage — (ce serait, pour un peintre un aussi beau sujet que « la danse de la Mort » d'Holbein; — mais non, le sujet est le même); —

XL.

Adeline, donc, décida le mariage de Juan ; le décida, dis-je, dans sa sagesse, et c'en est assez pour une femme ; mais à qui le marier? Il y avait la sage miss Lecture [11], miss Lenu [12], miss Fêlée [13], miss Lemâle [14] et miss Au-Fait [15], sans compter les deux belles héritières Couche-d'Or [16]. Adeline regardait le mérite de Juan comme au-dessus du commun ; c'étaient là des partis on ne peut plus sortables, et qui, convenablement montés, comme des montres, pouvaient parfaitement passer.

XLI.

Il y avait miss de l'Étang [17], calme et unie comme la mer par un jour d'été; fille unique, ce merveilleux trésor, elle semblait une véritable crème d'égalité d'âme, jusqu'au moment où on l'écrémait; — alors, sous cette surface, on découvrait un mélange de lait et d'eau, et peut-être aussi une légère teinte de bleu [18]; mais, qu'importe? L'amour est tapageur; mais le mariage a besoin de repos, et, en sa qualité de poitrinaire, le régime du lait lui convient.

XLII.

Et puis il y avait miss Audacia Soulier-Fin [19], pimpante et riche demoiselle, dont le cœur visait à un crachat ou à un cordon bleu; mais, soit que dans les derniers temps il y eût disette de ducs anglais, soit qu'elle n'eût pas touché la corde véritable au moyen de laquelle de telles sirènes séduisent nos grands seigneurs, elle s'accommoda d'un cadet étranger, un Russe ou un Turc, — l'un vaut l'autre.

XLIII.

Et puis il y avait, — mais pourquoi continuerais-je, à moins que les dames n'interrompent ici leur lecture? Il y avait aussi une jeune et magique beauté du plus haut rang, et supérieure encore à son rang : Aurora Raby, jeune étoile qui brillait sur la vie, image trop charmante pour un tel miroir, créature adorable, à peine formée ou modelée; rose n'ayant pas encore éployé ses feuilles les plus suaves;

XLIV.

Riche, noble, mais orpheline: fille unique, elle avait été confiée aux soins de tuteurs bons et bienveillants; et, toutefois, il y avait dans son aspect quelque chose de si solitaire! Le sang n'est pas de l'eau; et où retrouverons-nous des sentiments de jeunesse comme ceux que la mort a détruits, alors que, laissés seuls, nous sentons dans nos palais déserts qu'il nous manque un foyer, et que nos affections les plus chères sont dans la tombe?

XLV.

Enfant par l'âge, et plus encore par son extérieur, il y avait je ne sais quoi de sublime dans ses yeux, qui brillaient tristement comme ceux d'un séraphin. Tout en elle était jeunesse, et elle semblait hors des atteintes du temps ; radieuse et grave, — comme si elle eût plaint l'homme déchu, triste, — mais d'un crime qui n'était pas le sien, on eût dit qu'elle était assise à la porte d'Éden, et pleurait sur ceux qui en étaient exilés sans retour.

XLVI.

Et puis elle était catholique sincère, austère autant que le lui permettait son cœur bienveillant ; et ce culte tombé lui semblait plus cher par cela même peut-être qu'il était tombé ; ses aïeux, fiers de leurs exploits et des temps où leur nom avait retenti glorieux à l'oreille des nations, avaient toujours refusé de fléchir devant le pouvoir nouveau ; et comme elle était la dernière de leur race, elle gardait précieusement le dépôt de leur vieille foi et de leurs vieilles affections.

XLVII.

Elle regardait un monde qu'elle connaissait à peine, et ne semblait pas désirer le connaître ; silencieuse, solitaire, comme croît une fleur, elle croissait doucement, et conservait son cœur calme dans sa zone. Il y avait une sorte de religieux respect dans l'hommage qu'on lui rendait ; son âme semblait assise sur un trône, à part du reste du monde, et forte de sa propre force : — chose étrange dans un être si jeune.

XLVIII.

Or, il arriva que, dans le catalogue d'Adeline, Aurora fut oubliée, bien que sa naissance et sa fortune l'eussent placée dans l'opinion fort au-dessus des enchanteresses que nous avons déjà citées ; sa beauté, non plus, ne pouvait faire obstacle à ce qu'on la mentionnât comme dûment qualifiée, par mainte vertu, à fixer l'attention de tout célibataire désireux de doubler son existence.

XLIX.

Et cette omission, comme celle du buste de Brutus dans le cortége de Tibère, excita, comme de raison, l'étonnement de Juan. Il l'exprima d'un air moitié riant, moitié sérieux ; sur quoi Adeline répondit avec une sorte de dédain, et d'un air impérieux, pour ne pas dire plus, qu'elle voudrait bien savoir ce qui avait pu le frapper dans une enfant telle que cette affectée, silencieuse et froide Aurora Raby.

L.

Juan répliqua — « qu'elle était catholique, et, par conséquent, lui convenait mieux que toute autre, comme appartenant à la même communion que lui ; car il ne doutait pas que sa mère ne tombât malade, et que le papa ne fulminât son excommunication, si… » — Mais ici Adeline, qui semblait avoir fort à cœur d'inoculer aux autres ses propres opinions, articula, — comme c'est l'usage, — les mêmes raisons qu'elle avait déjà fait valoir.

LI.

Et pourquoi non? une raison raisonnable, si elle est bonne, n'en devient pas plus mauvaise pour être répétée; si elle est mauvaise, ce qu'il y a certainement de mieux à faire, c'est de revenir à la charge et d'amplifier; vous perdez beaucoup par la concision, tandis qu'en *insistant* à propos ou hors de propos, vous convainquez tout le monde, même en politique ; ou, — ce qui revient au même, — on se rend de guerre lasse. Pourvu que vous arriviez au but, qu'importe la route ?

LII.

Pourquoi Adeline avait cette légère prévention, — car c'était une prévention, — contre une créature aussi pure de vice que la Sainteté elle-même, et joignant à cela tous les charmes du corps et du visage, c'est pour moi une question beaucoup trop délicate, vu qu'Adeline était naturellement libérale; mais la nature est la nature, et a plus de caprices que je n'ai le temps ou la volonté d'en énumérer.

LIII.

Peut-être n'aimait-elle pas l'air d'indifférence avec lequel Aurora regardait ces futilités qui charment presque toujours dans la jeunesse : car il est peu de choses que supportent plus impatiemment les hommes, et les femmes aussi, s'il nous est permis de le dire, que de voir leur génie ainsi dominé, comme celui d'Antoine par César [20], par le petit nombre de ceux qui les regardent comme ils le méritent.

LIV.

Ce n'était pas l'envie, — Adeline en était incapable; son rang et son caractère la mettaient bien au-dessus d'un pareil sentiment. Ce n'était pas le mépris, — qui n'eût pu s'adresser à une personne dont le plus grand défaut était d'en laisser trop peu à reprendre. Ce n'était pas la jalousie, que je sache ; mais cessons de suivre ainsi à la piste les feux follets du genre humain. Ce n'était pas, — hélas! il est plus aisé de dire ce que ce n'était pas que de dire ce que c'était.

LV.

Aurora était loin de soupçonner qu'elle fût le sujet d'une discussion de ce genre. Elle faisait partie de la société réunie chez Adeline; vague charmante et plus pure que toutes les autres, dans ce brillant fleuve de grandeur et de jeunesse qui coulait pour un moment sous l'éclat des rayons passagers que le Temps reflète sur toute crête radieuse; si elle l'avait su, elle eût souri avec calme ; — il y avait en elle tant ou si peu de la nature de l'enfant !

LVI.

L'air fier et délibéré d'Adeline ne lui en imposait pas : elle la voyait resplendir à peu près comme elle eût vu briller un ver luisant, puis aurait reporté ses regards vers les astres pour leur demander de plus doux rayons. Juan était pour elle quelque chose qu'elle ne pouvait deviner, n'ayant pas des yeux de sibylle pour sonder les voies de ce monde nouveau; toutefois, l'éclat de ce météore ne l'éblouissait pas, attendu qu'elle ne se fiait pas exclusivement aux traits du visage.

LVII.

Sa réputation même, — car il avait cette sorte de réputation qui fait parfois un immense ravage chez les femmes; masse hétérogène de blâme glorieux, mélange composé de demi-vertus et de vices entiers; défauts qui plaisent par leur vivacité; folies si brillamment attifées qu'elles éblouissent : — ces cachets sur sa cire ne faisaient aucune impression, tant elle avait de froideur et d'empire sur elle-même.

LVIII.

Juan ne comprenait rien à ce caractère; — c'était une âme haute, et cependant elle ne ressemblait pas à cette Haïdée, qu'il avait perdue; néanmoins toutes deux rayonnaient dans la sphère qui leur était propre; la jeune insulaire, élevée aux bords de la mer solitaire, plus chaleureuse, aussi charmante, et non moins sincère, était l'enfant de la nature; Aurora ne pouvait et n'aurait pas voulu être telle: il y avait entre elles la différence qu'il y a entre une fleur et une pierre précieuse.

LIX.

Après cette comparaison sublime, je puis, ce me semble, poursuivre notre récit, et, comme dit mon ami Scott, « je vais entonner mon chant de guerre[21]; » Scott, le superlatif de mes comparatifs, Scott, qui sait peindre les chevaliers chrétiens ou sarrasins, le serf, le seigneur et l'homme, avec un talent qui serait sans rival si le monde n'avait pas eu un Shakspeare et un Voltaire; il semble, en effet, avoir recueilli l'héritage de l'un d'eux, ou même de tous deux.

LX.

Je puis, dis-je, continuer, à ma façon légère, à me jouer à la surface de l'humanité. Je décris le monde, et me soucie fort peu que le monde me lise; du moins, je ne puis, à ce prix, épargner sa vanité. Ma muse, par ce griffonnage, m'a créé, et me créera probablement encore de nombreux ennemis; quand je le commençai, je me doutai qu'il en serait ainsi; — maintenant, *je le sais*, — ce qui n'empêche pas que je ne sois, ou n'aie été, un assez joli poëte.

LXI.

La conférence ou le congrès (car cette entrevue se termina comme nous avons vu depuis peu se terminer maints congrès), la conférence de lady Adeline et de don Juan vit se mêler à ses douceurs une certaine quantité d'acide : — car milady était entière ; mais avant que les choses pussent se gâter entièrement ou s'arranger, la cloche argentine sonna, non le dîner, mais cette heure appelée *demi-heure* consacrée à la toilette, quoique ces dames soient trop peu vêtues pour que tout ce temps leur soit nécessaire.

LXII.

Maintenant de grands exploits allaient s'accomplir à table, avec la vaisselle massive pour armure, les couteaux et les fourchettes pour armes offensives ; mais depuis Homère (ses festins ne sont pas la moins belle portion de ses ouvrages), quelle muse est capable de déployer la carte d'un seul de nos modernes dîners, dont les soupes, les sauces, ou même un seul ragoût, renferment plus de mystères que n'en affectèrent jamais médecins, courtisanes ni sorcières ?

LXIII.

Il y avait une excellente soupe *à la bonne femme,* Dieu sait de qui elle venait ! il y avait aussi un turbot pour les gens de bon appétit, accompagné d'un *dindon à la Périgueux* ; il y avait aussi... — Pêcheur que je suis ! comment achèverai-je cette stance de gastronome ? Il y avait une soupe *à la Beauveau,* flanquée d'une dorée qui, pour sa plus grande gloire, était elle-même flanquée d'un filet de porc.

LXIV.

Mais il faut que je réunisse tout en bloc ou en masse ; car d'aller entrer dans les détails, ce serait exposer ma muse à tomber dans de plus graves excès que ceux que certaines gens lui ont reprochés en jetant les hauts cris. Mais, quoique bonne vivante, j'avouerai que ce n'est pas par l'estomac qu'elle pèche ; toutefois, cette narration exige quelques légers réconfortants, ne fût-ce que pour raviver ses esprits.

LXV.

Des volailles *à la Condé,* des tranches de saumon, des

sauces génevoises, un quartier de venaison, des vins qui eussent pu derechef donner la mort au jeune Ammon, — dont j'espère que nous ne verrons pas de sitôt les pareils; — on servit aussi un jambon glacé de Westphalie, auquel Apicius eût donné sa bénédiction; et puis du champagne à la mousse pétillante, blanche comme les perles fondues de Cléopâtre.

LXVI.

Dieu sait tout ce qu'il y avait encore *à l'allemande*, *à l'espagnole*, *timbale* et *salpicon*, — cent choses que je ne puis ni exprimer ni comprendre, bien qu'avalées avec beaucoup d'appétit; puis des entremets pour peloter en attendant partie, et prendre doucement patience, en attendant la robe triomphale de Lucullus. — (*voilà pourtant la gloire!*) — des filets de perdreaux aux truffes.

LXVII.

Auprès de ces filets, que sont les bandelettes sur la tête du vainqueur? des chiffons ou de la poussière! Où est l'arc triomphal qui s'inclinait au-dessus des dépouilles des nations? Où est l'orgueilleux cortége du char de triomphe? Tout cela est allé où vont victoires et dîners. Je ne pousserai pas plus loin mes investigations; mais, ô modernes héros à cartouches, quand vos noms donneront-ils du lustre même à des perdrix?

LXVIII.

Il faut avouer aussi que ces truffes ne sont pas un accessoire à dédaigner, suivies des *petits puits d'amour*, — mets dont, peut-être, la préparation varie, car chacun peut l'apprêter à sa guise, si nous en croyons le plus accrédité de ces dictionnaires, encyclopédies de la chair et du poisson; mais, même sans confitures, on ne saurait nier que ces petits puits ne soient un morceau délicat [22].

LXIX.

L'esprit se perd à l'imposante contemplation de l'intelligence qui a présidé aux deux services; et la grande multiplication de l'indigestion réclame une arithmétique au-dessus de mes forces. Qui jamais eût pu croire, depuis la simple ration d'Adam, que la cuisine évoquerait assez de ressources pour former une science et une nomenclature de l'un des besoins les plus vulgaires de la nature?

LXX

On entendit le tintement des verres et le bruit de la mastication; les dîneurs renommés dînèrent bien, les dames prirent une part plus modérée au banquet, et mangèrent moins que je ne saurais dire; il en fut de même des jeunes gens, car un jeune homme ne peut, comme l'âge mûr, exceller en gastronomie, et pense moins à manger qu'à écouter le babil de la jolie causeuse assise auprès de lui.

LXXI.

Hélas! il me faut passer sous silence le gibier, le salmis, le consommé, la purée, tous articles dont je fais usage pour rendre mon vers plus coulant que ne le ferait l'emploi du roast-beef, à la façon grossière de John Bull; il ne m'est pas permis d'introduire ici une seule entre-côte; le bœuf aux choux gâterait mon doux poëme; mais j'ai dîné, et dois m'interdire, hélas! la chaste description même d'une bécasse,

LXXII.

Et les fruits, et les glaces, et tous les raffinements de l'art sur la nature pour le service du goût, — ou de la goutte : — prononcez ce mot comme il plaira à votre estomac! Avant dîner, la première version peut être de mise; mais *après*, on reconnaît parfois, à certains signes, que la seconde est la véritable. Avez-vous jamais eu la goutte? Je ne l'ai pas eue encore, mais je puis l'avoir, et vous aussi, lecteur; prenez-y garde.

LXXIII.

Dois-je oublier dans ma carte les simples olives, le meilleur accompagnement du vin? Il le faut, et pourtant ç'a été un de mes plats favoris, en Espagne, à Lucques, à Athènes, partout. Il m'est souvent arrivé de dîner avec des olives et du pain, en plein air, ayant le gazon pour table, sur le Sunium ou l'Hymette, comme Diogène, à qui je dois la moitié de ma philosophie.

LXXIV.

Au milieu de cette confusion de poissons, de viandes, de volailles, de légumes, de toutes ces substances déguisées, les convives prirent place dans l'ordre qui leur fut assigné, offrant entre eux non moins de variété que les mets étalés sur la table. Don Juan était assis près d'une *à l'espagnole* ; comme je l'ai déjà dit, il s'agit ici d'un plat, et non d'une demoiselle ; toutefois, ce mets avait avec une dame ce point de ressemblance, qu'il était superbement paré et fort appétissant.

LXXV.

Par un singulier hasard, il se trouva placé entre Aurora et lady Adeline ; — j'avoue que, pour un homme ayant des yeux et un cœur, c'était, à dîner, une situation difficile. D'ailleurs, la conférence que nous avons vue n'était pas de nature à l'encourager à briller ; car Adeline ne lui adressait que rarement la parole, et ses yeux pénétrants semblaient vouloir lire au fond de sa pensée.

LXXVI.

Je suis parfois porté à croire que les yeux ont des oreilles ; ce qu'il y a de certain, c'est que, hors de la portée de l'ouïe, ces charmantes créatures saisissent mille choses dont je ne sais vraiment comment elles ont pu avoir connaissance. Comme cette mystérieuse harmonie des sphères, que nul n'entend, bien qu'elle résonne si haut, c'est étonnant comme le beau sexe entend de longs dialogues — dans lesquels il n'y a pas eu un mot de prononcé.

LXXVII.

Aurora gardait cette indifférence qui pique à bon droit un preux chevalier : de toutes les offenses, la plus vive est celle qui donne à entendre que nous ne valons pas la peine qu'on nous accorde une seule pensée. Or, Juan, bien qu'il n'eût pas les prétentions d'un fat, n'était pas des plus contents de se voir, comme un navire, pris entre les glaces, et cela après tous les excellents avis qu'il avait reçus.

LXXVIII.

A ses aimables riens, rien n'était répondu ; ou bien il ne recevait que ces réponses insignifiantes que commande la politesse. Aurora détournait à peine les yeux; à peine si son sourire eût pu satisfaire la vanité la moins exigeante. Que diable avait cette jeune fille? Était-ce orgueil, ou modestie, ou préoccupation, ou impuissance? Le ciel le sait! Mais les yeux malicieux d'Adeline rayonnaient de joie en voyant se réaliser ses prophéties,

LXXIX.

Et semblaient dire: « Je vous l'avais dit; » sorte de triomphe que je ne recommanderai à personne; car, comme je l'ai vu ou lu, en matière d'amour ou d'amitié, il peut piquer un homme au vif, et l'engager à pousser au sérieux ce qui n'était d'abord qu'une plaisanterie; or, nous aimons tous à prophétiser ce qui *est* ou *fut*, et nous prenons en haine ceux qui ne permettent pas à nos prédictions de se réaliser.

LXXX.

C'est ainsi que Juan fut amené à témoigner quelques attentions légères, mais spéciales, tout juste ce qu'il en fallait pour faire comprendre à une femme intelligente qu'il en faisait moins qu'il n'eût voulu. A la fin Aurora, (ainsi le dit l'histoire, s'appuyant sans doute plus sur des suppositions que sur des faits), Aurora permit à ses pensées de quitter leur douce prison, au point, sinon d'écouter, du moins de sourire une ou deux fois.

LXXXI.

Des réponses elle passa aux questions: chez elle cela était rare; et Adeline, qui jusque-là avait cru voir se confirmer la justesse de ses prédictions, commença à craindre que sa glace ne se fondît dans la coquetterie; tant il est difficile, dit-on, d'empêcher les extrêmes, une fois mis en mouvement, de se toucher; mais en cela elle poussait trop loin les raffinements de sa prévoyance: — le caractère d'Aurora n'était pas de ce genre.

LXXXII.

Mais Juan avait une sorte de charme fascinateur, et sa fière humilité, si on peut lui donner ce nom, témoignait pour ce que disaient les dames une absolue déférence, comme si chaque parole magique eût été un décret. Doué d'un tact exquis, il savait être tour à tour grave ou gai, libre ou réservé ; il avait l'art d'obliger les gens à se livrer, sans leur laisser voir où il voulait en venir.

LXXXIII.

Aurora, qui, dans son indifférence, le confondait avec la foule des flatteurs, bien qu'elle le jugeât plus sensé que le commun des fats chuchoteurs ou des beaux-esprits babillards, — commença (les grandes choses procèdent des petites), commença à ressentir l'influence de cette flatterie qui séduit les âmes fières plutôt par des marques de déférence que par des compliments, et plaît même par une contradiction délicate.

LXXXIV.

Et puis il avait bonne mine ; — c'était un point reconnu à l'unanimité parmi les femmes, ce qui, je suis fâché de le dire, chez les femmes mariées conduit souvent aux *conversations* criminelles ; — mais c'est un cas que nous abandonnerons aux jurys, car nous n'avons déjà eu que trop de digressions. Or, bien que nous sachions depuis longtemps que la mine est trompeuse et l'a toujours été, je ne sais comment il se fait qu'un extérieur avantageux fait plus d'impression que le meilleur des livres.

LXXXV.

Aurora, qui avait plus étudié les livres que les physionomies, était fort jeune quoique extrêmement sage, admirant plus volontiers Minerve que les Grâces, surtout sur une page imprimée. Mais la vertu elle-même a beau serrer ses lacets, elle n'a pas le corset naturel de la prudente vieillesse ; et Socrate, ce modèle du devoir, avouait un penchant, discret il est vrai, pour la beauté.

LXXXVI.

Et c'est ainsi qu'à seize ans une jeune fille est socratique, mais en toute innocence, comme Socrate ; et, en vérité, si le sublime philosophe d'Athènes avait, à soixante-dix ans, des fantaisies comme celles que mentionne Platon dans ses *Dialogues dramatiques*, je ne vois pas en quoi elles déplairaient dans une jeune fille, — toujours dans les limites de la modestie, notez-le bien; car, chez moi, c'est là « un *sine quâ* [23]. »

LXXXVII.

Et remarquez bien qu'à l'exemple du grand lord Coke (voir Littleton), toutes les fois qu'il m'arrive d'énoncer deux opinions qui, au premier abord, semblent se contredire, la seconde est toujours la meilleure. Peut-être en ai-je, dans un coin, une troisième, ou pas du tout, — ce qui semble une triste plaisanterie; mais si un auteur était rigoureusement logique, comment pourrait-il peindre les choses existantes?

LXXXVIII.

Si les gens se contredisent, puis-je faire autrement que de les contredire, comme aussi tout le monde et moi-même? — Mais c'est faux; je ne l'ai jamais fait; je ne le ferai jamais. — Comment le ferais-je? celui qui doute de tout ne peut rien nier. Il est possible que la Vérité ait une source limpide; — mais ses flots sont troubles, et coulent dans un si grand nombre de canaux contradictoires, que force lui est souvent de naviguer sur les eaux de la Fiction.

LXXXIX.

Apologue, fable, poésie, parabole, tout cela est faux, mais peut être rendu vrai par ceux qui les sèment dans une terre labourable. Que ne peut la fable? On dit qu'elle rend la réalité plus supportable; mais qu'est-ce que la réalité? qui en a la clef? La philosophie? Non; elle rejette trop de choses. La religion? *Oui;* mais laquelle de toutes ses sectes?

XC.

Quelques millions d'hommes doivent avoir tort, c'est évident; peut-être finira-t-on par découvrir que tous avaient raison. Dieu nous soit en aide! Puisque, dans notre pèlerinage, il y a nécessité pour nous de maintenir brillants nos saints luminaires, il est temps que quelque nouveau prophète nous apparaisse, ou qu'un prophète ancien vienne une seconde fois gratifier l'homme de sa présence. Au bout

XCI.

Mais me voilà encore; pourquoi aller ainsi m'embrouiller dans la métaphysique? Nul ne déteste plus sincèrement que moi toute espèce de controverse; et, néanmoins, telle est ma folie ou ma destinée, que je vais toujours me heurter la tête contre quelque angle à propos de la vie présente, passée ou future : pourtant je n'en veux ni au Troyen ni au Tyrien [24], car j'ai été élevé dans la croyance d'un presbytérien modéré.

XCII.

Mais bien que je sois un théologien tempéré, et que j'aie toute la bénignité d'un métaphysicien, impartial entre le Tyrien et le Troyen, comme Eldon [25] appelé à prononcer dans une cause d'interdiction légale, — en politique, mon devoir est de montrer à John Bull quelque chose de la condition de ce bas monde. Je sens mon sang bouillonner comme les sources de l'Hécla, quand je vois les hommes permettre à ces coquins de souverains d'enfreindre les lois.

XCIII.

Mais la politique, l'administration et la piété sont des sujets que j'aborde quelquefois, non seulement pour varier, mais dans un but d'utilité morale; car ma mission est d'*apprêter* la société et de farcir de sauge cette oie faisandée. Et maintenant que nous pouvons à peu près servir chacun selon ses goûts, nous allons essayer du surnaturel.

XCIV.

Et d'abord je vais laisser là toute argumentation, et je déclare positivement qu'à l'avenir aucune tentation n'aura le pouvoir « de me détourner de mon but [26] : » — je vais me réformer complétement. Par le fait, je n'ai jamais compris ce qu'on voulait dire en traitant de dangereuse la conversation de ma Muse; — je la crois aussi inoffensive que beaucoup d'autres qui sont plus travaillées, mais moins attrayantes.

XCV.

Lecteur rébarbatif! vous est-il jamais arrivé de voir un revenant? Non; mais vous avez entendu dire.... — je comprends; — chut! Ne regrettez pas le temps que vous avez perdu, car c'est un plaisir que vous avez encore en réserve, et ne croyez pas que je veuille me moquer de ces choses-là, et dessécher par le ridicule cette source du sublime et du mystérieux; — pour certaines raisons, ma croyance est sérieuse.

XCVI.

Sérieuse! Vous riez; — à votre aise : je n'en ferai rien, moi; il faut que mon rire soit sincère, ou je n'en veux point du tout. Je disais donc que, dans ma conviction, il est un lieu où des revenants font leur apparition. — Quel est ce lieu? Je ne le nommerai pas, car je souhaiterais plutôt pouvoir en perdre le souvenir; « des ombres peuvent jeter la terreur dans l'âme de Richard [27]. » En un mot, j'ai sur ce sujet des scrupules du genre de ceux du philosophe de Malmsbury [28].

XCVII.

La nuit — (c'est la nuit que je chante, — parfois hibou, et parfois rossignol), — la nuit est sombre, et le cri bruyant de l'oiseau de la sage Minerve fait retentir autour de moi son hymne discordant; sur l'antique muraille, de vieux portraits jettent sur moi de menaçants regards : — plût au ciel qu'ils eussent un air moins renfrogné! les cendres mourantes s'éteignent peu à peu dans l'âtre; — je commence à croire que j'ai trop longtemps prolongé ma veille.

XCVIII.

C'est pourquoi, bien que je n'aie pas pour habitude de rimer en plein jour, — quand j'ai d'autres choses à penser, si toutefois je pense, — je sens quelques frissons nocturnes, et remets prudemment à demain midi à traiter un sujet qui, hélas! n'évoque à mes yeux que des ombres; — mais il faut que vous ayez été à ma place avant de pouvoir appeler cela superstition.

XCIX.

La vie est une étoile qui luit à l'horizon sur les limites des deux mondes, entre la nuit et l'aurore Combien nous savons peu ce que nous sommes! combien moins encore ce que nous serons! le flot éternel du temps continue à rouler, et emporte au loin nos bulles d'air; lorsque l'une crève, une autre la remplace, détachée de l'écume des âges, pendant que les tombeaux des empires surgissent çà et là comme des vagues passagères.

NOTES DU CHANT QUINZIÈME.

[1] Les chants XV et XVI furent publiés à Londres en mars 1821.

[2] Ransom et Kinnaird étaient les banquiers de lord Byron.

[3] Comme il est nécessaire, à cette époque, d'éviter toute ambiguïté, je dirai ce que j'entends par le Christ encore plus divin : si jamais Dieu s'est fait homme ou l'homme Dieu, il a été tous les deux à la fois. Je n'ai jamais attaqué le christianisme, mais l'usage ou l'abus que l'on en a fait. M. Canning appela un jour le christianisme à l'appui de l'esclavage des nègres, et M. Wilberforce n'eut presque rien à dire. Est-ce donc pour que les noirs fussent flagellés que le Christ a été crucifié? S'il en est ainsi, il eût mieux fait de naître mulâtre, afin que les deux couleurs eussent d'égales chances de liberté et de salut.

[4] « Thou finely wouldst say all? Say someting well :
  Say someting ill, if thou wouldst bear the bell. » ELPHINSTON.

Matho veut tout dire *magnifiquement*. « Dis quelquefois bien, dis *passablement*, et même, parfois, dis *mal*. » MARTIAL, liv. X. *N. du Trad.*

[5] « The cat will mew : the dog will have his day. » *Hamlet*.

[6] Expression proverbiale pour dire qu'on écrit sans respect des lois de la grammaire. Prescien de Césarée fut un célèbre grammairien du quatrième siècle.

[7] Le lecteur sait de quelle façon les critiques de la *Revue d'Édimbourg* traitèrent les premiers essais de lord Byron, et l'effet que produisit sur lui cette critique.

[8] *While yet America was in her non-age.* Il y a ici un calembour. Nous avons adopté le plus détourné des deux sens, afin de rester plus fidèle à l'intention de l'auteur. *N. du Trad.*

[9] Cette bizarre et florissante colonie d'Allemands, établie en Amérique, n'exclut pas entièrement le mariage, mais elle y met des restrictions qui ont pour résultat de réduire annuellement à une proportion donnée le nombre des naissances. Les naissances, comme le remarque M. Hulme, arrivent toutes à peu près dans le même mois. Les *Harmonistes* paraissent être une population remarquablement florissante, pieuse et tranquille.

¹⁰ Jacob Tonson, suivant M. Pope, avait coutume d'appeler les écrivains des plumes capables, des personnes honorables, et surtout des mains éminentes.

«Peut-être serais-je flatté d'être appelé votre petit ami plus que du titre fastueux de grand génie ou de *main éminente*, comme Jacob appelle les auteurs.» *Pope à Steele.*

¹¹ Miss Reading.
¹² Miss Raw.
¹³ Miss Flaw.
¹⁴ Miss Showman.
¹⁵ Miss Knowman.
¹⁶ Miss Giltbedding.
¹⁷ Miss Millpond.
¹⁸ C'est-à-dire de pédantisme. Voir le poëme des *Bas-Bleus*.
¹⁹ Miss Audacia Shoestring.
²⁰ — And, under him,
My genius is rebuked; as it is said.
Mark Antony's was by Cæsar. — *Macbeth.*

²¹ *Warison* — cri de guerre :
Either receive within these towers
Two hundred of my master's powers,
Or straight they sound their *warison*
And storm and spoil this garrison.
Lai du Dernier Ménestrel.

²² Petits puits garnis de confitures.
²³ Sous-entendu *non*, omis pour l'euphonie.
²⁴ Tros Tyriusve mihi nullo discrimine habetur.
Virgile, *Énéide*, liv. I. N. du Trad.

²⁵ John Scott, comte Eldon, chancelier d'Angleterre de 1801 à 1820, sauf une interruption de quatorze mois.
²⁶ *Hamlet*, acte III, scène II.
²⁷ By the apostle Paul, shadows to-night
Have struck more terror the soul of Richard
Than can the substance of ten thousand soldiers, etc.
Richard III.

²⁸ Hobbes, qui doutait de l'existence de son âme, rendait au moins cet hommage aux âmes des autres, de craindre leurs visites.

DON JUAN.

CHANT SEIZIÈME.

I.

Les anciens Perses enseignaient trois choses utiles : à tirer de l'arc, à monter à cheval, à dire la vérité. Ainsi fut élevé

Cyrus, le meilleur des rois ; — et le même mode d'éducation a été adopté pour la jeunesse moderne. Nos jeunes gens ont un arc qui, en général, à deux cordes : ils montent un cheval sans pitié ni remords ; peut-être excellent-ils un peu moins à dire la vérité ; mais, en revanche, ils font des courbettes mieux qu'on n'en fit jamais.

II.

La cause de cet effet, ou de ce défaut, — « car cet effet défectueux a une cause [1], » —c'est ce que je n'ai pas le loisir d'examiner ; mais je dois dire, à ma louange, que de toutes les muses que je me rappelle, la mienne, quels que soient ses faiblesses et ses torts en certaines matières, est sans contredit la plus sincère qui ait jamais exploité le champ des fictions.

III.

Et comme elle traite de tout, et ne recule devant quoi que ce soit, cette épopée contiendra mille conceptions des plus rares, que vous chercheriez vainement ailleurs. Il est vrai qu'à son miel se mêle quelque amertume, mais dans une proportion si légère que, loin de pouvoir vous plaindre, vous devez vous étonner qu'il y en ait si peu, attendu que dans cette histoire il est question, « *de rebus cunctis et quibusdam aliis* [2]. »

IV.

Mais de toutes les vérités qu'elle a dites, la plus vraie est celle qu'elle va dire. J'ai dit qu'il s'agissait d'une histoire de revenant ; — eh bien ! ensuite, tout ce que je sais, c'est que la chose est constante. Avez-vous exploré les limites du territoire où doivent habiter tous les habitants de la terre ? Il est temps que nos douteurs imberbes soient réduits au silence, comme autrefois les sceptiques qui refusaient de croire Christophe Colomb.

V.

Certaines gens voudraient nous donner pour authentique la chronique de Turpin ou celle de Monmouth Geoffry, auteurs dont la supériorité historique brille surtout en matière de miracles ; mais la priorité appartient sans conteste à saint

Augustin, qui ordonne à tous les hommes de croire l'impossible, *par cela même que c'est l'impossible*. Équivoques, arguties, ergotages, il répond à tout par un « *quia impossibile* [3]. »

VI.

C'est pourquoi, ô mortels! gardez-vous d'épiloguer : croyez; — si la chose est improbable, c'est pour vous un *devoir*; si elle est impossible, *raison de plus*; ce qu'il y a toujours de mieux, c'est de croire sur parole. Je ne parle point en profane, pour révoquer en doute ces saints mystères que tout homme sage et juste admet comme parole d'Évangile, et qui, comme toutes les vérités, plus ils sont controversés, plus ils s'enracinent profondément.

VII.

Je veux seulement remarquer, à l'exemple de Johnson, que depuis à peu près six mille ans, toutes les nations ont cru que, par intervalles, il peut arriver aux habitants de la tombe de revenir nous visiter; et, ce qu'il y a d'étrange en cette étrange matière, c'est que, en dépit de tout ce que la raison oppose à une telle croyance, elle a pour elle quelque chose de plus fort encore : le nie qui voudra!

VIII.

Le dîner était fini, ainsi que la soirée; le souper terminé, les dames admirées, les convives s'étaient retirés un à un; — les chants avaient cessé, la danse avait pris fin; la dernière robe transparente avait disparu, comme ces nuages vaporeux qui se perdent dans le firmament, et rien ne brillait plus dans le salon, sauf les bougies mourantes, — et la lune qui commençait à poindre.

IX.

L'évaporation d'un joyeux jour ressemble au dernier verre de champagne, privé de la mousse qui égayait sa première rasade; ou à un système que le doute accompagne; ou à une bouteille d'eau de Seltz, quand son écume pétillante a jailli et que la moitié de son énergie s'est exhalée; ou à une vague oubliée par la tempête et à laquelle manque l'animation du vent;

X.

Ou à un opiat qui donne un repos troublé ou n'en procure aucun; ou — à rien que je connaisse, si ce n'est elle-même; — tel est le cœur humain; tout ce qu'on pourrait lui comparer n'en saurait donner une idée vraie; — semblable à la pourpre de Tyr, dont nul ne peut dire si sa teinture provenait d'un coquillage ou de la cochenille. Ainsi périsse, jusqu'au dernier lambeau, la robe des tyrans!

XI.

Après le supplice de s'habiller pour un raout ou pour un bal, il faut placer celui de se déshabiller; parfois notre robe de chambre pèse sur nous comme celle de Nessus, et nous rappelle des pensées aussi jaunes que l'ambre, mais un peu moins limpides. Titus s'écriait : « J'ai perdu un jour ! » De toutes les nuits et de tous les jours que la plupart des hommes peuvent se rappeler (et j'en ai eu, pour ma part, qui n'étaient point à dédaigner) je serais curieux de savoir combien n'ont pas été perdus

XII.

Juan, en se retirant dans sa chambre, se sentit agité, embarrassé, compromis : il trouvait les yeux d'Aurora Raby plus brillants que ne l'en avait prévenu Adeline (c'est le résultat ordinaire des conseils). S'il avait connu complétement son état, il se fût probablement mis à philosopher; c'est pour tout le monde une grande ressource qui ne nous fait faute qu'au moment où nous en avons besoin. Juan se borna donc à soupirer.

XIII.

Il soupira. Une seconde ressource, c'est la pleine lune, cet entrepôt de tous les soupirs; et justement alors, son chaste disque jetait une clarté aussi pure que le permet la nature du climat; et le cœur de Juan était sur le diapason convenable pour la saluer de l'apostrophe : — « Ô toi ! » de ce tutoiement de l'égoïsme amoureux qu'il serait fort inutile d'expliquer plus au long.

XIV.

Mais, amant, poëte, astronome, berger, laboureur, quiconque a des yeux ne peut la contempler sans éprouver un sentiment rêveur; de là nous viennent de grandes pensées (et parfois aussi un rhume, ou je me trompe fort); d'importants secrets sont révélés à son orbe lumineux; elle soumet à son influence les marées de l'Océan, et le cerveau des mortels, et aussi leurs cœurs, si la poésie dit vrai.

XV.

Juan se sentait rêveur et disposé à préférer la contemplation à son oreiller; dans la chambre gothique où il était, les flots du lac lui apportaient leur murmure, auquel minuit joignait son charme mystérieux; sous sa fenêtre (cela va sans dire), se balançait un saule; et il restait immobile, regardant la cascade, qui tantôt brillait, tantôt se perdait dans l'ombre.

XVI.

Sur sa table ou sur sa toilette, — je ne puis dire précisément laquelle — (je fais cette observation, parce que, lorsqu'il s'agit d'un fait, je suis on ne peut plus scrupuleux), une lampe brillait d'une clarté vive, pendant qu'il était appuyé contre une niche où restaient encore maint ornement gothique, des pierres ciselées, des vitraux peints, et tout ce que le temps a épargné dans les manoirs de nos pères.

XVII.

Puis, comme la nuit était belle, quoique froide, il ouvrit la porte de sa chambre — et s'avança dans une longue et sombre galerie garnie de vieux tableaux d'un grand prix, représentant des chevaliers et des dames héroïques et chastes, comme doivent l'être infailliblement les gens de haut lignage. Mais, à la lueur d'une clarté douteuse, les portraits des morts ont je ne sais quoi de sépulcral, de lamentable et d'effrayant;

XVIII.

A la clarté de la lune, ces images de saints et de farouches chevaliers paraissent vivre; et pendant que vous vous retournez, au faible écho de vos propres pas, — il vous semble que des voix s'élèvent du cercueil, et que des ombres fantastiques et bizarres se détachent des cadres qui enclosent leur menaçante effigie, comme pour vous demander de quel droit vous osez veiller en ce lieu, où tout, hormis la Mort, doit dormir.

XIX.

Et le pâle sourire des beautés défuntes, charme des anciens jours, semble se ranimer à la lueur des étoiles; les flots emprisonnés de leur chevelure ruissellent de nouveau sur la toile; leurs yeux, fixés sur les nôtres, étincellent comme des rêves, ou des stalactites dans quelque antre sombre; mais la mort est peinte dans leurs mélancoliques rayons. Un portrait, c'est déjà le passé : avant qu'on ait doré son cadre, l'original n'est déjà plus le même.

XX.

Pendant que Juan rêvait à la mutabilité, ou à sa maîtresse, — ces termes sont synonymes, — nul bruit, hormis l'écho de ses soupirs ou de ses pas, ne troublait le lugubre repos de l'antique manoir; quand tout à coup il entendit ou crut entendre, près de lui, un agent surnaturel, — ou une souris, dont le léger bruissement derrière une tapisserie a plus d'une fois intrigué bien des gens.

XXI.

Ce n'était pas une souris; mais, ô surprise! un moine affublé d'un capuchon, d'un rosaire et d'une robe noire, tantôt se montrant à la clarté de la lune, tantôt perdu dans les ténèbres; il s'avançait d'un pas pesant, mais silencieux; on entendait le bruit léger de ses vêtements; il marchait lentement ou plutôt glissait comme une ombre, pareil aux prophétiques sœurs [4]; et, en passant près de Juan sans s'arrêter, il fixa sur lui un regard étincelant.

XXII.

Juan resta pétrifié; il avait bien entendu parler d'un fantôme qui hantait autrefois ce manoir; mais, comme tant d'autres, il n'y avait vu que l'un de ces bruits qui s'attachent à de tels lieux, que cette monnaie de la superstition qui jette dans la circulation des revenants, lesquels ont cours comme l'or, et, comme l'or aussi, comparé au papier, ne se montrent que très rarement. Don Juan a-t-il bien vu, ou n'était-ce qu'une vapeur?

XXIII.

Une fois, deux fois, trois fois, passa et repassa — cet habitant de l'air, ou de la terre, ou du ciel, ou de l'autre séjour; et Juan fixa sur lui des yeux émerveillés, sans pouvoir ni parler ni remuer; il resta immobile comme une statue sur sa base; il sentit ses cheveux s'enlacer autour de ses tempes, comme un nœud de serpent; il voulut demander au révérend personnage ce qu'il voulait; mais sa langue lui refusa des paroles.

XXIV.

La troisième fois, après une pause plus longue encore, le fantôme s'éclipsa, — mais où? La galerie était longue, et sous ce rapport il n'y avait rien de surnaturel dans sa disparition; nombreuses étaient les portes, qui pouvaient, sans contrarier les lois physiques, donner passage à des corps petits ou grands; mais Juan ne put dire par laquelle le spectre avait semblé s'évaporer.

XXV.

Il resta immobile, — combien de temps? c'est ce qu'il ne put déterminer; mais ce lui parut un siècle, — attendant toujours, frappé d'incapacité complète, les yeux fixés sur l'endroit où le fantôme lui avait d'abord apparu; puis, peu à peu, il recouvra l'usage de ses facultés; il lui sembla que c'était un rêve, et pourtant il ne pouvait s'éveiller; enfin, il se crut tout de bon éveillé, et rentra dans sa chambre, privé de la moitié de ses forces.

XXVI.

Tout y était encore comme il l'avait laissé; la lampe continuait à brûler, et sa flamme n'était pas *bleue* comme celle de maint flambeau modeste dont la vapeur sympathique attire les esprits; il se frotta les yeux, et ils ne lui refusèrent pas leur office; il prit un vieux journal, et n'éprouva aucune difficulté à le lire; il lut un article où l'on attaquait le roi, et un long éloge « du cirage breveté. »

XXVII.

Cela sentait ce monde-ci ; néanmoins sa main tremblait ; il ferma sa porte, et après avoir lu un paragraphe sur Horne Tooke, je pense, il se déshabilla et se mit au lit, sans trop se presser pourtant. Là mollement appuyé sur son oreiller, il reput son imagination de ce qu'il avait vu ; et quoique ce ne fût pas un opiat, le sommeil le gagna par degrés, et il s'endormit.

XXVIII.

Il s'éveilla de bonne heure, et, comme on peut croire, réfléchit à cette apparition ou vision, se demandant s'il ne devait pas en parler, au risque de s'entendre plaisanter sur sa superstition. Plus il y pensait, plus son embarras augmentait ; en ce moment, son valet, dont l'exactitude était grande, parce que son maître l'exigeait, frappa à sa porte pour l'avertir qu'il était temps qu'il s'habillât.

XXIX.

Il s'habilla ; comme tous les jeunes gens, il donnait habituellement des soins à sa toilette ; mais, ce jour-là, il y consacra moins de temps qu'à l'ordinaire ; il eut bientôt mis de côté son miroir ; ses cheveux tombaient négligemment sur son front ; ses vêtements n'avaient pas le pli accoutumé, et peu s'en fallait que le nœud gordien de sa cravate ne fût trop de côté de l'épaisseur d'un cheveu.

XXX.

Lorsqu'il fut descendu au salon, il s'assit tout pensif devant une tasse de thé, circonstance dont peut-être il ne se fût pas aperçu si le contenu du vase n'eût été brûlant, ce qui le força à recourir à sa cuillère ; il était tellement distrait, que tout le monde pouvait voir qu'il n'était pas dans son état ordinaire. — Adeline s'en aperçut la première ; — mais il lui fut impossible d'en deviner la cause.

XXXI.

Elle le regarda, remarqua sa pâleur, et pâlit elle-même ; puis elle baissa subitement les yeux, et murmura quelque chose, mais quoi ? c'est ce que mon histoire ne dit pas. Lord Henry dit que son *muffin* [5] était mal beurré ; la duchesse de

Fitz-Fulke joua avec son voile, et regarda Juan fixement sans articuler une parole. Aurora Raby, fixant sur lui ses grands yeux noirs, l'examina avec une sorte de surprise calme.

XXXII.

Mais voyant qu'il continuait à rester froid et silencieux, et que tout le monde en était plus ou moins surpris, la belle Adeline lui demanda « s'il était malade. » Juan tressaillit et dit : « Oui, — non, — peut-être, — oui. » Le médecin de la famille était fort habile, et comme il était présent, il exprima le désir de lui tâter le pouls et de s'assurer de la cause de son malaise ; mais Juan dit « qu'il se portait très bien. »

XXXIII.

« Très bien ; oui, — non, » — ces réponses n'étaient pas très claires ; mais quelque peu sensées qu'elles parussent, tout dans son air semblait les confirmer ; un malaise soudain, qui n'avait rien de sérieux, oppressait ses esprits ; quant au reste, comme il paraissait lui-même peu disposé à dire ce qu'il avait, on pouvait être assuré que ce n'était pas du docteur qu'il avait besoin.

XXXIV.

Lord Henry, qui avait expédié son chocolat, ainsi que le *muffin* dont il s'était plaint, dit que Juan n'avait pas l'air animé qui lui était habituel; ce dont il s'étonnait, attendu que le temps n'était pas pluvieux; puis il demanda à Sa Grâce si elle avait reçu depuis peu des nouvelles du duc. Sa Grâce répondit que Sa Grâce avait éprouvé quelques légères attaques de goutte, cette rouille héréditaire qui s'attache aux gonds de l'aristocratie.

XXXV.

Alors Henry, se tournant vers Juan, lui adressa sur son état quelques mots de condoléance : « On dirait, » lui dit-il, « que votre sommeil a été récemment troublé par le moine noir. » — « Quel moine? » dit Juan, tout en faisant de son mieux pour adresser cette question d'un air calme ou indifférent ; mais tous ses efforts ne purent empêcher qu'il ne devînt encore plus pâle.

XXXVI.

— « Oh! n'avez-vous jamais entendu parler du moine noir [7], le spectre qui hante ce château? » — « Jamais, en vérité. » — « La renommée, — mais vous savez qu'elle ment quelquefois, — raconte une vieille histoire dont nous reparlerons plus tard : soit qu'avec le temps, le fantôme soit devenu moins hardi, soit que nos aïeux eussent, pour voir de tels objets, de meilleurs yeux que les nôtres, il est certain que, bien que nombre de gens y croient, les visites du moine ont été plus rares dans les derniers temps.

XXXVII.

« La dernière fois, ce fut... — » — « Je vous en prie, » dit Adeline — (qui, les yeux fixés sur don Juan, suivait les changements de sa physionomie, et conjecturait déjà qu'entre son trouble et la légende il existait plus de rapport qu'il ne voulait en convenir), — « si vous ne voulez que plaisanter, vous feriez bien de choisir, pour le moment, quelque autre sujet; car l'histoire en question a été souvent contée, et n'a pas gagné beaucoup en vieillissant. »

XXXVIII.

« — Plaisanter! » dit mylord; « mais vous savez bien, Adeline, que nous-mêmes, — c'était dans notre lune de miel, — nous avons vu... — » — « N'importe, il y a de cela si longtemps! Mais, tenez, je vais vous mettre votre histoire en musique. » Alors, avec la grâce de Diane quand elle tend son arc, elle prit sa harpe, dont les cordes, à peine touchées, vibrèrent harmonieusement, et, d'un ton plaintif, elle se mit à jouer l'air :

« Il était un moine gris. »

XXXIX.

« Joignez-y, » cria Henry, « les paroles de votre composition; car Adeline est à moitié poëte; » ajouta-t-il avec un sourire en se tournant vers le reste de la société. Naturellement, chacun s'empressa d'exprimer le désir de voir déployer trois talents à la fois, car il n'y en avait pas moins : la voix, les paroles et l'exécution musicale, dont la réunion ne pouvait se rencontrer dans une sotte.

XL.

Après quelques instants d'hésitation ravissante, magie de ces enchanteresses qui, je ne saurais dire pourquoi, semblent obligées à cette dissimulation, — la belle Adeline baissa d'abord les yeux, puis, s'animant tout à coup, maria sa douce voix aux sons de sa harpe, et chanta ce qui suit avec beaucoup de simplicité, mérite qui, pour être rare, n'en est pas moins précieux :

1.

Dieu vous garde du moine noir
Qu'on voit, marmottant sa prière,
Quand la nuit descend sur la terre,
Rôder autour de ce manoir.
Au temps où lord Amundeville
Chassa les moines de ces tours,
Un moine refusa toujours
De quitter cet antique asile.

2.

La torche et le fer à la main,
Il venait des biens de l'église
Réclamer la prompte remise,
Par l'ordre de son souverain.
Un moine à demeurer s'obstine ;
Son aspect n'est pas d'un mortel ;
Sous le porche, ou près de l'autel,
Ce n'est que la nuit qu'il chemine.

3.

Plein d'un bon ou mauvais vouloir
(Lequel ? Réponde un plus habile !),
Nuit et jour des Amundeville
Le moine habite le manoir.
Leur première nuit conjugale
Près de leur lit le voit errer ;
Il vient aussi, non pour pleurer,
Le jour où leur souffle s'exhale.

4.

Triste quand naît un héritier,
S'annonce-t-il quelque infortune ?
Aux pâles rayons de la lune,
Il parcourt l'édifice entier.
D'un capuchon couleur d'ébène
Toujours ses traits restent couverts ;
Mais son regard brille au travers,
Et c'est celui d'une âme en peine.

5.

Dieu vous garde du moine noir!
C'est l'héritier du monastère ;
Il est encor puissant sur terre,
Malgré le laïque pouvoir.
Le jour, Amundeville est maître;
La nuit, le moine est sans rival ;
Son droit subsiste, et nul vassal
N'est tenté de le méconnaître.

6.

Lorsqu'il se promène à grands pas,
Couvert de son vêtement sombre,
Si vous laissez passer son ombre,
Elle ne vous parlera pas.
Qu'il nous soit propice ou contraire,
Dieu soit en aide au moine noir!
Qu'il prie ou non pour nous, ce soir
Offrons pour lui notre prière.

XLI.

La voix d'Adeline expira, et les cordes frémissantes cessèrent de résonner sous ses doigts ; il se fit alors ce moment de silence que garde l'auditoire quand le chant a cessé ; puis, ainsi que la politesse le prescrit, tout le cercle admire et applaudit le ton, l'expression et l'exécution, au grand embarras de la timide exécutante.

XLII.

La belle Adeline, sans paraître y attacher le moindre prix, semblait ne considérer ce talent que comme le passe-temps d'un jour inoccupé, et ne le cultiver un moment que pour son propre plaisir; toutefois, de temps à autre, sans paraître y mettre la moindre prétention, ce qui pourtant n'en excluait pas une certaine dose, elle daignait, avec un orgueilleux sourire, descendre à ces exhibitions, seulement pour montrer ce qu'elle eût pu faire si elle eût cru que la chose en valût la peine.

XLIII.

Or, ceci (mais je le dis tout bas), c'était, — vous me pardonnerez cette pédantesque comparaison, c'était fouler l'orgueil de Platon aux pieds d'un orgueil plus grand encore, comme fit le Cynique en pareille occasion, s'imaginant par la mortifier beaucoup le sage et soulever sa colère philosophique pour un tapis gâté ; mais « l'abeille attique » trouva dans sa propre repartie une consolation suffisante [8].

XLIV.

C'est ainsi qu'en faisant avec aisance, quand il lui plaisait, ce que les dilettanti font avec beaucoup d'étalage, Adeline éclipsait leur *demi-profession* ; car c'en est presque une quand on en fait trop souvent parade ; et c'est ce qui a lieu, comme en conviendront tous ceux qui ont entendu miss ceci ou miss cela, ou lady une telle, étaler leur savoir-faire, — pour plaire à la compagnie ou à leur mère.

XLV.

Oh ! les longues soirées de duos et de trios ! les admirations et les disquisitions ; les « *mamma mia!* » et les « *amor mio!* » les « *tanti palpiti,* » dans l'occasion ; les « *lasciami* » et les roucoulants « *addio!* » chez notre nation si éminemment musicale, sans compter les *tu mi chamas* du Portugal, pour charmer nos oreilles, dans le cas où l'Italie viendrait à nous faire défaut ;

XLVI.

Les *bravuras* de Babylone, — comme aussi les simples ballades de la verte Érin et de la grisâtre Écosse, ces chants qui évoquent Lochaber aux regards du voyageur errant au loin sur les continents ou les îles de l'Atlantique, ces calentures musicales qui font rêver au montagnard la présence de la patrie à jamais absente, hormis dans de telles visions, — c'étaient là les compositions dans lesquelles Adeline excellait.

XLVII.

Elle avait aussi une légère teinte de « *bleu* », savait faire des vers, et en composait plus qu'elle n'en écrivait ; faisait dans l'occasion des épigrammes sur ses amis, comme cela doit être. Toutefois, elle était loin d'avoir cette teinte d'azur foncé, devenue, de nos jours, la couleur dominante ; elle avait la faiblesse de trouver Pope un grand poëte, et, qui pis est, elle n'avait pas honte de l'avouer.

XLVIII.

Aurora, — puisque nous en sommes sur le goût, ce thermomètre d'après lequel tous les individus sont aujourd'hui classés, — Aurora, si je ne me trompe, était plus shakspearienne. Elle vivait beaucoup plus dans les mondes situés par delà les inextricables déserts de celui-ci; car il y avait en elle une étendue de sensibilité capable d'embrasser des pensées illimitées, profondes comme l'espace et silencieuses comme lui.

XLIX.

Il n'en était point ainsi de Sa Grâce, si gracieuse, et si peu en état de grâce[9], de la duchesse de Fitz-Fulke, cette Hébé déjà mûre, dont l'esprit, en supposant qu'elle en eût, était peint sur sa figure ; et celle-là était de l'espèce la plus fascinante. On pouvait aussi y discerner un léger penchant à la méchanceté ; — mais c'est peu de chose : il est peu de femmes qui n'aient quelque gentil levain de ce genre, sans lequel nous nous croirions tout à fait au ciel.

L.

Je n'ai pas entendu dire qu'elle fût le moins du monde poétique; cependant on lui vint un jour lire le « *Guide de Bath* » et les « *Triomphes d'Hayley*, » qui lui semblèrent pathétiques : car, disait-elle, *son caractère* avait tant de fois été mis à l'épreuve, que le poëte avait réellement prophétisé toutes les vicissitudes par lesquelles elle avait passé — depuis son mariage. Mais, en fait de vers, ce qu'elle préférait à tout, c'étaient les sonnets à elle adressés, ou les bouts rimés.

LI.

Il serait difficile de dire le but que se proposait Adeline en chantant une ballade qui semblait avoir un rapport si direct avec l'émotion nerveuse dont Juan était agité ce jour-là. Peut-être ne se proposait-elle que de dissiper, en riant, sa terreur supposée; peut-être voulait-elle l'augmenter encore; dans quelle intention? Je ne saurais le dire, — du moins pour le moment.

LII.

Quoi qu'il en soit, cet expédient eut pour effet immédiat de rappeler Juan à lui-même, condition essentielle aux élus qui veulent se mettre au diapason de leur société : en quoi on ne saurait être trop circonspect; que ce soit le persiflage ou la piété qui donne le ton, ayez soin de vous affubler du manteau d'hypocrisie, le plus à la mode, sous peine d'encourir gravement le déplaisir de la gynocratie [10].

LIII.

Juan commença donc à se remettre, et sans plus d'explication, à lancer sur ce chapitre mainte saillie. Sa Grâce saisit aussi cette occasion pour hasarder diverses observations du même genre; mais elle exprima, en même temps, le désir d'entendre un récit plus détaillé des singulières façons d'agir de ce moine mystique, à l'occasion des morts et des mariages de la famille actuelle.

LIV.

On ne pouvait guère lui en apprendre, à cet égard, plus que nous n'en avons rapporté; ces choses-là, selon l'usage, passèrent, auprès de quelques-uns, pour pure superstition, pendant que d'autres, à qui le sujet inspirait plus d'effroi, n'étaient pas éloignés d'adopter cette étrange tradition. La conversation roula longtemps sur ce chapitre; mais toutes les fois qu'il était interrogé sur la vision à laquelle on attribuait son trouble (bien qu'il n'en fût pas tombé d'accord), Juan répondait de manière à redoubler les doutes.

LV.

Cependant il était une heure, et la compagnie songea à se séparer, pour se livrer, les uns à divers passe-temps, d'autres à l'inaction; ceux-ci s'étonnant qu'il fût si bonne heure, ceux-là qu'il fût si tard. Ajoutez qu'une magnifique joute devait avoir lieu sur les terres de mylord entre quelques lévriers et un jeune cheval de course, de vieille race, dressé à franchir la barrière; et plusieurs allèrent y assister.

LVI.

Il y avait un marchand de tableaux qui avait apporté un beau Titien, garanti original, si précieux que son possesseur ne pouvait le vendre à aucun prix, fût-il convoité par tous les princes. Le roi lui-même l'avait marchandé ; mais la liste civile, qu'il daigne gracieusement accepter pour obliger ses sujets, lui avait paru insuffisante dans ce temps où le poids de l'impôt est si léger.

LVII.

Mais comme lord Henry était un connaisseur, — l'ami des artistes, sinon des arts, — le marchand, guidé par les motifs les plus classiques et les plus purs, à tel point que, si ses besoins eussent été moins pressants, il eût fait cadeau de son tableau à mylord, tant il se tenait honoré de son patronage, le marchand, dis-je, avait apporté le *capo d'opera* [11], non pour le vendre, mais pour le soumettre à son jugement, — connu pour infaillible.

LVIII.

Il y avait un moderne Goth, je veux dire l'un de ces gothiques maçons de Babel qu'on nomme architectes ; il était venu visiter ces grisâtres murailles, que, malgré leur épaisseur, le temps avait pu légèrement endommager ; après avoir fouillé l'abbaye dans tous les sens, il produisit un plan pour élever de nouveaux bâtiments dans le style le plus correct, et jeter bas le vieil édifice : ce qu'il appelait *restauration*.

LIX.

Cela coûterait peu de chose — (« vieille chanson » qui a pour refrain obligé quelques milliers de livres sterling, pour peu qu'on la fredonne un certain temps), — on serait promptement dédommagé de ses frais dans la possession d'un édifice, non moins sublime que solide, qui couvrirait de gloire le bon goût de lord Henry, et ferait resplendir d'âge en âge les hardiesses du gothique, exécutées avec l'argent anglais.

LX.

Il y avait deux hommes de loi, occupés d'un emprunt sur hypothèque que lord Henry désirait contracter pour faire quelque nouvelle acquisition, ainsi que de deux procès, l'un pour des redevances seigneuriales, l'autre pour des dîmes, véritables torches de discorde, qui enflamment la religion au point de la décider à jeter son gage de combat, et à « déchaîner contre l'Église » les gentilshommes campagnards ; il y avait un bœuf, un porc et un laboureur, qui devaient être présentés au concours agricole : car lord Henry tenait une sorte d'exposition sabine.

LXI.

Il y avait deux braconniers pris dans un piége à loup, et à qui on allait donner la prison pour séjour de convalescence ; il y avait une paysanne en petit bonnet et en manteau écarlate (je n'en puis souffrir la vue depuis — depuis — depuis que — dans ma jeunesse, j'ai eu le malheur de.... ; — mais heureusement que depuis cette époque j'ai eu rarement des indemnités à payer à la paroisse ;) hélas ! ce manteau d'écarlate, ouvert impitoyablement, présente le problème d'une double figure.

LXII.

Un dévidoir dans une bouteille est un mystère ; on se demande comment il a été possible de l'y introduire et comment il en sortira ; c'est pourquoi j'abandonne cet échantillon d'histoire naturelle à ceux qui aiment à résoudre des problèmes ; je dirai seulement, mais non pour le consistoire, que lord Henry était juge de paix, et que, sous la bannière d'un mandat d'amener, Furet [12] le constable avait saisi la coupable pour délit de braconnage sur les domaines de la Nature.

LXIII.

Or, les juges de paix sont appelés à juger les délits de tout genre, et à garantir le gibier et la moralité du pays des caprices de ceux qui n'ont pas le permis nécessaire ; et ces deux articles, si l'on en excepte les dîmes et les baux, sont peut-être ceux qui donnent le plus d'embarras : conserver intactes les perdrix et les jolies filles, est une tâche faite pour intriguer la magistrature la plus habile.

LXIV.

La délinquante en question était extrêmement pâle ; on eût dit que sa pâleur était le résultat d'une teinte artificielle ;

car ses joues étaient naturellement rouges, comme les grandes dames, moins hâlées, les ont blanches, du moins au moment de leur lever. Peut-être était-elle honteuse de laisser voir sa faiblesse, la pauvre enfant ! car elle était née et avait été élevée au village ; et, dans son immoralité, elle ne savait que pâlir : — la rougeur est faite pour les gens de qualité.

LXV.

Dans un coin de son œil noir, brillant, modestement baissé, et cependant espiègle, s'était arrêtée une larme que la pauvre fille, de temps à autre, cherchait à essuyer ; car ce n'était pas une pleureuse sentimentale faisant parade de sa sensibilité ; elle n'avait pas non plus l'insolence de mépriser qui la méprisait ; mais, immobile, tremblante, dans sa douleur résignée, elle attendait qu'on l'interrogeât.

LXVI.

Comme de raison, ces divers groupes étaient répartis en divers lieux, et à une distance raisonnable du salon des dames comme il faut : dans le cabinet, les gens de loi ; en plein air, le porc du concours, le laboureur, les braconniers ; les gens venus de la ville, à savoir l'architecte et le marchand de tableaux, étaient, chacun à leur poste, aussi affairés qu'un général dans sa tente, rédigeant ses dépêches, et se livraient avec orgueil à leurs brillantes élucubrations.

LXVII.

Mais la pauvre fille était reléguée dans la grande salle, pendant que Furet, le gardien des fragilités de la paroisse, dégustait les mérites d'un pot de double ale *morale* (il avait en horreur ce qu'on nomme petite bière). Elle attendait que la justice, portant sa bienveillante attention sur les vrais objets de son ressort, désignât, ce qui est un point embarrassant pour la plupart des vierges, le père d'un enfant.

LXVIII.

Vous voyez que, sans compter ses chiens et ses chevaux, lord Henry ne manquait pas d'occupation ; on était aussi fort affairé dans les cuisines pour la préparation des seconds services ; car, en raison de leur rang et de leur position, ceux qui possèdent dans les comtés de grandes fortunes territoriales, quoiqu'ils ne tiennent pas précisément « maison ouverte, » ont néanmoins des jours publics où il y a chez eux gala général.

LXIX.

Une fois par semaine, ou tous les quinze jours, sans invitation (c'est ainsi que nous traduisons les monts *invitation générale*), tous les gentilshommes campagnards, écuyers ou chevaliers, peuvent se présenter sans cartes, prendre place au large banquet, se délecter dans ce qu'il y a de plus fashionable en fait de vins et de conversation, et (c'est là, en effet, le motif déterminant) s'entretenir de la dernière et de la prochaine élection.

LXX.

Lord Henry était un grand électionneur, se frayant vers les bourgs électoraux une voie souterraine, comme ferait un rat ou un lapin ; mais les candidatures des comtés lui coûtaient un peu cher, parce que son voisin le comte écossais Des Cadeaux exerçait dans la même sphère que lui une influence anglaise ; son fils, l'honorable Richard Tapis-Vert de la Paillardière, représentait au parlement « l'autre intérêt[13] » (c'est-à-dire le même intérêt individuel, dans une direction différente).

LXXI.

En conséquence, courtois et circonspect dans son comté, lord Henry était tout à tous : aux uns il dispensait des politesses, aux autres des services, et à tous des promesses, — dont la somme pourtant commençait à monter fort haut, vu que leur accumulation n'était point entrée dans ses calculs ; observant celles-ci, violant celles-là, sa parole, au total, avait tout autant de poids que celle d'un autre.

LXXII.

Ami de la liberté et des francs tenanciers, — comme aussi ami du gouvernement, — il se flattait de tenir le juste milieu entre l'amour des places et le patriotisme ; — malgré lui, pour se conformer au bon plaisir de son souverain (nonobstant son incapacité, ajoutait-il modestement quand les rebelles raillaient), il occupait quelques sinécures qu'il eût désiré voir abolir si leur destruction ne devait entraîner celle de toutes les lois.

LXXIII.

« Il ne faisait aucune difficulté d'avouer » (d'où vient cette locution? Est-elle anglaise? Non, elle n'est que parlementaire) que, de nos jours, l'esprit d'innovation avait fait plus de progrès que dans tout le siècle dernier. Il ne consentirait jamais à marcher à la gloire par une voie factieuse, bien qu'il fût prêt à faire au bien public de grands sacrifices; quant à sa place, tout ce qu'il pouvait dire, c'est que la fatigue en était plus grande que les profits.

LXXIV.

Le ciel et ses amis savaient que la vie privée avait toujours été le seul et unique but de son ambition; mais pouvait-il abandonner son roi en des temps de discorde qui menaçaient le pays d'une ruine complète, alors que l'homicide couteau des démagogues se préparait à trancher de part en part (infernale incision!) le nœud gordien ou georgien, dont les cordons lient ensemble communes, lords et rois?

LXXV.

« Dût-on, pour lui ravir sa place, descendre dans la civique arène, et la lui disputer avec acharnement, » il était résolu à la garder jusqu'à ce qu'il fût dûment désappointé ou renvoyé; quant aux profits, il s'en souciait fort peu, et laissait à d'autres le soin de les recueillir; mais si jamais venait le jour où il n'y aurait plus de places, ce serait le pays surtout qui aurait à gémir de ce résultat; comment pourrait-il continuer à marcher? L'explique qui pourra! Il était fier, *lui*, du nom d'Anglais.

LXXVI.

Il était indépendant beaucoup plus que ceux qui ne sont pas payés pour l'être, de même que les soldats et les courtisanes ont, dans le métier de la guerre et du libertinage, une supériorité marquée sur ceux qui n'en font pas leur état. C'est ainsi qu'il n'est pas d'homme politique qui ne se donne devant la foule autant d'importance que des laquais devant un mendiant.

LXXVII.

Tout cela (sauf la dernière stance), Henry le disait et le pensait. Je n'en dirai pas davantage, —j'en ai trop dit : car il n'est pas un de nous qui n'ait entendu *hors* des hustings, ou *sur* les hustings, le cœur libéral ou la tête indépendante du candidat officiel exprimer des idées à peu près semblables. Je ne traiterai plus cette matière : — la cloche du dîner sonne, le *Benedicité* est dit ; j'aurais dû le chanter.

LXXVIII.

Mais je suis arrivé trop tard, il faut que j'y renonce. C'était un grand banquet, tels que ceux dont autrefois Albion était fière, — comme si l'auge d'un glouton était un spectacle bien magnifique à voir. Mais c'était un festin public, un jour de réception générale, — grande foule, — grand ennui, — des convives échauffés, des plats refroidis, beaucoup de profusion, force cérémonie, peu de gaieté, et tout le monde hors de sa sphère.

LXXIX.

Les squires étaient familièrement cérémonieux, les lords et les ladies montraient une fierté affable; les domestiques eux-mêmes avaient un air embarrassé en présentant les assiettes,—et de l'imposante station qu'ils occupaient près du buffet, semblaient craindre de compromettre leur dignité. Toutefois, comme leurs maîtres, ils avaient grand soin de ne mécontenter personne : car la moindre déviation des règles de la courtoisie pouvait priver valet et maître — de sa *place.*

LXXX.

Il y avait un grand nombre d'intrépides chasseurs et d'habiles cavaliers dont les chiens n'étaient jamais en défaut, et dont les lévriers ne daignaient jamais porter la dent sur le gibier; il y avait aussi des tireurs d'une grande force, des *septembriseurs* [13], les premiers à se lever, et les derniers à abandonner la poursuite de la pauvre perdrix, abritée sous le chaume des sillons. Il y avait de corpulents ecclésiastiques, préleveurs de dîmes, faiseurs de bons mariages, dont plusieurs chantaient moins de psaumes que de gais refrains.

LXXXI.

Il y avait encore plusieurs plaisants campagnards, — et aussi, hélas! quelques exilés de la ville, réduits à échanger la vue des pavés des rues contre celle de la verdure, et à se lever à neuf heures au lieu de onze. Le croiriez-vous? il m'arriva, ce jour-là, d'être assis à côté de cet assommant fils du ciel, de ce prêtre puissant, Peter Pitt[14], le bel esprit le plus bruyant qui m'ait jamais assourdi.

LXXXII.

Je l'avais connu, à Londres, dans ses beaux jours, brillant convive, bien que simple desservant; le moindre de ses bons mots était applaudi, jusqu'à ce que l'avancement, lui venant d'un pas rapide et sûr (ô Providence! combien merveilleuses sont tes voies? qui pourrait t'accuser de parcimonie dans tes dons?), lui donna pour exorciser le diable qui plane sur Lincoln, un gras et marécageux vicariat, et le dispensa de tout souci pour l'avenir.

LXXXIII.

Ses quolibets étaient des sermons, et ses sermons des quolibets; mais les uns et les autres étaient perdus dans les marécages, car l'esprit n'a pas grand charme pour des gens fiévreux. Des oreilles avides et la plume du sténographe ne recueillaient plus le joyeux bon mot ou l'heureux persiflage; le pauvre prêtre se vit réduit à se contenter du sens commun, ou à faire de longs, bruyants et grossiers efforts pour arracher un gros rire à l'epais vulgaire.

LXXXIV.

Il y a une différence, dit la chanson, entre une mendiante et une reine, ou plutôt il y *avait* (car dans ces derniers temps nous avons vu que la plus maltraitée des deux c'était la reine; — mais ne parlons pas des affaires d'État) une différence entre un évêque et un doyen, une différence entre la faïence et la vaisselle plate, comme aussi entre le bœuf anglais et le brouet spartiate, — quoique l'un et l'autre régime aient produit de grands héros.

LXXXV.

Mais de toutes les différences de la nature, il n'en est pas de plus grande que celle qui existe entre la campagne et la ville; cette dernière mérite, de tout point, la préférence de ceux qui ont peu de ressources en eux-mêmes, et ne pensent, n'agissent, ne sentent que dans les limites de quelque petit plan d'intérêt ou d'ambition, apanage commun à toutes les conditions.

LXXXVI.

Mais, en avant! les volages amours languissent dans les longs festins et parmi de trop nombreux convives; toutefois un léger repas fait qu'on s'aime plus encore, car, nous le savons depuis le temps de nos classes, Bacchus et Cérès sont liés de longue date avec la vivifiante Vénus, qui leur doit l'invention du champagne et des truffes; la tempérance la charme, mais un long jeûne l'effarouche.

LXXXVII.

Tristement se passa le grand dîner du jour. Juan prit place sans trop savoir où, confus au sein de la confusion, et distrait, et assis comme si on l'eût cloué sur sa chaise; bien que les couteaux et les fourchettes résonnassent autour de lui, comme dans une mêlée, il semblait étranger à tout ce qui se passait, lorsqu'un des convives, avec un grognement, exprima pour la troisième fois le désir qu'on lui servît une nageoire de poisson.

LXXXVIII.

A la troisième publication de ce ban, Juan tressaillit, et puis, remarquant sur tous les visages un sourire qui n'était pas loin de ressembler à une grimace, le rouge lui monta plusieurs fois au visage; et, se pressant, — car il n'y a rien qui mortifie plus un homme sage que le rire d'un sot, — il fit au poisson une large entaille, et sa précipitation fut telle, qu'avant de pouvoir la maîtriser, il servit à son suppliant voisin la moitié d'un turbot.

LXXXIX.

La méprise n'était pas mauvaise dans la circonstance actuelle, le pétitionnaire étant un amateur; mais les autres, à qui il restait à peine un tiers du poisson, étaient de très mauvaise humeur, et certes il y avait de quoi. Ils se demandèrent comment lord Henry pouvait souffrir à sa table un jeune homme aussi absurde ; et ceci, joint à son ignorance du prix auquel les avoines étaient tombées au dernier marché, coûta à son hôte trois votes.

XC.

Ils ignoraient, sans quoi il eût obtenu leur sympathie, que la nuit dernière il avait vu un esprit, prologue peu en harmonie avec cette compagnie substantielle enfoncée dans la matière, et tellement matérialisée que, sans trop savoir de quoi l'on devait s'étonner le plus, — on se demandait (et la question était assez singulière) comment de pareils corps pouvaient avoir des âmes, ou des âmes de pareils corps.

XCI.

Mais ce qui l'intriguait plus que le sourire et les regards d'étonnement de tous les squires et de toutes les squiresses, émerveillés de son air distrait, d'autant plus que sa vivacité avec les dames lui avait fait une réputation jusque dans les étroites limites d'un cercle de campagne (car ce qui se passait sur les domaines de mylord, quelle qu'en pût être la futilité, fournissait d'excellents sujets de conversation à d'autres moins grands que lui) ;

XCII.

C'est qu'il avait surpris les yeux d'Aurora fixés sur les siens, et quelque chose comme un sourire dans ses traits. Or, il prit véritablement ceci en mauvaise part : dans ceux qui sourient rarement, le sourire trahit un motif extérieur puissant ; et, dans ce sourire d'Aurora, il n'y avait rien qui éveillât ni l'espérance, ni l'amour, ni aucun de ces piéges que certaines gens prétendent découvrir dans le sourire des dames.

XCIII.

C'était seulement un calme sourire de contemplation, empreint d'une certaine expression de surprise et de pitié; et Juan rougit de dépit, ce qui était très peu sage, et encore moins spirituel, puisqu'il avait du moins attiré sur lui son attention, l'un des ouvrages extérieurs de la place les plus importants, — comme Juan aurait dû le savoir si l'apparition de la nuit dernière n'avait mis son bon sens en déroute.

XCIV.

Mais, ce qui était de mauvais augure, Aurora ne rougit pas à son tour, et ne sembla point embarrassée; tout au contraire, son air était, comme d'habitude, calme, — *non* sévère; — elle détourna, mais ne baissa pas les yeux, et pourtant elle pâlit un peu, — de quoi? d'inquiétude? Je ne sais; mais elle n'avait jamais beaucoup de couleurs; — son teint, nuancé parfois d'un léger incarnat, — était toujours transparent, comme les mers profondes dans une chaude atmosphère.

XCV.

Pour Adeline, la gloire l'occupait seule en ce jour : surveillant tout, ensorcelante, affable envers tous les consommateurs de poisson, de volaille et de gibier; joignant la dignité à la courtoisie, comme doivent le faire toutes celles qui (surtout quand la sixième année [15] approche de sa fin) visent à ce que leur mari, leur fils, ou leur parent, vogue sain et sauf à travers les écueils des réélections.

XCVI.

Quoique, au total, cette conduite fût à propos et très ordinaire, — quand les regards de Juan rencontrèrent Adeline jouant son grand rôle avec autant de facilité qu'elle eût exécuté un pas de danse, et ne trahissant parfois son âme que par un oblique regard (soit d'ennui, soit de mépris à peine perceptible), Juan commença à douter qu'il y eût dans Adeline quelque chose de *réel*;

XCVII.

Tant elle jouait bien successivement tous les rôles, avec cette versatilité vive que beaucoup de gens prennent pour une absence de sensibilité. Ils se trompent : — ce n'est autre chose que ce qu'on nomme mobilité, fruit du tempérament, et non de l'art, comme pourrait le faire croire sa facilité supposée; c'est quelque chose de faux, — quoique vrai; car, assurément, ceux-là sont les plus sincères que les objets les plus proches affectent le plus vivement.

XCVIII.

C'est ce qui crée les acteurs, les artistes, les romanciers, des héros quelquefois, mais rarement, — des sages, jamais; mais bien des discoureurs parlementaires, des poëtes, des diplomates et des danseurs; peu de ce qui est grand, mais beaucoup de ce qui est habile; la plupart des orateurs [16], mais très peu de financiers, quoique, depuis quelques années, tous les chanceliers de l'échiquier essaient de se dispenser des rigueurs de Barême [17] et saupoudrent leurs chiffres de métaphores [18].

XCIX.

Ils sont les poëtes de l'arithmétique, ces hommes qui, bien qu'ils n'aillent pas jusqu'à prouver que deux et deux font cinq, comme ils le pourraient sans témérité, ont néanmoins démontré clairement que quatre font trois, si on en juge par ce qu'ils prennent et par ce qu'ils payent [19]. La caisse d'amortissement, cette mer sans fond, le plus inliquidé de tous les liquides, laisse la dette flottante, bien qu'elle engloutisse tout ce qu'elle reçoit [20].

C.

Pendant qu'Adeline prodiguait ses airs et ses grâces, la belle Fitz Fulke semblait fort à son aise; quoique trop bien élevée pour se moquer des gens en face, partout ses yeux riants saisissaient d'un regard les ridicules, — ce miel des abeilles fashionables, — recueilli par elles en vue d'une maligne jouissance; et c'était là, pour le moment, sa charitable occupation.

CI.

Cependant le jour finit comme doivent finir tous les jours; le soir s'écoula aussi, et le café fut servi. On annonça les voitures; les dames se levèrent, firent la révérence comme la fait une provinciale, et se retirèrent; après les saluts les plus gauches, leurs dociles époux en firent autant, charmés de leur dîner et de leur hôte, mais enchantés surtout de lady Adeline.

CII.

Les uns louèrent sa beauté ; d'autres, sa grâce extrême, sa cordiale politesse, dont la sincérité se montrait dans chacun des traits de sa figure, radieuse de vérité. Oui, elle était véritablement digne de son haut rang ! Nul ne pouvait lui envier son bonheur mérité. Et puis, sa mise à la fois simple et belle ! Avec quelle félicité rare sa taille était drapée !

CIII.

Pendant ce temps, la charmante Adeline achevait de mériter leurs éloges, en se dédommageant avec impartialité de toutes ses attentions, de toutes ses phrases caressantes dans une conversation des plus édifiantes, qui roulait sur la mine et la tournure des convives absents, de leurs familles, de leurs parents les plus éloignés ; sur leurs hideuses moitiés, l'horrible aspect de leurs personnes et de leur mise, et l'effroyable difformité de leur coiffure.

CIV.

Il est vrai qu'elle parlait peu ; — c'était le reste de la compagnie qui lançait une pluie d'épigrammes ; mais tout ce qu'elle disait allait au but : comme les « demi-éloges » d'Addison, équivalant à une satire, les siens ne servaient qu'à donner le signal des quolibets, comme la musique qui accompagne un mélodrame. Combien il est doux de prendre la défense d'un ami absent ! Je ne demande aux miens qu'une chose : c'est — de ne pas me défendre.

CV.

Il n'y eut que deux exceptions à ce feu roulant d'esprit dirigé contre les absents : Aurora, avec sa sérénité calme, et Juan, qui, bien qu'en général il ne fût pas le dernier à se livrer à la gaieté de ses observations sur ce qu'il avait vu ou entendu, était maintenant silencieux et semblait avoir perdu son animation habituelle ; en vain il entendait les autres railler et se moquer, il ne prenait part à aucune de leurs saillies.

CVI.

Il est vrai qu'il crut voir dans l'air d'Aurora qu'elle approuvait son silence ; peut-être attribua-t-elle à tort sa conduite à cette charitable indulgence que nous devons, mais que nous accordons rarement, aux absents, et ne voulut pas pousser son examen plus loin; cela pouvait être ou ne pas être. Mais Juan, silencieusement assis dans un coin, plongé dans une rêverie qui ne lui permettait guère d'observer ce qui se passait autour de lui, vit cependant cela, et fut bien aise de le voir.

CVII.

Il était heureux pour lui que le fantôme l'eût rendu silencieux comme un fantôme, si, dans les circonstances où maintenant il se trouvait, cela devait lui concilier le suffrage qu'il ambitionnait le plus. Et, sans nul doute, Aurora avait renouvelé en lui des sentiments qui, depuis peu, s'étaient perdus ou émoussés; sentiments qui, tenant peut-être de l'idéal, sont si divins, que je ne puis m'empêcher de les croire réels : —

CVIII.

L'amour de choses plus relevées et de jours meilleurs; l'espérance illimitée, et la céleste ignorance de ce qu'on appelle le monde, ainsi que de ses voies; ces moments où nous puisions plus de félicité dans un regard que dans toutes les jouissances de l'orgueil et de la gloire qui enflamment le genre humain, mais ne sauraient jamais absorber le cœur dans une existence qui lui est propre, et dont le cœur d'un autre est la zone.

CIX.

Quel est celui qui, *ayant* une mémoire, et *ayant eu* un cœur, ne donne un soupir de regret Αι ταν Κυθερειαν [21]. Hélas! l'astre de Cythérée pâlit comme celui de Diane; ses rayons s'éclipsent successivement comme les années. Anacréon seul a pu enlacer un myrte toujours vert à la flèche non émoussée d'Eros [22]; mais, bien que tu nous aies joué plus d'un tour, nous ne t'en respectons pas moins, « Alma Venus Genitrix! »

CX.

Et, le cœur plein de sentiments sublimes, ces vagues qui, soulevées, se déroulent entre ce monde et les mondes par delà, don Juan, quand minuit ramena l'heure de l'oreiller, se retira vers le sien, moins pour dormir que pour se livrer à la tristesse. Au lieu de pavots, des saules se balançaient sur sa couche; il se mit à rêver, se complaisant dans ces pensées amères qui bannissent le sommeil, qui font ironiquement sourire les gens du monde, et pleurer les jeunes gens.

CXI.

La nuit ressemblait à celle de la veille; il était déshabillé (n'ayant sur lui que sa robe de chambre, ce qui est encore un déshabillé) complétement, « sans culotte » et sans veste; enfin il était difficile qu'il fût moins vêtu; mais, redoutant la visite du spectre, il s'assit dans une disposition d'esprit embarrassante à exprimer (pour ceux qui n'ont point eu ces sortes d'apparitions), s'attendant à de nouvelles opérations du fantôme.

CXII.

Il prêta l'oreille, et ce ne fut pas en vain. — Chut! qu'est ceci? Je vois — je vois — oh! non! — ce n'est pas — pourtant c'est... — Puissances célestes! c'est le — le — le — bah! le chat! Le diable emporte son pas furtif, si semblable à la démarche légère d'un esprit, ou à celle d'une miss amoureuse, s'avançant sur la pointe des pieds à son premier rendez-vous, et redoutant les chastes échos de son soulier!

CXIII.

Encore! — qu'est-ce? le vent? Non, non, — cette fois c'est bien le moine noir, avec sa marche régulière comme celle des vers rimés, et beaucoup plus régulière encore (de la façon dont on fait les vers aujourd'hui); au milieu des ombres d'une nuit sublime, alors que tous dormaient profondément, et que les ténèbres étoilées entouraient le monde comme une ceinture parsemée de pierreries, — voilà que la présence du moine venait encore glacer le sang dans ses veines.

CXIV.

Il entendit d'abord un bruit comme celui de doigts humides passés sur un verre, éveillant un son qui vous agaçait les dents; puis, un léger résonnement comme celui d'une ondée fouettée par le vent de la nuit, et qu'on prendrait pour un fluide surnaturel, arrive à son oreille, qui bourdonnait, hélas! car c'est chose sérieuse que l'immatérialisme; si bien que ceux-là mêmes qui croient le plus fermement aux âmes immortelles redoutent de les voir tête à tête.

CXV.

Ses yeux étaient-ils bien ouverts? — oui! et sa bouche aussi. La surprise a pour effet — de nous rendre muets, en laissant toutefois la porte qui donne passage à l'éloquence aussi complétement ouverte que si un long discours allait arriver. De plus en plus s'approchait ce bruit redoutable et terrible au tympan d'un mortel; ses yeux étaient ouverts, et (comme je l'ai dit) sa bouche également. Qu'est-ce qui s'ouvrit ensuite? — La porte.

CXVI.

Elle s'ouvrit avec un craquement infernal, comme celle de l'enfer. « *Lasciate ogni speranza, voi che entrate!* » On eût dit que les gonds avaient une voix terrible comme ce vers de Dante, ou comme cette stance, ou... — mais toute parole est faible en semblable matière; il suffit d'une ombre pour épouvanter un héros: — qu'est la substance comparée à un esprit? ou comment se fait-il que la matière tremble à son approche?

CXVII.

La porte s'ouvrit dans toute sa largeur, non rapidement, — mais avec la lenteur du vol des mouettes; — puis elle revint sur elle-même, sans toutefois se refermer; — elle resta entr'ouverte, laissant passage à de grandes ombres projetées sur la lumière que répandaient les flambeaux de Juan, car il en avait deux jetant une assez grande clarté; et, sur le seuil de la porte, assombrissant encore l'obscurité, se tenait debout le moine noir dans son lugubre capuchon.

CXVIII.

Don Juan tressaillit comme la nuit précédente; mais, las de tressaillir, l'idée lui vint qu'il pourrait bien s'être mépris; puis il eut honte d'une telle méprise, son fantôme intérieur commença à s'éveiller en lui, et à réprimer son tremblement corporel,— en lui faisant entendre que, tout considéré, une âme et un corps réunis pouvaient fort bien tenir tête à une âme sans corps.

CXIX.

Alors, son effroi se changea en colère, et sa colère prit un caractère redoutable; il se leva, s'avança; — l'ombre battit en retraite; mais Juan, qui maintenant brûlait d'éclaircir les choses, la suivit; son sang n'était plus glacé, mais échauffé, et il résolut, à ses risques et périls, de percer ce mystère par une botte de quarte et de tierce; le fantôme s'arrêta, menaça, puis recula jusqu'à l'antique muraille, où il se tint immobile comme un marbre.

CXX.

Juan étendit un bras.... — Puissances éternelles ! il ne toucha ni âme ni corps, mais bien le mur, sur lequel les rayons de la lune tombaient à flots d'argent, nuancés par tous les ornements de la galerie; il frémit, comme fait sans doute l'homme le plus brave lorsqu'il ne peut définir l'objet de sa terreur. Chose étrange, que la non-entité d'un revenant cause à elle seule plus d'effroi que l'identité d'une armée entière !

CXXI.

Cependant l'ombre était toujours là; ses yeux bleus étincelaient, et avec une singulière vivacité pour des yeux d'ombre; toutefois la tombe lui avait laissé quelque chose de bon : le fantôme avait une respiration remarquablement douce; à une boucle égarée de ses cheveux, on pouvait juger que le moine avait été blond; entre deux lèvres de corail brillèrent deux rangs de perles, au moment où, sortant d'un grisâtre nuage, la lune se fit voir à travers le linceul de lierre dont la fenêtre était tapissée.

CXXII.

Intrigué, mais toujours curieux, Juan étendit l'autre bras; — merveille sur merveille ! Sa main posa sur un sein qui la repoussa, et qui battait comme s'il y eût eu en dessous un cœur bien vivant. Il reconnut, comme cela arrive dans mainte épreuve, qu'il avait fait d'abord une lourde méprise, et que, dans son trouble, au lieu de ce qu'il cherchait, il n'avait touché que la muraille.

CXXIII.

Le revenant, si revenant il y avait, semblait bien l'âme la plus charmante qui se fût jamais fourrée sous un capuchon : un menton à fossette, une gorge d'ivoire, annonçaient quelque chose qui ressemblait fort à une créature formée de chair et de sang. Froc et capuchon s'écartèrent, et, faut-il le dire? laissèrent voir, dans tout le luxe de sa voluptueuse et peu gigantesque personne, le fantôme de Sa folâtre Grâce — Fitz-Fulke.

NOTES DU CHANT SEIZIÈME.

1 *Hamlet*, act. I, sc. I.

2 « De toutes choses et de quelques autres encore. » *N. du Trad.*

3 « Parce que c'est impossible. » *N. du Trad.*

4   Shew his eyes, and grieve his heart;
    Come like shadows, so depart. *Macbeth*.

5 On appelle *muffin* un gâteau spongieux qu'on mange rôti et beurré, et qui se prend avec le thé. *N. du Trad.*

6 En anglais, le pronom possessif prend le genre, non de la chose possédée, comme en français, mais de la personne qui possède. C'est ainsi que, dans l'intention de l'auteur, Sa Grâce, après avoir désigné le duc, désigne ensuite la duchesse, par la seule modification du pronom possessif. Il est fâcheux que notre langue nous refuse cette ressource qui nous sauverait ici une amphibologie. *N. du Trad.*

7 Pendant une visite à Newstead, en 1814, lord Byron s'imagina qu'il avait vu le fantôme du frère noir qui, selon la tradition, hantait cette abbaye depuis la dispersion des moines. MOORE.

8 Je crois que ce fut un *tapis* que Diogène foula aux pieds en s'écriant : « Je foule aux pieds l'orgueil de Platon. » — « Oui, avec un orgueil plus grand, » répliqua celui-ci. Mais comme les tapis sont faits pour être foulés aux pieds, il est probable que ma mémoire me trompe. Ce devait être un riche vêtement, ou un lit, ou tout autre meuble élégant.

9 Not so her gracious, graceful, graceless, grace.

10 Gouvernement du cotillon. TODD.

11 *Capo d'opera*, chef-d'œuvre.

12 Scout.

13 Intérêt signifie ici opinion, parti politique. *N. du Trad.*

14 On sait que la chasse commence en septembre. *N. du Trad.*

15 Sans doute *Sidney Smith*, auteur des Lettres de Peter Plimley.

16 Les membres de la Chambre des Communes sont nommés pour sept

ans; à la fin de la sixième année, la campagne électorale commence.
N. du Trad.

¹⁷ On voit que l'auteur n'a pas voulu confondre l'orateur avec le discoureur parlementaire. Nous avons cru rendre la différence qu'il a voulu établir entre *speaker* et *orator*. *N. du Trad.*

¹⁸ Il y a, dans le texte, Cocker; c'est le Barème anglais.

¹⁹ And grow quite figurative with their figures. L'auteur a voulu jouer sur *figurative,* métaphorique, et *figures,* chiffres. Nous n'avons pu reproduire ce jeu de mots. *N. du Trad.*

²⁰ Allusion à la conversion du quatre pour cent en trois pour cent.

²¹ Caisse d'amortissement se dit en anglais *sinking fund,* capital sombré, coulé à fond; on voit que l'auteur joue sur ce mot, en disant que la caisse d'amortissement, sans couler à fond la dette, engloutit tout ce qu'elle reçoit. Le traducteur, de son côté, a joué sur le mot *dette flottante,* pour ne pas rester en arrière de son modèle. *N. du Trad.*

²² La Cythérée physique. *N. du Trad.*

²³ L'Amour. *N. du Trad.*

FIN DE DON JUAN.

DERNIERS VERS

DE

LORD BYRON.

STANCES SUR UN AIR INDOU[1].

O mon oreiller solitaire !
Où donc est-il l'ami qu'appelle en vain ma voix ?
N'est-ce pas son esquif qu'en mes rêves je vois
Là-bas, tout là-bas, seul, errant sur l'onde amère ?

O mon solitaire oreiller !
Où posa sa tête chérie,
Je pose maintenant ma tête endolorie.
Oh ! que l'aurore est lente à s'éveiller !
Sur toi, mon oreiller, ma tête penche et tombe
Comme l'arbre du deuil se penche sur la tombe !

Solitaire oreiller, calme mon désespoir !
En retour de mes pleurs, que ton pouvoir me plonge
Dans l'erreur de quelque doux songe !
Que je ne meure pas avant de le revoir !

Alors, mon oreiller, mais non plus *solitaire*,
Que je le presse encore une fois sur mon cœur,
Puis, que j'expire de bonheur !
Le voir, et puis mourir, — c'est ma seule prière,
O mon oreiller solitaire !

LA CONQUÊTE[2].

8-9 mars 1823.

Je chante le Normand qui dompta l'Angleterre ;
Noble fils de l'amour, monarque de la guerre,
A sa race invincible il transmit, en mourant,
Avec le nom de roi celui de conquérant.

Il ne dut pas sa gloire à la seule conquête ;
Le laurier des combats n'orna pas seul sa tête :
La couronne ceignit son front victorieux ;
Il fonda par le glaive un trône glorieux.
Le Bâtard, vrai Lion, sous sa griffe puissante
Sut retenir sa proie asservie et tremblante,
Et d'Albion soumise à son sceptre guerrier,
Le plus puissant vainqueur fut aussi le dernier

AUJOURD'HUI J'AI COMPLÉTÉ MA TRENTE-SIXIÈME ANNÉE.

Missolonghi, 22 janvier 1824 [3].

1.

Il est temps d'étouffer l'ardeur qui me dévore !
Cessons d'importuner un cœur qui m'est fermé.
Mais non ; à mon destin obéissons encore :
    Aimons sans être aimé !

2.

La feuille de mes jours se flétrit avant l'âge ;
L'amour n'a plus pour moi de couronnes de fleurs.
Dès longtemps ses plaisirs ne sont plus mon partage ;
    J'ai gardé ses douleurs.

3.

Dans ce cœur qui gémit brûle un feu solitaire ;
C'est un volcan qui gronde en mon sein enfermé.
Nul flambeau ne s'allume au flambeau funéraire
    Dont je suis consumé.

4.

Adieu, transports jaloux, crainte, espoir, sacrifices,
Qui troublez tour à tour et charmez l'univers !
L'amour m'a retiré ses plus pures délices,
    Je porte encor ses fers.

5.

Mais chassons ces pensers dont le poids me tourmente.
C'est ici que la gloire accueille le guerrier ;

Mort, pleure sur sa tombe, et, vivant, lui présente
    Un immortel laurier!

6.

C'est ici le séjour des combats, des alarmes;
Des glaives, des drapeaux, sont tout ce que je voi;
Jadis le Spartiate, expirant sur ses armes,
    Fut moins libre que moi

7.

La Grèce se réveille! éveille-toi, mon âme!
Mes aïeux de leur fils n'auront point à rougir;
Héritier de leur sang, leur vieil honneur m'enflamme:
    Allons vaincre ou mourir.

8.

Enfin, des passions je foule aux pieds l'empire;
Mes yeux pour la beauté ne versent plus de pleurs;
Tranquille maintenant, ainsi que son sourire,
    Je brave ses rigueurs.

9.

Si la vie a pour toi perdu ses plus doux charmes,
Qui t'oblige à porter ce douloureux fardeau?
Le champ d'honneur est là. Cherche au sein des alarmes
    Un glorieux tombeau.

10.

A la mort d'un soldat ici tu peux prétendre;
C'est ici qu'on la donne et reçoit sans effroi;
Vois, choisis où tu veux que dorme enfin ta cendre,
    Et puis — repose-toi[4].

NOTES.

[1] Lord Byron écrivit ces vers un peu avant son départ pour la Grèce. Ils étaient destinés à former les paroles de l'air indou *Alla Malla Punca*, que la comtesse Guiccioli aimait à chanter.

[2] Ce fragment a été trouvé parmi les papiers de lord Byron, après son départ de Gênes pour la Grèce.

[3] Ce matin, lord Byron sortit de sa chambre à coucher, et vint dans l'ap-

partement où le colonel Stanhope et quelques amis étaient réunis ; il leur dit avec un sourire : « Vous vous plaigniez l'autre jour que je ne faisais plus de vers ; c'est aujourd'hui mon jour de naissance, et je viens d'achever quelque chose qui, je le crois, est meilleur que ce que j'écris d'ordinaire. » Il nous lut alors ces vers si beaux et si touchants. Le comte Gamba.

4 Si l'on considère tous les charmes qui sont réunis dans ces vers, les tendres aspirations d'un cœur aimant, le dévouement à une noble cause si noblement exprimé, et le pressentiment d'une mort prochaine, il n'y a aucune poésie humaine qui emprunte des circonstances où elle a été écrite et des sentiments qu'elle exprime un intérêt aussi touchant. Moore.

FIN DU TOME QUATRIÈME ET DERNIER.

TABLE

DES PIÈCES CONTENUES DANS LE TOME QUATRIÈME.

	Pages
DON JUAN. Avant-propos.	1
Fragment trouvé sur la couverture du chant I.	4
Dédicace.	Ib.
Chant I.	8
Notes du chant I.	60
Chant II.	64
Notes du chant II.	115
Chant III.	116
Notes du chant III.	145
Chant IV.	146
Notes du chant IV.	174
Chant V.	Ib.
Notes du chant V.	212
Appendice au chant V.	213
Préface des chants VI, VII et VIII.	217
Notes de la préface.	219
Chant VI.	Ib.
Notes du chant VI.	248
Chant VII.	249
Notes du chant VII.	269
Chant VIII.	270
Notes du chant VIII.	303
Chant IX.	304
Notes du chant IX.	324
Chant X.	325
Notes du chant X.	346
Chant XI.	348
Notes du chant XI.	370
Chant XII.	372
Notes du chant XII.	394
Chant XIII.	395
Notes du chant XIII.	422

	Pages
Chant XIV.	424
Notes du chant XIV.	448
Chant XV.	449
Notes du chant XV.	473
Chant XVI.	474
Notes du chant XVI.	505
DERNIERS VERS DE LORD BYRON.	507
Notes.	509

FIN DE LA TABLE.

www.ingramcontent.com/pod-product-compliance
Lightning Source LLC
Chambersburg PA
CBHW071703230426
43670CB00008B/897